학문의 길라잡이

눈 시리즈 **2**
학문의 길라잡이

지은이/김완진 외 27인
발행인/고영수
발행처/청림출판

〈135-010〉 서울 강남구 논현동 63번지
전화/546-4341~2, 544-3616
팩스/546-8053
등록/제 9-83호(1973. 10. 8)

1판 1쇄 인쇄/1996년 6월 30일
1판 1쇄 발행/1996년 7월 5일
1판 2쇄 발행/1996년 7월 12일

ISBN 89-352-0290-8   52370

학문의 길라잡이

김완진 외 27인

청림출판

책 머리에

Preface

김완진 서울대학교 대학원장

> 학문의 선택은 인생 설계에서 중요한 관문이 되기 때문에
> 여러 가지로 신중히 검토되어야 한다.

청림출판이 기획한 《학문의 길라잡이》는 시의에도 적합하고 또한 의의가 있는 쾌거라 아니할 수 없다. 인문 과학, 사회 과학, 자연 과학 및 문화예술의 4분야에 걸쳐 27분의 권위 있는 학자들의 정성 담긴 훌륭한 글들 앞에 서문을 쓴다는 것은 영광스러운 일이면서도 외람되다는 망설임을 느끼게 된다.

여기서는 '학문'의 뜻이 보통보다는 좀 넓게 잡혀 있다. 흔히는 '학문과 예술'이라는 표현이 가능한 것처럼 예술은 학문과 구별되는 개념으로도 이해되지만, 창조라는 공통의 특성을 지니고 있어 '학문' 안에 포함시킬 수도 있는 것이겠다. 더욱이 대학 진학을 앞두거나 갓 입학한 독자들을 위해서는 대학에서 공부할 대상이 되는 것이기 때문에 그런 의미에서는 예술도 학문에 포함되는 것이겠다.

독자들은 이 책을 읽으면서 어떤 학문을 선택할 것인가를 생각하게 될 것이다. 세상에는 아주 이른 시기에 자기의 행로를 확정하는 사람들도 있지만, 그런 경우는 비교적 드문 예외에 속하고 많은 사람들은 여러 다른 분야에의 유혹 속에서 선택의 고민을 경험한다.

자기 적성에 맞는 학과를 선택하라는 말을 듣기도 하지만, 어떤 개인에게 반드시 이 학문만이 적성에 맞고 다른 학문은 절대로 안 된다는 말은 적절하지 않을 것이다. 적절한 능력을 갖춘 대부분의 학생에게 있어 학문의 종류는 크게 문제될 것이 없을 것이다. 특별한 지장이 없는 한, 학생들은 자기가 선택한 학문에 충분히 적응할 수 있다는 자신을 가지고 임하는 것이 좋을 것이다.

학문의 선택은 다각적인 기준에서 이루어진다. 그것은 개인의 인생 설계에서의 중요한 관문이 되는 것이기에 여러 가지로 신중히 검토되어야 한다. 우선 일생을 학문의 길로 정진할 것인가 아니면 자기가 닦은 학문을 발판으로 하여 다른 분야에서 활동할 것인가가 결정될 수 있으면 가장 바람직한 경우라 할 수 있을 것이다. 물론 복수의 가능성에 대하여도 신중한 검토를 해 주는 것이 좋을 것이다.

중학교나 고등학교 과정을 통하여, 가령 역사학이나 물리학처럼 그 학문의 특성에 대하여 어느 정도 친숙할 수 있었던 학문 분야가 있다. 그러나 대학에서 택할 수 있는 많은 다른 분야에 대하여는 필요한 예비 지식을 가지기가 어려운 것이 현실일 것이다. 가령 필자가 근무하고 있는 학교의 경우 100개가 넘는 전공이 개설되어 있는데, 개중에는 그런 학문이 존재한다는 것도 모르고 있는 경우도 없지 않을 것이다. 또 어떤 경우에는 고등학교 학생이 생각하고 있는 내용과 그 학문의 실제 성격 사이에 차이가 있을 수도 있을 것이다.

이 책에서는 27명의 전문가가 각자의 전공 학문이 어떠한 내력을 가졌으며, 어떠한 성격의 것인가를 친절하게 설명하고 있다. 편집도 사진을 곁들여서 매우 부드러운 인상을 준다. 읽는 이들은 새로운 학문 분야의 황홀한 모습에 매료되기도 할 것이다. 혹은 자기가 동경해 온 학문에 대하여 더 정확하고 정밀한 정보를 확인하며 만족을 맛볼 수 있을 것이다.

학문은 무엇을 위하여 존재하는가. 학자라는 부류의 인간들은 왜 학문을 연구하는가. 윤리적인 관점에서 말한다면 진리 탐구를 통하여 인류 문명의 증진에 기여하고, 좁게는 국가와 민족의 발전에 공헌하는 것이며, 또한 개인의 존경받는 지위와 안정된 생활의 확보책일 수도 있다. 그러나 정서적으로 말한다면 학문이란 외경스러우면서도 무한히 아름다운 것이며, 학자의 길은 고통스러우면서도 기쁘고 즐거운 것임을 말해야겠다. 이른바 군자삼락(君子三樂)이 그 안에 있는 것이다. 그렇지만 학문에는 비정하고 가혹한 일면이 있음을 함께 경계해 두어야겠다. 학문은 경박함과 게으름과 불성실을 용납하지 않는다.

이 책에 좋은 글을 실으신 선생님들께 경의를 표하고 아울러 이 책을 통하여 학문의 장도에 오르는 젊은이들의 앞날에 영광과 축복이 가득하기를 기원하면서 끝을 맺는다.

1996. 6

차례

Natural science

지연 과학

Art & Culture

문화 예술

인문 과학
Humanity

철 학
Philosophy

최동희 / 고려대학교 철학과 명예 교수

그리스어인 '필로소피아(Philosophia)'를 한자로 옮긴 것이 '철학' 이다. 필로소피아는 지혜(슬기)를 뜻하는 '소피아(Sophia)'와 사랑함을 뜻하는 '필레인(Philein)'의 두 낱말로 되어 있다. 그러므로 철학은 '지혜를 사랑함'을 뜻한다. 지혜를 얻어 내는 것이 아니라 지혜를 그리워하고 지혜를 향해 최선을 다한다는 뜻이다.

철학의 기원
▷ 신화적인 것으로부터 논리적인 것으로

<u>사람은</u> 누구나 모든 것을 환히 알 수 있는 능력, 곧 지혜를 가질 수 없다는 생각이 필로소피아라는 말 속에 깔려 있다.

이렇게 사람의 운명을 잘 알고 오직 지혜를 사랑하는 데에만 온 힘을 다하는 것이 철학이다. 이러한 철학이 그리스에서 시작된 것은 기원 전 6세기쯤부터라고 한다. 그러나 '지혜를 사랑할 뿐' 이라는 자각을 가지고 제대로 철학을 하게 된 것은 소크라테스(Socrates)부터라고 한다.

이렇게 그리스에서 철학이 시작되었다는 것은 사람들의 관심이 신화(Mythos)로부터 이치(Logos)로 옮아 갔다는 것을 뜻한다. 그리스 사람들이 말하는 로고스는 모든 사물 속에 있는 논리적인 것, 곧 이치를 뜻한다. 그 동안 사람들은 갖가지 신들의 이야기를 통해 사물들을 이해하여 왔다.

그러나 이제는 사물들 속에 있는 한결같은 이치를 통해 사물들을 있는 그대로 이해하려고 하였다. 사물들을 꿰뚫고 있는 이치를 찾아내기 위해 어떤 사물의 근거를 따져야만 했다. 이것을 논증이라고 한다. 이렇게 논증을 거치지 않는 주장은 독단이라고 한다.

말하자면 신화로부터 이치로의 방향은 마침내 독단으로부터 논증으로의 방향에 이르고 만다. 이처럼 끊임없는 논증을 통해 사물들의 마지막 본질을 밝히려는 것이 철학의 목표다.

고대

밀레투스 학파
탈레스(BC 624~546)
아낙시만드로스
(BC 610?~528?)
아낙시메네스
(BC 585?~528?)

피타고라스 학파
피타고스〈구파〉
피타고라스
(BC 571?~497?)의
제자들〈신파〉

헤라클레이토스(BC
540?~480?)와
그 제자들

엘레아 학파
크세노파네스
(BC 565?~470?)
파르메니데스
(BC 515?~445?)
제논
(BC 335?~263?)

다원론자들
엠페도클레스
(BC 482?~423?)
아낙사고라스
(BC 500?~428?)
데모크리토스
(BC 460?~350?)〈원자론〉

신플라톤주의
(로마 제정 시대)
플로티노스
(AD 205?~270?)
포르피리우스
(AD 232~305)

회의론파
(헬레니즘 시대)
퓌론
아이네시데모스

에피쿠로스 학파
(헬레니즘 시대)
에피쿠로스
(BC 342?~ 270?)
메트로도르

스토아 학파
(헬레니즘 시대)
제논
클레안테스
(BC 331?~AD 232?)
크리시스포스
(BC 279?~206?)

아테네 철학
소크라테스
플라톤
아리스토텔레스
(BC 384~322)

소크라테스
(BC 470?~399?)

플라톤
(BC 427?~347?)

중세

교부들의 철학
아우구스티누스
보에티우스

스콜라 철학
안셀무스〈초기〉(1033~1109)
토마스 아퀴나스,
둔스 스코투스〈전성기〉
윌리엄 오컴(1280?~1349),
니콜라우스 쿠사누스〈말기〉

아우구스티누스
(354~430)

아퀴나스
(1224~1274)

근대

대륙의 합리론
데카르트
스피노자(1632~1677)
라이프니츠
(1646~1716)

영국의 경험론
홉스(1588~1679)
로크(1632~1704)
흄(1711~1776)

독일 관념론
칸트
피히테(1762~1814)
셸링(1775~1854)
헤겔

데카르트
(1596~1650)

칸트
(1724~1804)

헤겔
(1770~
1831)

현대

신칸트학파
마르부르크파
코엔(1842~1918)
나토르프
카시러
(1874~1945)

서남독일파
빈델반트
리케르트
(1863~1936)
라스크
(1875~1915)

삶의 철학
쇼펜하우어
(1788~1860)
니체(1844~1900)
딜타이(1833~1911)
베르그송
(1859~1941)

현상학파
후설(1859~1938)
셸러(1874~1928)

실존의 철학
야스퍼스
하이데거(1889~1976)
사르트르(1905~1980)

논리실증주의
슐리크(1882~1936)
비트겐슈타인
(1889~1951)
라이헨바호
(1891~1953)
카르나프
(1891~1970)

실용주의
퍼스(1839~1914)
제임스(1842~1910)
듀이(1859~1952)

야스퍼스
(1883~1969)

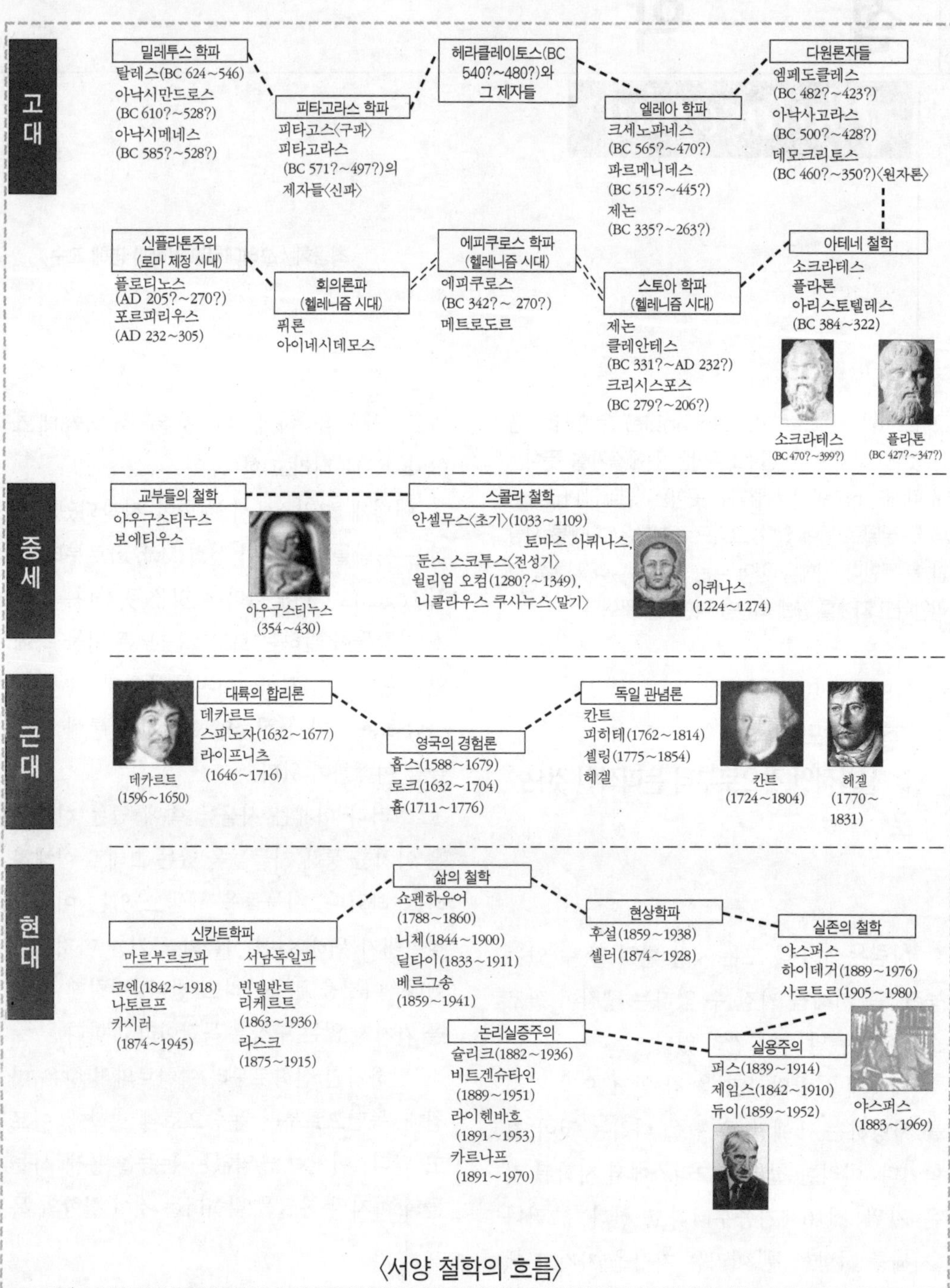

〈서양 철학의 흐름〉

고대의 철학
▷ 그리스인의 정신 생활을 바탕으로 한 철학

1. 소크라테스 이전의 철학

그리스에서 철학이 시작된 것은 기원 전 6세기께 활동한 탈레스(Talas) 때부터다. 그가 만물의 근원을 물이라고 하자 이어 만물은 '무한한 것' 혹은 공기로 되어 있다고 하는 사람들이 나타났다. 이것이 이오니아의 자연 철학의 시작이다.

그 뒤 피타고라스(Pitagoras)는 수학 · 음악 · 천문학 연구를 통해 마침내 수(數)가 만

소크라테스에서부터 "지혜를 사랑할 뿐"이라는 자각을 가지고 제대로 된 철학을 하기 시작하였다.

물의 근원이라 했다. 그는 수를 어떤 신비한 존재라고 생각했다. 조금 후 등장한 헤라클레이토스(Herakleitos)는 "만물은 흐른다"고 하여 끊임없는 변화가 만물의 참모습이라고 했다. 그러나 파르메니데스(Parmenides)는 알고 보면 만물은 조금도 변하지 않는 하나의 전체로서만 존재할 뿐이라고 했다.

이리하여 기원 전 5세기 중기쯤에는 그리스에서 한편으로는 만물의 끊임없는 변화를 주장하고 한편으로는 만물의 불변적인 존재를 주장하게 되었다. 또한 만물의 참된 모습은 순수한 사고(이성)에 의해서만 알 수 있고 잘못된 앎은 감각에서 말미암는 것이라고 주장되었다. 이렇게 되자 변화하는 형상(겉모습)과 불변적인 존재(참모습)를 다같이 인정하고 그 관계를 밝히려는 사람들이 나타났다. 엠페도클레스(Empedokles)는 흙, 물, 공기, 불의 네 가지 뿌리는 만물의 불변적인 존재라 하고 니들이 모이면 만물이 생기고 흩어지면 만물이 사라진다고 하였다. 마침내 데모크리토스는 불변적인 존재를 무수한 원자(Atom)라 하고 이들의 운동에 의해 만물이 생성 · 변화 · 소멸을 거듭한다고 했다. 이것이 그리스의 원자론이다.

2. 소크라테스 이후의 철학

그리스에서 철학이 시작된 뒤 한동안은

그 연구의 대상이 주로 자연이었다. 그래서 자연 철학이라고 불리우지만 여기에는 자연 과학도 포함되어 있었다. 기원 전 5세기 후반쯤에 소피스트(슬기로운 사람)들이 나타나 주로 인간의 문제를 다루었다. 깊이 있는 철학이 아니라 주로 도덕·정치·웅변 같은 것을 가르쳐 주고 살아가는 뜨내기 철학자들이 곧 소피스트들이다.

프로타고라스(Protagoras, BC 490?~414?)는 인간이 만물의 잣대라고 하였다. 이것은 사람마다 만물을 보는 기준이 다르다는 뜻으로, 객관적인 진리를 부정하는 상대주의인데 소피스트들은 모두 이러한 경향이 짙다.

이에 대해 소크라테스는 언제 어디서나 통하는 객관적인 진리와 가치가 있다고 믿었으므로 이 진리와 가치를 위해 온 힘을 다하였다. 이리하여 참된 앎과 가치, 곧 지혜에 대한 사랑이 소크라테스에 의해 비로소 튼튼히 뿌리를 내렸다. 철학다운 철학이 여기서부터 시작되었다.

▲ 아리스토텔레스는 사람의 이데아의 세계가 현실의 세계 속에 함께 있다고 생각하였다. 그리고 이렇게 사물 속에 있는 이데아를 그는 형상(Eidos)이라고 하였다.

그동안 사람들은 갖가지 신들의 이야기를 통해 사물들을 이해하여 왔다. 그러나 그리스인들은 사물들 속에 있는 한결같은 이치를 통해 사물들을 있는 그대로 이해하려고 하였다. 사물들을 꿰뚫고 있는 이치를 찾아내기 위해 어떤 사물의 근거를 따지는 것을 논증이라 한다. 철학의 목표는 끝없는 논증을 통해 사물들의 마지막 본질을 밝히려는 것이다.

플라톤(Platon)에 의해 비로소 참된 앎과 가치에 대한 깊고 짜임새 있는 연구가 이루어졌다. 그는 생겨남과 사라져 감이 거듭되는 이 현실적인 사물들을 넘어선 아주 불변적인 존재가 있다고 하였다. 그것이 바로 이데아(Idea)인데 사물들의 큰 영역에 따라 그 이데아도 다르다. 곧 아름다운 사물들을 아름답게 하는 불변적인 존재가 미의 이데아이고 사람들을 사람이게 하는 불변적인 존재가 인간의 이데아이다. 미의 이데아가 사물을 아름답게 하는 원형이고 모든 아름다운 사물들은 다같이 오직 하나인 미의 이데아를 본뜬 것이다.

이렇게 사물들의 영원한 본질이 곧 그 사물들의 이데아다. 그리고 또 이데아들을 이데아이게 하는 최고의 이데아가 곧 선 자체의 이데아다. 이 선 자체의 이데아가 최고의 가치이고 이것을 아는 것이 최고의 앎이다. 물론 이데아가 참된 가치이고 이데아를 아는 것이 참된 앎이다.

▲ 아테네 아고라에 있는 스토아 포이킬레(채색주랑). 개조(開祖)인 제논이 이곳에서 가르쳤기 때문에 그 제자들을 '스토아 학파(주랑의 사람들)' 라 하였다.

이와 같이 플라톤은 소크라테스를 마음의 스승으로 삼고 그 뜻에 따라 참된 가치와 앎을 매우 깊게, 매우 체계적으로 밝혀 놓음으로써 후세에 크나 큰 영향을 끼쳤다.

아리스토텔레스(Aristoteles)는 20여 년 동안 스승으로 받든 플라톤을 드디어 비판하고 독자적인 철학을 내세웠다. 플라톤은 생겨났다가 사라져가는 덧없는 사물들을 멀리 넘어선 이데아들의 세계가 참된 세계라고 했다. 따라서 덧없는 현실 세계와 영원히 변하지 않는 이상적인 이데아의 세계가 따로 뚝 떨어져 있게 된다.

이에 대하여 아리스토텔레스는 이데아의 세계가 현실의 세계를 떠나 따로 있는 것이 아니고 바로 현실 세계 속에 함께 있다고 생각하였다. 곧 사람들 속에 있는 사람들의 본질이 사람의 이데아라고 생각했다. 이렇게 사물 속에 있는 이데아를 그는 형상(Eidos)이라고 하였다. 그에 따르면 사람들 속에 있는 형상이 곧 사람의 영혼이다. 그리고 사람들은 그 영혼 밖에 육체도 갖추고 있는데 이것을 질료라고 한다. 이렇게 모든 사물은 형상과 질료로 되어 있고 질료는 형상을 향해 움직인다.

그러나 이렇게 2원론적인 플라톤을 비판하는 아리스토텔레스도 결국 플라톤으로 되돌아간다. 그는 최고의 형상은 질료가 없는 순수형상(모든 것을 움직이면서 스스로는 움직이

추천 도서

1. 《향연》, 플라톤, 조우현 역
2. 《데카르트》, 최명관
3. 《윤리》, 최동희
4. 《철학개론》, 최동희

지 않는 신)이라고 하는데 이것은 질료를 갖춘 만물과 확실히 구별되는 것이기 때문이다.

3. 헬레니즘 시대와 로마 제정 시대의 철학
— 삶과 믿음을 위한 철학

<u>알렉산드로스</u> 대왕이 세운 세계 제국이 그 후계자들에 의해 분할된 채 300여 년 동안 이어졌다. 이 헬레니즘 시대에 사람들은 저마다 제 행복을 찾아야만 했다. 이 시대를 대표하는 철학 가운데 하나가 스토아 학파다. 여기서는 냉철한 이성이 가리키는 의무에만 따르고 모든 감정이나 욕망을 막아야 한다고 가르쳤다. 여기서는 바깥의 어떠한 영향에도 마음이 흔들리지 않는 제 나름의 삶을 내세웠다. 이런 점에서 금욕주의로 알려져 온다.

이에 대하여 에피쿠로스 학파는 쾌락만이 인생의 참된 목적이라고 하였다. 그러나 오래 이어질 수 있는 쾌락이 참된 행복인데 이것은 곧 '마음의 고요(Atraxia)'라고 가르쳤다.

헬레니즘 시대에 이어 로마의 세계 제국이 들어섰다. 그런데 그 정치 밑에서는 사람들이 더욱 불안하게 되어 이 세상에서는 행복을 바랄 수 없었다. 크리스트 교가 3세기 초에 로마 제국에 받아들여진 것도 이러한 사정 때문이다. 이 시기를 대표하는 철학이 신플라톤주의다.

이것을 가장 잘 나타낸 플로티노스 (Plotinos)는 만물과는 아주 다른 오직 하나뿐인 절대자로부터 모든 것이 흘러나왔다고 하였다. 곧 오직 하나뿐인 절대자로부터 정신, 영혼, 물질이 차례로 흘러 나와 멀어져감에 따라 더욱 불완전한 것으로 된다고 하였다. 이것을 유출설이라고 한다. 사람은 흘러나온 방향을 거슬러 올라가야 한다. 사람의 영혼은 육체, 감각, 욕망을 벗어나 정신의 경지로 오를 수 있고 여기서 다시 뛰어넘어 절대자와 하나가 되는 '신비적인 일치'의 경지에 이를 수 있다. 이러한 경지를 무아경(Ekstasis)이라 하며 이것은 인간으로서는 최고의 성스러운 경지라고 하였다. 이런 점에서 신비주의다.

중세의 철학
▷ 믿음을 위한 철학

<u>서양의</u> 중세 철학은 크리스트 교 철학이다. 크리스트 교를 믿는 사람들이 그 신앙을 위해 그리스 철학을 받아들여 전개한 철학이기 때문이다. 그러나 다시 크리스트 교 신앙을 전제하지 않는 철학이 나타났는데 이것이 근대 철학이다.

근대 철학은 고대 철학처럼 크리스트 교를 전제하지는 않지만 크리스트 교와의 관계는 직접 또는 간접으로 품고 있다. 중세 철학은 교부 철학과 스콜라 철학으로 나누어진다.

1. 교부들의 철학

처음으로 크리스트 교의 교회를 세우는 데, 그리고 교리를 확립하는 데 공이 큰 사람들을 '교회의 아버지(교부)'라 한다. 가장 대표적인 교부는 아우구스티누스(A. Augustinus)인데 그는 그 동안 확립된 크리스트 교의 교리를 그 자신의 종교적인 체험과 플라톤 철학을 바탕으로 하여 생생하고도 튼튼하게 다졌다.

그는 신을 만물 위에 멀리 떨어져 있는 절대적인 존재라고 하였다. 그러나 만물이 바로 신을 닮았기에 사람은 신을 나름대로 알 수 있다. 이러한 절대적인 신이 만물을 창조하고 다스린다. 사람은 본디 나쁜 일을 하지 않을 수 없으므로(원죄 때문에) 스스로의 노력으로는 구원을 받을 수 없다. 신의 사랑에 의해서만 구원될 수 있을 뿐이라고 한다.

2. 스콜라 철학

이 말은 중세 크리스트 교 교회와 수도원에 딸려 있던 학교(뒤에 중세 대학으로 바뀜.)에서 가르치던 학자들의 철학이라는 뜻이다. 그 연대는 9세기로부터 15세기에 걸쳐 있다. 이 철학을 가장 잘 대표하는 것은 바로 아퀴나스(T. Aquinas)의 철학이다.

그는 아리스토텔레스의 철학을 잘 받아들여 크리스트 교 철학을 멋지게 체계화함으로

써 스콜라 철학의 최고봉을 이룩하였다. 그는 신앙과 이성(지성) 사이에 통일된 조화가 있다는 것을 밝히는 데 힘썼다. 성서의 진리는 신의 '사랑의 빛'을 바탕으로 하고, 철학의 진리는 '이성(자연)의 빛'을 바탕으로 하고 있으므로 이 두 영역은 확연히 구별된다. 그러나 서로 대립되는 것이 아니고 서로 돕고 도움 받는 관계라고 힘있게 설득하였다.

근대의 철학

아퀴나스는 철학과 신학의 조화를 밝히고자 힘썼다. 그러나 그 차이와 한계가 점점 밝혀지게 되자 오히려 철학과 신학은 서로 갈라지게 되어 스콜라 철학이 무너져 갔다. 이래서 다시 철학이 신학으로부터 독립해 그리스

철학에 가까워졌다. 이것이 근대 철학인데 이것은 근대의 자연 과학을 바탕으로 하기 때문에 그리스 철학도 아득하게 넘어섰다.

그리스 철학(고대 철학)과 중세 철학은 그 자체로 있는 것, 곧 '존재'를 알고 그 존재와의 관계를 바로잡는 데 인생의 목표를 두었다.

그러나 근대 철학은 존재를 어떻게 알 수 있느냐는 문제, 곧 '앎(인식)'의 문제를 풀려고 하였다. 근대의 수학과 자연 과학이 누구나 믿을 수 있는 지식이므로 이런 지식이 어떻게 가능한가를 밝히기만 하면 되기 때문이었다. 이러한 앎의 철학이 합리론과 경험론으로 나뉘어 전개됐다.

1. 합리론

<u>근대</u> 합리론은 데카르트(R. Descarte)로부터 시작되었다. 그에 따르면 우리의 생각하는 능력은 결코 의심할 수 없다. 바로 의심하는 것이 생각하는 능력이기 때문이다. 그렇다면 생각하는 능력(사고)의 뿌리가 있어야 한다. 따라서 그 뿌리 곧 정신이 있다는 것은 조금도 의심할 수 없다. 정신의 존재는 확실하다. 그는 또 물체의 존재도 증명하였다. 마침내 그는 이 세계는 그 속성이 아주 다른 정신과 물체로 되어 있다고 보았다. 정신의 속성은 사고(생각함)이고 물체의 속성은 공간에 자리잡고 있는 것(연장)이라고 한다. 이것이 그의 철저한 이원론이다.

이 이원론의 어려움을 극복하기 위해 스피노자(B. Spinoza)의 일원론이 나타났다. 그는 신만이 오직 하나의 실체이고 정신과 물체(연장)는 신의 두 속성일 뿐이라고 했다. 이 일원론의 어려움을 넘어서기 위해 라이프니츠(G. W. Leibniz)의 다원론이 나타났다. 만물의 마지막 단위인 단자(Monad)는 어떤 정신적인 본성을 갖추고 있다는 점에서 물질적인 본성을 갖춘 원자와 다르다. 이러한 무수히 많은 단자들로 만물이 이루어졌다고 하는 것이 그의 다원론이다. 정신적인 원자가 단자인 셈이다.

2. 경험론

합리론이 정신의 작용인 사고에 의해 만물을 인식하는 데 비하여 경험론은 육체적인 감각(경험)에 의해 만물을 인식하려고 한다. 로크(J. Locke)는 사람이 태어나 경험하기 이전에는 그 마음은 백지와 같다고 하였다. 사람의 감각(외적·내적인 감각)에 의해 단순한 관념들(달다·희다·둥글다와 같은 관념)이 얻어지고 이들이 결합해 복합 관념(정신, 물체, 양상, 관계 같은 관념)이 생긴다. 이렇게 그에 따르면 모든 것이 감각(경험)에서 말미암은 것이다.

흄(D. Hum)은 모든 관념이 직접의 경험인 인상(Impression)에서 말미암는다고 하였다. 직접 보고 듣고 맛보는 따위의 인상이 모든 관념에 앞선다는 것이다. 그리고 관념과 관념의 결합을 관념의 연상이라고 하는데, 원인과 결과도 두 관념(원인 관념과 결과 관념)의 습관에 의한 연상일 뿐이다. 이렇게 자연 과학에서 말하는 인과 관계도 사람들의 습관에 의한 연상이므로 객관성이 없다는 것이다. 이런 점에서 회의주의라고 불리운다.

3. 칸트의 비판론

칸트(I. Kant)는 합리론에서 말하는 사고와 경험론에서 말하는 감각은 우리 인식의 기본적인 두 요소라고 하였다. 감각에 의해 자료가 주어지고 사고에 의해 형식이 적용되어 경험이 이루어진다. 경험(인식)의 자료는 외부에서 말미암지만 형식(직관 형식·사고 형식)은 우리 인간 속에 갖추어져 있다. 곧 경험한다는 것은 자료에 우리 경험의 형식을 적용해 경험되는 세계를 구성하는 것이다.

이렇게 칸트는 경험을 '자료에 형식을 적용해 경험의 대상들을 구성하는 활동'이라고 본다. 따라서 경험적인 세계는 우리 인간의 공통적인 주관 형식에 의해 구성된 현상 세계인데 이 세계에서 우리 주관 형식(시간과 공간, 12범주)이 객관적인 법칙으로 통해 있다. 곧 자연의 입법자는 바로 우리 인간이라는 것이다. 이것이 바로 근대 계몽주의 정신이다.

현대의 철학

합리론과 경험론을 비판적으로 종합한 것이 칸트의 비판론이다. 합리론의 사고나 경험론의 감각은 다같이 지성에 딸려 있는 작용이다. 이를테면 근대 철학은 지성(감각과 사고)만으로 세계를 밝히려는 메마른 의지를 드러낸 셈이다. 분석과 종합만을 일삼지 말고 직관과 체험으로 사물의 생명을 이해해야 하지 않을까? 이렇게 의지·체험·직관·감정 같은 것을 통한 온 생명의 외침에 귀를 기울이려고 하는 것이 현대 철학의 방향이다. 따라서 지성도 인간의 살아 있는 도구인 언어를 통해 새로 이해한다.

1. 삶과 실존의 철학

딜타이(W. Dilthei)는 온 생명의 활동인 체험을 통해 생명의 활동을 '이해하는 것' 곧 '삶이 삶을 되살피는 것'이 정신 과학이라고 하였다. 이것은 지성이 '자연을 설명하는 것'과는 매우 다르다는 것이다. 베르그송(H. Bergson)은 직관(Intuition)을 통해 사물의 내적인 생명과 함께 울려야 한다고 외쳤다. 이렇게 그는 직관을 사물의 생명과의 공명(맞울림, 동정)이라고 하였다. 세계의 내적인 본질은 '생명의 약동(élan vital)'이므로 이것은 우리의 온 생명의 활동인 직관에 의해서만 이해할 수 있다는 것이다.

하이데거(M. Heidegger)는 우리 인간의 있는 그대로의 존재를 저마다의 실존(Existence)이라고 하였다. 사람은 본래 저마다의 실존인데 일상적인 삶에서는 늘 이것을 외면하고 제 본래적인 존재로부터 도피하고 만다는 것이다. 매우 드물게 있는 '불안(Angst)'이라는 체험에서만 '죽음 앞에 서 있는 자기의 본래적인 존재'를 회복하고 새로운 결단을 할 수 있다는 것이다.

사르트르(J. P. Sartre)는 인간의 본질은 인간의 실존 뒤에 온다고 하였다. 곧 인간의 실존은 그 본질을 스스로 만들어 나가야 하는 절대적인 자유이므로 실존 그 자체가 불안의 대상이라고 하였다. 자유와 창조 앞에서의 현기증이 불안이다.

2. 실용과 언어의 철학

제임스(W. James)는 관념이나 지식은 그 실용이 증명될 때만 의미가 있고 따라서 참이라고 하였다. 예컨대 하나님이 있다고 하는 것이 실제 삶에 좋은 결과를 가져온다면 하나님이라는 관념은 참이라고 한다. 관념과 지식은 결국 우리 삶을 위한 도구이기 때문이다. 이래서 실용주의라고 불리운다.

듀이(J. Dewey)는 관념과 지식은 모두 삶의 도구라는 것을 강조하여 도구주의를 내세웠다. 물론 이것도 실용주의에 속해 있다.

논리실증주의(Logical positivism)는 철학의 본분은 우리 언어, 특히 과학의 언어를 논리적인 측면에서 엄밀히 밝히는 데 있다고 본다. 그렇게 함으로써 종래의 모든 철학(형이상학)을 비판하고 과학의 발전에 이바지할 수 있다는 것이다. 형이상학의 비판에 있어서도 그 주장하는 내용(명제)이 경험적으로 의미 없는 말이라는 것만 밝히면 된다는 것이다. 예컨대 "신이 존재한다"는 주장은 이 말이 경험적으로 증명할 수 없기에 의미 없는 주장이라는 것이다. ♣

역 사 학
History, Historography

박성수 / 정신문화연구원 교수

역사라는 말에는 '역사 그 자체'라는 의미 외에 '역사의 기록'이란 의미가 있다. 여기서는 역사라는 말을 후자의 뜻으로 사용하겠다.

고대 · 중세의 역사학

<u>역사의</u> 기록은 처음 구두로 시작되었고 이야기로 시작되었다. 즉 할아버지가 손자에게 들려주는 옛날 이야기로 시작된 것이다. 지금도 시골에 가면 많은 구전 전설이 전해오고 있고 아직 문자로 적혀 있지 않은 경우가 많다.

문자의 발명과 동시에 역사는 문자로 기록되어 후세에 전해지게 되는데 이 때를 흔히 역사 시대의 시작이라 한다. 지금 집집마다 보존되어 있는 족보도 최초의 역사 기록의 하나로 꼽힌다. 또 문자의 발명과 더불어 국가가 발생하는데 그 나라의 집권자들은 자기들의 족보를 만들어서 권력의 정당성을 입증하려 하고 나아가서는 《장서각문서》나 《왕조실록》과 같은 방대한 역사 기록을 남겨 이를 정사(正史)라 했다. 이러한 기록을 관찬사서(官撰史書)라 하며 개인이 쓴 사서〔私撰史書〕와 차별하였다.

그러나 오늘날 훌륭한 명저로 알려지고 있는 역사서는 관에서 기록한 것보다 개인이 기록한 것이 더 많다. 이유는 관찬사서가 정치적 영향을 받아 편파적으로 기록한 것이기 때문이다. 개인이 쓴 역사서로서 유명한 것은 그리스의 헤로도투스(Herodotus)가 쓴 《역사》를 들 수 있고, 동양에서는 중국의 사마천이 쓴 《사기(史記)》를 들 수가 있다. 그 밖에도 이슬람의 이븐 칼둔(Ibn – Khaldun)이 쓴 《역사서설》이 있는데 그리 알려지지 않은 중요한 역사서이다.

우리 나라에서도 고조선 때 《신지비사(神誌秘詞)》라는 역사서가 있었다고 전해지는데, 현존하지 않아 자세한 내용을 알 길이 없고

	서 양	동 양	우 리 나 라
고대·중세	헤로도투스 (그리스, BC 484?~425?)	사마천 (중국, BC 145?~86?) 이븐 칼둔(사라센, 1332~1406)	신지(神誌) 김부식 일연(1206~1289)
근대	랑케(독일, 1795~1886) 부르크하르트(스위스, 1795~1886)		박은식 (1859~1925) 신채호 (1880~1936)
현대	로빈슨(미국) 내미어(영국) 루시앙 페브르(프랑스) 마르크 블로흐(프랑스)		

〈역사학의 흐름〉

다만 김부식이 쓴 《삼국사기》와 일연의 《삼국유사》가 남아 있을 뿐이다. 모두가 고려 시대의 작품이다.

근대의 역사학

오늘의 역사학이 성립된 것은 19세기 이후의 일이다. 그 이전에는 역사가 단순한 연대기나 족보 또는 소설로 쓰였거나 거창한 철학이나 신학 이론 속에 종속되어 있었다. 그러다가 19세기에 역사가 과학의 한 분야로 성립되는데 거기에는 독일의 역사가 랑케(R. Ranke)의 역할이 컸다.

19세기 초 베를린 대학을 중심으로 성장하기 시작한 랑케의 근대 역사학은 19세기 후반에 유럽과 아시아 여러 나라로 확산되어 전 세계에 영향을 끼쳤다. 랑케의 역사학은 먼저 프랑스, 영국, 미국 등 가까운 여러 나라로 확산되더니 이어 우리 나라, 일본 등 아시아 각국에까지 번져 왔다. 랑케 사학은 각국의 전통 역사학을 붕괴시키는 동시에 역사학을 근대화하고 과학화하는 데 기여했다.

모든 과학은 관찰(눈으로 보는 것)에서 시작된다. 역사학도 과학인 이상 명상(생각하는 것) 아닌 관찰에서부터 시작되는데 역사적 관찰은 지난날의 역사에 대한 간접적 관찰일 수밖에 없다. 간접적 관찰은 역사적 자료, 즉 사료를 통한 관찰이다. 사료 없이 역사는 없다. 그래서 역사가는 먼저 사료를 발견하여야 한다. 사료의 종류에는 여러 가지가 있는데 먼저 문서가 있으며 그 이외에 유물, 유적이 있고 구전 자료, 녹음 테이프, 비디오 테이프 등도 있다. 그러나 어떤 종류의 사료이건 증거 능력이 있고 없는 차이가 있으며 증거 능력에 강약이 있다. 증거 능력이 강한 것을 원사료(原史料)라 하고 약한 것을 2차 사료 또는 3차 사료라고 한다.

사료의 증거 능력을 검증하는 것을 사료 비판이라 한다. 문서가 사료인 경우 그 문서의 진위를 가려내야 한다. 위조 문서와 변조 문서가 많기 때문이다. 가짜가 아니라 진짜 문서인 경우에도 문서 작성자나 집필자가 얼마나 진실을 기록하고 있는가를 의심하여야 한다. 집필자의 이해 관계나 외부의 압력 또는 동정 따위로 인하여 진실을 왜곡할 때가 많다. 이런 모든 문서의 결함을 검증한 다음에 역사를 서술하게 되는 것이다.

역사의 서술에도 일정한 틀과 원칙이 있다. 소설이나 시를 쓰듯 필자의 감정을 드러내서도 안 되고 사실을 과장해서도 안 된다. 되도록 객관적 사실을 정확히 표현해야 하기 때문에 '언제 어디서 누가…' 하는 식의 6하 원칙에 따라 공정하고 정확하게 써야 하는 것이다.

현대의 역사학

랭케 사학의 구호는 "그것이 본래 있는 그대로(Wie es eigentlich gewesenist)"라는 말 속에 잘 나타나 있다. 그러나 20세기에 들어서면서 있는 그대로 역사를 기록한다는 것은 거의 불가능하다는 사실이 밝혀졌다. 아무리 역사를 공정하고 정확하게 기술한다 하더라도 역사가의 비판과 평가, 즉 역사가의 주관이 개입되기 마련이라는 것이다. 그래서 역사는 계속 다시 쓰고 다시 쓰는 것이 되었다. 뿐만 아니라 역사학은 단순한 박식(博識)이 아니라 무엇인가 역사 속에 담긴 의미를 찾고자 노력하는 학문이다. 아무리 많은 사실을 안다 하더라도 그것들을 엮어서 하나의 체계 속에 정리하지 못했을 때 그것은 사실들의 나열이요 퇴적일 뿐이라는 것이다. 그래서 랭케 사학은 고증학에 지나지 않는다는 비판이 나오게 되었다. 뿐만 아니라 랭케 사학은 정치사에만 치우쳤다는 비판을 받게 되었다.

즉 랭케 사학은 첫째 군사·정치·외교 중심의 국가사(國家史)였다. 둘째 문헌 고증주의 역사학이었다. 셋째로 사건사의 설화식

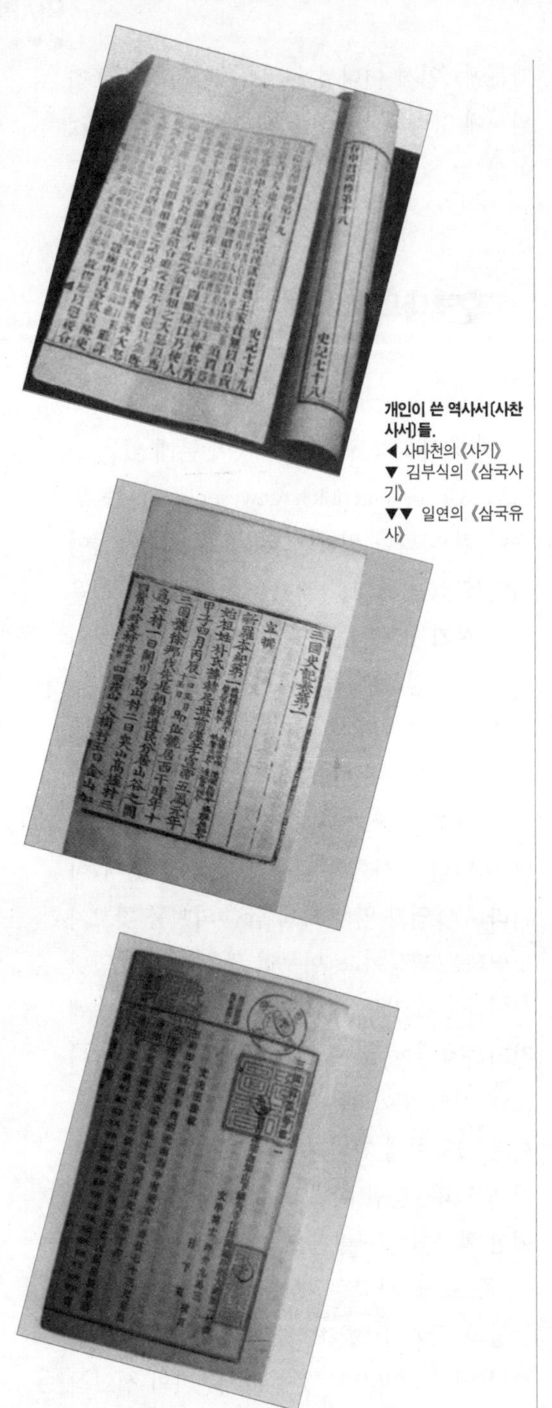

개인이 쓴 역사서(사찬 사서)들.
◀ 사마천의 《사기》
▼ 김부식의 《삼국사기》
▼▼ 일연의 《삼국유사》

역사였다. 다시 말하면 그것은 국가 숭배, 문헌 숭배, 사건 숭배의 역사학이었던 것이다. 랑케 사학에 있어서는 사회와 민중은 무시되고 분석과 설명은 훗날의 과제로 미루어졌다. 이와 같이 랑케 사학의 잘못은 너무나 뚜렷하였고 새로운 시대적 상황에도 맞지 않는 것이 되었다. 그래서 역사학을 20세기라는 새 시대의 상황과 요구에 맞추고 그 오류를 제거하려는 운동이 일어났다. 이것을 구사학에 대신하는 신사학 운동이라 하였다. 이 운동은 20세기 초에 일어나 오늘날까지도 계속되고 있다.

또 하나 오늘의 역사학을 이해하기 위해서는 최근 몇 년 전에야 끝난 동서 냉전 속에서 두 개의 대립되는 역사학이 만들어졌다는 사실이다. 자유주의와 사회주의 역사학이 그것이다.

얼마 전까지만 하더라도 이 작은 지구촌은 자유주의와 사회주의의 두 구역으로 나뉘어 있었다. 그래서 세계 제패를 노리는 두 국가군이 자유주의와   사회주의라는   두 이데올로기를 위하여 싸웠으며 역사학도 두 이데올로기와 밀접한 관계를 맺을 수밖에 없었다. 앞에서 말한 구사학과 신사학은 자유주의 역사학의 범주에 속했다. 왜냐하면 두 역사학은 혁명을 주장하지 않았다. 기껏해야 개혁을 주장할 뿐이다. 그러나 공산주의 역사학은 기성 체제인 자본주의의 타도를 외치면서 성립된 혁명 역사학인 것이다.

이제 이상과 같은 여러 관점에서 오늘의 역사학계를 크게 3등분하여 본다면 ① 공산주의 또는 사회주의 역사학, ② 랑케의 근대 역사학, 즉 구사학 그리고 ③ 신사학으로 구분된다. 다시 말해서 구사학은 보수주의, 신사학은 개혁주의, 사회주의 역사학은 혁명주의 이데올로기의 역사학에 입각해 있다고 할 수 있다. 따라서 이상의 세 역사학은 제각기 자신의 정치 이데올로기와 운명을 같이하게 되어 있다. 우리 나라 역사학계에 있어서도 이같은 세계의 추세를 따라 크게 세 파로 갈려 있다.

각국의 신사학

앞에서 근대 역사학을 구사학이라 이름 지었으나 그 결함은 첫째 정치사 중심이요, 둘째 문헌 위주요, 셋째 사건사 위주였다는 데 있다. 이러한 결점을 극복하기 위하여 신사학이 나타났는데 나라마다 다른 이름과 내용을 갖고 나타났다.

1. 신사학(미국)

미국에서 신사학이란 용어를 처음으로 사용한 학자는 로빈슨(J. H. Robinson)이었다. 그는 그의 유명한 역사 에세이집 《신사학 *The new history*》(1912)에서 신사학의 특징을 다음과 같이 요약하였다.

첫째 역사학의 목적은 우리의 당면 문제를 해결하고 우리의 미래까지도 가르쳐 주는

데 기여하여야 한다.

둘째 그러기 위해 역사학은 전통적인 정치 · 외교 · 군사사에 국한하지 말고 사상사와 정신사를 포함한 보다 넓은 영역을 연구하여야 한다.

셋째 역사 해석에는 인류학 · 사회학 · 심리학 · 경제학 등 사회 과학의 방법과 개념을 이용하여야 한다.

넷째 역사학은 시대 착오나 사상 · 제도의 불합리성을 규명하여 현재를 밝히고 현재에 그 의미를 찾아주어야 한다.

즉 역사학은 오늘의 문제 해결에 기여하여야 하기 때문에 정치 · 외교 · 군사사에서 사상사까지 포괄하는 보다 넓은 영역을 다루어야 한다. 또 역사 연구에 인접 과학인 인류학 · 사회학 · 심리학 · 경제학 등 사회 과학의 방법과 개념을 도입하여야 한다는 것이다.

당연히 미국의 신사학은 듀이의 실용주의 철학에 크게 영향을 받았다. 역사가 단순한 과거학이라면 무슨 소용이 있겠는가. 현재와 미래를 이해하고 밝혀 주는 것이 역사를 공부하는 목적이어야 한다는 것이다.

2. 내미어 사학(영국)

영국에서는 20세기 최대의 역사가로 평가받고 있는 내미어(L. B. Namier)에 의해 신사학 운동이 시작되었다. 내미어는 자신을 신사학자라고 부르지 않았지만, 그 독특한 주제와

방법 때문에 '내미어 학파(Namier school)'라는 이름을 얻게 되었다.

내미어는 역사 연구의 목적을 랑케처럼 "그것이 어떻게 일어났는가?"를 파악하는 것만으로는 부족하다고 하였다. 그는 "그 일은 왜 일어나지 않았는가?", "왜 그렇게 되지 않고 이렇게 되었는가?"를 밝히는 데까지 미쳐야 한다고 보았다. 내미어는 또 집단 전기학을 제창하였는데 그가 말하는 집단 전기란 '한 시대를 주름잡은 위인(Great man)이나 영웅들의 전기가 아니요, 혁명이나 그밖의 대사건을 주도한 거물급 인사들의 전기도 아닌, 이름 없는 평범한 사람들(Ordinary men)이나 무명인들(Lesser-known men)'의 집단 전기였다.

내미어 주의에 있어 특이한 점은, 역사에 있어서의 이념(Ideas)의 역할을 완강히 부정하는 데 있다. 그는 과거의 인간들을 사로잡은 이념이 위선이요 합리화였다고 비판하고, 이념 대신에 심리학을 도입하여 역사를 연구해야 한다고 주장하였다.

3. 아나르 학파(프랑스)

<u>프랑스에서는</u> 아나르 학파가 신사학 운동을 전개하였다. 그 선봉에 나선 학자가 페브르(L. Febure)와 블로흐(M. Bloch)였다. 페브르는 프랑스 실증주의 역사학의 특징을 다음과 같이 비판하였다.

① 구사학은 문헌 고증에만 의존하는 역사학이었다. 즉 그들은 문헌이 인간의 주관적 의식의 표현이며, 문헌 뒤에 살아 있는 인간의 존재가 숨어 있다는 사실을 망각하고 있었다. 그들은 또 민중보다 지배자, 다수자보다 소수자를 크게 다루어 지배자들을 기쁘게 해주었다. 그들은 또 문헌이 있는 5000년사만 중시하고 문헌이 없는 선사(先史) 50만 년을 무시했다.
② 전통적 사학은 역사를 사건사로 인식하여 그 심층 구조를 보지 못했고, 한번 일어난 사건들은 움직일 수 없는 확정된 사실로 인식하여 역사에 대한 역사가의 비판을 금기시하였다.

모름지기 역사가는 문헌의 고증으로만 만족할 것이 아니라 뜨거운 문제 의식을 가지고 적극적으로 과거와 대결하여야 한다. 과거와 대결하기 위해 역사가는 역사를 섬기기만 할 것이 아니라, 역사를 향해 무엇인가 물음을 던져야 한다. 묻지 않는 곳에 대답이 있을 리 없다. 문제 제기야말로 역사 연구의 시작이자 끝이다. 역사가가 문제 의식을 가지기 위해서는 과거를 향하지 말고 현재를 향해야 한다. 즉, "역사가는 결연히 과거에 등을 돌려라. 그리고 현재를 보고 생활하라. 생활에 몰두하라." 이렇게 페브르는 외쳤다.

③ 구사학은 사실(史實)의 연대순을 중시하며, 역사가의 가설을 두려워한다. 그러나 이는 잘못된 사실관 때문이다. 사실의 비연속성과 개

연성을 강조하는 신사학에 있어서는 연대순이란 일종의 우연일 뿐이다. 역사가 과거의 힘을 빌려 현재를 신격화하는 것이라면 그것은 사기다. 구사학은 또 역사적 사실을 가설에 뜯어맞추는 방법을 사실의 왜곡이라 보며, '트로이의 목마'라 매도했다. 그러나 어떤 과학자도 사실의 관찰만으로 만족하는 법은 없으며, 관찰한 사실을 해석한다. 해석하기 위해서는 문제를 제기하고 가설을 세워야 하는 것이다.

④ 전통적 사학은 성질상 이웃 학문에 대해 폐쇄적이었으나, 신사학은 개방적이다. 역사가는 지리학자인 동시에 법학자요 사회학자요 심리학자여야 한다. 그래야만 인접 학문, 특히 사회 과학으로부터 방법과 가설, 개념을 도입할 수 있는 것이다.

블로흐는 《봉건 사회 *Feudal society*》(1940)와 《프랑스 농촌 사회의 기본 성격》(1931)을 발표하였다. 페브르는 《16세기의 불신앙 문제》(1942~44)를 발표하여 아나르 학파의 큰 성과로 기록되고 있다.

이러한 두 거장의 뒤를 이어 전후에는 브로델(F. Braudel)이 《지중해와 지중해 세계》(1949)를 발표하여 아나르 학파의 업적을 더하고 있다.

신사학의 여러 분야

<u>신사학에는</u> 여러 분야가 있다. 그 가운데 가

장 핵심적이라 할 수 있는 분야가 계량사(計量史)와 심리사라 할 것이다.

1. 계량사학

계량사학(Quantitative history)은 일명 수량사학(Histoire quantitative)이라고도 불리는데, 이 분야는 1961년 파리 대학의 마르크체우스키(J. Marczewski)의 경제사 연구로 시작되었다. 그 뒤 통계학적 방법을 역사학에 도입한 계량사학은 정치사·사회사·인구사(Historical demography)·집단 전기(Collective biography, Prosopography)·지성사 등 다른 여러 분야로 번져 나가 특이한 성과를 올렸다.

2. 역사심리학

심리사학(Psycho history)은 대중의 색다른 흥미를 불러일으키고 있다. 역사는 본질에 있어 인간의 심리 현상이므로, 역사 연구에 심리학의 방법과 개념을 도입한다는 것은 지극히 자연스러운 일이다. 특히 프로이트 혁명 이후 정신분석 이론이 사회 과학을 비롯한 여러 분야에 응용되어 역사학도 그 영향을 받지 않을 수 없었다. 이미 프로이트 생존시에 역사 인물에 대한 정신 분석과 집단 심리학적 연구가 있었고, 그 뒤 수많은 인물이 분석의 대상이 되었다. 프로이트는 레오나르도 다 빈

치가 남편에게 버림받은 젊은 과부 카테리나의 아들로 태어나 어머니와의 강렬한 성애적 결합 속에 자라났다는 사실, 동성애자였던 그가 결국 무의식 속에 간직했던 어머니에 대한 사랑을 《모나리자의 미소》로 나타낸 사실을 밝혀냈다.

프로이트 이후 주로 역사가보다 심리학자들에 의해 역사적 인물과 집단에 대한 심리학적 연구가 진행되었다. 이미 1920~30년대에 도스토예프스키, 톨스토이, 루소, 괴테, 니체, 셰익스피어 등 위대한 예술가와 카이저, 링컨, 나폴레옹, 알렉산더, 루터 등 정치·종교인들이 정신 분석을 받았다.

3. 신사회사

이상과 같은 계량사학과 심리사학의 두 방법은 신사학의 다른 분야 연구에 핵심적 요소가 되고 있다. 신사회사(History of society, Societal history)가 그 하나인데, 그것은 사회학의 이론과 방법을 도입하여 사회사를 연구하는 데 그 특징이 있다. 새로운 사회사는 ① 계급과 사회 집단 연구, ② 집단 의식 및 문화사 연구, ③ 사회 운동과 사회 항의의 연구, ④ 사회 형태 변화의 연구, ⑤ 인구사와 도시사 연구 등 여러 분야를 가지고 있고, 적지 않은 성과와 문제를 제기하고 있다.

신사회사의 한 분야로 지방사와 도시사가 있고 또 신교육사 분야가 있다. 모두가 옛날

의 구사학과 다른 방법, 그리고 주제를 갖고 연구되고 있다. 그 밖에도 지성사(知性史, Intellectual history)라든지 신정치사(New political history) 그리고 여성사(Women history)가 각광을 받고 있다.

역사학의 종류

1. 일반사와 특수사

역사는 비단 사학과 학생들에게만 필요한 과목이 아니다. 그래서 대학에서는 사학과와 인연이 먼 학과에서도 교수되고 있다. 예를 들면 법과대학에서는 법제사(法制史)나 국제법사를, 경상대학에서는 경제사나 경제학설사를, 예술대학에서는 음악사나 미술사를, 신학대학에서는 교회사나 교의사(教義史)를 각각 가르치고 있다. 심지어 이공대학에서도 박물학, 즉 자연의 역사(Natural history)를 배우지 않으면 안 된다. 이렇게 각 과에서 교수되고 있는 역사를 우리는 특수사(Special

추천 도서

1. 《역사란 무엇인가》, E. H. 카아
2. 《역사를 위한 변명》, 마르크 블로흐
3. 《역사학개론》, 박성수
4. 《역사 이해와 비판 의식》, 박성수

history)라 부르고 있으며, 사학과에서의 역사를 반대로 일반사(General history)라 부르고 있다.

역사는 대학에서 이처럼 일반사뿐만 아니라 특수사까지를 포함해서 커다란 '역사학 군'을 이루고 있는 것이다.

2. 정치사와 문화사

일반사의 주제가 무엇인가 하는 문제라 할 수 있다. 이 문제에 대해서는 종래 두 가지 견해가 대립되어 왔다. 첫째는 정치사요, 둘째는 문화사라는 견해였다. 일반사는 곧 정치사이어야 한다는 견해는 근대 역사학의 아버지라 추앙되는 랑케 이후 학계에 굳어진 지배적인 견해였다.

정치사에 대신하여 일어난 견해가 곧 문화사다. 문화사를 강조한 역사가들 가운데 특히 유명한 학자는 스위스의 부르크하르트(J. Burckhardt)와 독일의 람프레히트(K. Lamprecht)였다. 이들 두 학자에 의해 제창된 문화사는 19세기 후반에 시작되어 20세기 전반까지 유럽 여러 나라에 전파되어 갔다.

3. 민족사와 세계사

역사는 민족사나 국가사로서도 교육되고 동양사나 서양사, 더 나아가서는 세계사로서도 교육된다. 19세기를 민족주의의 세기라 하

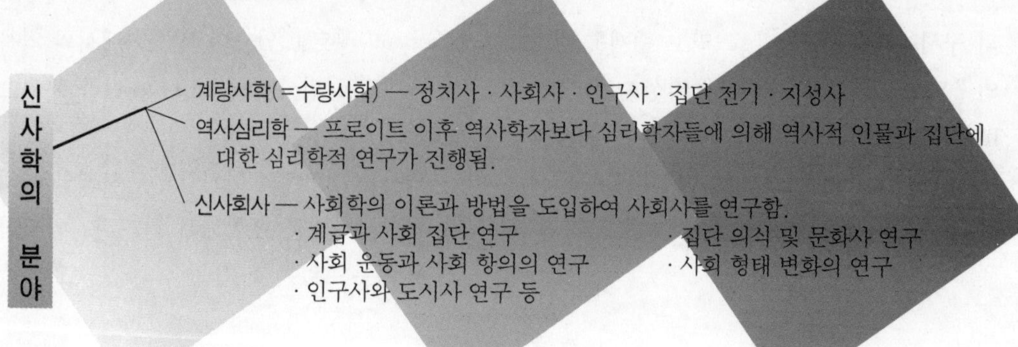

며, 역사학은 이 민족주의라는 이데올로기와 함께 성장하여 온 것이 사실이다.

서구 사상사를 돌이켜 볼 때 18세기는 세계주의의 시대였고 세계사의 시대였으나, 19세기는 민족주의의 시대였고 민족사의 시대였다. 20세기에 이르러서는 다시 세계주의와 세계사의 시대로 되돌아가고 있다.

사실 세계와 국가, 인류와 민족의 양자택일 문제는 지식인의 오랜 숙제였다. 괴테에 있어서는 독일보다 세계가 더 소중했지만 피히테에게는 독일이 더 소중했다. 옛 유학자들에게는 망국가(亡國歌)보다 망천하(亡天下)가 더 큰 변이라 생각되었다.

그러나 일제에 나라를 잃은 근대 한국 지식인에게는 국가와 민족이 지상의 가치였다. 분단된 조국에 사는 우리에게도 마찬가지다.

그러나 오늘날 세계는 하나이며 지구촌이 되었다. 옛날에는 거리와 교통 수단의 결함으로 제각기 좁은 자기 세계만을 알고 지구를 몰랐다. 오늘날 어떤 변두리 국가에서 벌어진 사건도 순수하게 내재적인 요인만으로 일어나는 일국적 현상은 없는 것이다. 우리가 먹는 음식이나 의복에서부터 생활 양식 · 사상 · 예술에 이르기까지 모두 과거의 어떤 문화 교류의 결과이다.

그러나 세계주의라는 하나의 이데올로기에 제국주의적 망상이 숨어 있듯이 세계사에도 여러 가지 망상이 들어 있다는 사실을 잊어서는 안 된다. 그 두드러진 예는 유럽 중심 사관과 대국주의적 세계사 서술이었다. 이제 "유럽 우월의 시대는 가고 세계사의 새 시대로 들어서고 있다"고는 하지만 아직도 유럽 중심의 세계사가 그 잔영을 드리우고 있으며, 대국 위주의 세계사가 가시지 않고 있는 것이다. ♣

종 교 학
History of Religion

정진홍 / 서울대학교 종교학과 교수

아득한 때부터 오늘날에 이르기까지, 그리고 어느 곳을 막론하고 인간의 삶 속에는 우리가 지금 일컫는 '종교'라고 하는 현상이 있어 왔다. 그런데 그 종교는 우리에게 익숙한 합리적인 논리나 실증적인 분석에 의하면 사실이라고 분명하게 단정할 수 없는 특이한 현상이다.

종교학의 필요성

종교는 논리적 사고로는 승인할 수 없는 주장을 발언하고, 일상성과는 다른 제의적 행위를 수행하며, 절대적인 상징적 권위를 중심으로 일정한 제도화된 공동체를 형성하는 등, 일상적인 삶의 규범에 의하면 자연스럽지 않기 때문이다. 그러나 종교는 바로 그러한 특성, 곧 초월이라든가 신성이라든가 신비라고 하는 개념으로 서술할 수 있는 그러한 현상으로 다른 어떤 삶의 현상보다 더 직접적으로 거의 절대적인 영향을 인간과 인간의 공동체

에 끼치고 있다. 종교에 의하여 개인은 실존의 의미를 터득하고, 공동체는 가치와 의미의 원천을 확보하기 때문이다.

그러나 이러한 종교 현상에 대한 우리의 지적 관심은 의외로 소박하다. 많은 사람들은 자신이 종교인인 경우, 종교에 대하여 학문적인 분석과 비판을 한다는 것은 불가능할 뿐만 아니라 불필요하다고 느낀다. 그런가 하면 처음부터 종교란 무가치하고 무의미한 현상이라고 판단하는 사람도 있다. 그러한 사람들은 바로 그러한 이유 때문에 종교에 대한 지적 관심은 비생산적이라고 느낀다.

그렇지만 종교는 결코 간과할 수 없는 중요성을 가진다. 인류의 역사를 관통하는 거의 불변하는 요소 중의 하나가 곧 종교라는 사실도 주목해야 할 일이지만, 오늘날에도 많은 사람들은 종교적 가치를 준거로 하여 삶을 살아가고 있으며, 민족과 국가간의 비극적인 충돌조차 종교간의 갈등을 그 근원적인 문제로 전제하고 있는 형편임을 우리는 주목하지 않

1. 인류학적 연구

영국학파

테일러(E. Tylor, 1832~1917)/애니미즘
마레트(R. Marett, 1866~1943)/전(前) 애니미즘
랑(A. Lang, 1844~1912)/원시 유일신론
스미스(R. Smith, 1846~1894)/공동체 현상으로써
의 제의

프랑스학파

뒤르켐(E. Durkheim, 1858~1917)/토테미즘
레비 브륄(L. Lévy-Bruhl, 1857~1939)/전(前) - 논
리적 사유
반 제넵(A. van Gennep(1873~1957)/통과제의

기타

슈미트(W. Schmidt, 1868~1954, 독일)/원유일신교
보아즈(F. Boas, 1858~1942, 독일계 미국)/문화기능
론
말리놉스키(B. Malinowski, 1881~1955, 폴란드계 영
국)/기능론
레드클리프 브라운(A. Redcliffe-Brown, 1842~
1955, 영국)/비교사회학

현대

레비 스트로스(C. Lévi-Strauss, 프랑스)/구조주의
그리츠(C. Geertz, 미국)/문화체계
더글라스(M. Douglas, 영국)/상징체계

2. 심리학적 연구

심층심리학

프로이트(S. Freud, 1856~1939, 오스트리아)/오이
디프스 콤플렉스, 강박분열증
융(C. Jung, 1875~1961, 스위스)/원형, 집단무의식

기타

분트(W. Wundt, 1832~1920, 독일)/실험심리
에반스 프리차드(E. Evans-Pritchard,
1902~1973, 영국)/복합감정
제임스(W. James, 1842~1910, 미국)/경험의 유형

3. 사회학적 연구

마르크시즘

마르크스(K. Marx, 1818~1883, 독일)/전통적 이데올
로기
그람스키(A. Gramsci, 1891~1937, 이탈리아)/휴머니즘

독일학파

베버(M. Weber, 1864~1920)/지배규범
트뢸치(E. Troeltsch, 1865~1923)/제도의 분화
토니스(F. Tönnies, 1855~1936)/이념과 계약

4. 역사-현상학적 연구

뮐러(M. Muller, 1823~1900, 독일계 영국)/비교학적 접근, 쇠데르브롬(N. Söderblom, 1866~1931, 스웨
덴)/종교경험, 오토(R. Otto, 1869~1937, 독일)/거룩함, 크리스텐슨(W. Kristensen, 1884~1953, 노르웨이계
네덜란드)/신도의 종교, 반 드 레우(G. van der Leeuw, 1890~1950, 네덜란드)/현상학, 바흐(J. Wach,
1898~1955, 독일계 미국)/종교사회학, 엘리아데(M. Eliade, 1907~1986, 루마니아)/고대존재론

〈종교에 관한 연구〉

으면 안 된다.

종교는 인간의 설명할 수 없는 꿈의 실재이고 인간이 바라는 이상의 현실화이다. 그런가 하면 편견과 독선의 원천이기도 하고 참혹한 전쟁의 원인이 되기도 한다. 그렇다면 우리는 종교적인 신앙을 가지느냐 가지지 않느냐 하는 태도만으로 종교를 간과할 수는 없다. 할 수 있는 한 종교가 무엇인지, 그 역사와 현실은 어떤지, 종교의 사회적 기능은 어떤 것인지, 종교가 가지는 긍정적인 의미는 무엇이고 부정적인 측면은 어떤 것인지 살펴보는 지적 탐구가 필요하다.

종교학은 이러한 물음들을 묻고 그 해답을 모색하여, 종교를 지닌 인간과 역사와 문화를 새롭게 이해하고자 하는 학문이다.

종교학의 관심 분야

아득한 때부터 종교적인 신앙이 있어 왔듯이 종교에 대한 비판적인 인식을 의도하는 물음을 물어온 역사도 그만큼 아득하다. 그러나 사람들은 대체로 자기 문화권에 있는 종교를 유일한 것으로 여기고 그 종교에 자신을 봉헌하고 있기 때문에 종교에 대한 인식론적인 물음은 두드러지지 않았다. 다만 신앙을 돈독히 한다든가 비종교인을 설득하기 위한 '자기 설명의 논리'가 신학이나 교학의 이름으로 지적 체계를 이루고 있을 뿐이었다.

그러나 서양의 경우 계몽주의 시대를 거쳐 진화론적 합리주의가 자리를 잡게 되고, 지리상의 발견으로 '다른 세계'에 대한 앎이 일반화하면서 '다른 종교의 현존'이 현실화하자 단순한 타종교의 이해가 문제가 아니라 도대체 종교란 무엇인가 하는 물음을 위한 학문적인 탐구가 시작되었다.

이같은 관심을 '과학(Wissenschaft)'이라는 이름으로 불러 현상을 서술하기 위한 전문적인 개념과 인식을 위한 방법론을 확립하기 시작한 사람은 뮐러이다. '종교학'은 그가 처음으로 'Religionswissenschaft'라는 말을 쓰면서 시작되었다.

종교학의 발상 초기에는 모든 관심이 종교의 기원에 집중되어 있었다. '처음을 알면 지금을 알 수 있다'는 진화론적 인식론이 종교란 무엇인가 하는 물음을 그 기원을 탐색하여 풀고자 한 것이다. 애니미즘(Animism)이라든가 토테미즘(Totemism) 등은 그러한 종교기원론들이다.

그러나 점차 기원을 실증한다고 하는 일이 비현실적인 작업이라는 것을 터득하면서 종교학은 종교의 본질이 무엇인가 하는 물음에 대한 해답을 탐구한다. 그리하여 '거룩함'이라든가 '무한'이라든가 '궁극적인 것' 등이 신이나 초월적인 존재나 절대적인 인격으로 구체화하여 신앙의 대상이 되고 있는 현실을 통하여 종교의 본질을 그러한 개념들로 정리

더 발전되면 사라질 수밖에 없는 고대 문화의 남은 그림자라고 여겨지기도 하였고, 비이성적이고 불합리한 환상에 근거한 의식의 퇴행 현상이라고 비난을 받기도 하였으며, 착취 구조의 유지를 위한 인위적인 이념 체계라는 비판을 당하기도 하였고, 사람의 지성이 깨이면 없어질 미신이라고 하기도 하였다.

그러나 종교는 뜻밖에 더 강한 모습으로 현대 문화 안에서 자리잡고 있다. 냉전 체제가 무너지면서 소련과 동구권의 몰락이 종교의 부흥으로 나타난 것은 흥미로운 일이다. 뿐만 아니라 산업 사회 이후라고 일컫는 오늘, 오히려 사람들의 의식은 합리적인 것에 대한 도전과 불만으로 인하여 상

하는 일에 열중하였다. 그러나 현대에 이르러서는 종교학의 관심이 더 현실적이고 직접적이다. 곧 종교가 개인이나 공동체에 어떤 의미를 부여하고 있고 어떠한 기능을 하고 있는가 하는 것을 실증적으로 검토하여 그 현존의 의미를 해석하는 데 관심을 집중하고 있다.

종교학의 학문적 과제

<u>종교에</u> 대한 관심은 최근에 이르러 더욱 고조되고 있다. 한동안 종교는 인간의 문명이

상적인 세계와 초월적인 가치에 대한 새로운 평가를 하고 있다.

　이제 종교는 이전 시대와 다른 현상으로 있지만 그 현존의 의미가 삶의 온갖 구석에서 새로운 관심의 내용으로 이야기되고 있다. 정치도 경제도 과학도 예술도 모두 이른바 '종교적' 인 것을 재평가하는 경향을 드러내고 있는 것이다. 더구나 세계화 또는 세계의 작은 마을화 현상은 서로 다른 종교간의 협조와 화해가 미래 인류 사회의 생존과 복지를 위한 가장 우선하고 중요한 과제임을 실증적으로 제시하고 있다. 더 나아가 절대적인 이념을 상실한 현대인은 비록 과거 종교의 부흥은 아니더라도 새로운 절대적 가치를 찾아 스스로 종교적이게 돼가고 있다.

▶ 인천 소놀이굿.

▶ 옹진 배연신굿.

◀ 마을 어귀의
천하대장군과
지하여장군.

　이러한 사실을 유념한다면 종교학은 미래 문화의 핵을 읽고 그 문화를 전망하면서, 오늘의 우리를 정리할 수 있는 가장 현실적인 미래지향적 지성의 자리라고 하겠다. 종교학은 불교가 어떻다거나 기독교가 어떻다는 것을 배우는 그러한 학문이 아니다. 그러한 지식을 포함하여 인류의 역사와 문화를 새로운 미래를 준거로 하여 점검하고 오늘을 완성할 수 있기를 기하는 종합적인 학문이다.

　무릇 학문이란 가장 깊은 문제에 관심의 초점을 맞추어야 가장 넓게 그리고 멀리 바라

보는 인식을 마련할 수 있는 것인데 종교학은
그러한 역할을 담당할 수 있는 자리를 제공하
고 있고, 그럴 수 있는 자료와 방법론을 다루
고 있는 것이다.

특히 한국의 현실에서는 종교학의 책무가
어느 나라보다 크다.

우리는 곧 통일을 앞두고 있다. 반세기에
걸친 분단이 빚은 남북의 이질성은 새로운 종
교적 비전에 의하여 지양되어야 한다. 특정
종교에 의하여 통일 국가의 이념이 마련되어
야 한다는 말이 아니다. 가장 근원적인 의식
의 오리엔테이션을 다듬어야 할 텐데 그러한
일은 정치적인 권력의 상징 조작이나 경제적
인 평등만으로는 부족하다. 이때 가장 필요한
것은 새로운 인간상을 모색하는 일이다. 그리
고 그 일은 우리가 가지고 있는 유교 · 불교 ·
도교 · 기독교 그리고 여타 민족 종교나 민속
신앙의 전통에서 발견하고 추출하는 가치나
의미의 현대적 해석과 미래지향적 재구조화
에 의하여 창조되지 않으면 안 된다. 이 일을
종교학은 그 학문적 과제로 지고 있다.

그러므로 종교학은 단순하게 종교를 알기
위한 인식론을 구축하려는 것이 아니라 종교
라는 문화 현상을 통하여 문화를 전체적으로
비판하고 극복하면서 새로운 휴머니즘을 마
련하려는 절실하고 겸허한 지적 탐구이다.

종교학의 연구 분야

종교학은 대체로 ① 전통 및 지역별 종교
연구, ② 방법론에 따른 영역별 연구로 나눌 수
있다. ①의 경우 유대교 · 힌두교 · 도교 · 유
교 · 불교 · 기독교 · 이슬람교 · 고대 이집트
종교 등을 연구하는 것은 전통 종교 연구에
속하고, 아프리카 종교 · 중근동 종교 · 오세
아니아 종교 · 중국 종교 · 북아메리카 종교 ·
시베리아 종교 등을 연구하는 것은 지역별 종
교 연구에 속한다. ②의 경우는 종교사 · 비교
종교학 · 종교현상학 · 종교철학 · 종교윤리
학 · 종교사회학 · 종교심리학 · 종교인류학
등이 이에 속한다.

그러나 이러한 분류는 대단히 도식적이고
고전적이다. 오늘날의 학문이 모두 그렇듯이
종교학은 비록 ①의 경우라 할지라도 특정한
전통의 종교를 연구하기 위하여 ②의 경우에
나열한 모든 방법이 거의 다 동원되고 있다.
마찬가지로 ②의 영역을 연구하기 위해서도
①의 자료들이 종합적으로 다루어지고 있다.
따라서 이러한 분류는 종교학을 개관하기 위
한 편의일 뿐 실제적인 의미는 없다.

당연한 일이지만 우리의 경우에는 한국의
종교 문화 전반에 대한 여러 방법을 통한 종
합적인 연구가 가장 우선하는 중요한 연구 분
야가 되고 있다. 한국 종교 연구를 위하여 불
교도 유교도 크리스트 교도 연구해야 하고,
역사학은 물론 철학 · 심리학 · 사회학 · 인류
학 등의 방법론이 모두 동원되고 있는 것이
다. 특정한 학문의 단일하고 자기 충족적인

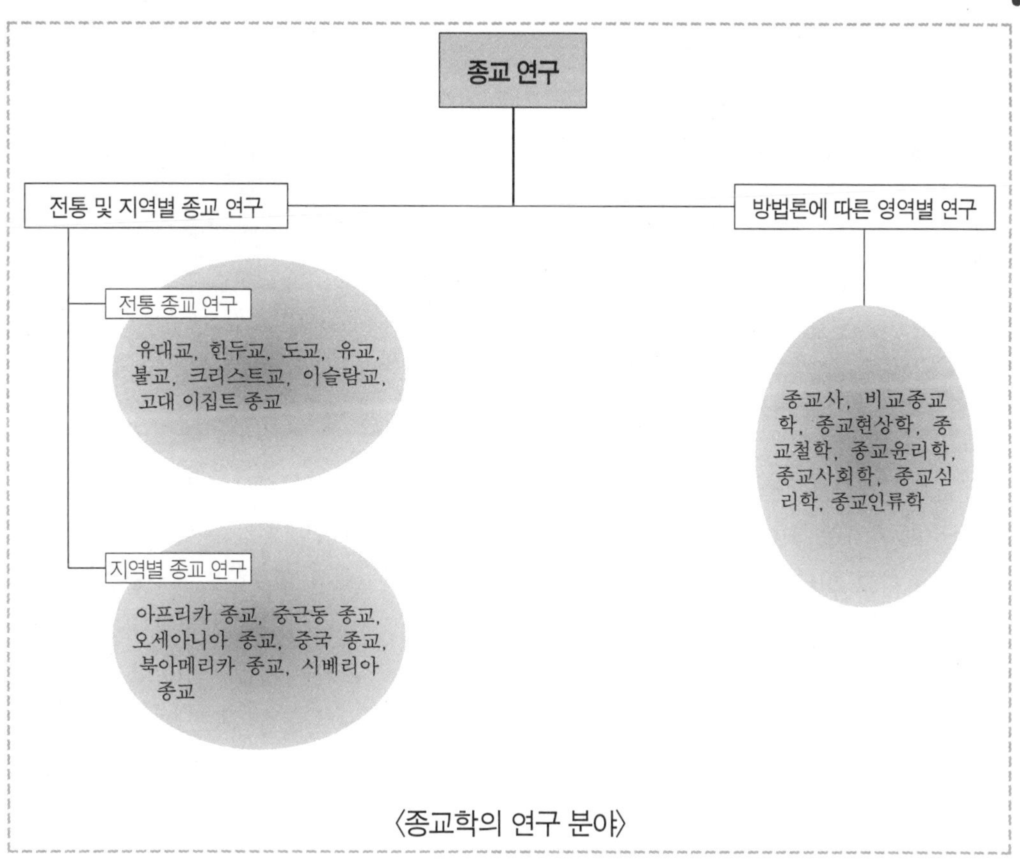

〈종교학의 연구 분야〉

탐구는 이미 불가능하고 비현실적이다.

　최근에는 종교와 여타 분야와의 관계를 한 분과로 하는 연구가 활발해지고 있다. 예를 들면 종교와 예술, 종교와 문화, 종교와 교육, 종교와 정치 혹은 경제, 여성과 종교, 종교와 과학, 종교와 인성 등이 그러한 분야이다. 이러한 분야들은 전통적인 학문 분과 개념으로는 파악할 수 없는 다학제간(多學際間) 연구를 그 특징으로 하고 있다. 한국에서도 이러한 분야의 연구들이 활발해지고 있다.

종교학의 전망

　현대 사회는 실용주의적인 가치관이 지배하고 있다. 따라서 근원적이고 본질적인 문제보다는 직접 생활에 유용한 도구적인 지식을 선호한다. 인문 과학은 그러한 풍조와 직면하면서 자신의 존재 근거를 상실하는 위험을 맞고 있다. 종교학도 예외가 아니다. 그러나 '포스트 모던' 이라고 부르는 현대는 새롭게 정신

▲ 1989년 서울 여의도에서 열린 제44차 세계성체대회 광경, 그리고 여기 참석한 교황 요한 바오로 2세의 모습.
반세기에 걸친 분단이 빚은 남북의 이질성은 새로운 종교적 비전에 의하여 지양되어야 한다. 따라서 한국의 현실에서는 (모든 종교에 걸쳐서) 종교학의 책무가 어느 나라보다 크다.

적인 문화에 대한 갈증을 드러내고 있다. 현대는 거대한 선회를 예고하고 있다. 새로운 인간상의 출현과 새로운 가치체계에 대한 열망이 일고 있는 것이다.

그러므로 종교학을 수학하면 현실적으로는 학자로서 연구소나 대학의 강단에 서는 일이 가장 의미 있고 바람직한 일이지만, 보다 중요한 것은 '종교학적인 소양'이 실제 삶을 살아가는 과정에서 얼마나 중요한 의미를 가지는가 하는 것을 터득하는 일이다. 따라서 학계·종교계 등에서 일하는 기회를 갖지 못한다 할지라도 종교학을 전공하고서도 얼마든지 자신의 생활을 위한 다른

> 특히 언론계나 문화계 전반에는 많은 종교학도들이 일을 하고 있고, 일반 직종에서도 전혀 타 전공자들과 견주어 손색 없는 활동을 하고 있다. 도식적인 지식을 학습하는 것과는 달리 종교학은 인간과 문화를 통찰할 수 있는 상상력을 키워 주기 때문이다.

분야에서 일할 수 있다. 특히 언론계나 문화계 전반에는 많은 종교학도들이 일을 하고 있고, 일반 직종에서도 전혀 타 전공자들과 견주어 손색 없는 활동을 하고 있다. 도식적인 지식을 학습하는 것과는 달리 종교학은 인간과 문화를 통찰할 수 있는 상상력을 키워 주기 때문이다.

종교학을 공부함에 있어 특별히 어떤 종교에 대해 관심을 갖고 있다면 그 종교가 있는 곳으로 가는 것이 가장 바람직하다. 불교를 연구하려면 불교 문화권에 가는 것이 가장 좋고 아프리카 종교를 연구하려면 아프리카로 가는 것이 가장 좋다는 말이다.

종교학올 공부하기 위해 알아야 할 기초지식

기초 지식이 따로 있는 것은 아니다. 중요한 것은 "왜 나는 종교학을 공부하고 싶어하는가?" 하는 자신의 동기를 명료화할 수 있어야 한다. 그리고 자신이 특정한 신앙을 가지고 있다면 그 신앙 때문에 다른 종교를 제대로 파악할 수 없을지도 모른다는 자의식을 가지고 더 진지한 학문적인 태도를 지니도록 노력해야 한다. 또 특정한 신앙을 가지지 않고 종교학을 하는 경우에는 종교인들의 경험을 공감적으로 이해하려는 성숙한 인간적인 태도를 스스로 지니도록 노력하지 않으면 안 된다.

다만 다음의 몇 가지 개념들에 대해서는 미리 다양한 독서를 통하여 그 개념의 함의를 파악하고 있는 것이 좋다.

◇ 성(聖)과 속(俗)

종교 현상을 서술하기 위한 기본적인 범주이다. 가치 판단을 전제한 것이 아니기 때문에 전문적인 학술 개념으로 이해해야 한다. 인간의 삶은 근원적으로 성속의 변증법적 구조를 지닌다고 하는 것이 종교학의 기본적인 이해이다.

◇ 신화와 제의

종교 경험은 언어와 행위로 나타난다. 그러한 표상이 없으면 실은 우리가 인지할 수 있는 종교 현상도 없다. 신화는 그러한 경험의 언어적 표상이고 제의는 행위적 표상이다. 종교의 경전도 이 신화의 한 모습이고 현대 종교의 미사나 예불도 이 제의의 한 모습이다. 그러므로 종교학의 기본적인 자료는 실은 신화와 제의라고 해도 과언이 아니다.

◇ 종교 공동체

종교는 공동체를 지닌다. 교회 · 성당 · 사원 · 움막 등을 비롯하여 동양의 유교 전통은 가족을 원천적인 종교 공동체로 여기고 있다. 이러한 종교 공동체에 대한 연구는 종교의 사회적 기능을 이해하는 첩경이다.

◇ 종교 다원 현상

사람들은 자기 종교를 절대적인 것으로 신봉하고 있다. 그러나 세계에는 무수한 종교가 있고, 또 있어 왔다. 그러므로 종교가 하나가 아니라 여럿이라는 사실이 개인의 실존적인 신앙과 복합적인 사회 생활에서 어떤 의미를 지니는가, 그리고 종교간의 갈등과 공존의 문제를 어떻게 다듬을 수 있을 것인가 하는 것이 중요한 과제가 되고 있다.

◇ 세속화

현대는 전통 사회에 비하여 종교적인 가치나 의미가 상대적으로 그 힘을 잃어가고 있다. 종교 없이도 세상이 잘 굴러가는 것이다. 그러나 이러한 사태는 기존의 종교에 대한 염증이지 인간의 의식이 종교적이기를 그만두었다는 것은 아니다. 현대 문명의 종교성을 파악하기 위한 명제가 곧 세속화이다.♣

추천 도서

1. 《종교학 : 방법론의 제문제와 원시 종교》, 콤스톡, 윤원철 역

종교학 일반의 주제와 방법을 서술한 개론서. 종교를 어떻게 정의할 것인가 하는 문제. 직접적으로 종교 현상으로 일컬어지는 신화와 의례에 관한 문제를 다루면서 종교에 대한 새로운 눈을 뜨게 한다. 구체적인 사례를 들어 친절하게 서술하고 있을 뿐만 아니라 역자는 부록으로 종교학 용어 해설을 첨부하고 있어 많은 도움이 된다.

2. 《종교 문화의 이해》, 정진홍

종교학 일반의 주제와 방법을 서술한 개론서. 이른바 믿음이라고 하는 현상의 구조, 그것이 드러난 문화적 표상, 종교의 양태들 및 역사, 종교와 사회, 종교와 인성 등의 광범위한 주제들을 다루고 있어 종교학의 연구 범위와 문제, 그리고 그 방법론적 모색의 전반적인 특징을 일별할 수 있게 해준다.

3. 《성(聖)과 속(俗)》, 엘리아데, 이동하 역

종교를 인간의 경험에 바탕한 것으로 전제하는 이 논의는 비일상성을 성으로 범주화하여 그것이 일상성과 지니는 관계 구조의 현실성을 주목하면서 종교 현상을 이해하고 있다. 시간과 공간과 자연과 인간을 이러한 성속의 범주로 치환하여 설명함으로써 종교 현상을 특정한 종교에 예속시키지 않고 인류의 존재 양태로 전제하는 논거를 도출해 낸다. 인간을 근원적으로 종교적인 존재(Homo religiosus)로 이해하는 것이다.

4. 《세계 종교사 상하》, 노스, 윤이흠 역

5. 《세계 종교사 입문》, 한국종교연구회 편

4,5/인류의 종교사를 전체적으로 개관하는 일도 빠뜨려서는 안 되는 우선하는 독서이다. 이를 위해서는 무엇보다도 특정한 문화적 시각이나 특정한 종교적 시각에서 기술한 종교사를 피하는 일이 중요하다. 각개 종교를 그것 자체로 존중하고 귀하게 여기는 태도에서 종교사가 기술되어야 하는 것이다. 4,5는 그러한 요청을 충족시킬 수 있는 훌륭한 책들이다. 이 책은 우리가 상식적으로 아는 세계의 이른바 위대한 모든 종교들의 역사와 특정한 교의, 그리고 현상을 서술하고 있다. 두 책 모두 공정한 진술을 하려는 노력을 경주하고 있어 기존의 종교사들이 서구 중심적 편향을 가지고 다른 종교들을 기술한 파오는 이 책들에서 나타나지 않는다. 특히 후자는 각 종교를 연구하는 젊은 전문가들에 의해 집필된 것이어서 의미가 두드러진다.

6. 《종교 다원주의와 세계 종교》, 카워드, 한국종교연구회 역

종교학은 특정 종교의 전통이나 각 종교의 주장을 비교하는 일을 주임무로 하지 않는다. 더 중요한 것은 도대체 종교 현상이 현실적으로 어떻게 있느냐 하는 것을 이해하는 일이다. 이러한 종교학이 다루고 있는 많은 현실적인 주제들 중에서 대표적인 것은 종교 다원 현상과 사회 현상으로서의 종교에 관한 것이다. 종교가 하나가 아니라 여럿이라는 현상과 종교가 스스로 주장하는 자기 절대성과의 갈등은 오늘날 세계가 하나가 되는 열려진 현실에서 새로운 위기를 낳고 있다. 이같은 사태에 대한 진단과 처방을 모색하고 있는 책이다.

7. 《종교사회학》, 맥과이어, 김기대 · 박종열 공역

개인의 종교와 집단의 종교, 공식 종교와 비공식 종교, 사회 통합 및 해체와 종교, 사회 변동과 종교, 세속화와 종교 등의 문제를 다루고 있다.

8. 《한국인의 종교》, 윤이흠 외

9. 《한국 종교 이야기》, 최준식

8,9/우리에게 중요한 것은 한국의 종교 문화를 이해하는 일이다. 모든 학문이 그렇듯이 종교학은 일차적으로 우리 자신에 대한 이해를 전제한다. 그리하여 한국 종교 문화에 대한 많은 노력을 기울이고 있다. 위 책들은 개설적인 것이다. 전자의 책은 한국의 종교사를 개관하는 글과 함께 한국에 있어 온 여러 전통 종교에 대해 전문가들이 각기 그 종교를 명쾌하고 간략하게 설명하고 있다. 불교 · 유교 · 개신교 · 천주교뿐만 아니라 이슬람도 한 장으로 다루고 있고, 신흥 종교와 민간 신앙을 모두 포함하고 있다. 한국 종교를 한눈에 살펴 볼 수 있다. 뒤의 책은 한국의 근세 이전의 종교를 다루고 있다. 《한국인의 마음을 빚은 무 · 유 · 불 · 도》라고 하는 부제가 보여 주듯이 우리 종교 문화의 처음을 자세하게 살피고 있다. 그림과 사진을 곁들였을 뿐만 아니라 현재 우리가 살아가는 과정에서 경험하는 여러 가지 문제와 사색의 내용을 아울러 담고 있어 마치 옛날과 오늘이 대화하듯 책이 엮어져 있다.

10. 《신을 찾아, 인간을 찾아》, 정진홍 글, 박종문 사진

때로는 지식 자체보다 우리가 관심 갖는 사물에 대한 감성이 더 중요한 경우가 많다. 상상력이 자극되지 않는 지성은 늘 메마른 논리에 얽매이기 때문이다. 종교와 관련하여 우리의 상상력을 전개하는 데 도움이 되는 책이다. 세계 종교 문화 기행문인 이 책은 다른 문화권에서 겪은 종교 경험을 사진과 곁들여 문화비평적 안목에서 독특하게 정리하고 있다.

언 어 학
Linguistics

권재일 / 서울대학교 언어학과 교수

어떤 현상에 대하여 과학적으로 인식하는 것을 학문이라 할 때, 한 학문의 성격을 가장 잘 이해하는 길은 그 학문이 '무엇을', '어떻게' 연구하는가를 이해하는 일이다. 아울러 그 학문이 역사적으로 어떻게 발전되어 오늘에 이르렀는가를 이해하는 일도 중요하다.

언어학은 인간의 언어와 관련한 여러 현상들을 과학적인 방법으로 연구하는 학문이다. 이제 언어학을 이해하기 위하여 언어학의 연구 대상, 연구 방법 그리고 역사적인 발전 과정에 대하여 살펴 보기로 한다.

언어학의 연구 대상과 연구 방법

언어학의 연구 대상은 의심할 나위 없이 인간의 언어이다. 언어는 사람만이 가지는, 사람에게 있어서 대단히 중요한 가치를 지닌다. 이러한 언어는 의사 전달의 기본적인 수단이다. 언어를 통하여 인류 사회는 서로 관계를 맺고 협동하여 문화를 발전시킨다. 언어는 사회 구성원들의 사고 방식과 사물을 파악하는 방법을

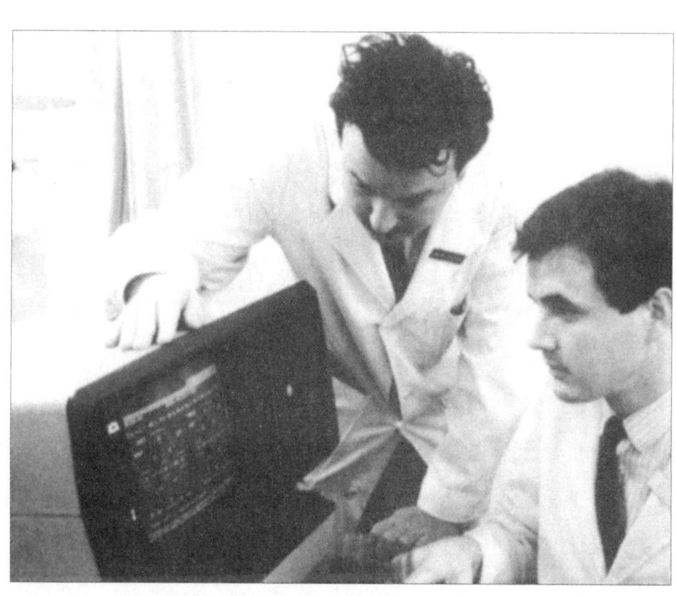

◀ 현대 언어학은 과학적인 방법으로 연구되고 있다.

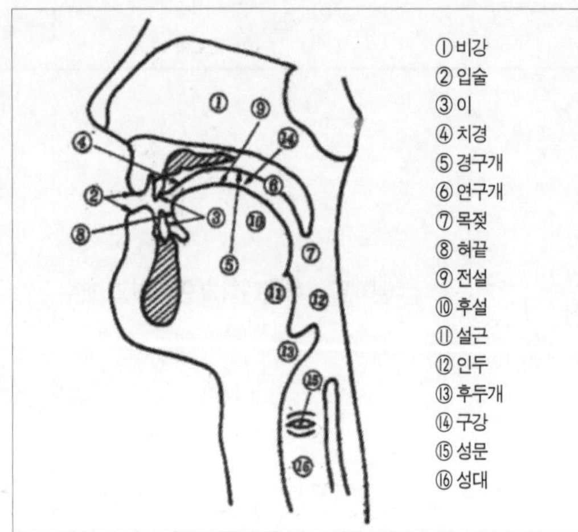

▲ 음성 기관

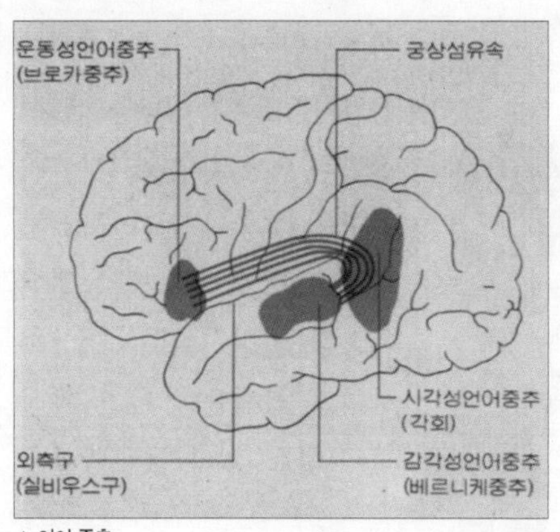

▲ 언어 중추

형성한다. 우리 나라 사람들은 태어나 우리 말을 배움으로써 우리의 문화적 전통을 습득하고 민족적 유대감을 형성한다. 더 나아가서 이를 바탕으로 다시 새로운 문화를 창조해 나간다.

언어는 일정한 외면적인 형식과 내면적인 내용이라는 기본 요소를 갖추고 있는데, 말소리(음성)와 뜻(의미)이 그것이다. 말소리는 뜻을 실어 나르는 형식이며, 거기에 실린 뜻은 상대방에게 전달하고자 하는 내용이다. 언어도 자연 현상처럼 그 구조에 일정한 규칙과 원리가 있는데, 언어에 내재해 있는 규칙과 원리를 문법이라 한다. 이렇게 보면, 언어를 이루는 세 가지 기본 요소는 음성·의미 그리고 문법이다. 따라서 언어학의 기본 연구 대상은 바로 음성·의미·문법이다.

그러면 이제 구체적으로 언어학이 연구하는 분야에 대하여 살펴 보기로 하자.

말소리를 연구하는 분야는 음성학과 음운론이다. 음성학과 음운론은 모두 말소리를 연구하지만, 두 분야의 연구 관점은 서로 다르다. 음성학은 사람의 음성 기관을 통해 실현되는 구체적이고 물리적인 말소리를 연구하는 반면, 음운론은 우리 머리 속에 인식되어 있는 추상적이고 심리적인 말소리를 연구한다. 음성학은 실험 도구를 이용해서 말소리의 물리적인 현상을 연구하기도 하는데, 이것은 최근 음성 합성 등에 응용되고 있다.

말의 뜻을 연구하는 분야는 의미론이다. 의미론은 단어의 의미와 문장의 의미를 연구한다. 그리고 실제 상황에 나타나는 발화 의미에 대해서도 관심을 가지는데, 이를 화용론이라고 한다. 최근에는 논리적인 방법으로 의미를 해석하기도 한다.

언어의 문법 구조를 연구하는 분야는 문법론이다. 전통적으로 문법론은 형태론과 통사론으로 나뉘는데, 형태론은 형태소가 단어를 구성하는 원리를, 통사론은 단어가 문장을 구성하는 원리를 연구한다. 문법론에서는 또한 문장에 나타나는 여러 가지 문법 기능들에 대해서도 관심을 가진다. 삼라만상이 세월의 흐름에 따라 변화하듯이, 언어도 역사적으로 변화한다. 몇 백년 전의 우리말 기록을 보면 오늘날의 말과는 상당히 다름을 알 수 있다.

말소리가 그러하고, 단어가 그러하고, 문법의 규칙이 그러하다. 이처럼 시간에 따라 언어 체계는 바뀔 수 있다. 이러한 특성에 따라 언어를 연구하는 방법도 달라진다.

첫째, 시간에 따르는 변화를 전혀 고려하지 않은, 특정한 한 시기의 언어 체계에 초점을 맞추어 연구하는 것을 공시적 연구 방법이라 한다. 둘째, 이와는 달리 시간에 따라 언어가 변화하는 모습을 연구하는 것을 통시적 연구 방법이라 한다.

통시적 연구에는 역사 언어학과 비교 언어학이 있다. 역사 언어학은 각 시대의 문헌을 단계적으로 거슬러 올라감으로써 언어의 변화 과정을 규명한다. 비교 언어학은 같은

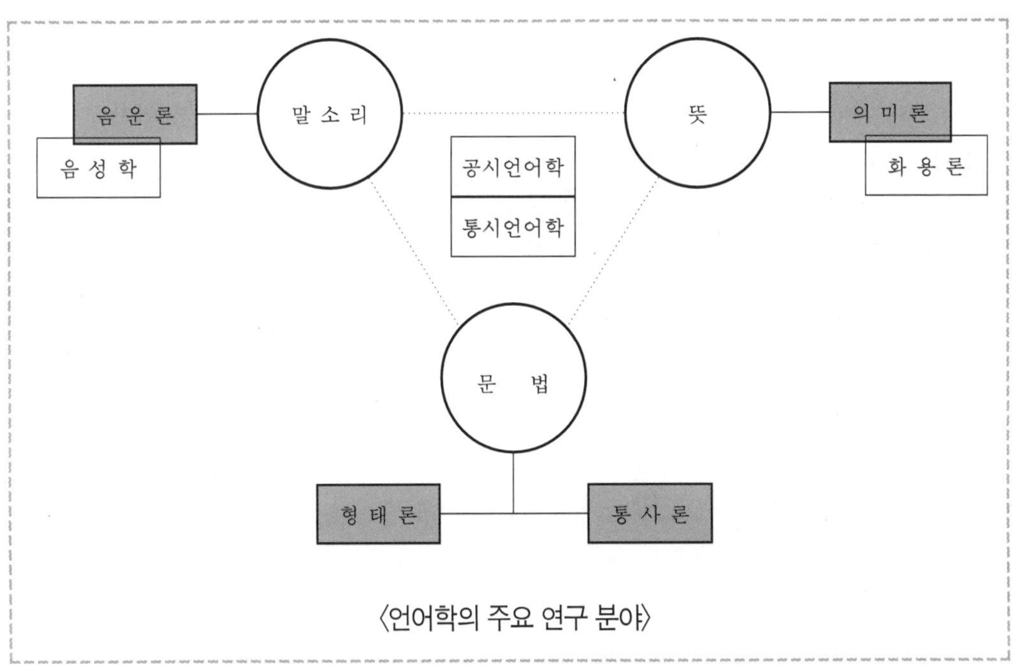

〈언어학의 주요 연구 분야〉

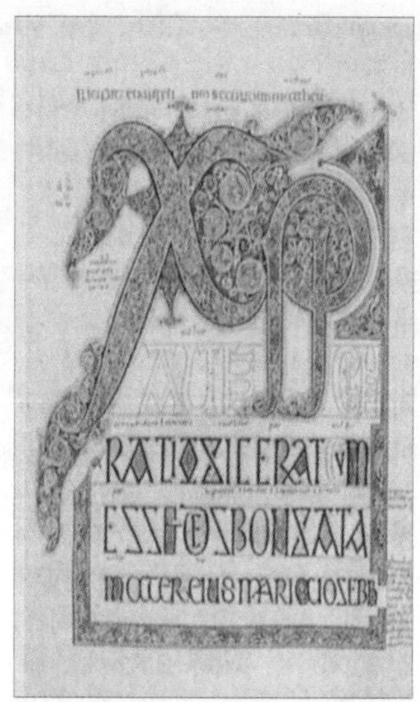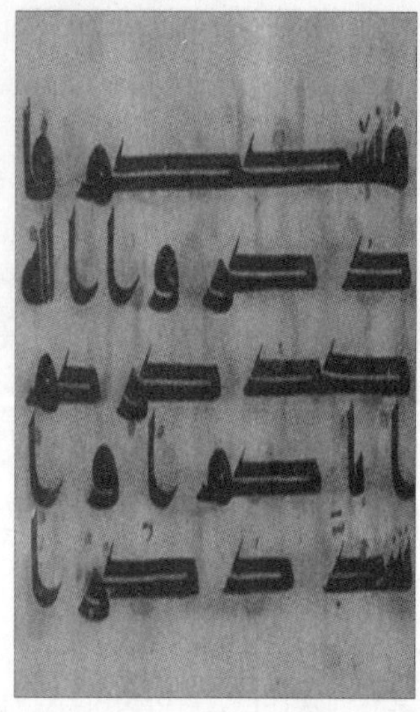

종교가 큰 역할을 해 온 사회에서는 자신들의 종교 문헌에 씌어진 언어를 잘 알고 이를 그대로 순수하게 보존하려 노력했다. 고대 인도의 산스크리트로 씌어진 《베다》(왼쪽), 중세에 라틴어로 씌어진 성서(가운데), 아랍인들의 성전인 코란(오른쪽) 등이 모두 그 결과물이다.

계통에 속하는 여러 언어들을 비교하여 친족 관계를 밝힌다.

언어는 시간에 따라 변할 뿐만 아니라, 지역에 따라서도 달라질 수 있다. 또한 사회 계층이나 세대 차이와 같은 사회적 요인에 따라서도 달리 나타난다. 이처럼 한 언어 안에 존재하는 언어의 다양한 차이가 방언이다. 지역 방언을 연구하는 분야를 방언 지리학이라 하고, 사회 방언을 연구하는 분야를 사회 방언학이라 한다.

언어학은 또한 언어의 일반적인 원리를 연구하는가 혹은 어느 한 개별 언어의 구조를 연구하는가에 따라 일반 언어학과 개별 언어학으로 구별된다. 국어학·영어학·불어학 등이 개별 언어학이다. 그리고 언어학을 언어의 본질과 변화에 관한 이론 수립을 목적으로 하는 이론 언어학과 어떤 실용적인 응용을 목적으로 하는 응용 언어학으로 나누기도 한다.

언어학의 뿌리
▷ 옛사람들의 언어에 대한 관심

언어에 대한 과학적 연구는 19세기에 이르러 비로소 시작

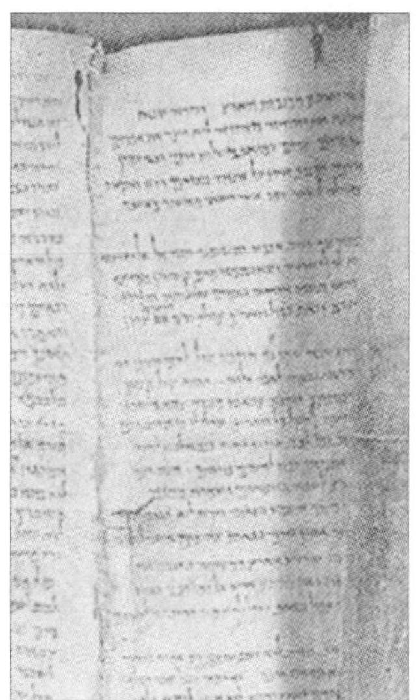

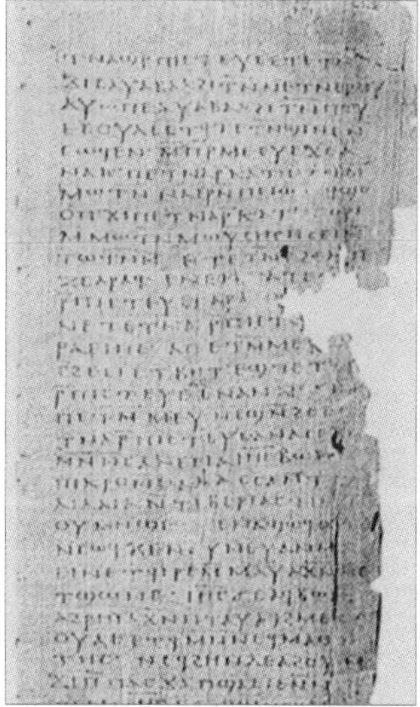

다양한 언어와 형태로 기록된 성서. 사해문서의 〈이사야〉 부분(왼쪽), 콥트어로 씌어진 〈요한복음〉(가운데), 현존 최고의 히브리어 사본(오른쪽), 영국 왕 제임스 1세 때의 흠정역 성서(아래),

된다. 그러나 비록 과학적 연구에는 이르지 못했지만 인류는 아득한 옛날부터 언어에 관심을 가지고 탐구하여 왔다.

고대인들의 언어에 대한 관심은 주로 사회의 어떤 필요성에 의해서 일어났다. 그 중에서 가장 중요한 것은 종교였다. 종교가 큰 역할을 해 온 사회에서는, 자신들의 종교 문헌에 씌어진 언어를 잘 알고 이를 그대로 순수하게 보존하려 노력했다. 고대 인도에서는 힌두교에서 사용하던 산스크리트를 순수하고 변함없이 유지하려는 목적으로, 거의 수학적이라 할 만큼 간결하면서도 정밀하게 기술하였다. 중세의 기독교가 라틴어에, 유태인이 히브리어에, 아랍인들이 코란에 힘쓴 사실들도 모두 종교적 필요에 의한 것이다.

고대 그리스인들의 언어에 대한 관심은 철학적 사색에 바탕을 두고 있었다. 그 결과 언어의 기원, 언어의 본질에 관심을 집중시켰다. 이들의 관심 가운데 가장 대표적인 것은 말소리와 뜻의 관계가 논리적인 필연성인가 아니면 자의적인 우연성인가 하는 논의였다. 또한 문법 범주와 문장 구성을 지배하는 원리도 고찰했는데, 이것은 유럽 전통 문법의 창시

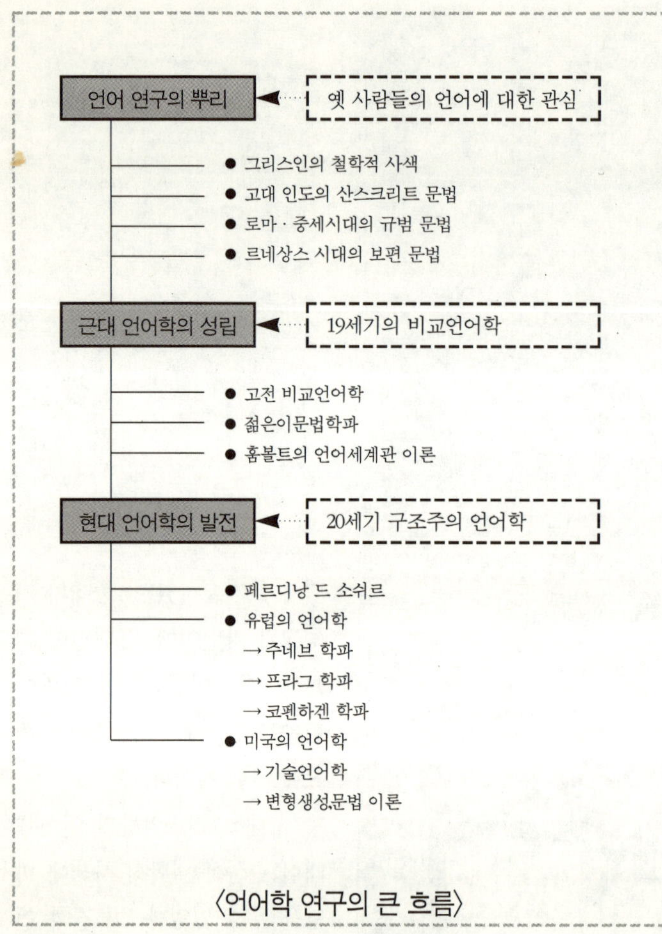

〈언어학 연구의 큰 흐름〉

법을 구축하게 된다고 했다. 이러한 문법 사상은 현대의 변형생성문법 이론의 배경이 되기도 했다.

이 무렵 다양한 언어에 대해 시야가 확대되면서 그때까지는 잘 알려지지 않았던 산스크리트가 소개되었다. 최초의 위대한 산스크리트 학자는 영국의 존스(W. Johns)였다. 그는 산스크리트가 그리스어 및 라틴어와 밀접한 관계가 있으며, 이들 언어는 한 언어에서 분화한 것이라고 생각했다. 그의 이러한 생각은 19세기에 전개된 비교 언어학의 기초가 되었다.

였을 뿐만 아니라, 그 뒤 로마 시대와 중세 시대를 거치는 규범 문법 연구의 전통으로 이어졌다.

르네상스 시대의 언어 연구에는 무엇보다도 데카르트의 합리주의 사상이 이론적 기반이 되었다. 그것을 대표하는 것이 포르-루와얄(Port-Royal) 문법이었다. 논리는 모든 인류에게 보편적인 것으로, 논리의 도움을 받는다면 세계 모든 언어의 본질에 맞는 보편 문

근대 언어학의 성립
▷ 19세기의 비교언어학

19세기는 비교 언어학의 시대이다. 비교 언어학의 탄생은 과학으로서의 언어학의 성립이라는 점에서 중요한 의미를 지닌다. 산스크리트의 발견에 힘입어 언어의 친족 관계에 관심을 가지게 되고 이들을 비교하여 공통 조

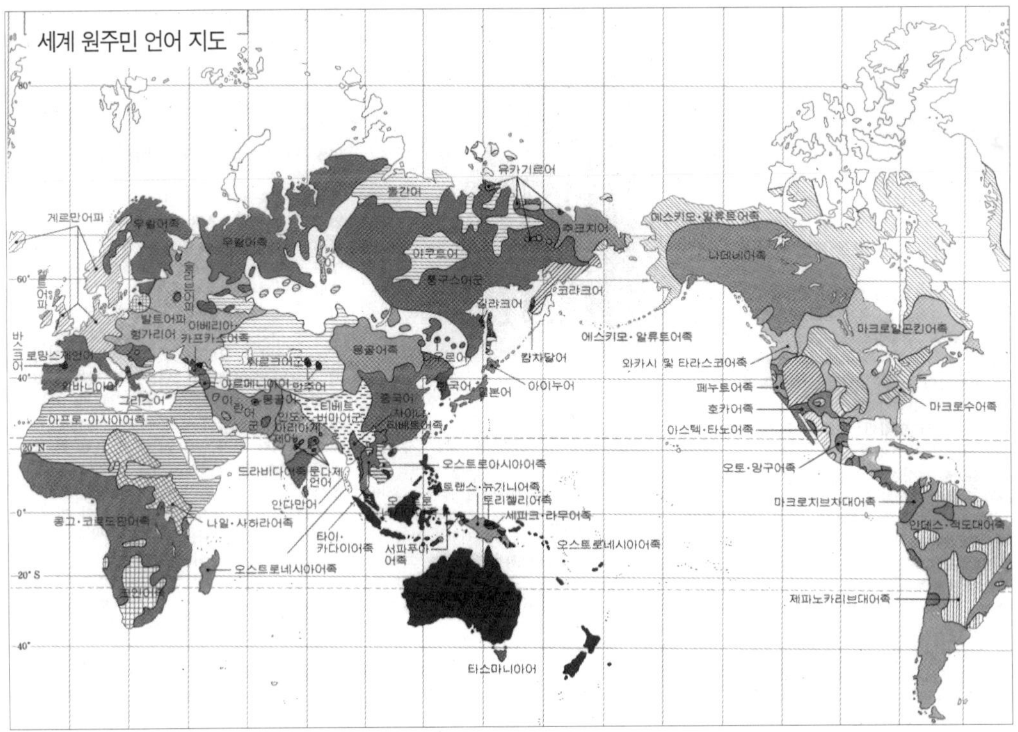

어를 재구하는 '비교 방법'이 발달하였다.

비교 언어학은 무엇보다도 실증주의와 역사주의에 입각했다. 언어의 보편 논리 구조를 추구하던 18세기의 학문 전통은 단절되고, 구체적인 언어 자료를 실증적으로 연구하게 되었고, 역사주의 없이는 언어학이 성립될 수 없다는 신념이 모든 언어 연구의 기초가 되었다. 특히 1870년대에 헤르만 파울을 비롯한 젊은이문법학파들은 비교 방법을 더욱 엄밀화했다. 그들은 역사주의만이 과학적 추구의 가장 적합한 방법론이라고 확신했다.

19세기의 위대한 언어학자는 훔볼트(W. von Humboldt)였다. 훔볼트는 여러 개별 언어에 기초하여 언어 현상을 해명하려고 했다. 훔볼트는 고전적인 보편 문법에 반대하고, 개별 언어에 특유한 사실을 바탕으로 귀납적으로 문법 규칙을 찾아내려 했다. 또한 훔볼트는 언어란 그 민족의 정신 세계를 드러내며 세계관을 반영하는 것이라고 주장했다.

현대 언어학의 발전
▷20세기의 구조주의 언어학

<u>20세기는</u> 구조주의 언어학의 시대라 할

수 있다. 구조주의 언어학은 무엇보다도 '체계'에 관심을 가진다. 언어학뿐만 아니라 20세기의 과학적 사고의 특징인 이 체계에 대한 관심은 구체적인 사실 속에서 어떤 질서를 찾아내는 것이기도 하다. 물리학에서의 양자 이론이나 심리학에서의 게쉬탈트 이론도 그러하다.

언어학에서 구조주의적인 관점을 처음으로 제시한 학자는 스위스의 언어학자 소쉬르(F. Saussure)이다. 소쉬르의 강의 노트에 기초하여 출판된 《일반 언어학 강의》(1916)는 언어학뿐만 아니라 20세기 사상에 큰 영향을 주었다. 그는 언어란 체계이며 체계로서 연구되어야 한다고 했다. 개개의 사실을 고립시켜 보지 말고 항상 전체로서 보아야 하고, 또한 모든 사실은 체계 내에서 결정된다고 했다. 그리고 언어의 통시적 현상과 공시적 현상을 명확하게 구별하였다.

구조주의 언어학은 유럽과 미국에서 동시에 발전했지만, 서로 접촉은 거의 없었다. 유럽의 구조주의 언어학은 소쉬르의 영향을 받은 데 반해서 미국에서는

▲ 페르디낭 드 소쉬르(1857~1913) : 그는 현대 구조주의 언어학의 창시자로 평가되고 있다.

▼ 노암 촘스키(1928~) : 언어학의 혁명이라 불리는 변형생성문법 이론을 제시하여 현대 이론언어학을 주도하고 있다.

그렇지 않았다. 유럽의 구조주의는 세 가지 기본적인 경향이 있었다. 첫째는 쥬네브 학파로서, 소쉬르의 견해를 계승한 고전적인 구조주의이다. 둘째는 프라그 학파로서, 구체적인 언어 사실에 관심을 가진 기능주의이다. 프라그 학파의 대표적인 언어학자인 야콥슨은 양분 대립에 입각하여 모든 언어에 적용할 수 있는, 보편적이고 타당한 변별 자질들을 체계적으로 기술했다. 셋째는 코펜하겐 학파로서, 기호 논리학에 바탕을 둔 언어 기호의 일반 이론을 구축했다.

미국의 구조주의 언어학은 블룸필드(L. Bloomfield)에 의해 확립되었다. 그는 언어 단위에 분포 규칙이 규정되어야 비로소 언어 기능이 객관적이고 정확하게 체계화된다고 했다. 미국의 구조주의 언어학은 기술 언어학으로 대표된다. 기술 언어학은 원래 아메리칸 인디언들의 문화를 연구하는 데서 출발했다. 그래서 언어 자료를 정확하게 관찰하고 이를 분석하여 기술하는, 철저히 귀납적이고 객관적인 방법론을 성립하였다. 그러나 언어

의 본질을 밝히는 데에는 문제점이 드러났다.

변형생성문법 이론은 미국의 기술 언어학의 한계를 극복하면서 촘스키(N. Chomsky)에 의해 성립된 언어 이론이다. 이 이론의 목표는 인간의 인지 능력인 언어 능력을 설명하려는 것이다. 이 목표를 달성하기 위하여 문장 구조의 적격성을 설명하고, 그 문장의 의미를 해석하려 하였다. 그래서 가설-검증적이고 수리-논리적인 방법을 도입하였다. 그 동안 변형생성문법 이론은 언어를 연구하는 방법에 일대 혁신을 불러일으켰으며, 또한 인간의 마음을 해명하려는 인지 과학의 형성과 발전에도 크게 기여하였다.

> 현대 언어학은 변형생성문법 이론을 비롯한 이론 언어학 분야에서 눈부신 발전을 거듭하고 있다. 그러나 이론 언어학에 대한 연구 못지 않게 요즘은 인접 학문과 관련을 맺는 연구도 대단히 활발한 편이다.

언어학의 전망

현대 언어학은 변형생성문법 이론을 비롯한 이론 언어학 분야에서 눈부신 발전을 거듭하고 있다. 그러나 이론 언어학에 대한 연구 못지 않게 요즘은 인접 학문과 관련을 맺는 연구도 대단히 활발한 편이다. 사회 언어학은 언어 현상이 사회적 요인과 관련하여 어떻게 변이되어 나타나는가에 관심을 가지면서 언어 정책, 광고 언어 등에 대해서도 연구하고 있다.

심리 언어학은 언어의 심리적 처리와 반응을 대상으로 말소리의 지각, 단어의 연상과 기억, 언어습득 등에 관심을 가진다. 최근에는 언어와 뇌작

유명 대학

미국을 비롯한 세계 여러 나라에서 언어학에 대한 관심은 대단하다. 특히 미국의 MIT는 전통적으로 이론 언어학으로 명성을 날리고 있다. 변형생성문법 이론을 제창한 노암 촘스키를 중심으로 이론 언어학을 주도하고 있다. 미국의 스탠포드 대학은 이론 언어학뿐만 아니라 이를 응용한 컴퓨터 언어학에 대한 연구가 활발하다. 유럽의 언어학은 다양하면서도 활발하다. 특히 영국의 에딘버러 대학은 이론 및 응용 언어학으로 유명하다.

우리 나라에서도 다른 어느 학문보다도 언어학이 활발히 연구되고 있다. 서울대학교 언어학과는 1946년에 창설되어 최근까지는 국내 유일한 학과였다. 전통적인 학풍을 바탕으로 현대 언어 이론과 여러 응용 분야에 적극적인 관심을 보이고 있다. 최근에는 부산대학교, 충남대학교를 비롯하여 고려대학교, 한국외국어대학교, 부산외국어대학교에 언어학과가 설치되었다. 특히 고려대학교 언어학과는 이론 언어학과 컴퓨터 언어학에 초점을 둔 진취적인 학풍을 형성해 가고 있다.

블룸필드는 미국의 구조주의 언어학을
확립시켰다.

용 간의 관계를 추구하는 신경언어학이 새롭게 등장하고 있다. 이는 실어증과 같은 언어장애 치료에도 공헌한다. 컴퓨터언어학은 언어학과 컴퓨터 과학이 밀접한 관련을 맺으면서 확립된 분야이다. 컴퓨터언어학은 언어 연구에 컴퓨터를 응용하여 기계 번역, 음성 합성, 자연 언어의 형식화와 관련된 연구에 관여한다. ♣

추천 도서

⊙ **입문서**
1. 《언어학 - 그 대상과 방법》, 허웅
2. 《언어학의 이해》, 김방한
3. 《언어 - 그 이론과 응용》, 김진우
4. 《세계의 주요 언어》, 변광수
5. 《An Introduction to Language》, V. Fromkin, R. Rodman
6. 《Introduction to Theoretical Linguistics》, J. Lyons
7. 《Transformational Grammar : a first course》, A. Radford
8. 《The Language Instinct》, S. Pinker
9. 《Historical Linguistics》, P. Lehmann
10. 《Trends in Linguistcs》, M. Ivic
11. 《A Short History of Linguistics》, R. Robins

⊙ **전문서**
1. 《Cours de Linguistique G n rale》, F. de Saussure
2. 《Lnguage : An Introduction to the Study of Speech》, E. Sapir
3. 《The Philosophy of Grammar》, O. Jespersen
4. 《Language》, L. Bloomfield
5. 《Aspects of the Theory of Syntax》, N. Chomsky
6. 《Language Universals and Linguistic Typology》, B. Comrie
7. 《Principles of Historical Linguistics》, H. Hock
8. 《Historiography of Linguistics》, T. Sebeok

심리학
Psychology

차재호 / 서울대학교 심리학과 교수

심리학은 시작이 다른 학문과 크게 다르다. 오늘날 심리학이라고 부르는 것은 과학으로서의 심리학인데, 이런 의미의 심리학은 19세기 독일에서 한 생리학자에 의해 의도적으로 만들어졌다. 과학으로서의 심리학이 자리잡기 전에는 철학의 한 부분으로서, 과학이 아닌 심리학이 존재했었다. 과학이 아닌 심리학이 오늘도 존재하고 철학자나 정신의학자도 심리학을 말하는 경우가 있으나 오늘날 '학문적인 심리학'을 말할 때는 과학적인 심리학을 의미한다.

심리학의 기원

<u>과학으로서의</u> 심리학은 독일의 생리학 지망생이었던 분트가 일대에 걸쳐서 확립시켰다. 한 학자의 노력으로 새로운 학문이 만들어졌다는 것은 특이한 점이다. 분트는 20대의 청년시절 생리학도로 일하고 있었는데, 그는 당시 독일을 풍미하던 의식세계에 대한 관심을 알고 있었다. 19세기는 과학이 생리학에까지 영역을 확장하던 시대이다. 분트는 그가 실험실에서 사용하는 방법으로 의식의 세계를 연구할 수 없을까 생각하게 되었다. 당시 철학에서는 사람의 의식 문제를 다루고 있었는데, 분트가 지녔던 것은 철학적 심리학이 아닌 과학적 방법을 사용하는 심리학의 가능성이었다. 그래서 그는 20대 중반에 과학적인 심리학을 만들 것을 결심했던 것이다. 그리고 평생 과학으로서의 심리학을 만드는 데 필요한 모든 작업을 스스로 해나갔던 것이다. 그래서 좀 과장되긴 하지만 현대의 심리학은 분트 한 사람의 상상력에 의해서 탄생하게 된 것이라 볼 수 있다.

그가 만든 심리학은 실험실에서 각종 기계를 사용해서 운영되는 과학인데, 대상은 의식이었다. 그는 이 과학적 심리학이 할 일은 사람의 의식을 구성하는 기본 요소를 찾아내는 것이라 생각했다. 기본 요소를 찾아내면, 복잡한 의식은 이들 기본 요소의 복합체로서

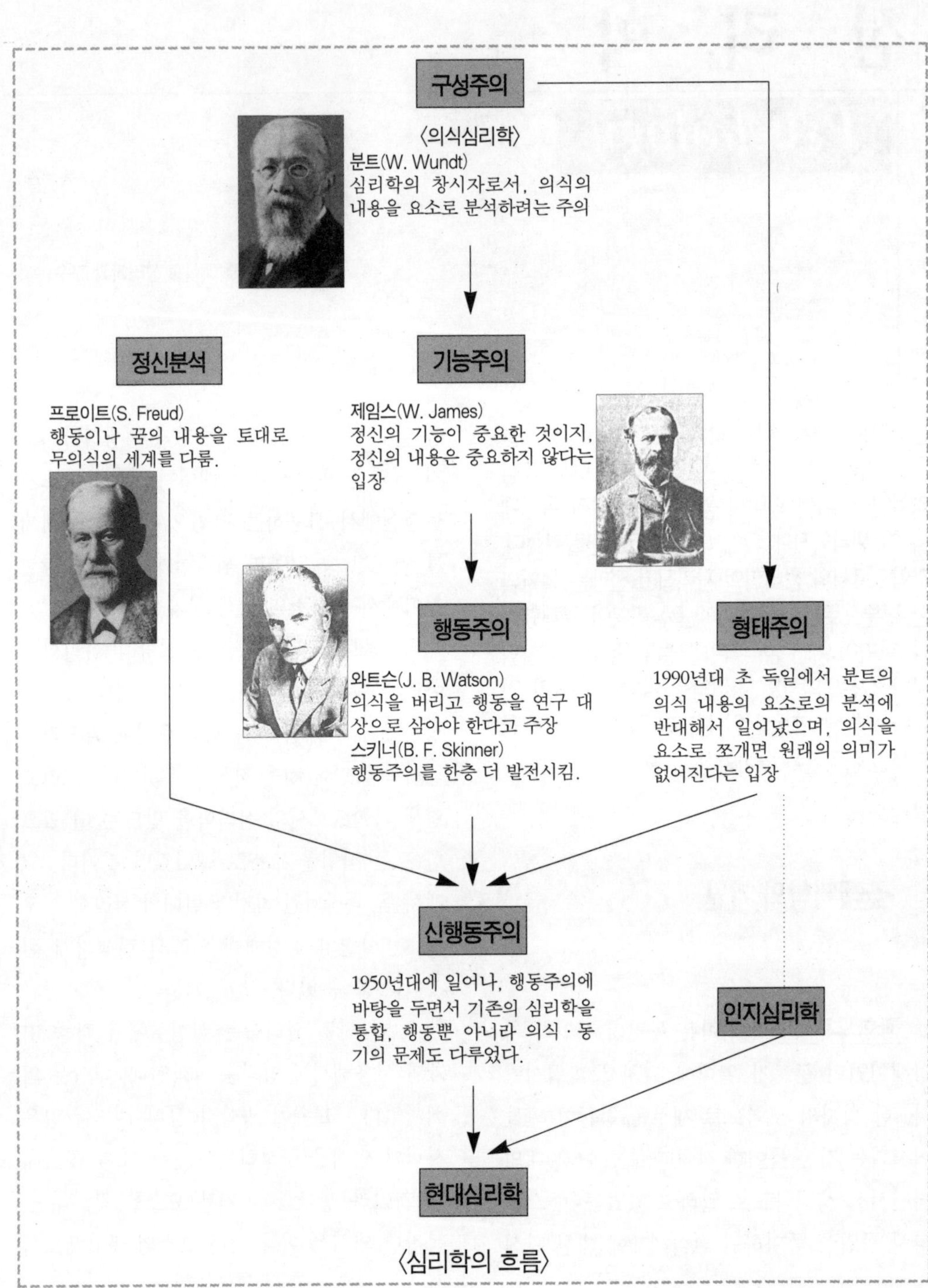

구성주의

〈의식심리학〉
분트(W. Wundt)
심리학의 창시자로서, 의식의
내용을 요소로 분석하려는 주의

정신분석

기능주의

프로이트(S. Freud)
행동이나 꿈의 내용을 토대로
무의식의 세계를 다룸.

제임스(W. James)
정신의 기능이 중요한 것이지,
정신의 내용은 중요하지 않다는
입장

행동주의

형태주의

와트슨(J. B. Watson)
의식을 버리고 행동을 연구 대
상으로 삼아야 한다고 주장
스키너(B. F. Skinner)
행동주의를 한층 더 발전시킴.

1990년대 초 독일에서 분트의
의식 내용의 요소로의 분석에
반대해서 일어났으며, 의식을
요소로 쪼개면 원래의 의미가
없어진다는 입장

신행동주의

1950년대에 일어나, 행동주의에
바탕을 두면서 기존의 심리학을
통합, 행동뿐 아니라 의식·동
기의 문제도 다루었다.

인지심리학

현대심리학

〈심리학의 흐름〉

Wilhelm Wundt

분트는 최초의 심리학 실험실을 만들고 심리학 전문 잡지도 펴내는 등 과학적 심리학을 출범시키는 데 독보적인 역할을 했다. 그는 실험 심리학을 확립시켰으며, 그가 세운 과학적 심리학은 후세에 구성주의 심리학이라고 알려지게 되었다.

이해할 수 있을 것이라는 생각이었다. 나중에 이런 입장은 크게 잘못되었다는 것이 밝혀졌지만, 당시로서는 당연한 일처럼 여겼다. 모든 과학이 분석을 하니 심리학도 분석을 하는 것은 당연한 것으로 보였던 것이다.

분트의 노력으로 심리학은 철학에서 독립하는 데 성공했다. 분트 이전의 심리학은 철학의 일부로 간주되었었는데, 이제 철학자들은 새로운 심리학에 대해서 철학의 일부라고 말할 수 없게 되었다. 그리고 심리학은 그날부터 과학의 대열에 끼게 되었다. 아직도 심리학이 자연 과학의 일부이냐 아니냐에 대해서는 논란의 여지가 있지만 과학이 된 것만은 확실하다. 이렇게 심리학이 독자적인 과학이 된 시기는 분트가 독일 라이프치히 대학에 세계 최초의 심리학 실험실을 세운 19세기 후반인 1879년이다.

분트가 세운 심리학은 실험법을 위주로 하는 심리학으로 실험심리학과 같은 뜻이 된다. 그러나 분트는 처음부터 인간의 정신은 실험실에서 연구할 수 없는 부분이 있다는 것을 인정했었고, 그는 죽기 전 20년간은 실험을 전제로 하지 않는 심리학을 구축하는 데 시간을 보냈다.

이런 심리학은 사람의 사회제도 · 관습 · 법률 · 언어 등을 다루는 것으로, 오늘날 사회심리학이라고 볼 수 있는 성격의 심리학을 구상했던 것이다. 사람의 사회제도 · 관습 · 법률 · 언어 등은 사람의 정신이 만든 것이고, 사람의 정신이 배어 있는 것이다. 사람의 정신을 연구하기 위해서는 이들 현상도 빼 놓을 수 없다고 본 것이다. 그러나 이런 구상은 계승되지 못하였고, 오직 실험심리학만이 다른 학자들에 의해 계승되어 현대심리학의 전통을 이루게 되었다.

심리학의 전개

분트가

실험실에서 하는 심리학을 만든 지 불과 15년 뒤에는 이 과학적 심리학이 미국에도 전파되어 독일의 규모나 활동수준을 능가하게 되었다. 큰 국력으로 단시간에 독일보다 많은 심리학과를 창설했으며, 실험실도 더 좋은 시설을 갖게 되었다. 그래서 심리학의 중심은 20세기 초에 벌써 미국으로 옮겨져 오늘에 이르고 있다. 미국에서는 과학적 심리학을 수용하면서도 접근 방법이나 내용에서는 분트의 것과는 판이한 심리학을 만들어 나갔다. 미국 심리학의 성격을 미국적으로 만든 것은 제임스라는 생리학을 전공하던 학자였다. 그는 분트가 구상한 심리학과는 성격이 다른 과학적인 심리학을 구상했다.

심리학은 주무대가 미국으로 옮겨오면서 의식의 내용 분석보다는 정신의 유용성에 관심을 돌리게 된다. 눈으로 본다는 것이 어떻게 해서 가능한가가 관심이지 본 내용이 무엇인가는 중요치 않다고 본 것이다. 마찬가지로 사람은 어떻게 생각하는지가 중요한 것이지 무엇을 생각했느냐는 중요치 않다고 보는 것이 미국인들의 입장이었다. 이런 입장을 기능주의라고 부른다. 기능주의를 좀더 이해하려면 분트의 의식

동물의 조건 반사 실험 (1) - 고전적 조건 부여 장치

파블로프는 침의 분비량을 잴 수 있도록 개를 수술한 후 위와 같은 장치를 하고 조건 반사 실험을 하였다. 개에게 벨 소리를 들려준 후 약간의 먹이를 주는 조작을 반복하면 마침내 벨 소리만으로도 침의 분비가 일어난다. 이때 개의 침은 튜브를 통해 비커로 가게 되고 비커 위에 있는 밸브의 움직임은 바깥에 놓인 기록계로 전달되어 분비량이 기록된다. 이처럼 주어진 자극에 대해 수동적인 조건 반사가 형성되는 경우를 '고전적 조건 부여'라고 한다.

이반 파블로프(1849~1936)는 생리학자로서 생리학 연구로 노벨상까지 수상하였다. 뒤에 우연한 기회에 조건 반사를 처음으로 발견하고 이 용어를 만들어 낸 사람이다. 그의 조건 반사라는 개념은 왓슨의 행동주의 심리학의 핵심을 이루게 되었다. 현대 심리학에서는 조건 반사라는 말 대신 조건 형성이라는 말을 쓰고 있다.

심리학이 어떤 것인지 자세히 알아볼 필요가 있다. 분트의 관심은 의식의 내용을 요소로 분석하는 것이었다. 기능주의는 생각하는 것, 보는 것, 판단하는 것과 같은 정신의 기능이 중요한 것이지 정신의 내용(보거나 판단하거나 생각한 의식 내용)은 중요하지 않다는 입장을 취한 것이다.

스키너는 행동주의를 일층발전시킨 심리학자이다. 그는 자극-반응이라는 틀(자극이 반응을 이끌어낸다는 틀)을 버리고 행동이 행동을 뒤따르는 결과에 따라 선택된다는 강화의 원리를 내세웠다. 행동에도 자연 도태가 일어난다는 견해를 펴서 왓슨의 기계론적인 입장에서 이탈했다. 그의 행동주의는 물리학의 틀보다는 생물학적인 틀을 따르며 왓슨보다는 우발적인 환경의 중요성을 더 강조한다. 프로이트와 더불어 사회 일반의 문제에 심리학을 폭넓게 적용시키는 글을 썼다.

분트의 '의식심리학'은 한 가지 골치 아픈 문제를 안고 있었다. 의식의 내용을 연구 대상으로 할 때는 의식을 관찰해야 하는데, 내가 가지는 나의 의식에 대해서 남에게 이야기해 줄 수는 있지만, 그 남은 내 의식을 직접 알 길이 없는 것이다. 의식을 연구 대상으로 한다는 것은 남이 볼 수 없는 것을 연구 대상으로 한다는 것을 의미한다. 이런 대상을 가지고 과학을 만들 수 있느냐는 문제가 생긴다. 이 문제는 20세기 초 제임스가 미국적인 심리학을 구상했을 때만 해도 심각한 것으로 여겨지지 않았다.

그러나 1910년대 초에 와트슨이란 미국 심리학자가, 심리학이 진정한 과학이 되려면 누구나 볼 수 있는 것을 대상으로 해야 한다고 주장하고 나섰다. 그는 의식을 버리고 행동을 연구 대상으로 삼아야 한다고 주장했다. 그의 이런 심리학

동물의 조건 반사 실험 (2) - 오퍼런드 조건 부여 장치
스키너는 아래 그림과 같은 장치에 쥐를 가두고 레버를 눌렀을 때만 먹이를 주기로 하였다. 마침내 쥐는 레버를 눌러 먹이를 얻는 것을 배운다. 이처럼 적극적으로 환경 조건에 대응하는 경우를 '오퍼런드 조건 부여'라고 한다.

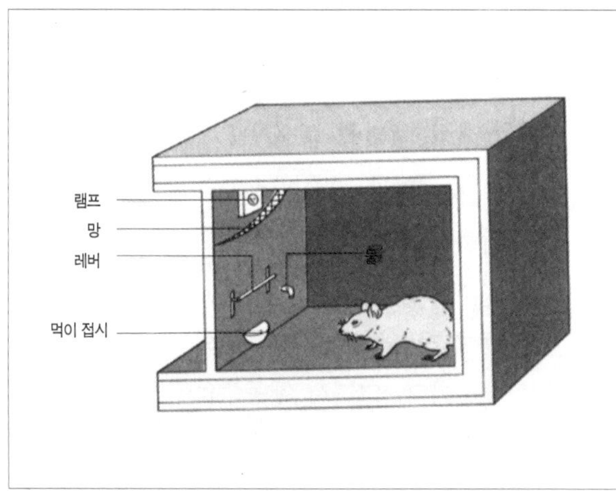

을 행동주의 (Behaviorism) 또는 행동주의 심리학(Behavioris-tic psychology)이라고 부른다. 행동은 누구나 볼 수 있다는 의미에서 완전히 객관적이다. 심리학은 행동을 관찰 대상으로 하는 과학이 되어야 한다는 것이 행동주의가 주장하는 것이었다. 행동은 사람의 행동이 될 수도 있고 동물의 행동이 될 수도 있다. 그러나 의식은 사람에 한해서만 문제가 된다. 이렇게 행동주의를 표방하면서 심리학은 동물도 연구 대상으로 삼게 되었다.

　행동주의가 나오기 전, 20세기 초에 미국에 유행하던 심리학은 기능주의 (Functionalism) 심리학이라는 것은 이미 앞에서 말한 바 있는데 보는 것, 생각하는 것, 판단하는 것이 어떻게 일어나는지, 즉 심리 과정을 강조하고 그만큼 의식의 '내용'을 덜 중요시하게 되었다. 더 효율적으로 살기 위해서는 어떻게 해야 되는지 등의 문제에 초점을 맞추는 것이 기능주의의 입장이므로 기능주의 심리학은 의식만을 고집할 필요가 없었고 행동도 연구 대상으로 수용했다. 기능주의는 다윈의 진화론의 영향을 받은 심리학으로 동물 행동의 진화에 대한 관심을 자극했다. 행동을 강조하다 보니 사람뿐 아니라 동물의 행동도 심리학의 연구 대상으로 삼게 되었다. 행동주의는 기능주의에, 대상은 객관적이어야 한다는 입장을 더 보탠 것이다. 객관성을 강조하다 보면 완전히 객관적으로 접근할 수 없는 의식은 심리학에서 기피 대상이 된다. 그래서 행동주의는 심리학이 객관적 관찰이 가능한 행동만을 연구 대상으로 삼아야 한다는 입장을 내세우게 된 것이다.

　행동주의 심리학에서는 심리학은 단순히 과학이 되는 것에 그치지 않고 자연 과학의 일부가 된다. 왜냐하면 행동만을 대상으로 하는 심리학은 동물학과 거의 같은 것이 되기 때문이다. 그래서 행동주의에서는 심리학의 과학성이 어느 때보다도 강조되게 되었다. 행

프로이트는 정신분석학을 세웠다. 정신분석학은 전신 치료의 한 기법이기도 하고 하나의 심리학이기도 하다. 그의 심리학은 실험심리학이 아니라는 이유로 정통심리학으로 간주되지 않고 있다. 그러나 그는 무의식의 중요성을 처음 강조하고 사람의 동기나 성격 발달 이론에서 중요한 공헌을 했다. 프로이트는 인간 사회 문명의 문제나 사회 문제에 대해서도 중요한 글을 남겼다.

동주의를 한층 더 발전시킨 심리학자로 스키너(B. F. Skinner)가 유명하다.

행동주의가 미국에서 일어나고 있는 것과 같은 시기에(1990년대 초) 독일에서는 형태주의라는 심리학이 나와서 분트의 의식 내용의 요소로의 분석에 대해서 반기를 들었다. 의식을 요소로 구분하는 일이 어려울 뿐더러 현명한 일이 못 된다는 것이다 . 의식을 요소로 쪼개면 원래의 의미가 없어진다는 것이다. 책을 바라보면 '책' 이 보이는 것이 당연한 것인데도 '책'을 보려고 하지 않고, 이를 구성하는 여러 가지 색으로 쪼개서 보거나 '책' 속에 있는 선의 모습 등을 보려고 하는 것은 무리라는 것이다. 그렇게 색이나 선을 보려고 하면 '책'은 보지 못하고 만다는 것이다.

프로이트는 20세기 초에 정신분석학이라는 것을 확립했는데, 그는 분트와는 다른 새로운 심리학을 만들었다고 생각했다. 흔히 정신분석학이라고 알려져 있는 학문은 그의 생각으로는 새로운 종류의 심리학이었던 것이다. 그의 심리학은 의식을 대상으로 하기 보다는 행동이나 꿈의 내용을 토대로 무의식 세계를 다루는 것을 목적으로 하고 있다. 분트의 의식심리학이 동기나 성격 등의 문제를 전적으로 도외시하고 있었다는 점에서 불완전한 심리학이었다면, 프로이트의 정신분석학은 바로 의식심리학이 등한히 한, 사람의 면을 다루었다. 그런 의미에서 프로이트가 구상한 심리학은 분트의 의식심리학을 보완하는 것이었다.

> 사람의 행동 원리를 캐내는 학문이 심리학이다. 심리학은 가장 직접적으로 사람 개인을 대상으로 삼아 연구한다. 그래서 사람이 어떻게 생각하고 행동하는지, 생각과 행동의 원리를 알아내는 것을 목적으로 하는 기초 과학이다.

이렇게 프로이트의 심리학(정신분석학)은 실험심리학에 대해서 보완적인 성격을 띠고 있는데도 불구하고 심리학 주류의 배척을 받게 되는데, 그 이유는 프로이트의 심리학이 객관적인 방법을 사용하지 않는다는 인식 때문이었다. 심리학은 과학이 되어야 하는데, 과학이 되기 위해서는 객관적 방법의 사용이 절대적이다. 프로이트가 실험법을 사용하지 않고 몇몇 환자와의 오랜 시일에 걸친 대화에서 얻은 자료를 토대로 하고 있지만 그렇다고 그의 방법이 객관적이 아니라고 탓할 수는 없다. 덜 객관적이라고 말할 수는 있을지 몰라도 객관적이 아니라고 말할 수는 없는 것이다. 그럼에도 프로이트는 실험을 절대적으로 신봉하는 분위기 속에서 심리학이 아니라고 배척 당했다. 이런 태도는 아직도 남아 있다. 그래서

제임스는 원래 생리학자로
미국의 독특한 심리학의 기초를 마련했다. 그의 책의
영향으로 미국에는 독일의 분트 심리학과는
성격이 다른 기능주의 심리학이
생기게 되었다.

와트슨은 기능주의 테두리
안에서 행동주의를 발족시킨 동물심리학자였다.
그는 심리학이 누구나 볼 수 있는 행동(동물이나
인간의)만을 다루고 의식이나 다른 주관적인 것은
다루지 말아야 한다고 주장했다. 행동주의는
심리학을 행동을 다루는 자연 과학의 하나로 만들려
했다. 그의 행동주의 심리학에 따르면 심리학은
동물학의 일부처럼 된다. 행동주의는 모든 심리
현상을 자극－반동의 연결로 이해하려 한다.

프로이트의 정신분석은 정통 심리학의 일부가 되지 못하고 심리학의 변두리에 놓이게 되었다. 이런 사실은 심리학이라면 우선 프로이트를 떠올리는 일반인들의 상식과는 크게 다른 것이다.

심리학은 1950년대에 들어와서 주로 행동주의에 기초를 둔 과학으로 자리를 잡게 되었다. 그러나 1910년대와 1930년대에 성행했던 행동주의보다는 타협적이어서 사람의 의식도 부정하지 않는다. 이런 행동주의를 신행동주의라고 하는데, 오늘의 심리학을 주도하는 미국의 심리학은 이런 성격의 심리학이다.

미국에는 1970년대에 인지심리학이라는 흐름이 일어나서 사람의 머리 속에서 일어나는 과정에 대해 이전의 행동주의보다는 더 많은 관심을 보인다. 인지심리학은 심리학에서 가장 새로운 움직임이지만 그렇다고 의식을 되살리는 심리학은 아니라는 점에 유의해야 한다. 행동주의가 사람이나 동물의 행동 원리에 치중하고 머리 속에서 일어나는 정신 과정에 대해 소홀히 한 데 대해, 이를 보완하기 위한 움직임으로 일어난 것이 인지심리학이며, 인지심리학은 의식심리학으로 되돌아가는 것을 의미하지는 않는다. 이 점은 인지심리학자들이 의식을 ‘관찰’ 하려는 시도를 전혀 하지 않는다는 것만 보아도 알 수 있다.

미국에서 심리학은 과학으로서의 위상이 상당히 높아서 물리학과 같은 과학과 동등한 위상을 유지하고 있고, 사회적으로 과학으로서 인정을 받고 있다. 이런 사실은 우리 나라의 경우와는 크게 다른 것이다. 미국에서는 흔히 물리학과 심리학이 나란히 언급된다. 물리학은 자연 과학의 대표로서 그리고 심리학은 사회 과학의 대표로서, 즉 사회 과학에서 가장 과학적인 학문이 심리학인 것으로 인식되어 있다.

심리학은 사회 과학을 공부하기 위해서는 꼭 연구해야 할 기초 과학으로 자리잡고 있다. 그럼에도 우리 나라에서는 이런 인식이 희박한데, 이는 아직 과학에 대한 이해가 사회 전반에 약하기 때문이며, 앞으로 과학에 대한 신뢰가 높아지면 달라질 것이다.

그러면 심리학은 다른 사회 과학과 어떻게 다른가? 사회 과학은 모두 사람과 관계가 있다. 정치도 사람이 하는 것이고, 사회 현상이나 문화도 사람이 만들어내는 것이다. 경영학이 다루는 기업 조직도 사람이 구성하는 조직이다. 법은 사람이 만든 것이고 사람의 행동에 영향을 주기 위한 도구이다. 이렇게 보면 이런 학문들이 모두 사람과 관련이 있고 구체적으로 사람의 행동과 관련이 되어 있다.

그러나 사람의 행동 원리를 캐내는 학문은 심리학이다. 심리학은 가장 직접적으로 개인을 대상으로 삼아 연구한다. 그래서 사람이 어떻게 생각하고 행동하는지, 생각과 행동의 원리를 알아내는 것을 목적으로 하는 기초 과학이다.

심리학의 분야

심리학은 크게 기초심리학과 응용심리학으로 대별되는데, 사람의 생각과 행동의 원리를 연구하는 분야는 기초심리학 분야이다. 이는 다시 어떤 심리 과정을 다루느냐에 따라 생리(생물)심리학 · 학습심리학 · 지각심리학 · 인지심리학 · 발달심리학 · 사회심리학 · 성격심리학 · 동물심리학 · 심리측정 등으로 세분된다. 응용심리학은 심리학 지식을 사회의 실용적인 문제에 적용하는 것을 목적으로 하는 분야로 임상심리학 · 상담심리학 · 조직심리학 · 산업심리학 · 학교심리학 등이 있다. 범죄심리학이나 인간공학도 응용심리학의 일부이다.

초능력심리학이니 초감각심리학이니 심령과학이니 하는 말이 심리학인 것처럼 유통되고 있으나, 이런 것은 아무리 '과학'이라 떠들어도 진정한 과학이 아니며 따라서 심리학과는 아무런 관계도 없다. 과학이 아니면 심리학이 아닌 것이다.

심리학을 배우기 위해서 특별히 알아야 할 기초지식은 없다. 그러나 심리학에서는 사람의 신경계

추천 도서

1. 《심리학 개론》, 권석만 외
2. 《심리학의 이해》, 차재호
3. 《Psychology and life. 12th ed. Glenview, IL: Scott》, P. G. Zimbardo
4. 《집단심리학(D.R. Forsyth 원저)》, 서울대 사회심리학 연구실 편역
5. 《발달심리학》, 손명자
6. 《Introduction to personality. NY: Holt》, W. Mischel

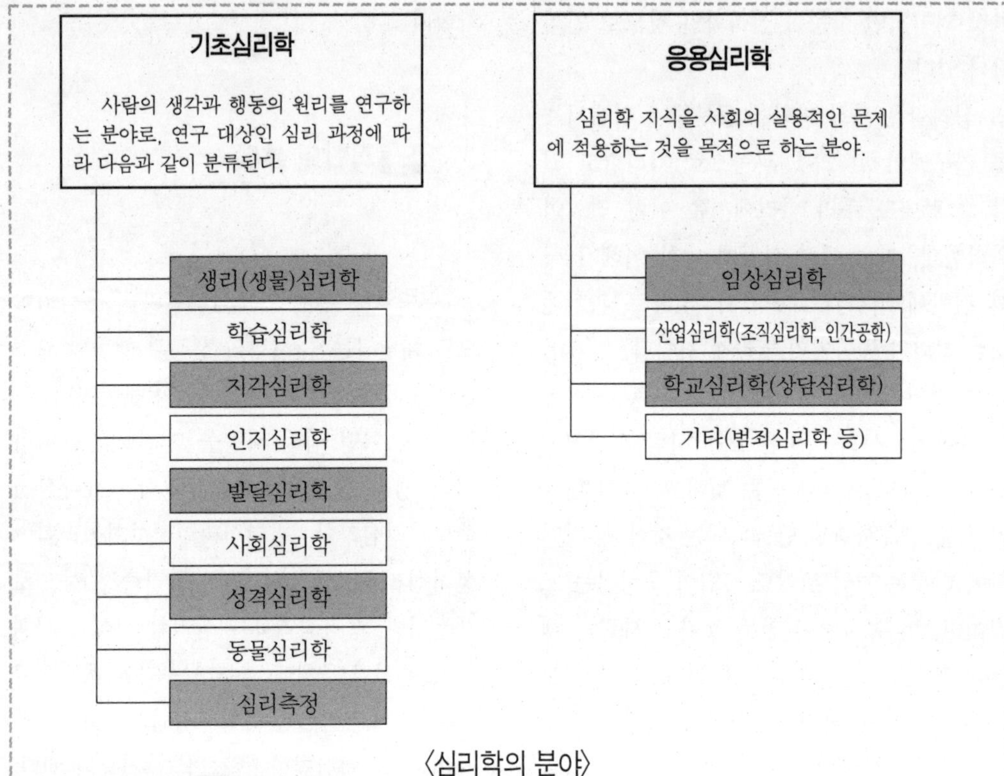

〈심리학의 분야〉

통에 관한 지식도 배우고 얼마간의 통계적 지식도 함께 배우게 되므로, 이런 분야에 대한 기초지식이 있으면 심리학을 배우는 데 도움이 될 것이다. ♣

유명 대학

일반적으로 좋은 심리학과가 있는 대학은 미국에 집중되어 있고, 미국의 큰 대학은 모두 일류 심리학과를 가지고 있다. 큰 대학의 심리학과는 100여 명의 교수를 가지고 있는 것이 보통이고, 웬만한 대학의 심리학과도 40~50명 선의 교수진을 가지고 있다. 특히 예일 대학교, 하버드 대학교, UCB, UCLA, 스탠포드 대학교 등이 알려져 있으며, 콜롬비아 대학교, 미네소타 대학교, 위스콘신 대학교, 미시간 대학교, 뉴욕의 주립대들, 캘리포니아의 주립대들 그리고 동부의 일부 사립대 등은 모두 일류 심리학과를 가지고 있다. 또 영국에서는 옥스퍼드 대학교가 가장 권위를 인정받는 심리학과를 가지고 있다.

고 고 학
Archaeology

최몽룡 / 서울대학교 고고학과 교수

고고학은 오래 전부터 황금 유물이나 숨겨 놓은 보물상자를 찾아 화려하고 멋있고 불가사의한 과거를 좇는 낭만적인 학문으로 여겨지고 있다.

고고학의 의의

고고학자들이 과거에 이루어냈던 업적으로는 라스코 동굴 벽화, 투탄카멘의 무덤, 폼페이의 도시 유적, 슐리만의 트로이와 진시황릉 발굴 등을 들 수 있는데, 이들은 우리에게 환상의 세계를 찾아가게 하는 놀라운 발견물들로 우리의 호기심을 자극하기에 충분하다.

이러한 발견은 많은 과학적인 기기와 방법을 동원하는 현대 고고학에서도 계속 이루어지고 있다. 알타이 우코크 고원에서 발굴된 스키타이 황금 문화와 미라(냉동 공주와 냉동 전사), 알프스 산간의 빙하에서 발견된 4000년 전 순동시대(Copper age)의 남자 빙하 미라인 외찌인(속칭 Iceman) 역시 우리의 기억에 길이 남을 고고학 성과물이다. 우리 나라에도 무녕왕릉, 천마총, 황남대총 및 금동용봉봉래산향로 등 세계가 관심을 가질 만한 뛰어난 것들이 많다. 이러한 놀라운 발견물들이 최근에는 영화나 소설의 주요 소재로 이용되고 있는 것을 보면 고고학은 과학적인 학문임에 앞서 분명히 낭만적인 학문임에 틀림없다.

서양에서 고고학을 뜻하는 Archaeology는 Archaeos(과거, 古)와 Logos(논리, 학문)라는 말의 합성어로, 문자 그대로 '옛것을 생각하는' 학문이다. 다시 말해 물질에 남겨진 인류 문화의 역사를 밝혀 내고 생활 방법을 복원해서 인류의 문화와 역사가 어떠한 식으로 발전해 왔는지를 밝히는, 즉 인류의 생활과 문화 과정의 복원 그리고 이를 통해 인류 문화사를 올바로 인식하고자 하는 것이 고고학의 목적이라 할 수 있다. 따라서 황금 유물이나 보물 상자뿐 아니라 토기편·석기 등의 작은 자료들도 고고학에서는 매우 중요하다.

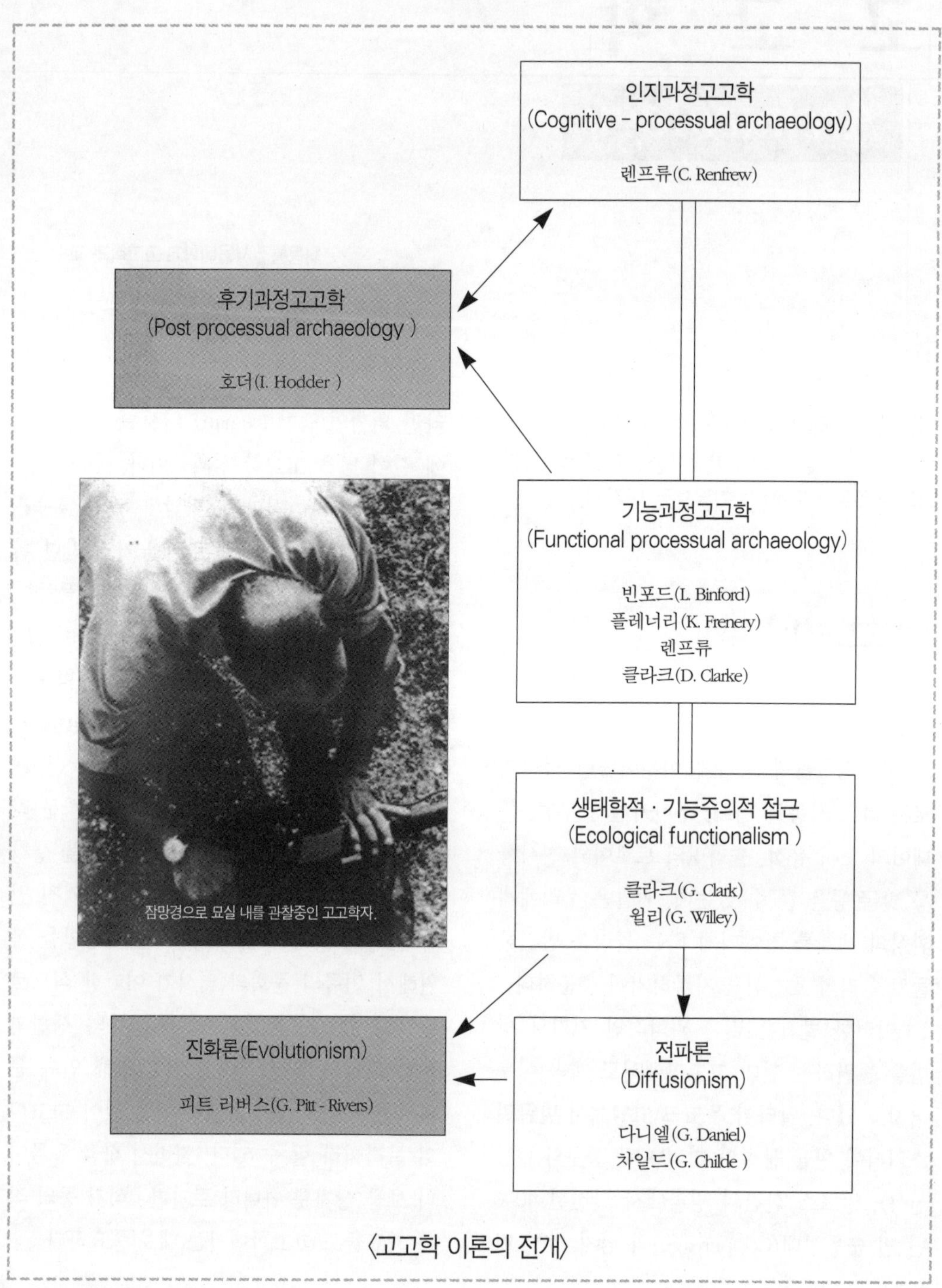

잠망경으로 묘실 내를 관찰중인 고고학자.

〈고고학 이론의 전개〉

고고학의 연구 대상과 범위

고고학은 다루는 시대에 따라 선사 고고학과 역사 고고학으로 대별되는데, 이 중 선사 고고학은 인류학의 한 분야로 분류되기도 한다. 역사 고고학은 인문 과학 분야로서 미술사 및 역사학과 밀접한 관계를 맺고 있다. 최근 들어 고고학이 세분화되면서 지질 고고학·환경 고고학·수중 고고학 등 주제별로 고고학을 연구하는 주제 고고학이라는 범주도 생겼다.

고고학은 주로 인류가 문자를 발명하기 이전 시기를 밝히는 데 더 중요한 학문이었다. 하지만 현대 고고학은 문자가 있던 역사 시대에 대해서도 고고학 발굴 조사를 통해 공백으로 남아 있던 많은 새로운 사실들을 밝혀 주고 있다.

역사적인 문헌에 남아 있는 자료는 그 당시를 풍미하던 권력자라든지 그 시대를 대표하던 사람들을 중심으로 주로 기록되거나 그들의 영웅적인 행위를 담고 있다. 하지만 역사는 단순히 이러한 영웅이나 권력자들의 행동뿐만 아니라 그 시대를 살았던 모든 평범한 사람들의 발자취를 포함한다. 그곳에 바로 보편적인 의미에서의 전통과 문화가 살아 있는 것이다.

이처럼 고고학은 과거에 살았던 사람들이 남겨 놓은 모든 산물을 대상으로 연구하고 그

물질적인 증거를 통해 다시 문헌 사료를 검증할 수 있는 학문이다. 현대 고고학은 지금부터 20~30년 전의 우리 현대인이 남겨 놓은 산물들조차도 연구 대상으로 삼는다.

그러므로 고고학이 다루는 연구 범위는 남방의 원숭이(오스트랄로피테쿠스)에서 네안데르탈인을 거쳐 현생 인류인 크로마뇽인과 그들이 지구상에 남긴 모든 발자취이다. 즉, 전시대에 걸친 모든 인간 생활의 산물을 연구 대상으로 삼는다고 할 수 있다. 그리고 지역적으로는 문명이 발생한 근동에서 신대륙에 이르기까지 인간이 살고 있는 모든 곳이 포함된다.

지금까지 고고학에서 크게 관심을 가진 시대는 청동기 시대이다. 이 시대에는 전세계적으로 도시·문명 그리고 국가가 발생하였다. 잘 알려진 이집트, 수메르를 포함한 메소포타미아, 인더스, 중국의 상 등의 고대 관개 문명도 모두 청동기 시대에 발생하였다. 하지만 최근에 들어서는 고고학이 다루고 있는 연구 범위가 인류의 진화와 농업의 기원까지도 포함하는 인류의 역사 전반에 미치고 있다.

고고학을 연구할 때 가장 중요한 1차 자료를 고고학 용어로 유물이라고 한다. 하지만 여기에는 인간이 직접 만들지 않고 사람이 기른 짐승의 뼈, 나무 열매 등 인간과 관계를 가진 일체의 자연물도 포함된다. 왜냐하면 이를 통해 인간이 살던 기후와 환경을 살펴 볼 수 있기 때문이다. 고고학자들은 유물뿐 아니라

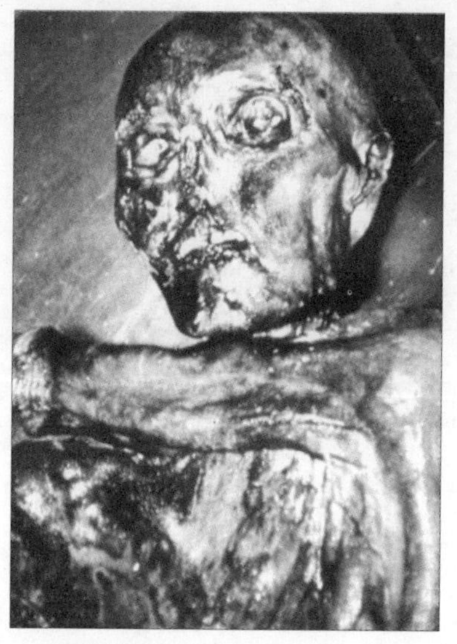

살던 땅에 남겨 놓은 움직일 수 없는 인간 생활의 흔적도 연구한다. 그것을 전문적인 용어로 유구 또는 유적이라고 하는데 집자리 · 기념비 · 무덤 등이 여기에 속한다.

고고학에서는 인류의 기술과 경제 행위에 따라 시대를 크게 구석기 시대-신석기 시대-청동기 시대-철기 시대로 구분한다. 지금 우리가 살고 있는 이 시대는 아직도 철을 주로 사용하고 있기 때문에 철기 시대에 속한다고 할 수 있다. 앞으로 수백 년이 지나면 우리가 살고 있는 이 시대를 다른 용어로 부를 수 있을 것이다. 혹시 전자 시대나 컴퓨터 시대라고 부를지도 모른다. 미래의 고고학자들은 쓰레기 매립장에 버려져 있는 8비트 애플 컴퓨터, 586 펜티엄급 컴퓨터 등을 찾아 그 안에 저장되어 있는 프로그램이나 정보를 복구, 우리가 지금 살아가며 겪은 역사를 찾아낼지도

모른다.

간략한 고고학 발달사

옛것에 대한 관심은 동서양을 막론하고 아주 이른 시기부터 있어 왔다. 몇 가지 사례를 들자면 신바빌로니아 제국의 마지막 왕인 나보니두스(BC 556~538)의 고대 신전의 발굴 및 왕립박물관 건립, 한비자의 《십과(十過)》, 당대의 학자 원강의 《월절서(越絶書)》, 헤로도투스의 《역사》 등의 고문헌에서 나타나는 기록, 스키타이 문화의 고분에서의 매몰된 도굴꾼 발견 등이 있으며, 빠르게는 기원전 6세기경부터 인류 과거의 역사에 관심을 가졌다. 313년 기독교가 공인된 이후 기독교

▲ 부여 부소산성 발굴.

▲ 이집트 핫셰푸스트 왕비의 초상.

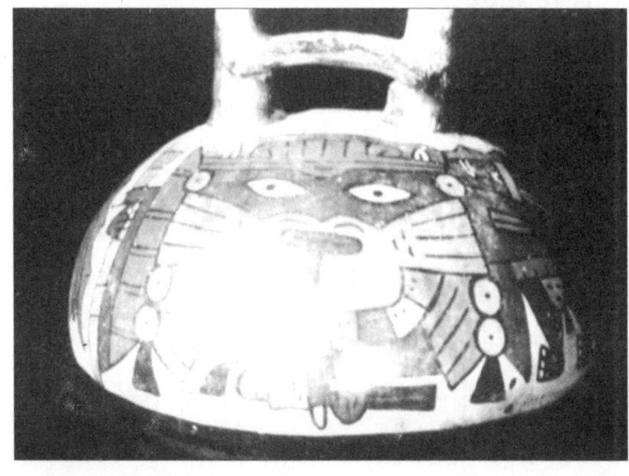

▲ 페루 나스카 문화의 토기

가 서양 문화를 지배하게 되면서 주춤했던 고고학에 대한 관심은 14세기 이탈리아에서 시작된 르네상스와 더불어 다시 싹트기 시작하였다. 유럽에서 르네상스와 더불어 일어난 호고주의(好古主義)는 유럽 전역으로 확산되어 귀중한 골동품의 수집에 박차를 가하였다. 이 시기를 골동품학, 혹은 고전 고고학 시대라고 부른다.

이러한 골동품을 수집하는 단계를 학문적 차원에서 한 단계 올려 놓는 결정적 역할을 한 사람은 독일인 빈켈만이었다. 빈켈만(J. J. Winkelmann, 1717~1768)은 당시의 무질서한 고물 애호, 수집에서 벗어나 고대 유물 연구에 학술적 기초를 이룩한 사람으로서 '고고학의 아버지' 라고 일컬어진다.

19세기 초 톰센(C. J. Thomsen 1788~1865)은 처음으로 유물을 석기 · 청동기 · 철기라는 3시기로 나누어 분류하였다. 1985년에 이러한 3시기법은 러복(Sir J. Lubbock)에 의해 약간의 수정을 가져오게 되었는데 석기 시대를 구석기 시대와 신석기 시대로 나누게 되었던 것이다. 현재는 중석기 시대가 하나 더 추가되면서 5시기 구분법을 사용하고 있다.

유럽 열강의 식민지 진출이 본격적으로 시작된 19세기에 각 강대국마다 문명 발생지에서 수습한 귀중한 유물의 과다에 따라 국력을 비교하는 것이 유행처럼 일어나, 각 정복 국가마다 유물 수집에 열을 올리면서 강대국 중심의 유물 약탈 시대가 열리게 되었다. 이러한 유물 약탈은 지식인들의 지적 호기심을 자극하였고, 19세기에 접어들면서 이집트학을 필두로 보다 체계적인 근대 고고학이 성립하게 된 한 계기가 되었다.

19세기 후반에서 20세기 초반에 걸쳐 고고학은 확립기에 접어든다. 트로이를 발굴한 슐리만은 체계적인 고고학 방법을 활용하였으며 그리스 본토에서 선사 시대의 존재를 밝혀내는 데 공헌하였다. 또한 리버스와 페트리(F. Petrie) 역시 과거 유물 수습 차원에서 이루어졌던 발굴에서 탈피하여 보다 과학적인 방법으로 발굴의 과학화를 이루었다. 이와 같은 사건은 고고학이 독자적인 하나의 학문으로 정착하게 되는 계기가 되었다. 스웨덴의 몬테리우스(Monterius)는 고고학에서 지금까지 가장 중요한 연구 방법의 하나인 형식학적 방법을 처음으로 주장하였으며, 이들의 등장은 현대 고고학을 탄생시키는 결정적인 계기를 만들었다.

연구 방법
▷ 유적조사

현대 고고학은 매우 과학적이며 이론적인 학문으로 정착되어 가고 있다. 고고학 연구의 기초는 유물에 보이는 기능·형태 그리고 재료를 참고해서 각 유물의 특징을 밝히고 시간적인 선후 관계를 밝혀내는 것이다. 이러한 고고학의 과제를 해결하기 위한 가장 최초의 작업은, 방법은 다를지언정 과거와 마찬가지로 발굴 조사로부터 시작된다. 모든 발굴 조사는 우선 지표 조사를 실시한 후 그 결과에 따라 결정된다. 지표 조사(Field survey)는 발굴 조사(Excavation), 문헌 조사와 함께 고고학적 조사 방법의 하나로 유적과 유물을 발견하고 기록하는 것을 말한다.

지표 조사의 대상은 선사 시대부터 역사 시대에 이르기까지의 전기간 동안 인류의 조상들이 생활하고 남겨 놓은 유적·유물들인데, 문자가 사용되지 않았던 선사 시대의 경우 주거지·지석묘·패총·고분·석기 산포지 등이 여기에 속할 수 있으며, 역사 시대에 있어서는 산성·고분·궁터·불교 문화재 등이다. 때에 따라서 신안 앞바다의 경우처럼 물밑도 뒤져야 한다. 이를 수중 또는 해저 고고학이라고 부른다.

지표 조사에 일부 첨단 기술이 사용되는데, 그 대표적인 방법은 영국의 에잇킨슨(Atkinson)이 1946년에 처음 이용한 지자기학 조사 방법(Resistivity surveying)과 1922년 영국의 클로우포드(Clawford)가 고안한 항공 사진(Aerial photographs) 판독법이 있다. 전자는 지하에 매장되어 있는 금속제 유물을 탐색하는 데 이용되었으며, 후자는 봉토가 깎여져 나간 고분이나 성곽, 길(Roman Road 등), 대

위는 영국의 거석 기념물인 스톤헨지, 오른쪽은 항공 사진을 이용한 조사물인 나스카 문화로 지상 그림은 거미이다.

형 이형 유적(알타이 아르감쥐나 페루의 나스카 유적) 등 평면상에 잘 드러나지 않는 유적들을 찾는 데 활용되고 있다.

문화 유적에 대한 보다 정확한 자료는 발굴 조사를 통하여 얻어지게 된다. 발굴 조사는 매장된 문화재를 보다 전문화된 시굴 방법으로 드러내어 선사 시대인들에 의해 남겨진 역사를 발견 및 복원하기 위한 첫번째 방법이다. 발굴 조사 결과는 우리 조상들이 직접 한 시대를 살아가면서 각각 남겨 놓은 흔적들의 총체이며 보다 사실적으로 역사를 설명할 수 있는 1차 사료이다.

발굴을 실시함에 있어서 가장 먼저 해야 할 일은 발굴 조사 방법을 결정하는 것이다. 발굴 조사 방법은 대표적으로 격자식 방법, 사분법, 계단식 방법, 전면 발굴 방법, 트랜치 방법 등으로 나눌 수 있다. 이 방법들은 각각 유적의 성격에 따라 달리 사용된다.

유적의 성격에 따라 발굴 방법이 결정되면 발굴을 시행하게 된다. 발굴 조사를 시행할 때는 가장 먼저 기준점을 설정하고 인근의 넓은 범위를 한눈에 볼 수 있는 측량을 실시하고, 우선 유적지의 층위나 시대의 성격을 개략적으로 밝히기 위해 시굴 구덩이(Test pit, Control pit)를 파서 층위나 문화층의 성격을 파악해야 한다. 발굴 과정에서 유물의 위치 및 깊이를 잘 기록하여야 한다. 그 밖에 사진 작업, 절대 연대를 위한 시료 채취, 화분

분석을 위한 토양 채취 등이 이루어진다.

발굴이 끝나면 다시 그 지점에 대한 재조사는 있을 수 없다. 왜냐하면 그 유적은 파괴된 것과 다름없기 때문이다. 그러므로 가능한 대로 모든 자료를 기록으로 남긴다. 매일 이루어지는 작업 과정을 야장에 상세하게 기록하여야 하며 자주 주변 학문의 전공자(지질학 · 고지리학 · 고생태학 · 화석학 · 토양학 · 광물학 · 고전학 · 형질 인류학 등)들과의 토론을 통하여 현장에서 대부분의 자료를 축적하여

야 한다. 이 자료는 발굴 후 보고서를 쓸 때 기초 자료가 된다.

발굴이 끝나면 발굴시 수습된 유물과 모든 자료는 연구실로 옮겨진다. 고고학자들은 먼저 유물들을 잘 세척하고 분류 작업을 실시한다. 세척 당시 석기나 토기의 경우 이미 현장에서 유물을 수습할 때 매겨진 일련 번호를 기초로 각각의 유물에 대한 목록을 만들고 유물의 한쪽 구석에 일련 번호를 표시해 둔다. 유물에 대한 목록 작업이 끝나면 실측, 탁본과 복원 작업 등을 한다. 복원 작업은 여러 가지 과학적인 방법을 동원하여 실시한다.

연구실에서 하는 분류 작업은 1차적으로 보고서 작성을 위한 일에 초점을 맞추는 것이 바람직하다. 먼저 유물의 성격에 맞는 형태 분석이 시행된다. 먼저 쉽게 구분할 수 있는 석기, 토도(土陶) 제품, 금속 제품, 와당(기와)편, 옥석 제품, 골각 제품, 목죽(木竹) 제품 등 큰 군으로 나눈 다음, 다시 큰 군으로부터 세부적으로 분류해 나간다. 연구실에서 정리 · 분류된 자료들을 중심으로 최종적으로 보고서를 작성하게 된다.

고고학과 인접 과학

<u>고고학과</u> 인접 과학과의 관계는 매우 중요하다. 흔히들 고고학이라고 하면 역사학과

가장 관계가 깊은 것으로 알려져 있다. 또한 고고학은 인류학과도 깊은 관계를 가지고 있다. 미국의 경우 고고학은 인류학의 한 분야로 취급되기도 한다. 고고학은 현존하지 않는 옛날 사람의 생활 양식을 연구하는 학문이라는 인식에 바탕을 둔 것이다. 미국을 제외한 유럽이나 중국, 일본 등의 아시아 여러 나라에서는 고고학을 인류학의 한 분야보다는 독자적인 학문으로 취급하기도 한다.

이 밖에 고고학은 지질학·고생태학·해부학·병리학·물리학·화학 등과도 관련이 깊다. 이런 학문들은 겉으로 보기에는 고고학과는 전혀 관계 없는 자연 과학이지만 고고학적인 연구를 하는 데 이들 자연 과학의 도움은 필수적이다.

예컨대 사람의 뼈와 동물의 뼈가 많이 나온 유적이 있다고 했을 때, 해부학자는 그 뼈가 몸의 어느 부분이며, 몇 살 되었으며, 성별은 무엇인지를 밝혀낼 것이다. 다음에 병리학자는 뼈에 나타나 있는 여러 가지 병의 흔적-이를테면 관절염·구루병·결핵 등을 통해 이 주인공이 어떤 병으로 고생하다 죽었는지를 밝혀 내기도 한다. 그리고 동물학자는 동물의 뼈를 분석해서 그 종류와, 사육된 것인지 아니면 야생동물을 잡은 것인지를 밝혀 낸다. 식물학자는 당시의 흙에서 꽃가루를 현미경으로 관찰해서 당시 사람들이 먹었던 식물이나 기후 및 자연 환경을 밝혀 낸다. 예를 들어 열대 식물이 많이 보이고 늪에서 자라는 식물의 꽃가루가 보인다면 당시는 무더웠고 이 지역에 늪이 많았다는 사실을 짐작할 수 있다. 이 밖에도 고천문학·민족지학과 통계학 등 수많은 학문의 도움을 받는다. 단지 몇 개의 뼈와 유물만 가지고는 아무리 훌륭한 고고학자라고 해도 당시에 추웠는지, 무엇을 먹고 살았는지, 어떻게 살았는지를 알 도리가 없다. 고고학은 여러 학문들의 성과와 도움으로 발굴한 유적과 유물을 분석하여 당시의 생활을 좀더 구체적으로 파악하게 된다.

고고학에서 중요한 것은 유물이 얼마나 오래되었는가를 밝히는 것이다. 그러므로 연대를 측정하는 방법이 필요하다. 연대 측정법으로는 방사성 동위 원소의 반감율과 같은 자연 과학적인 방법을 이용하는 절대연대 측정법과, 유물 형태의 비교를 통해서 밝혀 내는 상대연대 측정법이 있다. 절대연대 측정법의 대표적인 예로 방사선 탄소 측정법을 들 수 있다. 이 측정법은 현재까지 가장 널리 쓰이고 있다.

고고학도 최근에는 연구 방법이 많이 달라졌다. 전통적으로 고고학에서는 과거를 역사의 일부분으로 보고 유물을 정리 분석하여 결론을 이끌어내는 귀납법을 활용하였다. 그러나 1960년대 말부터 미국의 고고학은 사회 과학처럼 먼저 결론을 내고 그 다음 컴퓨터를 이용한 통계학과 자연 과학을 이용해 이를 입증해 나가는 연역법을 활용하고 있다. 이를 신고고학이라고 한다. 신고고학자들은 이 방법을 통해 근동 지방과 중미 지역에서 도시·문명 그리고 국가의 발생 문제와 아울러 농업의 기원 등 여러 가지 연구 업적을 이뤘다.

맺음말

우리 나라의 교육 정책상 청소년들에게 그들의 지적 호기심과 탐구 정신을 길러 주기 위한 장을 마련하기란 매우 어렵다. 고고학에 관심이 있는 청소년들은 중고등학교 시절부터 발굴에 직접 참가해서 경험을 쌓거나, 각 지역의 대학교와 연구소와 연결되어 그곳의 학자들과 긴밀한 관계를 갖고 특별 활동을 한다든지 또는 재미있는 고고학 특강을 듣는 기회가 많으면 많을수록 좋을 것이다.

끝으로 훌륭한 고고학자가 되기 위한 필수 조건으로 모든 학문과 마찬가지로 끊임없는 노력과 시간이 필요한 인내력을 갖추어야 한다. 또 자료를 수집하기 위해 발굴을 하며, 자주 여행을 다녀야 한다. 따라서 고고학을 하는 사람은 신체적으로 건강하여야 하며, 지방의 낯선 곳에서도 금방 적응할 수 있어야 한다. 그리고 무엇보다도 옛것에 대한 관심이 많고, 꾸준한 노력과 정열 그리고 번뜩이는 영감(상상력도 좋음)을 많이 가질수록 이 학문을 하는 데 유리하다. 그러기 위해서는 고고학에 관련된 서적뿐 아니라 건전한 역사와 추리 소설 등을 자주 탐독하는 것도 고고학을 하는 데 많은 도움이 된다.

결국, 고고학이란 인문 과학에 속한 단순한 학문이 아니라 인류 과거의 역사와 생활상을 복원하기 위하여 주변 과학을 활용하는 종합 학문인 것이다. ♣

사회 과학
Social science

문화인류학 *Cultural Anthropology*
인류학의 관심 영역/인류학의 기원과 발전 과정

교육학 *Pedagogy*
교육학의 전개/교육학의 영역

법학 *Law*
법학의 발전/현대 법학의 영역/현대 법학의 새로운 조류

경제학 *Economics*
경제학이란 무엇인가/경제학의 기본 내용/경제학의 방법론과 구조/
자본주의 사회와 경제 이론/현대 경제학의 과제

경영학 *Business Management*
경영학의 전개

통계학 *Statistics*
통계학파의 분류/근대과학으로서의 케틀레 통계학/맺으며

지리학 *Geography*
지리학의 정의/지리학의 학문적 발달/지리학의 미래 전망

정치학 *Politics*
정치학의 기원/고대와 중세/근세/18세기/19세기/현대 정치학/
미래의 전망

문화인류학
Cultural Anthropology

김광억 / 서울대학교 문화인류학과 교수

문화인류학은 문화를 통하여 인간을 연구하는 학문 분과이다. 여기서 문화란 어떤 특정 범주의 사람들이 공유하고 있는 생활 양식과 사고 방식의 총체로서 혼인이나 가족에 관한 제도, 관습과 풍습, 신앙 체계와 의례, 정치와 경제, 예술과 언어, 상징과 의미, 규범과 윤리 등으로 이루어진다. 이 문화 체계의 다양성에 대한 연구를 통하여 인간에 대한 올바른 이해를 하고 지역 사회에 대한 지식을 탐구한다.

인류학의 관심 영역

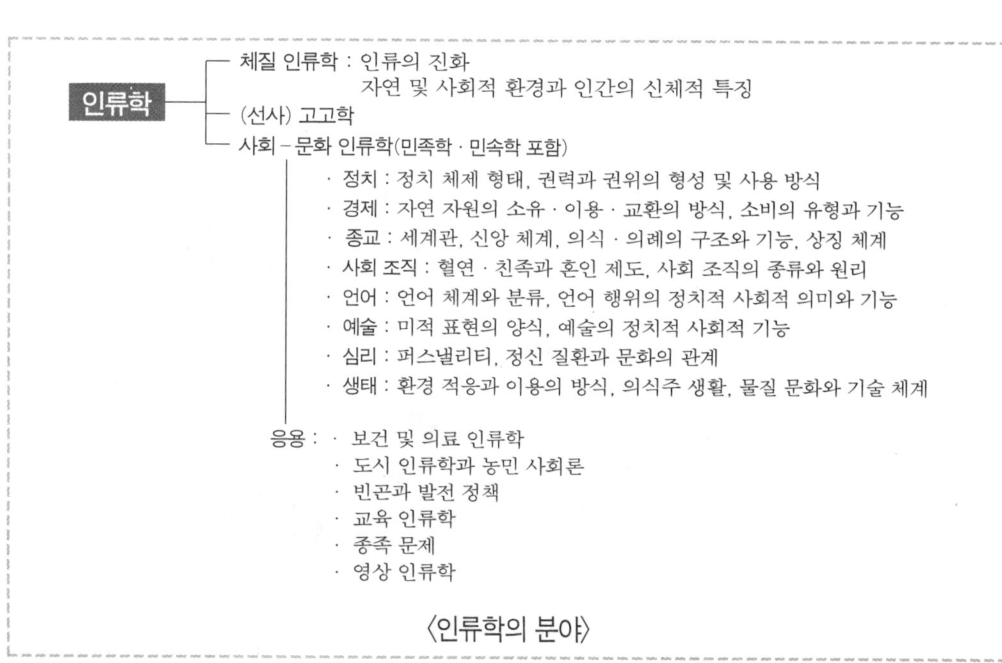

〈인류학의 분야〉

스펜서(초유기체론) — 꽁도르세(계몽 사상)
고전 진화론적 인류학
인류학의 시작
바코펜(1815~1887) 《모권론》
모건(1818~1881) 《고대사회》
엥겔스(1820~1895) 《가족·사유재산·국가의 기원》
메인(1822~1888) 《고대법》
라첼(1844~1904)
바스티안(1826~1905)
맥레넌(1827~1881)
타일러(1832~1943) 《원시문화》(문화의 개념)
20세기 초반
프레이저(1854~1941) 《황금가지》
마렛(1866~1943) (애니미즘)
사회학년감파
미국 역사학파
보아스(1858~1942)
위슬러(1870~1947) (문화영역설)
독·오 전파학파
슈미트(1868~1954)
그레브너(1877~1934)
프로베니우스(1873~1938)
영국 전파학파
스미스(1871~1937) (이집트학)
페리(1887~1949)
구조·기능주의
레드클리프 브라운(1881~1955) (사회구조론)
말리놉스키(1884~1942) (공리주의)
뒤르켐(1858~1917)
모스(1872~1950) 《증여론》(교환 이론)
에르츠(1881~1915) 《죽음과 그 오른손》
레비 브륄(1857~1939) 《원시인의 사고》
반 제넵(1873~1957) 《통과 의례》
크로버(1876~1960) (초유기체론)
로위(1883~1957)
1930~1960
글러크만(1911~1975) (갈등론)
에반스 프리차드(1902~1973) 《누어》(인류학과 역사학)
퍼스(1901~) 포리스(1906~1983)
리치(1910~1974)
야콥슨
사피어(1858~1917)
심리인류학
베네딕트(1887~1948) 《문화와 퍼스낼리티》
미드(1901~1978)
신진화주의
화이트(1900~1975) (보편진화론)
스튜어드(1902~1972) (다계진화론)
1960년 이후
구조주의
레비 스트로스(1908~) 《야생의 사고》
상징인류학
더글라스(1921~) 니담(1923~) 터너(1921~) 기어츠(1926~) (해석인류학)
구조의 재고
바스(생성론) 베일리(행위론) 코헨(상징구조) 보아스베인(연망론)
프랑스 마르크스 인류학
고들리에 메이야수(생산양식론)
인지인류학
구디너프(1919~) 콩클린(1926~)
서비스(1915~) (문명진화 5단계)
문화기호론
스퍼버(1942~)
엥겔스
뒤르켐
스펜서
레비 브륄
레비 스트로스
에반스 프리차드

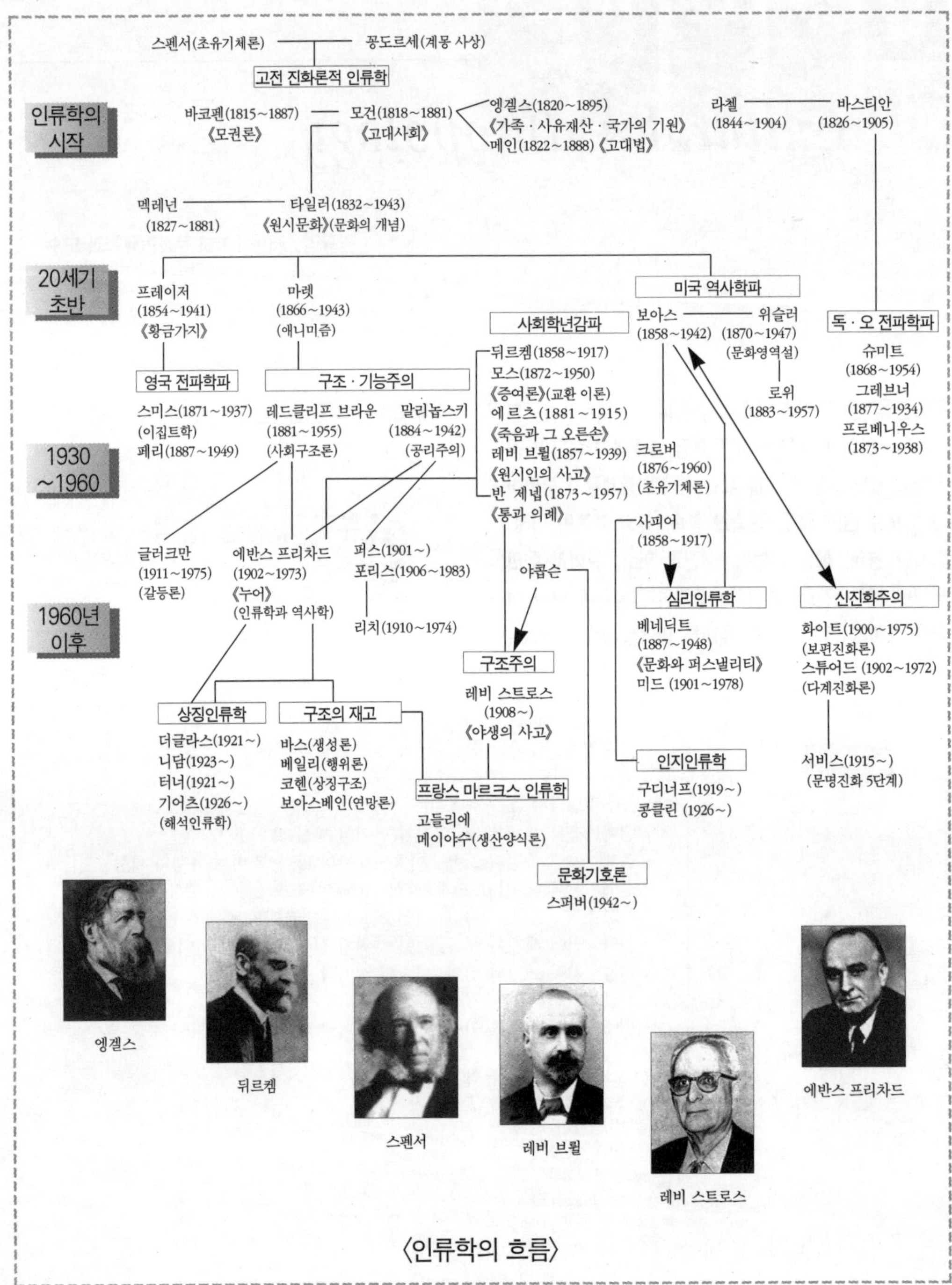

〈인류학의 흐름〉

인류학은 그 관심 영역이 시간과 공간의 제약을 넘어서 있다. 즉 선사 시대뿐만 아니라 현재 지구 위에 존재하는 미개 사회에서 복잡한 현대 산업 사회에 이르기까지의 모든 사회를 연구 대상으로 삼는다. 그리고 인간의 사회적인 측면과 생물학적인 측면을 함께 이해한다. 따라서 체질 인류학(형질 인류학 또는 생물 인류학)과 사회-문화 인류학의 두 차원에서 접근한다.

방법론에 있어서도 인간의 특정한 행위와 문화 현상을 사회적 제도들과 의미의 체계를 상호 연관시킨 맥락에서 이해하는 총체적 접근을 특징으로 삼는다. 이러한 이유로 인류학은 인문학과 사회 과학 그리고 자연 과학의 요소를 동시에 지니는 종합 과학이며 기초 학문의 성격을 갖는다.

인류학의 기원과 발전 과정

1. 비서구사회 연구와 진화주의의 연역법

19세기 서구의 지식인들은 인간과 사회의 다양성을 인간 사회에 보편적인 발전 법칙의 증거로 삼으려는 노력에서 비서구 세계와 야만인(또는 미개인)의 생활과 사회 제도에 관심을 기울였다. 대표적으로 엥겔스의 《가족·사유재산·국가의 기원》(1884), 모건의 《고대 사회》(1877), 드 꿀랑쥐의 《고대의 도시》(1864), 바코펜의 《모권론》(1861), 메인의 《고대법》(1861), 멕레넌의 《미개인의 혼인》(1865) 등은 원시 난혼 단계를 설정하고 야만-미개-문명, 난혼-모계-부계, 또는 난교-일처다부-일부다처-일부일처제 등의 진화론적 문명 발전 도식을 논하였다.

현대적 의미에서의 문화인류학은 그러나 타일러가 《원시문화》(1871)에서 문화에 대한 현대 인류학적 정의를 내리고 과학적 접근을 할 것을 주장한 데서 시작한다. 프레이저는 《황금가지》(1915)를 통하여 신화·주술·종교·의례 등에 관한 연구의 길을 열었다.

한편으로 뒤르켐의 《종교 생활의 기본 형태》(1915), 《사회 과학 방법론》, 모스의 《증여론》(1924), 에르츠의 《오른손의 우월》, 위베르의 《원시 분류 체계》, 그리고 레비 브륄의 《미개인의 사고 방식》 등은 이후 인간의 의식 및 사고 구조, 인간의 상징 체계와 분류 체계 등에 대한 연구의 기초를 마련하였다.

모건의 경제와 기술의 발달에 따른 사회 체제의 결정론은 이후 유물론에 영향을 주었고 한편으로 문화가 진화보다는 특정의 발상지에서 주변 지역으로 전파되어 갔다는 전파주의 학파가 나왔다.

그러나 미국 인류학의 아버지라 불리우는 보아즈는 시베리아에서 북미 태평양 연안으로 이주한 인디언을 조사하여 문화란 '모방'

되고 역사적 특수한 조
건에서 '발명'된다는 점
을 강조함으로써 진화론
적 발상과 전파론적 접
근을 반대하였다.

2. 현지 조사와 과학적 방법

20세기에 들어와서
현지 조사가 행해지면서
실증적 연구의 전통이

확립되었다. 말리놉스키는 서남 태평양의 트로브리안드 섬에
서, 그리고 레드클리프 브라운은 인도 동쪽의 안다만 섬에서 장
기간 원주민과 함께 생활하는 '현지조사'를 하고 각각 《서태평
양의 원양 항해자들》(1922)과 《안다만 섬 사람들》(1922)이라는
민족지를 작성하였는데, 이것은 그들의 사회적 제도와 생활 양
식을 현재적 삶의 맥락에서 이해하는 것이다. 이들의 접근법에
의하여 구조-기능주의와 실증주의에 입각한 과학으로서의 현
대 인류학의 성격이 확립되었다.

종교적 풍습도 시대에 따라, 종교에 따라 다르다. 한국의 서낭당(위)에서 카톨릭의 성체 행렬(아래)까지.

　20세기 중반에 이르러 문화의 동질성이나 몰역사성으로부
터 구조적 변동에 관한 관심이 제시되었다. 즉 글러크만은 갈등
이나 긴장의 중요성을 제시하고 리치는 《버마 고산 지대의 정
치 제도》(1954)를 통하여 사회 구조는 사회적 제도나 문화의 실
천 과정을 통하여 변한다는 점을 밝혔다.

　이 단계에서 중요한 것은 종래의 사회 제도에 대한 진화론
이나 기능주의적 연구에서 인간의 의미 차원의 연구로 관심이
확장되었다는 점이다. 즉 의미와 상징 그리고 두뇌 속에서 작용
하는 문화의 내용을 밝히는 것이 인류학의 주제가 되었다. 특히

에반스 프리차드의 《잔데족의 마술·신탁·주술》(1937)은 사회 제도에 대한 실증주의적 연구로부터 관념적·의미론적 해석의 영역을 전개하였다. 그는 인문학적 요소를 중시하고 영국 사회 인류학의 전통에 프랑스의 뒤르켐과 모스 등의 '사회학년감파'의 전통을 접합시킴으로써 현대 인류학의 본격적인 지평을 열었다. 이로부터 상징 인류학이 개발되어 더글라스의 《순수함과 위험》(1966), 구조와 반구조의 개념을 개발하고 상징과 구조의 역동적인 측면을 연구한 터너의 《상징의 숲》(1967) 등이 나왔다.

한편 미국에서는 인성(퍼스낼리티)이 민족에 고유하거나 인간에 보편적인 것이 아니라 문화적으로 형성된다는 것을 베네딕트의 《문화의 유형》(1934)과 미드의 《세 부족 사회의 성과 기질》(1935) 등으로 밝힘으로써 심리 인류학의 전통이 확립되었으며, 프랑스의 레비 스트로스 《야생의 사고》(1962)는 경험 차원에서의 문화 체계 대신에 사고 방식과 인식의 심층적 구조를 밝히는 구조주의를 내세움으로써 인간의 연구는 무의식의 차원에까지 이르게 되었다.

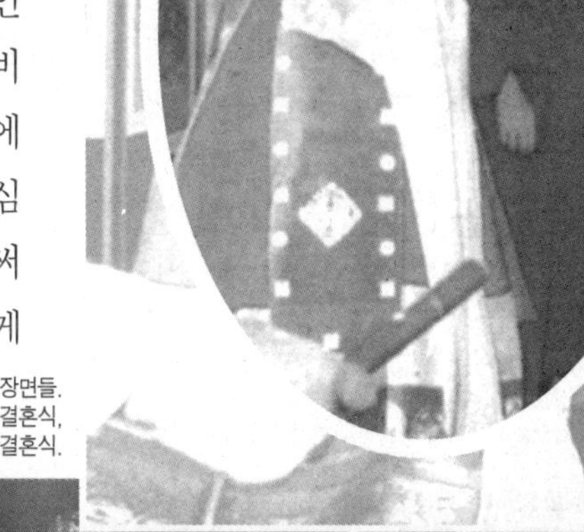

세계 각국의 결혼식 장면들.
(왼쪽부터 시계 반대 방향으로) 일반적인 서양의 결혼식,
루마니아·파키스탄·인도·한국의 전통 결혼식.

3. 세계 체제의 변화와 문화 과정

1970년대에 들어서면서 사회 제도와 분

◆ 입문서
1. 《문화인류학 개론》, 한상복·이문웅·김광억 공저
2. 《슬픈 열대》, 레비 스트로스, 박옥줄 역
3. 《오리진》, 리키·레윈 공저, 김광억 역
4. 《문화 인류학의 역사》, 가바리노, 한경구·임봉길 공역
5. 《국화와 칼》, 베네딕트, 이광규 역
6. 《통과 의례》, 반 제넵, 전경수 역
7. 《세 부족의 성과 기질》, 조혜정 역
8. 《2차원적 인간》, 코헨, 윤승용 역
9. 《문화와 실용주의》, 살린즈, 김성례 역
10. 《인류학의 문화 이론》, 카플란·메너스 공저, 최협 역

◆ 전문서
1. 《법인류학》, 포스피실, 이문웅 역
2. 《정치인류학》, 르웰렌, 한경구 역
3. 《거대한 전환, 우리 시대의 정치적 경제적 기원》, 폴라니, 박현수 역
4. 《일본의 농촌 사회》, 문옥표
5. 《유목민에서 도시인으로》, 송도영
6. 《The Interpretation of Cultures》, Geertz
7. 《야생의 사고》, Levi Strauss
8. 《Wichcraft, Oracles, Magic among the Azande》, Evans Pritchard
9. 《The Forest of Symbols》, Turner
10. 《Woman, Culture and Society》, Rosaldo & Lamphere
11. 《The Logic of Practice》, Bourdieu
12. 《Europe and People Without History》, Wolf

류 체계를 고정적이고 고유한 것으로 보던 종래의 입장에서 문화를 과정으로 보는 입장이 강력하게 대두되었다. 이는 2차 대전 이후 식민 시대가 끝나고 부족-국가-세계 체제로 향하는 변화 과정 속에서 부족 사회와 전통 사회의 급격한 해체, 산업화와 과학 기술의 보급에 의한 생활 형태의 근본적 변화 등에 의

하여 문화의 동질성보다도 이질성의 존재와 그 이질적인 문화 요소들간의 관계의 중요성이 인식되었기 때문이다.

즉 제3세계의 정치·경제·사회 그리고 문화 체계가 고유한 영역에서 자체적인 변화를 하는 것이 아니라 외부 세계와의 특수한 관계 속에서 만들어지는 것임을 간파하였다.

메이야수는 '처녀와 식량과 돈'은 생산 양식론과 마르크스 인류학의 유행을 낳았다고 했고, 울프의 《유럽과 역사를 갖지 못한 사람들》(1982) 및 민츠의 《설탕 맛과 권력》(1985) 등은 식민 체제, 세계 체제와 제3세계의 정치 경제학적 관계에 의한 문화 생산과 종속의 문제를 역사적 과정을 통해 분석하였다.

여기서 문화란 특정 부족에 고유한 것도 아니고 특정 사회에 불변적으로 있는 것도 아니라는 점을 알게 된다. 그리하여 문화의 실천 이론과 과정 이론이 개발되었다. 즉 인간은 문화에 대한 수동적인 존재가 아니라 합리적이고 능동적으로 계산하고 이익을 위하여 선택·타협·조작하는 존재이며, 따라서 문화란 재정의되고 재형성되며 끊임없이 경쟁을 통하여 정당성과 지배성을 획득하는 실천과 과정 속에서 파악되어야 한다는 것이다.

베일리의 《전략과 전리품》(1970), 코헨의 《2차원적 인간》, 브르디에의 《실천의 논리》

(1994) 등은 행위의 주체자에 초점을 맞추고 구조나 규범의 제약에 대하여 행위자가 어떤 전략과 계산에 의하여 행위를 실천하며 어떻게 특정의 문화가 정당성과 대표성을 일정한 기간 혹은 조건 속에서 획득하게 되는가를 규명한다. 또한 코마로프의 《권력의 몸과 저항의 정신》(1985)에서 보듯이 최근에는 문화의 헤게모니 과정과 식민지 문제, 문화의 권력과 정치성의 문제가 크게 대두된다.

4. 미래의 전망

인류학은 이제 특정 집단(민족·부족·계급·결사체 등)이나 지역 공동체의 고유한 문화적 특징을 밝히는 작업과 더불어 특정 문화의 형성 배경, 이유 및 과정 그리고 공동체 안에서 문화적 이질성의 문제를 규명한다.

오늘날 우리는 현대화 이론이 제공했던 진화론적 낙관주의가 허구였음을 경험하게 되고 현대의 맥락에서 부족주의와 전통의 재생산과 문화 갈등이 심화되고 다양화하는 사실에 직면하게 된다. 특히 민족(Nation)과 종족 문제(Athnicity) 및 종족 관계(Ettnic relation) 등이 주요 연구 과제로 등장한다.

지구상의 많은 비인간적인 살육 전쟁과 갈등은 거의가 인종 갈등인 바 이는 종교나 관습·세계관 등의 차이에서 오는 상호 불신과 증오를 정당화하기 위하여 문화적 장치를 재규정하고 재발명해 내기 때문이다.

국가 공동체 안에서나 국가 사회간에도 '우리'를 유지 강화하기 위하여 '타인'을 재정의하고 낙인 찍으며, 자기의 정당성을 확보하기 위하여 문화적 장치를 끊임없이 생산한다. 따라서 민족과 인종이라는 상상의 공동체의 실상을 밝히고 문화 생산의 정치 경제학적 과정을 규명하는 작업은 학문적 관심만이 아니라 민족 갈등과 인종 분규의 해결책과 사람들로 하여금 함께 사는 지구 공동체를 이룩할 지혜와 철학을 모색하는 것이다.

또한 과학과 기술의 발달이 창출하는 새로운 불평등 관계와 문화적 이질성 및 환경 자원의 파괴, 특정 정치 체제와 이데올로기에 의한 인간성의 왜곡과 상실 등에 대한 대응책을 끝없이 모색하고 있다.

이를 위해 인류학은 비교학적이고 경험적인 접근을 통해 특정 정치 경제 체제와 이데올로기의 변동 과정과 과학-기술 체계의 이행 과정에서 사람들이 어떤 문화적 변동을 겪고 그것이 그들의 심성, 인생관 그리고 삶의 질과 정당성에 어떤 영향을 미치는가를 탐구한다.

유명 대학

인류학의 가장 큰 줄기와 흐름은 역사적으로 볼 때 옥스퍼드와 케임브리지 그리고 런던 대학 정경학원(LSE)의 세 학교에서 찾을 수 있다. 이 세 학교는 전통적으로 세계 인류학계에서 저명한 학자들을 배출하였고 주제와 방법론의 개발에서 영향력을 미쳐왔다.

미국에서는 연구 인력, 교육 여건, 졸업생의 학계 활동 등에 의한 평가에서 시카고·미시간·하버드·버클리·스탠포드 외에도 예일과 콜롬비아(이론), 코넬과 워싱턴(지역 연구), 텍사스와 펜실베니아(언어 인류학) 등은 모두 상위 10위권의 자리를 다투는 학교이다.

프랑스는 학자의 개인 연구 전통이 강하여 지도와 교육 체제 면에서 영미의 대학과 다르다. 오늘날에는 파리고등사회과학원이 대표적 연구 기관이다.

◇ 구조-기능주의 (Structural functionalism)

구조란 역할·권리·의무·권위·지위·규범 등이 상호 얽혀서 이룬 체제를 말한다. 문화의 다양성은 이 사회 구조의 실천 양상의 차이이다.

아버지와 아들 사이의 엄격한 사회적 거리는 프로이트가 말한 바의 인간에게 보편적인 오이디푸스 콤플렉스가 아니라 부계율에 의한 상속과 출계 원칙을 가지는 부계 사회의 현상이며 모계 사회에서는 모녀 혹은 생질과 그의 외삼촌 사이에 나타난다.

즉 그것은 내적 사회 구조의 표현이며 이에 따른 행위는 가족 집단의 결속과 체제를 이루기 위한 역할과 책임, 권리와 의무의 편성과 분배의 합법성을 확인하는 과정이다.

따라서 문화 각 부분은 전체로서의 문화 체계와 사회 체제를 유지하는 기능을 담당한다.

◇ 민족지(Ethnography)

글이나 영상으로 문화의 각 항목을 기술하고 실제 생활 속에서의 실천과 의미를 서술함으로써 독자에게 그 문화를 이해하게 하는 문화 재현 및 전달의 가장 주된 인류학적 방법이다.

민족지는 이미 조사된 지식을 엮어서 다른 말로 재현하는 것이므로 일종의 문화 번역과 문화 쓰기(Culture writing) 작업이다.

◇ 분류 체계 (Symbolic classification)

문화란 성스러움과 속된 것, 정상과 비정상, 좋은 것과 나쁜 것, 좌우, 상하, 남녀 등의 대립적인 개념으로 이분하는 분류 체계로서 이에 의하여 동일한 현상·행위·사물에 대해서도 문화에 따라 의미와 기능이 달라진다.

◇ 타자(Other) 및 타자화 (Objectification)

‘우리’에 대비되는 객체로서의 ‘그들’, ‘너’ 등 타민족·타문화는 자연적인 것이 아니라 ‘우리’를 만들기 위한 ‘문화’의 산물이다. 타자는 곧 우리 자신을 비춰 보는 거울로서 의미가 있으며 우리는 자신을 타자화하는 능력이 필요하다. 언제나 ‘우리’를 만들어 내기 위하여 ‘타자’를 규정하는 것이다. 그러므로 타자에 대한 문화적 정의와 실천을 규명하는 것이 인간에 대한 연구이다.

◇ 커뮤니타스 (Communitas)와 반구조 (Anti-structure)

개인의 정체성(Identity)과 일상 생활의 구조와 의미 등은 끊임없이 변하며 그럴 때마다 순간적으로 정체성의 변화를 위한 ‘통과의례(Rites of passage)’를 한다. 특히 격리와 통합의 중간에는 독특한 의례를 통한 상징적인 경험을 하는데 그것은 기존의 구조를 벗어났으나 아직 새로운 것으로 바뀌기 전의 상

여러 형태의 통과 의례들. 왼쪽부터 성년식을 치르고 있는 아프리카 어느 부족의 소년들, 조로아스터 교도의 가입식, 카톨릭 교도의 세례식 장면.

태로서 아무런 정체성을 갖지 못하거나 또는 일상의 구조와 반대되는 것을 상징적으로 실천하는 의례를 겪는 바, 이를 무구조(Communitas) 혹은 반구조(Anti-structure)라 한다. 이를 통하여 사람들은 현실을 강화하거나 전복을 기도한다.

◇ 예물교환(Gift exchange)

인간 생활은 모두 호혜성(Reciprocity)의 원리를 바탕으로 한 교환 체계의 틀에서 이해된다. 혼인도 여자의 교환을 통하여 두 집단간에 정치적 권력과 물질적 이익, 경제적 기회 등을 교환하는 제도이다. 교환 행위는 단순히 합리적 계산에 의한 것이 아니고 경제적으로 환산될 수 없는 인간적인 요소에 의하여 결정된다.

이를 예물경제(Gift economy)라 하고 이윤 추구와 개인적 경쟁 원리를 바탕으로 한 시장 경제(Market economy)에서의 합리적·몰인격적 교환에 대비된다.

◇ 포틀라치(Potlach)와 한턱내기

북미 서해안의 인디언들은 잔치를 베풀어서 자신의 명예와 위세를 획득한다. 이는 단순히 과시적 혹은 허영적 소비가 아니라 정치적 사회적 위세와 경제적 생산을 자극하는 소비이다. 우리 나라의 한턱 내기 관행도 중층적인 호혜 관계를 이루려는 인간 관계를 위한 것이며 사람다움의 문화적 정의를 실천하는 기제이다.

◇ 쿨라(Kula)

트로브리안드 군도의 사람들은 이웃 섬으로 가서 효용 가치가 없는 조개 목걸이와 팔찌를 선물하는 예물교환과 농산품 거래를 위한 시장 경제적 교환을 하는 쿨라라고 부르는 복합적인 교역 활동을 한다. 말리놉스키에 의하면 이는 단순히 경제적 교환 체계가 아니라 실제로는 섬들 사이에 위세와 지위의 획득, 혼인을 통한 사회적 결속, 군사적 동맹, 경제적 공동체, 전통 지식과 기술의 전수, 역사의 공유 등이 수반되는 총체적이고 영속적인 교환 체계라고 한다.

◇ 출계율(Descent)

개인이 법적인 정체성을 부모 중 어느 편에서 찾는가에

관한 제도로서 부계 · 모계 · 선계 · 양계 등으로 분류된다. 이는 친족의 범주와 사회적 집단 구성의 중요한 원리이다.

◇ 부족(Tribe), 종족(lineage), 민족(Nation)

출계율에 따라 일정한 자손들이 조상 숭배를 목적으로 배타적인 조직체를 이룬 것을 종족 혹은 동족이라 한다. 공동의 조상, 언어, 역사적 경험 그리고 경제적 자원(특히 토지)의 공유에 기반한 정치와 경제적인 영속적 집단(Corporate group)을 부족이라 한다. 종족과 부족은 지역사회에서 정치-경제적 상부상조 체제를 구성하므로 그 형성의 원리와 과정 및 그 존재 양식은 사회적 역동성을 이해하는 데 중요하다.

국가 차원에서 역사 · 혈연 · 지역 공동체의 이념을 결합하여 넓은 범주의 민족이라는 상상의 실체를 만든다. 현대 산업 사회 또는 국가 안에서도 부족주의와 종족주의가 여러 형태로 재조직되고 기능을 발휘한다.

◇ 생명 신화(Life-giving myth), 재생 의례(Regeneration rite), 풍요 의례(Fertility cult)

엽두행위(Head-hunting), 공희(제물 바치기), 식인 의례(Ritual cannibalism), 성체성사(Holy communion); 토템 의례(Totem cult), 축제, 명절 및 기념일 등은 일상 세계의 관행적인 흐름에 시간과 공간을 재규정하고 역사를 재생시킴으로써 집단이나 개인에게 새로 태어남의 상징을 통한 새로운 생명력(활력 · 재생 · 풍요)을 얻게 하는 문화적 장치다.

◇ 샤머니즘(Shamanism)

인간이 특수한 기술을 이용하여 초인간적인 존재와 직접 접촉하고 의사 소통을 하는 종교적 의례 형식으로, 신들림(Possession)이 주된 특징이다. 죽은 영혼을 불러 오고 그와 산 사람이 일치되는 것은 과거를 되살리는 과정이며 따라서 저항 의례나 민족 정체성의 표현 수단으로 이용되는 정치적 의의를 지니며, 치병을 위한 주술적 의례로도 사용된다.

◇ 통과 의례(Rites of passage)

공간 · 지위 · 시간 · 정체성 등의 이동에는 격리(Separation), 전이(Transition), 통합(Integration)의 세 상징적 단계로 이루어지는 통과 의례를 거치게 된다.

◇ 문화유물론(Cultural materialism)

문화가 물질적 조건에 대한 기술-경제적 적응 과정에서 그리고 경제적 이익 추구의 합리성에 의하여 결정된다고 보는 관점이다.

◇ 민족과학(Ethnoscience)과 신민족지(New ethnography)

공유되고 규범적인 문화 개념 대신 실제의 문화란 오직 개인의 머리 속에만 존재하며 따라서 한 사회의 구성원들은 각각 문화에 대한 자기의 고유한 지도(Culture map)를 가지고 있다는 점에 착안한 문화 연구 방법이다. ♣

한기언 / 서울대학교 교육학과 명예 교수

교육학이 학문적 시민권을 획득한 것은 1779년의 일이다. 독일의 할레 대학교에 교육학 강좌가 창설된 것을 기점으로 삼아서 하는 말이다.(참고로, 학문 세계에 있어서는 그 학문의 성립 기점을 해당 학문이 대학 강좌로 창설된 것을 기준으로 삼고 있다.) 이때의 교육학 강좌 교수는 트라프(E. C. Trapp)였다.

이윽고 학술적인 체계 성립에 결정적인 역할을 한 것은 헤르바르트의 주저인 《일반교육학》(1806)이었다. 이를 가리켜 과학적 교육학의 성립이라고 교육학사에서는 부르고 있다. 따라서 그 이전에 나타난 수많은 사람들의 교육론은 교육학 성립 이전의 전사요, 교육사상으로 다루어지고 있다.

교육학의 전개

헤르바르트의 교육학은 과학적 교육학 또는 주지주의 교육학으로 불리우고 있거니와, 헤르바르트 이후 오늘에 이르기까지 교육학의 계보를 적어 보면 다음과 같다.

1. 주지주의 교육학

창시자는 교육학의 비조인 헤르바르트이다. 그는 도덕적 품성 도야를 교육의 목적으로 삼고, 윤리학과 심리학을 교육학의 기초 학문으로 삼았다. 실천 철학인 윤리학은 교육의 목적을 밝혀 준다고 보았고, 심리학은 교육 방법의 토대가 된다고 생각하였다. 그런데 헤르바르트가 교육학의 기초 학문을 윤리학과 심리학의 두 영역으로 한정하였다는 것은 그 후 수많은 논란을 불러일으키게 만들었다.

따라서 오늘날에 있어서는 교육학은 인간 형성을 위한 자율적인 종합 과학이라고 자체 성격을 밝히고 있듯이 모든 인접 학문이 인간 형성의 현상 구명을 위하여 동원·구사되고 있음을 분명히 밝히고 있는 실정이다.

헤르바르트는 교육의 제도적 측면으로 세 가지를 말하였다. 관리·교수·훈련이 그것이다. 즉, 어려서는 부모가 어린이의 생활 습관을 조정 관리해야 되며, 지식 습득에 있어

옛날 한국의 서당 풍경과
서양 중세 학교의 모습

서는 네 가지 단계로 교수할 것을 말하였다. 이것이 유명한 헤르바르트의 4단 교수법이다. 명료·연합·계통·방법이라는 것인데, 교사는 이 네 가지 단계를 통해서 어린이가 어떤 지식에 대하여 제대로 알 수 있게 만드는 것이다. 그리고 '훈련'이라는 것은 올바른 생활 습관을 계속 몸에 지니게 만드는 것을 가리켜 하는 말이다. 그래서 헤르바르트는 교육의 목

적은 덕성 함양에 있는 것인데 도덕적인 품성을 어려서부터 관리하고 그 후에도 훈련해 가야 된다고 보았던 것이다.

그리고 피교육자가 지니는 다면적 흥미에 주목하였다. 경험적 흥미, 사변적 흥미, 미적 흥미, 동정적 흥미, 사회적 흥미, 종교적 흥미라는 것인데 헤르바르트의 교육학은 논리 구조적이라는 점에서 가히 교육학의 창시자라 할 만하다. 훗날 미국 교육학의 대성자라고 할 듀이의 교육학에는 헤르바르트 교육학의 비판적 수용이라는 점에서 그 영향의 뚜렷한 흔적을 찾아볼 수 있다.

2. 비판주의 교육학

이는 나토르프의 비판적 교육학을 가리켜 하는 말이다. 나토르프는 헤르바르트의 교육학이 개인주의적이고 심리학에 편중된 데 대하여 비판하였다. 그는 이념으로서의 공동 사회를 강조하였다. 말하자면 도야의 사회성을 강조하였던 것인데 그러기에 사회학과 미학에까지 교육학의 기초 과학을 확대시켜야 된다고 주장했던 것이다. 이 점은 나토르프의 공헌이라고 하겠다.

그러나 주지주의 교육학이나 비판주의 교육학이 모두 철학적 교육학이라는 점에서는 같은 범주에 속하는 것이었다. 이렇게 위로부터의 교육학을 비판하고 나온 것이 다음의 실

증주의이다.

3. 실증주의 교육학

실증과 실험에 중점을 두며, 아래로부터 위에로의 교육학임을 표방한다. 대표적인 교육학자는 베르게만이다. 실증주의 또는 실험주의 교육학의 학문적 배경은 자연 과학이다. 따라서 관찰과 실험을 중시하는 실험적 방법을 중시한다. 교사 중심인 종래의 교육학에 대하여 아동 중심적인 교사관을 내세운다.

이 교육학은 자연 과학적 방법론의 수용이라는 점에서 한때 그 영향력이 매우 컸었다. 그러나 교육 현상은 자연 과학적 접근만으로는 그 전체성을 구명하기 어렵다는 것을 서서히 드러내기 시작하였다. 실증주의 교육학은 1930년대의 미국, 그리고 1960년대의 우리 나라 교육학의 주조였으나 그 후 비판을 받기에 이른다.

4. 변증주의 교육학

슐라이어마허의 교육학을 가리켜서 하는 말이다. 그는 헤르바르트보다도 약간 앞서 태어났으나, 그의 교육학이 저서로 간행된 것은 그의 사후 제자의 손에 의한 것이었기 때문에, 자연 그의 교육학의 진가가 인정받게 되는 것은 한참 뒤의 일이 되고 말았다.

그러나 그의 교육학은 사회 과학적 접근이라는 점에서 변증적 교육학이라는 특색을 지니고 있다.

그는 개성의 개발과 사회 성원의 형성을 아울러 강조하였고, 보호 · 억제 · 조성이라는 세 가지를 교육 방법으로 들었다. 이러한 변증적 교육학의 전통은 다음의 문화주의에서 꽃피게 되었다.

5. 문화주의 교육학

삶의 철학적 교육학 또는 정신과학적 교육학이라고도 불리우고 있다. 교육에 있어서 시간성의 원리를 인식한 딜타이가 그 선두 주자였다. 문화주의 교육학을 대표하는 학자는 슈프랑거이다. 그는 이미 1930년대부터도 독일 교육학을 주도해 온 사람이었거니와, 2차 대전에 패배한 후 더욱 정력적으로 후진 양성에 힘써 온 대표적인 교육학자이다.

문화주의 교육학에서는 문화재의 전달을 주요 논제로 삼고 있으며 세대차에 대하여 처음으로 교육학적인 천착을 하게 되었다. 슈프랑거의 영향을 받은 케르셴 슈타이너 같은 사람은 작업 학교의 개념을 내세워, 이른바 노작 교육의 중요성을 강조하기도 하였다.

6. 실용주의 교육학

이를 대표하는 학자는 듀이다. 그는 플라톤에서부터 칸트, 헤겔, 프뢰벨, 헤르바르트 등에 이르기까지 유럽 교육학의 학문적 섭렵을 철저히 한 후, 제임스 등에 의하여 정립된 프래그머티즘에 입각한 교육학을 체계화하였다. 그의 주저인 《민주주의와 교육》은 실용주의 교육학의 입문서로 교육의 고전이라 해도 좋다. 그는 아동 중심인 '문제 해결법'을 교육 방법으로서 내걸었으며, 경험과 성장을 교육 목적으로서 중시하였다. 그 자신이 93세에 이르기까지 평생토록 끊임없는 학자적 성장 과정을 보였다는 것은 자기 교육 철학의 실천이라는 점에서 값진 행적이었다고 하리라.

듀이의 교육 이론은 본질주의와 항존주의 학파에 의해서 크게 비판받기에 이르렀다. 그러나 그의 학설에 대하여 보다 긍정적인 입장을 취하였던 브라멜드(Theodore Brameld, 1904~1987)는 좌파적 입장에서 개조주의를 내걸면서, 전 3자와의 관계를 설명한 바 있다.

듀이의 교육학을 진보주의라 하여 이는 시간성에 있어서는 현재를 강조하고 있는 데 반하여, 항존주의는 과거를, 본질주의는 과거와 현재를, 개조주의는 미래 중심적인 교육학이라는 주장이었다.

그러나 교육 현상은 과거 · 현재 · 미래가 동시에 논의되는 역사적 현실 속에서 전개되는 것이니 이 점을 아울러 설명할 수 있는 것은 기초주의(Kichojuii=Foundationism)라 하겠다. 이에 대해서는 후에 간단히 설명키로 하겠다.

7. 실존주의 교육학

이를 대표하는 학자는 야스퍼스이다. 그는 교육의 세 마당으로서 가정과 학교와 대학을 말하였다. 대학에 관해서는 2차 대전 후 대학이 방향 상실감에 빠지게 되자 《대학의 이념》을 써서 많은 사람들의 공감을 불러일으키기도 하였다.

실존주의 교육학의 철학적 배경은 실존 철학에 있거니와 인간의 자유와 독자성에 주목하고 만남과 각성을 교육 방법론의 원리적 개념으로 삼고 있다.

이러한 실존주의가 지니는 한계성을 비판하고 나온 것이 인간주의이다.

8. 인간주의 교육학

이를 대표하는 학자는 보르노이다. 보르노는 본래 물리학자였다. 그러나 그 후 문화주의 교육학을 따르게 되었고 이어서 실존주의로 기울어졌다. 그가 쓴 《실존철학과 교육학》은 그가 1960년대 초에 우리 나라를 방문한 직후 번역 간행되기도 하였다.

그러나 그의 본령은 주저인 《인간학적으로 본 교육학》이라는 것으로도 알 수 있듯이 인간주의 쪽에 있다. 그는 현상학적 방법을 내세웠고, 교육적 분위기와 비호성을 강조하였다. 이 비호성이라는 것은 어린이들을 포근하게 감싸주는 내리사랑의 교육적 효능을 강조하는 것인데, 기대의 선불을 말하기도 하였다. 즉 희망의 철학이 그의 근본적 신조이기도 하거니와, 피교육자가 장차 크게 장성할 것에 대하여 미리 기대하는 교사나 성인들의 태도가 어린 학생에게 교육적 효과가 크다고 했던 것이다.

9. 분석주의 교육학

이를 대표하는 학자는 브레진카이다. 현재도 정력적으로 수많은 교육학 저서를 간행함으로써 대표적인 독일 교육학자의 한 사람임을 과시하고 있다.

그가 쓴《교육 과학의 기초 개념—분석 · 비판 · 제안》(1977)에서는 독일을 비롯하여 프랑스 · 영국 · 네덜란드 · 소련 · 미국 등 여섯 나라의 주요

교육학 서적에 나타난 교육의 개념에 대하여 비판하고 있다. 그 결과 그는 "인간이 다른 인간의 인격을 무언가 어떤 점에서 촉진시키려고 하는 행위가 교육이라고 말하여진다"고 정의하였다. 그런데 분석 철학이 그 한계를 드러내기 시작한 것은 분석주의 교육학의 경우도 예외가 아니라는 것을 일러 둔다.

10. 구조주의 교육학

이를 대표하는 학자로 피닉스를 들었다. 그가 쓴《의미의 영역》이 지니는 특색이 구조주의라고 보았기 때문이다. 좀더 구조주의로

◀ 19세기 미국의 엄한 수업 광경.

▶ 1950년 전쟁 직후의 초등 학교 수업 광경.

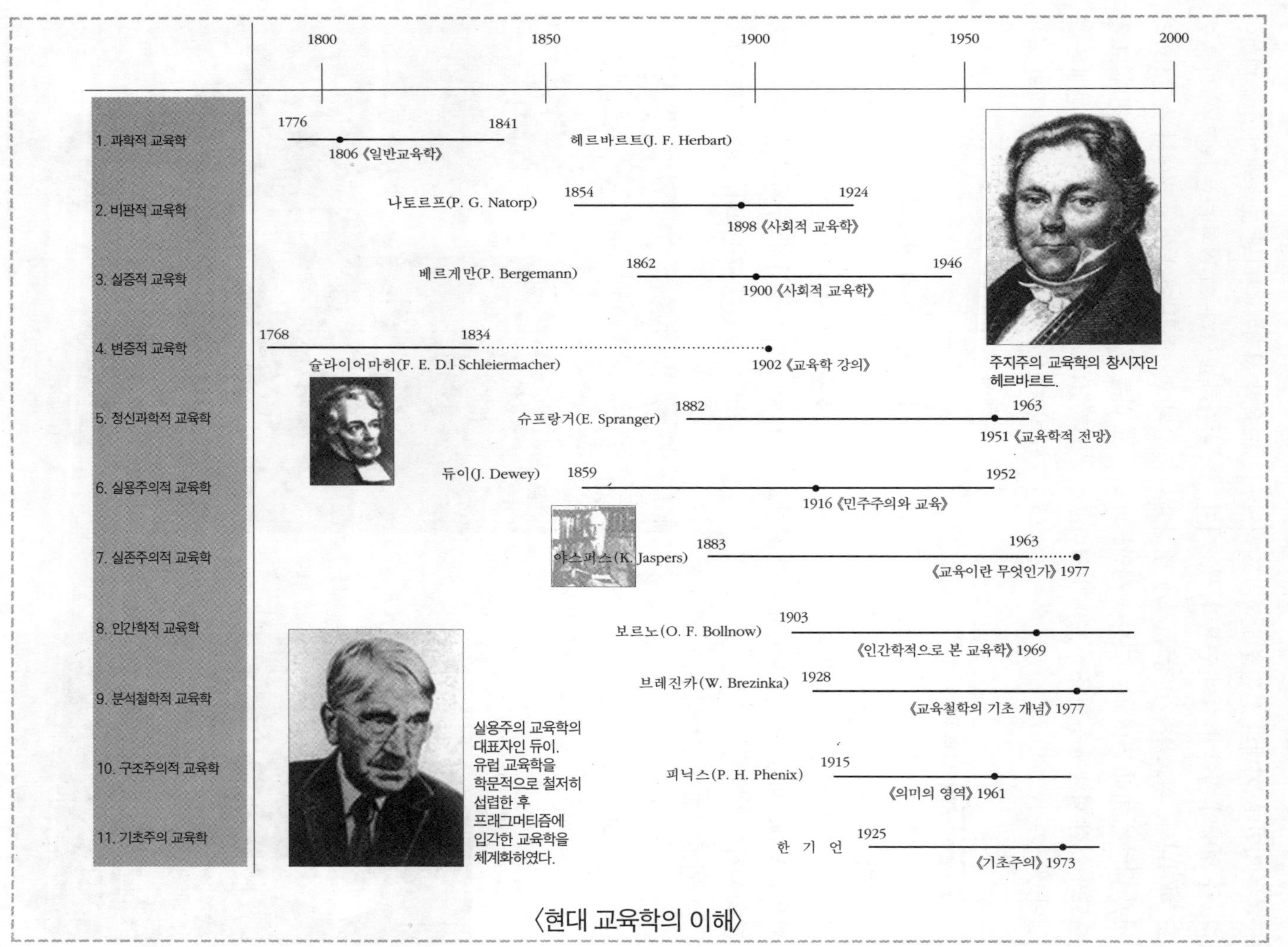

1800
1850
1900
1950
2000
1. 과학적 교육학
2. 비판적 교육학
3. 실증적 교육학
4. 변증적 교육학
5. 정신과학적 교육학
6. 실용주의적 교육학
7. 실존주의적 교육학
8. 인간학적 교육학
9. 분석철학적 교육학
10. 구조주의적 교육학
11. 기초주의 교육학
1776
1841
1806 《일반교육학》
헤르바르트(J. F. Herbart)
나토르프(P. G. Natorp)
1854
1924
1898 《사회적 교육학》
베르게만(P. Bergemann)
1862
1946
1900 《사회적 교육학》
1768
1834
슐라이어마허(F. E. D.l Schleiermacher)
1902 《교육학 강의》
주지주의 교육학의 창시자인
헤르바르트.
슈프랑거(E. Spranger)
1882
1963
1951 《교육학적 전망》
듀이(J. Dewey)
1859
1952
1916 《민주주의와 교육》
야스퍼스(K. Jaspers)
1883
1963
《교육이란 무엇인가》 1977
보르노(O. F. Bollnow)
1903
《인간학적으로 본 교육학》 1969
브레진카(W. Brezinka)
1928
《교육철학의 기초 개념》 1977
실용주의 교육학의
대표자인 듀이.
유럽 교육학을
학문적으로 철저히
섭렵한 후
프래그머티즘에
입각한 교육학을
체계화하였다.
피닉스(P. H. Phenix)
1915
《의미의 영역》 1961
한 기 언
1925
《기초주의》 1973
〈현대 교육학의 이해〉

	교육철학의 유형	주요논제 (교육철학)	주요 교육철학자	I. 교육이념		II. 교육적 인간상			III. 교육과정			
				1. 교육적 존재론	2. 교육적 가치론	3. 교육적 인간론	4. 교육자론	5. 교육적 지식론	6. 교육적 방법론	7. 연구방법론	8. 교육제도론	9. 교육사관론
1	주지주의	도덕적 품성도야 (과학적 교육학)	J. F. Herbart (1776~1841)	덕(德) (성숙한 내적 자유의 이념)	도덕적 품성	도야(陶冶) 가능성	(교육적 교수) 교사중심 교육	다면적 흥미	(統覺의 개념) 사단교수법	실천철학과 심리학에 의존	관리·교수·훈련	超상황성
2	비판주의	사회적 교육의 이념 (비판적 교육학)	Paul G. Natorp (1854~1924)	이념으로서의 공동사회	이념적 사회의 파악	이념에의 발전으로서의 도야	플라톤, 페스탈로찌식	(인식의 인식) 인식의 절대적 통일성	(汎방법론) 도야의 사회성	(논리학이 최고) 비판적 방법 (실천이성 위주의 입장)	교육의 본질적 수단으로서의 사회의 조직	초시간적 내용성의 법칙 공동사회적 현실
3	실증주의	실증과 실험 (실증적 교육학)	Paul Bergemann (1862~1946)	실증(實證)	種의 보존과 완성 (생물학에 의하여 규정되는 교육목적)	개개 학생의 특성 중시 (지능 검사) (어린이로부터 해결)	아동중심적인 교사관	경험과학적 인식	형식적 개념으로부터의 해방	(관찰과 실험) 실험적 방법	개인과 사회의 밀접한 관계 통찰	비역사성
4	변증주의	사회과학적 접근 (변증적 교육학)	F. E. D. Schleiermacher (1768~1834)	보존과 개선의 조화 (국가권력)	개성의 개발과 사회성원의 형성	유아기·소년기·성숙기	어린이와 어른의 관계는 신뢰	종교교육은 가정과 교회에서	보호·억제·조성	변증적 방법	교육의 세 가지 장	전통과 현실
5	문화주의	문화재의 전달 (정신과학적 교육학)	Eduard Spranger (1882~1963)	문화재	인간형성원리의 삼중층적 통일	세대론	천부적 교육자	고전교육과 사회형의 재생	현실파악·범주화·가치설정	해석학적 방법	작업학교의 개념	역사의식
6	실용주의	경험과 자연 (실용주의적 교육학)	John Dewey (1859~1952)	경험	성장 (자아실현)	행위인	선발된 사회 봉사자	(지성) 생활경험	경험의 재구성 (문제 해결법)	탐구의 이론	민주주의와 교육 (단선형)	상황
7	실존주의	실존과 각성 (실존주의적 교육학)	Karl Jaspers (1883~1963)	실존	결단 (인간실존의 회복)	실존인 (인간은 평등하며 독립적 존재)	실존적 교사	내적인 경험 (인간의 자유와 독립성)	(魂의 탐구과정) 각성 (만남)	실존적 방법	가정·학교·대학 (대학·연구·지도·교수)	실존적 현실
8	인간주의	인간과 공간 (인간학적 교육학)	Otto Friedrich Bollnow (1903~)	교육적 분위기 (민주적 세계문화의 건설)	희망	대화적 인간관 (庇護性)	(나와 너) 교육적 포용	문화인류학적 지식	(비호성) 신뢰의 선불 (비연속적인 형식)	(대화적 원리) 현상학적 방법 (인간학적인 고찰법)	공간의 인간학적인 구명	미래 중심
9	분석주의	언어와 분석 (분석철학적 교육학)	Wolfgang Brezinka (1928~)	논증	(인격의 개선) 언어	교육의 대상자는 모든 연령기의 사람이다.	인격개선 촉진의 사회적 행위자	검증 가능한 명제	개념의 엄밀화	분석적 방법	교육 필요성의 논리적 구명	비역사성
10	구조주의	구조와 인식 (구조주의적 교육학)	Philip H. Phenix (1915~)	구조	초월과 의미	현상력의 육성 (구조와 능력)	교직의 전문성 (5개항)	지식의 구조	탐구와 발견	구조적 이해	교육적 분포의 분류	(역사성의 배제) 비역사성
11	기초주의	기초와 역사의식 (기초주의 교육학)	한 기 언 (1925~)	기초 (전통과 개혁의 조화)	시간·자유·질서 (역사적 자아실현)	역사적 의식인	大愛至醇人	전통·주체·개혁	탐구·각성·실천	창조의 이론 (이론과 실천)	발전과 통제 (학교교육과 교회교육의 봉합을 통한 평생교육)	기초와 역사적 상황성

〈기초주의의 구조와 현대교육철학〉

알려진 학자는 《교육의 과정》(1960)을 쓴 브루너(J. S. Bruner)이다. 《교육의 과정》은 우리 나라 말로도 번역된 바 있다. 구조주의 교육학은 비역사성, 즉 역사성이 배제되어 있다는 점에서 그 한계를 드러내고 있다.

11. 기초주의 교육학

자생적인 한국교육이론이다. 제창자는 한기언이다. 기초주의는 그가 1957년 창립한 것으로서, 미국무성 초청 교수로 미국 콜롬비아 대학교에서 연구하던 중의 일이었다. 기초주

의가 지니는 교육 이론, 교육 철학으로서의 독창성이 인정되어 1980년 일본교육철학회 연차 대회에 초청되어 특별 강연을 한 바 있고, 1995년에는 제6회 후쿠오카 아시아 문화상을 수상한 바 있다.

기초주의 교육학의 구조는 3부 9론으로 되어 있다. 기초주의는 인간 형성의 핵사상으로서 '기초'를 말하고 있으며, '전통과 개혁의 조화를 통한 인간 형성의 논리'임을 말하고 있다.

이상에서 논한 교육학의 전개에 대하여 알기 쉽게 정리해 본 것이 〈현대 교육학의 이해〉와 〈기초주의의 구조와 현대교육철학〉이다.

교육학의 영역

교육학은 인간 형성, 즉 교육 현상에 관한 자율적인 종합 과학이다. 그러기에 여기에는 기초 과학으로서 인문 과학, 사회 과학, 자연 과학이 모두 동원된다. 이러한 전제 하에 교육학의 학문 구조를 그림으로 나타내 보았다.

그림 〈교육학의 학문적 구조〉를 통해 알 수 있듯이, 교육학은 크게 세 영역으로 나누어 볼 수 있다.

추천도서

◆ 입문서
1. 《교육학개론》, 한기언
2. 《교육학개론》, 김정환
3. 《교육과 교육학》, 정범모
4. 《교육의 철학적 이해》, 한국교육학회편
5. 《교육원리 – 교육의 현상과 이론과 과제》, 김혜경
6. 《한국교육학의 탐색》, 김선양 외
7. 《교육철학개론》, 이돈희
8. 《상황과 기초 : 구상교육철학으로서의 기초주의》, 한기언
9. 《한국교육학의 탐구》, 한국교육학회편
10. 《교육탐구의 세월》, 한국교육학회편

◆ 전문서
(여기에 소개하는 10권의 책은 1972년 이래 한국교육학회상을 수상한 순서대로 기재하였다.)

1. 《교육철학신강》, 오천석
2. 《한국사상과 교육 – 한국교육철학의 탐구》, 한기언
3. 《한국가족의 심리》, 김재은
4. 《한국여성교육사》, 손인수
5. 《한국서원교육제도연구》, 정순목
6. 《한국고등교육연구》, 김종철
7. 《불교의 교육사상》, 박선영
8. 《교육과정탐구》, 이홍우
9. 《전인교육론》, 김정환
10. 《인간의 지능》, 황정규

교육자의 역사의식〔指南的 豫見力〕

○ 교육철학 : '전통과 개혁의 조화를 통한 인간 형성의 논리'(계속적인 자기 통일)

○ 교육학 : 미래 사회에 초점을 둔(인간 형성에 관한) 기본적인 사회 기능

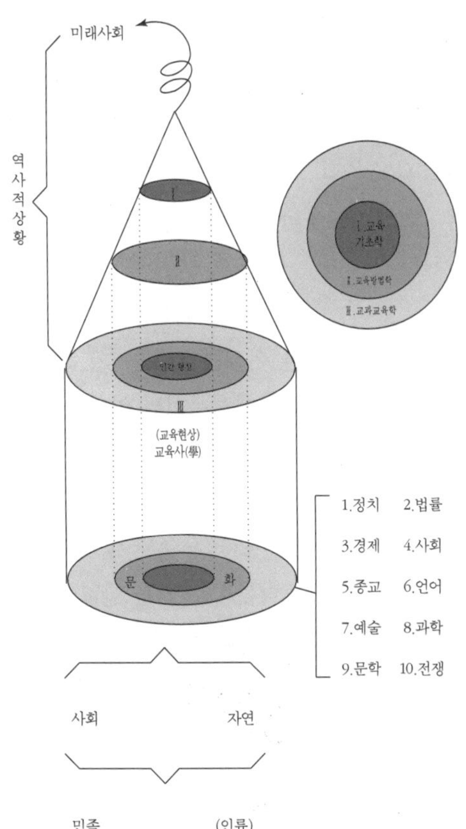

Ⅰ. **교육기초학**(교육기초이론 영역)

> 교육의 대상으로서의 인간(교육인간학), 인간 형성의 논리(교육철학), 인간 형성의 역사(교육사학), 인간 형성의 심리(교육심리학), 인간 형성의 사회적 상황(교육사회학), 인간 형성의 비교적 이해(비교교육학)

Ⅱ. **교육방법학**(교육방법이론 영역)

> 교육의 내용(교육과정학), 교육의 방법(학습지도학), 상담과 향도(향도학 : 생활지도), 교육 연구의 방법(교육연구방법학), 가정에서의 교육(가정교육학, 유아교육학), 학교에서의 교육(초등교육학, 중등교육학, 고등교육학), 사회에서의 교육(사회교육학, 평생교육학), 수재 및 장애자의 교육(특수교육학), 교육의 경영 · 행정 · 재정(교육경영학, 교육행정학, 교육재정학), 교육의 생리 · 위생(교육생리학, 교육위생학), 교육의 윤리(교육윤리학), 교사의 교육(교사학) 등등

Ⅲ. **교과교육학**(교과교육이론 영역)

> 교육학의 교육(교육과교육학), 윤리학의 교육(도덕과교육학), 국어국문학의 교육(국어과교육학), 사회과학의 교육(사회과교육학), 수학의 교육(수학과교육학), 자연과학의 교육(과학과교육학), 음악학의 교육(음악과교육학), 미술학의 교육(미술과교육학), 체육학의 교육(체육과교육학), 가정학의 교육(가정과교육학), 농 · 공 · 상 · 수산학의 교육(실업과교육학), 외국어 · 외국문학의 교육(외국어과교육학) 등등

〈교육학의 학문적 구조〉

1. 교육기초학

여기에는 교육인간학을 비롯하여 교육철학·교육사학·교육심리학·교육사회학·비교교육학이 포함된다. 교육의 대상이기에 근래에 와서 교육인간학에 대한 학문적 관심은 매우 높다. 또한 교육의 역사적·철학적·사회학적·심리학적·비교학적 연구는 교육기초학의 중요 분야를 이루고 있다.

2. 교육방법학

여기에는 교육과정학을 비롯하여 학습지도학·향도학·교육연구방법학·가정교육학·유아교육학·초등교육학·중등교육학·고등교육학·사회교육학·평생교육학·특수

교육학·교육경영학·교육행정학·교육재정학·교육생리학·교육위생학·교육윤리학·교사학 등이 포함된다.

3. 교과교육학

여기에는 교육과교육학을 비롯하여 도덕과교육학·국어과교육학·사회과교육학·수학과교육학·과학과교육학·음악과교육학·미술과교육학·체육과교육학·가정과교육학·실업과교육학·외국어과교육학 등이 포함된다.

교육학에 대한 이해는 바로 이와 같은 교육학의 학문적 구조 이해부터라 하겠다.

실로 교육학은 그 시초는 기초 과학으로서 윤리학과 심리학 두 영역을 들었으나 오늘날에 있어서는 그 학문적 저변은 한없이 확대되어 모든 타학문이 교육학의 인접 학문이 되었으며, 또 되어가고 있음을 알게 한다. 여기에 교육학의 학문적 특성이 있다고 해도 좋다. 교육학에의 입문의 길은 이렇게 넓게 열려져 있다. 그리고 그 초점은 어디까지나 인간 형성의 이론적 체계화에 있는 것이다. ♣

교육학은 본래 독일에서 헤르바르트 이래 학문적 초기화가 확립되었기 때문에 독일 대학에 명문이 많으리라는 것은 주지의 사실이다. 그러나 20세기 후반에 이르러서는 단연 미국 대학 중 교육학 연구가 돋보이는 곳이 많이 생겼다. 그렇기에 여기서는 다섯 나라를 선정하고 그 나라에서 대표적인 대학 하나를 들기로 하였다.

우리로서는 앞으로도 세계 여러 나라에서 진행되고 있는 최신 교육학 정보 및 지식을 섭취할 필요가 절실하다. 궁극적인 목적은 우리들 자신, 그리고 우리 나라에서 보다 새로운 교육학을 발전시켜야 되겠기 때문이다. 새로운 교육, 새로운 교육학이 발전된 나라가 세계의 선진국이 되었다는 역사적 교훈은 지금도 유효하고, 또 앞으로도 유효할 것이기 때문이다.

1. 콜롬비아 대학교
듀이 이래로 세계 교육학의 메카로서 명성을 떨치고 있다.
2. 튜빙겐 대학교
슈프랑거, 보르노 등 독일 교육학 연구의 거물이 기초를 닦아 놓은 명문 대학.
3. 런던 대학교
비교교육학 연구의 거점이 되어 있다.
4. 히로시마 대학교
교육이론학 및 교육실천학이 골고루 발전되고 있는 일본의 대표적인 교육학 연구 센터.
5. 북경 대학교
중국 교육학 연구 중심으로 초대 총장 채원배 이래로 긴 전통을 가지고 있다.

김정오 / 연세대학교 법학과 교수

기원전 1750년경 만들어진 함무라비 왕의 법전 비에는 "재판을 얻기 위한 자는 이 비 앞에 와서 그것을 읽고 들어라. 이 비는 그대들에는 법을 명백히 가르치고 그대들의 권리를 지킬 것"이라고 씌어 있다.

법학의 발전

1. 고대와 중세의 법사상의 변천

법의 역사는 인류의 문명과 함께 시작되었다고 할 수 있다. 그러나 법에 대한 생각이 체계적이고 학문적인 성격을 띠기 시작한 것은 기원 전 5세기경 고대 그리스의 소피스트들에 의해서였다. 대부분의 고대 문명과 마찬가지로 고대 그리스 사회도 제정일치 상태였다. 소피스트들은 이러한 관행에서 탈피하여 철학과 종교, 과학과 신화를 분리하기 시작하였으며, 법 역시 신의 명령이기보다는 인간에 의해서 만들어진 것이라고 주장하였다.

소피스트들은 인간과 사회의 문제에 관해서 서양 사상사에 있어서 처음으로 체계적이고 심도 있는 논쟁을 벌였으며, 신 중심적인 생각에서 인간 중심적인 생각으로 전환시켰다. 이들의 업적을 토대로 그리스의 정치 사상 및 법 사상은 플라톤과 아리스토텔레스에 의해서 체계화되고 철학적 사유의 중심에 자리잡게 되었다.

서양의 문명이 그리스에서 로마로 이전하기 전에 나타난 스토아 학파는 서구 법사상의 중심축 역할을 해 온 자연법 사상을 고안해 내었다. 이들은 전 우주에 널리 퍼져 있는 보편적 힘으로서의 이성을 정의와 법의 근본으로 여겼으며, 신의 이성은 국적이나 인종에 관계 없이 모든 장소와 사람들에게 깃들어 있다고 주장하였다. 전 우주에 걸쳐 보편적으로 유효하고, 이성에 기초한 하나의 공통된 자연법이 존재하며, 그 원리는 전 세계의 모든 사람들에게 구속력이 있다고 믿었다. 이들은 모든 인간의 평등성과 자연법의 보편성 원칙에

입각하여 세계 동포적인 철학을 발전시켰으며, 이러한 사상은 지중해 세계를 지배한 로마로 이전되었다.

고대 바빌로니아의 함무라비 왕이 제정한 설형문자로 된 함무라비 법전의 비문(위). 세계에서 가장 오래된 성문법전으로, 오른쪽의 부조는 왕이 태양과 정의의 신으로부터 왕권의 옥새를 받는 장면이다.

로마의 문명이 이룩한 가장 탁월한 업적은 방대한 법전집과 법을 해석하는 기술이었으며, 이러한 로마의 법체계와 지식은 향후 중세 카톨릭 교회의 카논 법과 근대의 법학 형성에 지대한 영향을 미쳤다. 기원 전 449년 처음으로 12표법이 제정되었으며, 이를 근간으로 하여 로마 시민들을 위한 시민법(Jus civile)이 발전하였다. 그러나 로마 제국이 영토를 팽창하면서 다른 민족들의 관습이 문제시되기 시작하였으며, 이러한 문제들을 해결하기 위해서 국외 담당 법정관(Praetor peregrinus)의 직책이 기원 전 3세기 중반 설치되었다. 이 관리는 비로마인들의 소송과 재판을 담당하였으며, 이 판결을 통해서 로마의 시민법과는 다른 판례가 집적되었으며, 이를 토대로 만민법(Jus gentium)이 형성되었다.

이처럼 무수한 법률과 판례들이 집적됨에 따라 로마의 황제와 법률가들은 구체적 사례들을 근본적인 원칙에 따라 간소화할 필요를 느끼고 법전화 작업을 촉진하게 되었다.

528년부터 534년에 걸쳐 유스티니아누스 황제가 편찬한 법전은 로마법전집의 대표적인 것이었으며, 《유스티니아누스 법령집》(황제 칙령을 정비), 《학설휘찬》(법학저술을 시대 순으로 발췌), 《법률학강요》(법학 입문서), 《신법집》(유스티니아누스 황제가 공포한 법령집)으로 구성되었다. 이처럼 체계화된 법전의 형식은 후대의 법체계, 특히 현대 법전의 바탕이 되었다.

중세 법학 분야에서 주목할 만한 발전은 12세기 말경 이탈리아의 볼로냐, 프랑스의 파리와 몽펠리에, 그리고 영국의 옥스퍼드 등지에 대학들이 창설되면서 활기를 띠기 시작하였다. 이들 중 가장 유명한 초창기 대학

고대 아테네에서 실시한 도편 추방. 시민이 도자기 파편에 추방시킬 정치가의 이름을 적어 투표하는 것으로, 독재자의 출현을 막기 위한 것이었다.

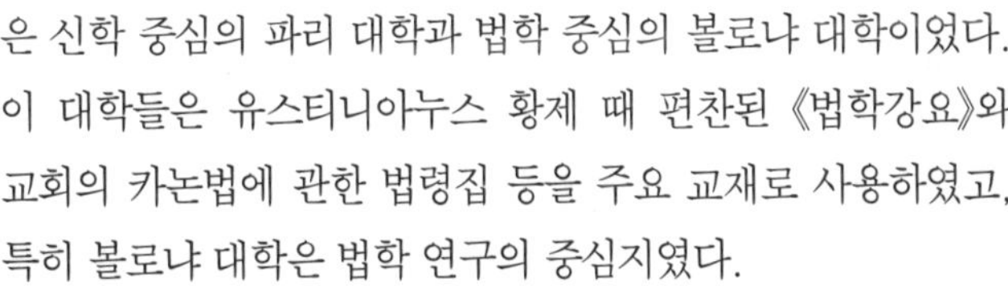

은 신학 중심의 파리 대학과 법학 중심의 볼로냐 대학이었다. 이 대학들은 유스티니아누스 황제 때 편찬된 《법학강요》와 교회의 카논법에 관한 법령집 등을 주요 교재로 사용하였고, 특히 볼로냐 대학은 법학 연구의 중심지였다.

11세기 말 노르만인이 이탈리아 남쪽에 있는 시실리 섬을 정복한 직후 그 동안 유실되었던 《유스티니아누스 법전》이 발견됨으로써 새로 설립되기 시작한 대학들에서 법학 연구가 활발하게 이루어지기 시작하였다.

볼로냐 대학의 법학 교수였던 이르넬리우스(Irnerius, 1055~1130)는 《로마법대전》을 중심으로 학생들을 가르치고 방대한 주석서를 편찬하기도 하였다. 후에 이들은 주석학파로 불리게 되었다. 이들은 유스티니아누스 법전의 난해한 어구를 해석하고, 관계 조문을 종합하고, 법률 케이스를 예시하고, 개념을 구별하는 등 법전의 전 체계를 파악하고자 하였다. 이러한 법학의 연구가 성황을 이루게 되자 이탈리아를 비롯한 독일·프랑스·영국·네덜란드 등 각 나라에서 유학생이 몰려들어 1200년경에는 학생수가 1만 명에 이르렀다 한다. 이들은 귀국하여 자국 법의 근대화, 즉 로마법화에 중요한 역할을 하였다.

14세기에 이르면서 프랑스 남부와 이탈리아 북부에서 후기주석학파(=주해학파)가 나타났다. 이 학파를 대표하는 사

로마의 문명이 이룩한 가장 탁월한 업적은 방대한 법전집과 법을 해석하는 기술이었으며, 이러한 로마의 법체계와 지식은 향후 중세 카톨릭 교회의 카논법과 근대의 법학 형성에 지대한 영향을 미쳤다.

유스티니아누
스 황제의
《로마법대전》.

유스티니아누스
황제가 공포,
시행한 법전
《법학제요》.

몽테스키외의 《법의 정신》.

람은 바르
톨루스
(Bartolus,
1314~1357)였다. 이
들은 유스티니아누스
법전 자체보다는 그 주
석을 탐구하였으며, 당
시 주도적이었던 스콜라
철학적 방법을 법학에 적
용하였다. 이들은 유스티니
아누스 법전의 권위보다는 당
대의 사법에 적용할 수 있는
실용적인 법이론을 확립하고자
시도하기도 하였다.

　한편 중세의 사상은 크리스트 교
를 중심으로 발전하였다. 이 중 11세기에서

　　13세기는 스콜
라 철학이 완성되는 시기로, 대
표자는 토마스 아퀴나스였다.
특히 그가 크리스트교의 교
리와 아리스토텔레스의 철
학을 종합하여 완성한 자
연법론은 향후 서구의 법
학에서 정설로 인정을
받아왔다. 그러나 14세
기 이후에 일어난 실
재론과 유명론, 주의
주의와 주지주의간
의 격렬한 논쟁으
로 중세의 통일적인 사유 체계가 서
서히 붕괴되기 시작하였다.

2. 근대 자연권 사상의 발흥과 근대 법학의 탄생

중세인들의 정신적인 생활을 지배했던 크리스트교 신앙, 봉건 경제체제 그리고 봉건 귀족과 이들의 특권에 대한 도전을 통해서 근대 사회는 정치적·경제적·지적 생활에서 세속적이고 개인주의적이며 자유주의적인 세력을 확산시켜 나갔다. 법학의 영역에서도 인간 이성에 기초한 자연권 사상, 구체적이고 상세한 법규범들의 체계적인 정비, 인간의 개인적 열망과 행복을 뒷받침하는 개인주의적 사상의 확립, 인간 본성에 대한 경험론적 이해가 탐구의 방향을 주도하기 시작하였다.

근대의 자연권 사상과 사회계약론은 단계적으로 발전하였는데, 그 첫번째 단계는 종교적으로 프로테스탄트주의, 정치적으로 계몽 전제주의, 경제적으로 중상주의를 배경으로 그로티우스, 홉스, 스피노자, 푸펜도르프, 볼프 등의 사상가들에 의해서 이론적 토대를 마련하였다.

두 번째 단계는 1649년 영국의 청교도 혁명에서 시작하는 것으로, 고전 자본주의, 자유주의적 정치 사상을 배경으로 로크와 몽테스키외의 사상이 주류를 이루었는데, 이들은 권력 분립제를 통한 개인의 천부 불가침적인 자연권을 보장하는 제도를 고안하고자 노력하였다.

세 번째 단계는 국민 주권과 민주주의에 대한 확고한 신념을 바탕으로 국민의 일반 의지와 다수 의결이라고 하는 정치적 과정에 대한 이론이 확립된 시기이며, 이 시기를 대표한 사상가는 루소였다. 이러한 자연권 사상은 1776년 미국의 독립 선언과 1789년 프랑스 대혁명의 이념적 지표가 되기도 하였다.

근대의 자연법 사상은 중세의 농노제를 없애고 무역과 산업에 있어서 길드를 없애는 데 일조하였으며, 거주 이전과 직업 선택의 자유를 창설하였고 종교와 사상의 자유 시대를 열어 놓았다. 특히 중세에 만연하고 있었던 마녀 재판을 없앰으로써 고문을 폐지하고 처벌을 인간답게 하는 데 크게 기여하였다.

자연법 사상이 구체적으로 법학에 미친 영향은 18세기 중반부터 일어나기 시작한 입법 운동이었다. 이 운동의 귀중한 열매로서 1794년 프로이센의 《프레데릭 법전》, 1804년의 《나폴레옹 법전》, 1811년의 《오스트리아 법전》이 만들어졌다. 이러한 법전 편찬은 이미 중세의 주석학파를 필두로 한 로마법 원리에 대한 연구와 근대 자연법 사상의 결합을 통한 근대 법전의 탄생이라고 할 수 있다. 그리고 이러한 법전 편찬은 현대 법전의 토대를 이룬 1896년의 《독일 민법전》과 1907년의 《스위스 민법전》의 효시가 되었다. 이 법전들은 법률의 적용을 받는 영토 내의 모든 사람들에게 자유·평등·안전을 보장함으로써 근대 자연권 사상의 기본 원리들을 수용하고 있는 것이다.

3. 현대 법학의 형성

1776년 식민지 13개 대표가 모여 미국 독립 선언문에 서명하는 광경.

19세기에 들어서면서 유럽에서는 각 국가 내에서 제정된 실정 법전을 토대로 법학이 발전되어 나갔으며, 근대의 자연법 사상도 서서히 퇴조하였다. 법학은 탄력성 있는 자유로운 법해석보다 엄격한 기준을 추구하는 방향으로 전개되었다. 특히 19세기 학문의 흐름을 전반적으로 주도했던 실증주의적 영향력은 법학의 영역에서도 예외는 아니었다. 이러한 경향은 독일에서는 보통 법학 혹은 판덱텐 법학, 프랑스에서는 주석 법학, 영국에서는 분석 법학의 형태로 나타났다.

1640~1660년 사이 영국에서 일어난 최초의 시민 혁명인 청교도 혁명.

한편 이러한 실증주의적 흐름에 저항하여 나타난 역사 법학은 법학 탐구에 새로운 장을 개척하였다. 1789년의 프랑스 대혁명이 낳은 두 상반되는 흐름은 한편으론 인간 이성에 대한 낙관과 합리주의에 대한 신념이었으며, 다른 한편으론 역사의 단절보다는 역사의 전통 속에서 아름다움과 성스러움을 찾으려는 낭만주의 운동이었다. 실증주의적 법학이 전자의 흐름을 배경으로 하고 있었다면, 역사 법학은 후자의 흐름 위에 놓여 있었다. 역사 법학을 주도했던 학자들로 독일의 사비니, 푸흐타, 기이르케 그리고 영국의 헨리 메인, 미국의 카터 등이 있다.

1789년 일어난 프랑스 대혁명.

영국에서는 비록 대륙에서 일어난 법전 운동이 커다란 지지를 얻지는 못하였지만, 경험주의적인 학문 방법이 활기를 띠기 시작하였으며 존 오스틴에 의해서 확립된 분석 법학이 법학 발전을 주도하기 시작하였다. 오스틴은 법학을 윤리학으로부터 분리시켰으며, 실정법이나 엄격한 의미의 법에 관한 학문이라고 규정하였다. 따라서 재판관은 단지 있는 그대로의 법에만 관심을 가져야 하며, 있어야 할 법에 대해서는 입법자나 윤리 철학자의 관심 영역이라고 주장하였다. 오스틴에 있어서, 법이란 주권자의 명령이며, 모든 실정법은 주권자에게 복종하는 상태에 있는 사람들에게 주권자가 내리는 명령이었다.

한편 19세기 독일 법학의 주류를 이루었던 개념 법학은 법의 추상적 원칙을 정립하고 여기에서 개별적인 법을 도출하려고 하였는데, 이 추상적 원칙이란 바로 법학이론, 즉 법개념과 법체계를 의미하였다. 그리고 이들은 법질서의 무흠결성을 신뢰하였으며, 법의 형식 논리를 중시하였으며, 법의 안정성과 법학의 중립성을 지향하였다. 그러나 19세기 후반부터 서구 각국에서 일어난 새로운 법학 운동들은 개념에 얽매어 있는 법학자들에 대해 격렬히 비판하였으며, 20세기의 법학을 새로운 방향으로 전환시키는 촉매제 역할을 하였다.

금세기 초 독일과 프랑스에서 강력하게 나타난 자유법 운동과 미국의 법현실주의 운동은 형식주의적인 법학에 대한 비판을 통해서 새로운 법학의 길을 제시하였다. 예링에 의해서 촉발되었고, 칸트로비츠와 푹스에 의

해서 대표되는 자유법론은 개념 법학의 법률 만능주의를 배격하고 법의 불완전성과 사회의 진보 발전에 따른 법의 적응성을 중요시하였으며, 기계적·형식적으로 법을 적용하는 법관의 역할보다는 법과 현실 사이에서 발생하는 괴리를 메꾸기 위한 법관의 창조적이고 탄력성 있는 해석을 강조하였다.

1920년대 초 르웰린과 프랑크 등이 주도했던 미국의 법현실주의자들 역시 19세기 후반과 20세기 초반 미국의 법관들이 신봉해 왔던 형식논리적인 법학에 대해 비판하면서 법적 과정에서 실질적으로 영향을 미치는 판사들의 주관적 신념이나 편견 등을 탐구할 것을 주장하였으며, 법이 실제적으로 운영되는 방식에 대한 보다 포괄적인 탐구를 주장하였다. 이러한 주장은 향후 미국의 현대 법학 형성에 상당한 영향력을 미쳤다.

20세기 법학의 영역에서 나타난 중요한 흐름은 법사회학의 강력한 태동과 발전이었다. 이미 19세기에 형성되었던 역사 법학과 궤를 같이하면서 다른 인접 분야에서 발전되기 시작한 사회 과학적인 방법론을 통해 법의 현상을 파악하려는 움직임이 나타났다.

초기의 법사회학은 전통적인 사회학자들, 즉 뒤르켐이나 베버 등을 중심으로 이론이 정립되기

유명대학

1. 하버드 대학교 법과대학
2. 예일 대학교 법과대학
3. 시카고 대학교 법과대학
4. 옥스퍼드 대학교 법과대학
5. 도쿄 대학교 법과대학
6. 뮌헨 대학교 법과대학

시작하였으나 후에 에를리히, 뒤기, 로스코 파운드 등 법학자들에 의해서 새로운 법학의 방법으로 확립되었다.

현대 법학의 영역

법학의 탐구 폭은 사회 영역만큼 넓다. 특히 현대 사회는 거의 모든 일상 생활이 법과 규칙에 의해서 규제되고 있으며, 전혀 예상치 못하는 곳에서 분쟁이 발생할 수 있기 때문에 이러한 사태들을 해결하기 위해서는 어떠한 형태로든 법규범과 제도들이 필요한 것이다.

현대 법학의 영역은 크게 보아 기초 법학과 일반실정법학 또는 해석법학으로 구분할 수 있다.

기초 법학은 탐구 영역에 따라 다음과 같이 구분된다.

첫째 법의 개념, 법과 정의와의 관계, 법과 도덕 등 주로 철학적인 문제를 탐구하는 분야가 법철학이다. 둘째 법과 역사와의 관계를 탐구하는 분야로, 법사학 · 법제도사 · 법인류학 · 법고고학 등을 들 수 있다. 셋째 법과 사회의 관계를 탐구하는 분야로, 법사회

'법 앞의 평등'을 내세운 프랑스의 인권선언문.

학 · 법민속학 · 법심리학 · 법경제학 등을 들 수 있다.

일반실정법학의 영역도 관계된 법의 성격과 영역에 따라 세분할 수 있는데, 우선 공법 분야(헌법학 · 행정법학 등), 민사법 분야(민법학 · 상법학 · 민사소송법학), 형사법 분야 (형법학 · 형사소송법 · 형사정책 등), 국제법 분야 (국제법 · 국제사법 · 국제경제법 · 국제거래법 등), 사회법 분야(노동법 · 사회복지법 등), 경제법 분야로 구분할 수 있다.

실정법학의 각 영역들은 상당히 광범위하고 대단히 심층적인 법이론들이 발전 · 축적되고 있다. 최근 새롭게 나타나기 시작한 법 영역으로는 지적소유권법 · 환경법 · 특허법 · 세법 등이 있으며, 국제법 분야에서는 국제거래법이나 국제경제법(WTO나 NAFTA 등의 세계적 혹은 지역적 국가간의 통상을 규제하는 조약을 주로 다루는 분야) 등의 영역들에 대한 탐구가 강력하게 요구되고 있는 실정이다.

현대 법학의 새로운 조류

1. 법철학과 법이론

20세기 후반에 나타나고 있는 법철학과 법이론의 흐름은 둘로 나눌 수 있다.

하나는 전통적인 법철학이나 법이론의 영역에서 이루어지고 있는 발전이다. 영국의 신분석법학파로서 하트와 드워킨을 중심으로 법의 개념과 법해석론에 대한 논쟁이 활발하게 진행되고 있다. 독일에서는 법규범학·법언어론·법인식론·법논증이론 등 보다 세부적이고 치밀한 이론들이 형성되고 있으며, 다양한 유파를 형성하면서 발전되고 있다.

또 하나는 최근 인문 과학 분야에서 나타나고 있는 새로운 지적 논의들을 법학의 영역에 적극적으로 수용하면서 다변학제적인 연구를 통해서 법이론이나 법철학적 논의가 이루어지고 있다.

예를 들어 비판법학, 포스트모던 법리학, 페미니스트 법리학 등 주로 영미의 법학계에서 발전되고 있으며, 이러한 법이론적 논쟁들은 기존의 법적 사고나 이론들에 대해서 강력한 비판을 수반하고 있기 때문에 앞으로 어떠한 새로운 법이론을 정립할 것인지 주목받고 있다.

2. 법경제학 및 법사회학

1970년대 미국의 연방항소법원 판사이며 시카고 법대에서 강의하고 있는 포스너 등이 창시한 법경제학파는, 법의 문제는 정의의 문제가 아닌 자원의 효율적인 배분과 관련하여 설명될 수 있다고 주장하면서 법현상이나 법제도의 분석에 경제학적 방법을 적용하고 이를 토대로 법제정이나 법정책의 방향을 제시하고자 한다. 법학 영역에서 이들의 영향력이 상당히 빠른 속도로 확산되고 있다.

법사회학 영역도 지난 30여 년 동안 괄목할 만한 발전을 이루고 있다. 특히 법과 사회와의 관계를 탐구하는 학자들은 그 동안 법학의 연구를 법규범의 해석에만 묶어 놓음으로써 방치되어 온 법현실의 문제점들을 밝혀 내고 이에 타당한 정책적 방향을 제시한다.

이들은 법전 속에 씌어 있는 법보다는 법의 목적을 충족시키

추천도서

1. 《법학개론》, 박상기 외
2. 《현대 법학의 이해》, 최종고
3. 《현대 법철학과 법이론의 근본 문제》, 카우프만·하스머 공저, 심헌섭 역
4. 《헌법 이론과 헌법》, 허영
5. 《근대 사회에서의 법》, 로베르토 웅거, 김정오 역
6. 《미국법사》, 로렌스 프리드만, 안경환 역
7. 《진실을 영원히 감옥에 가두어 둘 수는 없습니다》, 조영래
8. 《한국법사상사》, 최종고
9. 《법과 인간의 항변》, 한승헌
10. 《법과 문학 사이》, 안경환

지 못하고 있는 현실적 조건과 법의 역할과의 관계에 더 많은 관심을 기울이고 있다. 나아가서 이들은 보다 현실적인 법제도의 문제로서 사회의 소외 계층이 자신의 권리를 확보하기 위해서는 어떠한 법적 부조가 필요하며, 이들이 법률 서비스를 보다 손쉽게 이용할 수 있는 제도적 장치가 마련될 수 있는가에 관심을 쏟기도 한다.

3. 법정보학 등 새로운 법의 영역

현대 사회가 정보 사회로 전환되면서 법정보학이라고 하는 새로운 법의 영역이 형성되고 있다. 이에는 단지 컴퓨터를 사용하면서 발생하는 문제들, 즉 소프트웨어의 보호, 이와 관련된 치적 소유권의 문제, 컴퓨터 사기나 신용 카드 남용 등과 관련된 법률 문제들을 다룰 뿐만 아니라, 나아가

서 법학과 정보학을 연결시킴으로써 컴퓨터를 이용한 법학 교육 및 법실무를 포함한 법체계 전반에 대해서 체계적으로 연구·교육하는 문제까지도 다룬다.

또한 첨단 과학의 발전에 따라 나타나는 공학과 인간과의 문제 등에 대해서도 새로운 법학의 탐구가 이루어지기 시작하고 있다. 예를 들어 유전 공학에 의한 인간 복제 등 새로운 문제들이 법학에 새로운 과제를 던져 주고 있다.

최근 법학의 방향은 보다 세분화된 문제들, 즉 소비자 보호, 사회의 소외 계층에 대한 보호 등 국민들의 일상 생활과 밀접한 관계가 있는 하위법들에 대한 연구가 활발히 이루어지고 있으며, 이것은 보다 포괄적 의미의 법정책학의 새로운 형성이라고 할 수 있다. ♣

경제학 Economics

정운찬 / 서울대학교 경제학부 교수

경제학이란 무엇인가

1. 경제학의 정의

인간의 욕망은 무한한데 그것을 충족시켜 줄 수 있는 수단은 상대적으로 제한되어 있다. 이것을 대전제로 하여 경제 이론은 제한된 수단을 유효적절하게 사용하는 방법을 선택하는 문제를 출발점으로 삼는다. 흔히 경제학을 '제한된 수단의 선택에 관한 학문'이라고 정의하는 이유는 바로 여기에 있다.

물론 선택의 문제가 비단 경제 문제에 국한되는 것은 아니다. 우리의 일상 생활은 선택의 연속이다. 길을 갈 때도, 차를 탈 때도, 시험 공부를 할 때도, 데이트를 할 때도 의식적이건 무의식적이건 계속 선택을 한다. 따라서 경제학의 기본 원리는 겉으로 보기에는 전혀 관련이 없어 보이는 인생사의 여러 가지 문제에 적용된다. 실제로 요즈음 경제학자들은 결혼 문제, 가족계획 문제, 교육 문제, 범죄 문제 등과 같이 경제 문제와는 다소 거리가 있는 문제의 해결에도 적지 않은 공헌을 하고 있다.

경제학의 적용 범위가 경제 문제를 넘어 선택과 관련된 일상 문제로 확대되면서 경제학의 정의가 모호해졌다. 아주 극단적으로 경제학은 '경제학자가 하는 학문'이라고 정의하는 이도 있다. 그러나 우리는 여기서 개인의 경제 행위와 그에 따른 경제 질서의 이면에 흐르는 원리를 밝혀 내고, 경제 활동의 결과 야기되는 다양한 경제 문제를 해결하기 위한 사고 체계를 경제학이라 정의하기로 하자.

2. 경제주체와 경제행위

인간 생활은 물질적 수단 없이는 지탱될 수 없다. 물질적 수단 중에서 옷, 집과 같이 우리가 눈으로 볼 수 있는 유형의 것을 재화라 한다. 한편 교사의 수업, 경찰관의 순찰 등과 같이 눈으로 볼 수 없는 무형의 물질적 수단을 서비스라 한다. 그리고 일반적으로는 재화와 서비스를 합쳐서 그냥 재화라고도 한다.

재화를 획득하고 사용하는 것과 관련된 인간 행위를 경제 행위라 한다. 그리고 경제 행위를 수행하는 개인이나 조직을 경제 주체라고 한다. 경제 주체는 크게 가계·기업·정부로 분류된다.

가계 혹은 소비자는 소비 활동을 하는 경제 주체이다. 가계는 노동력 등의 생산 요소를 기업이나 정부에 공급하고 소득을 얻어 소비를 한다. 소비자는 소비 활동을 할 때 자신의 제한된 소득으로 가장 큰 만족, 즉 효용을 얻고자 한다. 이를 효용 극대화 가정이라고 한다.

기업 혹은 생산자는 생산 활동을 하는 경제 주체이다. 기업은 생산 요소를 구매하여 생산한다. 생산자는 생산된 재화를 판매해서 얻은 수입과 생산 요소의 구매에 소요된 생산 비용과의 차액, 즉 이윤을 가능한 한 크게 하고자 한다. 이를 이윤 극대화 가정이라 한다.

정부는 가계와 기업으로 구성된 민간 부문의 경제 활동을 조정하고 규제하기 위한 준칙을 마련하여 시행한다. 그리고 민간 부문이 생산할 수 없는 재화를 직접 생산하기도 한다. 말하자면, 정부는 공익을 극대화하려고 노력하는 경제 주체이다.

3. 경제 질서와 사회 제도

개인의 경제 행위가 현실적으로 가능하려면 어떤 힘에 의해서건 개인의 행위가 사회 전체적으로 조정되어 하나의 질서를 이루어야 한다.

근대 이전의 사회에서는 이러한 질서가 지배자의 의지에 따라 형성되었고, 사회주의 사회에서는 중앙계획 당국의 지시에 따라 형성된다. 그러나 자본주의 사회에서는 다른 사회와는 달리 비인격적인 시장에서의 경쟁을 통하여 경제 질서가 형성된다. 우리가 살고 있는 자본주의 사회에서는 원칙적으로 민간 부문의 경제 행위가 자유롭게 이루어진다. 그러나 자유가 무제한적인 것은 아니다. 경제 행위의 자유는 법률·관습·전통 등 사회 제도의 제약을 받는다. 이렇게 볼 때 경제 주체와 사회 제도간에는 두 가지 상반된 관계가 나타난다. 자유로운 경제 활동이 경쟁을 통하여 하나의 경제질서를 낳는 한편, 그것이 질서로 확립되면 그 질서의 테두리 내에서 경제 활동을 전개해야만 한다.

경제학의 기본 내용

1. 자원의 희소성과 최적화

개인이 당면하는 경제 문제는 서로 경쟁적인 관계에 있는 여러 가지 욕망을 충족시키기 위해 희소한 자원을 배분하는 것이다. 그러면 이를 위해 개인은 어떻게 해야 하는가? 동일한 욕망을 충족시키는 데 소요되는 비용은 최소로 해야 하고, 주어진 비용으로는 최대의 효과를 얻어야 한다. 이것이 바로 경제 행위를 할 때 기준이 되는 경제 원칙이고, 이 원칙을 따르는 사고를 경제적 사고라 한다.

2. 자본주의 사회의 경제 질서

(1) 시장과 가격의 역할

자본주의 사회에서는 경제 주체들의 자유로운 경제 활동이 사전에 조정됨이 없이 시장에서 경쟁을 통해 하나의 질서를 낳는다. 경제 주체들은 각자에게 유리한 생산 활동을 하고 교환을 통하여 자신이 필요로 하는 재화를 구매함으로써 교환 이익을 얻는다. 그러나 이 교환 과정에서 많은 거래 비용이 발생한다. 시장과 화폐는 교환 과정에서 발생하는 여러 가지 거래 비용을 절감하고, 교환 과정을 시간과 공간상으로 분리된 판매와 구매라는 두 단계로 분리시켜 분업에 의한 생산력의 증가를 가능하게 해 준다. 현대 사회에서는 자신이 소비하기 위해서가 아니라 전혀 알지 못하는 사람의 필요를 충족시켜 주기 위해 생산하며, 자기 자신 역시 그들의 도움으로 소비 행위를 한다. 이러한 경제 활동은 시장이 매개가 되지 않고서는 도저히 불가능한 것이다.

시장에는 언제나 상반된 이해 관계를 갖는 힘이 작용한다. 물건을 팔려는 사람들은 사려는 사람에게서 최량의 주문을 얻어 내고자 하기 때문에 일단 서로 경쟁 관계에 있다. 같은 이유로 물건을 사려는 사람들도 서로 경쟁 관계에 있다. 뿐만 아니라 전체로 보아 팔려는 사람과 사려는 사람은 서로 이해 관계가 상충되는 경쟁 관계에 놓여 있다. 사실 시장에서는 조화와 협력보다는 충돌과 경쟁이 끊이지 않는 것이 다반사이다. 그러나 이러한 경쟁 관계는 마침내 하나의 조화를 이루게 되고, 혼란은 결국 큰 질서를 낳는다. 서로 상충되는 이해 관계에 따른 행동이 경쟁을 통하여 오히려 모든 거래 당사자에게 이익을 준다는 것이 바로 스미스(A. Smith)의 '보이지 않는 손'의 작용이며, 시장 경제의 묘미다.

시장 경제가 하나의 질서를 낳는 것은 가격의 작용에 의해서이다. 가격은 경쟁 시장에서는 수요와 공급에 따라 결정된다. 이렇게 결정된 가격은 경제 주체들이 필요로 하는 재화의 가치와 관련된 정보를 제공한다. 경제 행위의 기본인 선택은 비교를 전제로 하는데, 가격이 바로 비교에 필요한 정보를 제공하는 것이다. 다시 말해서, 가격은 경제 주체들에게 일종의 신호(Signal) 또는 도표(Guidepost)와 같은 역할을 수행하는 것이다.

(2) 바람직한 경제 질서와 시장경제 질서의 공과

경제학에서는 자원 배분의 효율성, 분배

고전경제학의 창시자인 A. 스미스(왼쪽)와 그의 주저인 《국부론》.

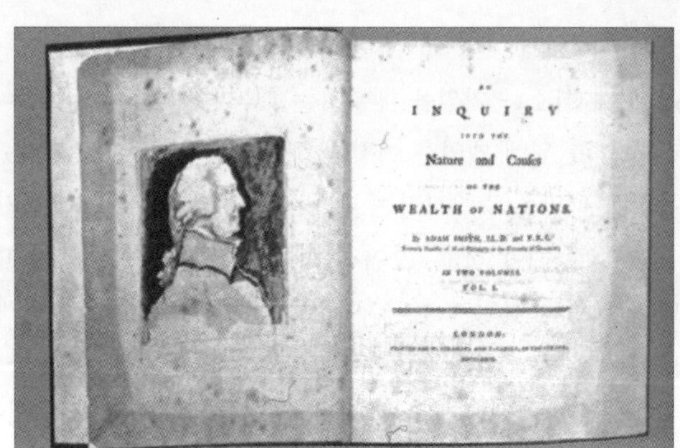

의 공평성, 경제의 안정성을 기준으로 삼아 경제 질서를 평가한다. 물론 다른 판단 기준을 고려할 수도 있다. 자주성이나 성장 혹은 발전도 중요한 기준이 된다.

자원은 희소한 것이기 때문에 자원 배분이 효율적으로 이루어지는 것이 바람직하다는 것은 당연하다. 그러나 개인적으로 자원 배분이 효율적으로 이루어진다고 하더라도 사회 전체로 보면 그렇지 못한 경우가 있다. 기업이 이윤을 극대화하는 과정에서 공해를 발생시켜 사회에 손해를 끼친다면 결코 바람직한 것이 아니다. 따라서 개인의 효율성은 물론이고 사회 전체의 효율성이 보장되어야 한다.

자원 배분의 효율성에 문제가 없다고 해도, 부와 소득의 분배에서 부익부 빈익빈의 양상을 보인다면 그 경제 질서는 결코 바람직한 것이 아니다. 똑같은 양을 생산하는데 분배가 불평등하게 이루어진 경우와 비교적 평등하게 이루어진 경우가 있다면 국민의 후생 수준은 큰 차이가 있다. 따라서 또 하나의 판단 기준으로 부와 소득 분배의 공평성이 제기

된다.

자본주의 사회에서 실업과 인플레이션이 주기적으로 반복된다는 것은 주지의 사실이다. 실업과 인플레이션은 그에 따른 사회적 비용이 크기 때문에 그것을 제거하거나 완화시키는 것이 바람직하다. 실업과 인플레이션과 같은 경기 순환이 없는 경제 질서를 안정된 질서라고 한다. 따라서 경제의 안정성 역시 바람직한 경제 질서를 판단하는 기준이 된다.

자본주의 사회의 시장경제 질서는 앞에서 제시한 3가지 기준으로 판단해 볼 때 과연 바람직한 것인가? 자원 배분의 효율성이란 측면에서 시장경제 질서는 매우 바람직하다. 특히 경쟁 시장의 경우 가장 효율적인 자원 배분을 낳을 수 있다.

반면에 역사적 경험에 의하면, 시장경제 질서는 분배의 공평성이나 경제의 안정성이란 측면에서는 비교적 결함을 가지고 있다. 그러나 자본주의 사회가 다소 결함을 지니고

있다고 해서 쉽게 붕괴될 만큼 심각한 것은 아니며, 정부의 경제 정책을 통하여 보완된다면 시장경제 질서는 다른 것과 비교해 볼 때 그래도 훌륭한 질서이다.

3. 국가의 역할, 자유주의와 개입주의

(1) 시장 실패와 효율적인 자원 배분을 위한 경제정책

자본주의 사회에서는 시장 형태가 경쟁적이라면 자원이 효율적으로 배분된다. 그러나 독과점시장의 경우와 같이 경쟁이 불완전한 경우에는 생산과 소비 활동이 왜곡된다. 뿐만 아니라 시장이 경쟁적인 경우에도 규모의 경제(생산량을 증가시킬수록 평균 비용이 떨어지는 현상), 외부성(어떤 경제 행위의 결과가 그에 상응하는 대가를 치르지 않고 다른 경제 주체의 이익이나 비용에 영향을 주는 현상), 공공재(어떤 사람이 가격을 지불하고 구매한 재화를 다른 사람이 소비할 수 없도록 배제하는 것이 불가능하고, 여러 사람이 동시에 소비할 수 있는 재화와 용역)와 같은 현상이 나타날 경우에는 자원 배분이 효율적으로 이루어지지 못한다. 이것을 시장의 실패라고 한다.

그러면 시장 실패에 따른 비효율적인 자원 배분을 막기 위한 정부의 경제 정책에는 어떤 것이 있는가?

우선 불완전경쟁시장과 규모의 경제에 대해서는, 독과점 금지법을 통하여 사전에 그 발생 가능성을 제거하거나 사후적으로 가격 정책을 통하여 독과점 행위를 규제한다. 외부성에 대한 정책은 조세-보조금 정책이 있다. 그리고 공공재는 정부가 직접 생산한다.

(2) 공평한 소득 분배와 경제 안정을 위한 경제 정책

공평한 분배가 무엇인가에 관해서는 의견 일치를 보기 어렵지만, 분배 구조가 악화되면 사회적 갈등이 심화되고 그에 따라 적지 않은 사회적 비용을 치루어야 한다. 반면에 시장경제 질서는 분배 문제를 만족스럽게 해결할 수 없는 일면을 지니고 있다. 따라서 공평한 분배 문제는 정부가 누진적인 조세 구조나 사회 복지정책 등을 통하여 해결해야만 한다.

다음은 경제 안정과 관련된 문제를 살펴보자. 소비는 소득 수준과 소비 성향에 의존한다. 투자는 기업가의 불확실한 장래에 대한 기대에 의해 좌우된다. 그리고 국민소득 수준과 고용량은 소비와 투자의 합인 총수요에 의해 결정된다.

이와 같이 불확실성에 처한 경제 주체들의 심리적인 요인이 고용량을 좌우하므로 자유방임하의 자본주의 사회는 완전고용을 보장하지 못하고 오히려 실업이 보다 일반적인 현상이다. 따라서 정부는 경제 안정을 위한 재정 정책과 금융 정책의 섬세한 조정을 통하여 실업과 인플레이션을 축소 또는 퇴치해야 한다.

(3) 정부의 실패

그러면 시장의 보이지 않는 손을 보완하기 위한 정부의 보이는 손은 완전한 것인가? 이 질문에 대하여 한 마디로 대답하기는 곤란하지만 정부의 실패, 즉 정부 개입에 따른 자원 배분의 비효율성, 분배의 불공평성, 경제의 불안정성도 많다. 특히 각종 규제에 따른 비효율과 복지국가의 이념에 입각한 사회보장제도가 근로의욕을 저하시키고 자본주의의 활력을 둔화시킨다는 사실이 주목된다.

국가의 역할에 대한 자유주의와 개인주의라는 두 갈래의 흐름은 시대 상황에 따라 부침을 거듭해 왔다. 그러나 일방적으로 어느 한 쪽의 견해가 옳고 다른 쪽의 견해는 틀렸다고 할 수 없다. 양자의 입장 차이는 본질적으로 각자의 세계관 · 인간관, 시장질서를 거시적 차원에서 조정할 수 있는 능력에 대한 신념의 차이에서 연유하는 것이다.

경제학의 방법론과 구조

1. 경제학의 방법론

경제학은 현실을 추상화시켜 중요하다고 판단되는 몇 가지 경제 변수들의 상호 관계를 설정한 모형을 이용하여 이론을 구성한다. 물론 그 경제 모형은 경제 현실과는 다르다. 그러나 현실을 단순화시킨 모형을 작성하는 것은 그것이 바람직스럽기 때문이 아니라, 우리가 살고 있는 현실 세계가 너무나 복잡하기 때문이다. 경제 모형을 이용하여 구성한 경제 이론이 현실 경제를 어느 정도 설명할 수만 있다면, 비록 모든 사항을 고려하지 않았다 해도 그 이론은 훌륭한 가치를 지니는 것이다. 모든 것을 다 얻으려다 아무 것도 얻지 못하는 것보다는 과감한 추상화를 통하여 상당한 지식을 얻어 내는 것이 더 바람직하다.

그러나 현실 경제보다는 이론의 논리 전개에만 집착하는 것은 곤란하다. 일찍이 케인즈는 훌륭한 경제학자는 진조(珍鳥) 중의 진조라고 말한 바 있다. 만약 경제학이 역사 · 사회 제도 · 사회 심리 등을 떠난 논리 전개만으로 충분하다면, 그러한 경제학을 잘 하는 사람은 언제 어디에서나 그리 드물 리가 없다. 훌륭한 경제학자가 진조시되는 이유는 논리적 분석력과 동시에 역사 · 제도 · 심리 등에 대한 인식과 건전한 양식을 갖추는 것이 어렵기 때문이다.

2. 경제학의 구조

(1) 미시경제학과 거시경제학

경제학은 연구 시각에 따라 미시경제학과 거시경제학으로 구별된다. 미시경제학은 개인의 경제 행위에 초점을 두고 개인이 어떤 목적을 위하여 어떻게 행동을 전개하며 그 행동의 결과가 무엇인가의 문제를 다룬다. 거시경제학은 재화의 총량적 흐름에 초점을 두고 국민소득·고용·물가 등이 어떻게 결정되는가의 문제를 다룬다.

미시 이론과 거시 이론의 차이는 흔히 나무와 숲의 관계에 비유된다. 나무에 관한 이론이 미시 이론이라면 숲에 관한 이론이 거시 이론이다. 이때 나무의 관찰에서 얻은 결론을 숲에 유추하여 적용할 수 없는 경우가 있다. 숲이 많은 나무로 이루어진 것은 사실이나 숲의 변화는 나무의 변화와 무관한 점도 많고 경우에 따라서는 반대 방향으로 움직이는 수도 있다. 논리학에 '구성의 오류'라는 개념이 있는데, 이것은 부분에 타당한 명제가 전체에 대해서는 타당하지 못한 경우를 의미한다. 그러나 부분이 존재하지 않는 전체가 없듯이 미시적인 기초를 갖추지 못한 거시 이론은 매우 허약할 수밖에 없다. 미시경제학과 거시경제학은 서로 보완관계를 유지해야 하는 것이다.

(2) 실증경제학과 규범경제학

경제학은 연구 목적과 방법에 따라 실증경제학(Positive economics)과 규범경제학(Normative economics)으로 구분할 수도 있다. 실증경제학은 현실 사회에 존재하는 경제 법칙의 해명을 그 목적으로 하며, 규범경제학은 경제 현상이나 경제 정책의 결과가 바람직한가 아닌가 하는 가치 판단의 문제를 다룬

다. 전자는 경제 현상을 사실(What is) 그대로 기술하고 분석하는 데 반하여, 후자는 여러 가지 경제 현상을 비교하여 어느 것이 더 바람직한가(What ought to be)를 평가한다.

경제학을 포함한 사회 과학 분야에서 가치판단을 해야 하는가 또 해도 좋은가 하는 문제에 관해 많은 논쟁을 거듭해 온 결과, 가치판단을 해서는 안 된다는 의견이 지배적이 되었다. 사실 경제 현상을 객관적으로 보고 현실을 현실 그대로 파악하는 것이 매우 중요하다. 그러나 객관적인 운동법칙에 따라 형성되는 경제 질서가 사회 제도의 테두리 속에서 유지되는 것 또한 사실이므로 경제학은 자연 과학과 같이 몰가치적인 학문이 될 수도 없고, 또 그렇게 되어서도 안 된다.

자본주의 사회와 경제 이론

1. 자본주의의 생성과 고전학파 이론

진정한 의미의 자본주의, 즉 산업자본주의는 18세기 후반 영국에서 일어난 산업혁명을 계기로 시작되었다. 초기 산업자본주의의 이론적 근거는 스미스가 창시한 고전학파의 사상이다. 이들은 건전한 사회 제도와 윤리관이 확립된 사회에서는 개인이 자유롭게 각자의 이익을 추구하면 사회 전체적으로도 부와

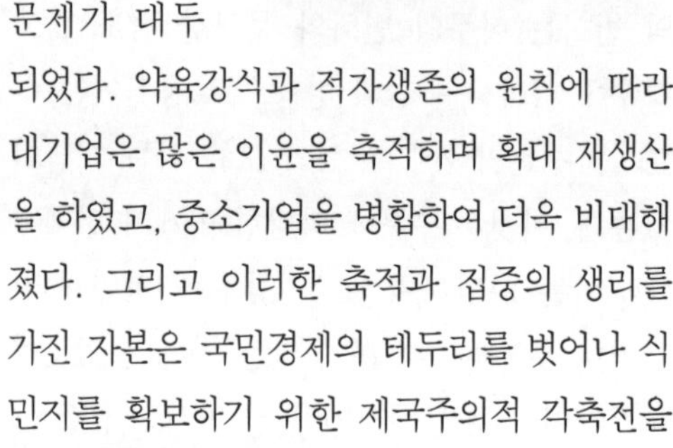
영국 경제학자 케인즈. 제1회 세계은행 회의에서 연설중인 케인즈.

번영을 누릴 수 있다고 보았다. 스미스는 자리심(Self-interest)은 중세 사람들이 생각한 것처럼 천한 것이 아니고, 이에 입각한 자유 경쟁이야말로 국가가 부강해지는 원동력이 된다고 주장하였다. 따라서 개인의 자유로운 경제 활동을 저해하는 국가의 간섭 · 통제 · 보호를 철폐해야 하며 국가의 역할은 국방이나 치안 등에 국한되어야 한다고 보았다.

이러한 사상은 정치적으로는 민주주의를, 경제적으로는 자유기업 제도를 성립시켰고, 인류 역사상 처음 보는 위대한 생산력을 발휘할 수 있게 해 주었다.

스미스의 이론은 리카도(D. Ricardo)와 밀(J. S. Mill) 등에 의해 계승되었다. 이들 고전학파는 철학으로나 경제 이론으로나 지주와 귀족에 반대하고 신흥 자본가를 철저하게 옹호함으로써 그 시대의 지배적 이데올로기의 역할을 수행하였다.

19세기 후반부터 자본주의 사회에 여러 가지 폐해가 나타나기 시작했다. 공황이 반복되었고 실업 문제가 대두되었다. 약육강식과 적자생존의 원칙에 따라 대기업은 많은 이윤을 축적하며 확대 재생산을 하였고, 중소기업을 병합하여 더욱 비대해졌다. 그리고 이러한 축적과 집중의 생리를 가진 자본은 국민경제의 테두리를 벗어나 식민지를 확보하기 위한 제국주의적 각축전을 전개하였다.

이러한 상황 속에서 경제 이론도 큰 변화를 겪었다. 이른바 한계효용이론이라고 불리는 새로운 학설이 대두되어 고전학파를 대체하였다. 이 이론은 계급 대신 개인을 중심으로 생각하고, 미시 이론을 한계(Marginal)라는 개념을 이용하여 전개하였다. 한계 개념은 자연 과학적인 분석의 도입을 용이하게 하였으며, 이 이론은 현대경제학의 주류를 형성하였다. 그러나 이들은 새롭게 등장한 자본가와 노동자의 계급대립의 문제를 외면해 버렸다.

한편 자본가들의 무자비한 영리추구 행위

는 어린이까지 노동력으로 동원하는 비인간
적인 상황을 연출하였고, 이러한 상황에 대한
인간 심성의 내적 반발로 경제 이론으로나 사
회철학으로나 자본주의 사회를 부인하는 사
회주의 사상이 대두되었다. 한편 독일과 러시
아를 비롯한 후발 자본주의가 출현하면서 경
제 발전에 필요한 경제 외적 요인을 강조하는
역사학파와 제도학파도 나타났다.

그런데 1920년대 후반 자본주의는 일찍
이 보지 못한 대공황을 맞게 되었다. 미국에
서는 실업률이 25%에 달하였고 다른 나라도
실업률이 대단히 높아서 자본주의는 붕괴 위
기에 직면하게 되었다. 이러한 위기에서 자본
주의를 구출하는 데 기존의 경제 이론은 무력
했다.

케인즈는 보이지 않는 손에 의해 경제가
자동적으로 조정된다는 것은 증명되지 않은
염원에 불과하다고 못박고, 실업 문제를 해결
하기 위해 정부 지출을 늘리는 강력한 정부
정책을 주장하였다. 그러나 케인즈가 자본주
의와 자유민주주의를 반대한 것은 아니다. 그
는 오히려 자본주의의 파수꾼으로 자처하였
으며, 대량실업·경기침체의 문제를 해결하
기 위해 자유방임으로부터의 제한적 이탈, 즉
경제적 영역에 대한 정부 간섭을 주장하였다.

2차 대전 이후 각국 정부는 완전고용을 달
성하기 위하여 케인즈 이론에 따라 적극적인
재정금융 정책을 폈다. 그리고 모든 나라가
복지국가의 이념에 따라 사회보장제도를 도

입하면서 민간 부문의 활동과 정부 부문의 활
동이 공존하는 이른바 혼합경제라는 운영방
식이 널리 채택되었다. 한편 일부 국가 특히
후진 국가에서는 경제 계획을 도입하여 산업
육성과 경제 성장을 위한 정부 개입의 폭을
더욱 넓히기도 하였다.

그러나 1970년대에 접어들면서부터 자본
주의 사회는 스태그플레이션(인플레이션이 동
반된 경기 침체)이라는 새로운 사태를 맞게 되
었다. 주요국의 성장률은 크게 둔화되었고,
실업을 없애기 위한 케인즈적 재정금융정책
은 그 효력을 상실하였다.

이에 따라 케인즈 이론에 대한 반발로 고
전학파의 비전과 화폐의 중요성을 강조하는
통화주의와 이를 발전시킨 합리적 기대 이론,
새 고전학파 등 신자유주의 경제사조와 공급
측경제학이 나타났다. 그러나 이들은 인간의
합리성에 대해 지나치게 강한 믿음을 두고 있
기 때문에 현실적인 경제 정책을 제시하지 못
하였다. 이들은 복지국가를 지향하는 경제정
책은 관료제도가 지니는 비효율성과 함께 많
은 부작용을 수반한다고 주장한다. 즉 물질생
활의 풍요와 복지정책으로 말미암아 자본주
의 발전의 정신적 원동력인 노동·저축·진
취·강건의 기풍이 크게 퇴색되었다고 본다.

그러나 이들이 제시한 정책의 효력이 없
자 1980년대에 새케인즈학파(New Keynesian
School)가 나타나 현재 새고전학파와 경합을
벌이고 있다.

현대경제학의 과제

1. 현대경제학의 문제

경제학은 현실경제가 직면하고 있는 여러 가지 문제를 성공적으로 해결

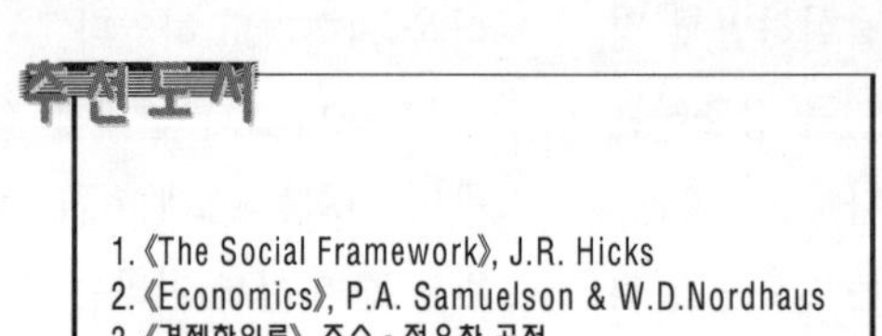

하고 있는가? 이론적으로 본다면 경제학은 지난 200여 년 동안 엄청나게 확대되었다. 그러나 경제 문제를 올바르게 인식하고 문제 해결에 적합한 정책을 제시하는 데는 유감스럽게도 미흡한 부분이 많다. 경제 이론이 발전해 왔음에도 불구하고 현실 문제를 만족스럽게 해결하지 못하고 있는 이유는 무엇인가?

첫째 이유는 현실과 이론 사이에 상당한 시차가 존재한다는 데 있다. 아무리 이론이 발전한다고 해도 이론은 항상 현실 문제가 인식된 후에 그것을 해결하기 위하여 개발되므로 현실은 항상 이론을 앞지르는 것이 보통이다. 따라서 문제의 발생과 이론의 개발 사이에는 시차가 없을 수 없다.

둘째 이유는 현대경제학의 방법론 자체에 있다. 미시 이론 · 거시 이론을 막론하고 오늘의 경제학은 한계개념에 입각한 극대화와 극소화를 내용으로 하는 균형이론이 기본을 이루고 있다. 이 분석 방법은 제도라는 표현으로 요약되는 일체의 조건을 여건으로 취급하고, 주로 수리 분석이 가능한 몇 개의 변수를 중심으로 물리학과 흡사할 정도의 정치한 논리를 전개한다. 그러나 경제학의 연구 대상인 인간의 경제 생활은 자연 과학의 연구 대상인 자연 현상과는 차이가 있기 때문에 이러한 분석 기법에는 한계가 있을 수밖에 없다.

2. 실천적 경제학을 위하여

공리공론을 피하고 실천적인 경제학을 하려면 무엇보다도 역사의식을 가져야 한다. 역사적 안목이 결여된 이론은 논리적으로 정교할 수는 있으나 현실적으로 시행착오를 피하기 어렵다. 사회는 이론의 산물이 아니고 역사의 산물이며, 미래는 과거와 현재의 연속이기 때문이다. 그리고 사회 제도와 사회 심리에 대한 이해의 중요성도 무시할 수 없다.

뿐만 아니라 경제학사에 대한 소양을 지니는 것도 매우 중요하다. 단순히 상고적인 취미를 만족시키거나, 옛 이론 가운데 오늘의 실정에 들어맞는 것이 있기 때문이 아니다. 경제학사에 대한 지식은 우리에게 경제를 보는 시각과 이론의 취사선택에 필요한 기준을 제공해 주며, 우리가 범하기 쉬운 초보적인 과오를 막아 준다. ♣

경영학
Business Management

김원수 / 서울대학교 경영학과 교수

경영학이란 한 마디로 말하면 기업 경영에 관한 지식 체계인데 그 내용은 아주 다양하다.

경영학의 전개

1. 경영학의 내용과 체계

먼저 경영학이라는 학문이 어떠한 과정을 밟아 발달하여 왔는가 살펴 보기 전에 오늘날 우리들이 경영학이라 부르고 있는 학문이 어떠한 성격과 체계를 가지고 있는가 살펴 보기로 하자.

〈표 1〉에서 보듯 경영학은 아주 다양한 내용을 갖추고 있는데 이러한 경영학상의 지식은 어떻게 축적ㆍ체계화되어 왔을까?

〈표 2〉는 경영학의 두 원류로 손꼽히는 미국과 독일에서의 발달 과정을 간략히 살펴 본 것이다.

(1) 미국에서의 발달 과정

남북 전쟁이 끝난 후의 미국은 중서부로

공장에서 일하는 노동자들. 영국이 면방직 생산에 기계제를 도입했을 당시의 모습.

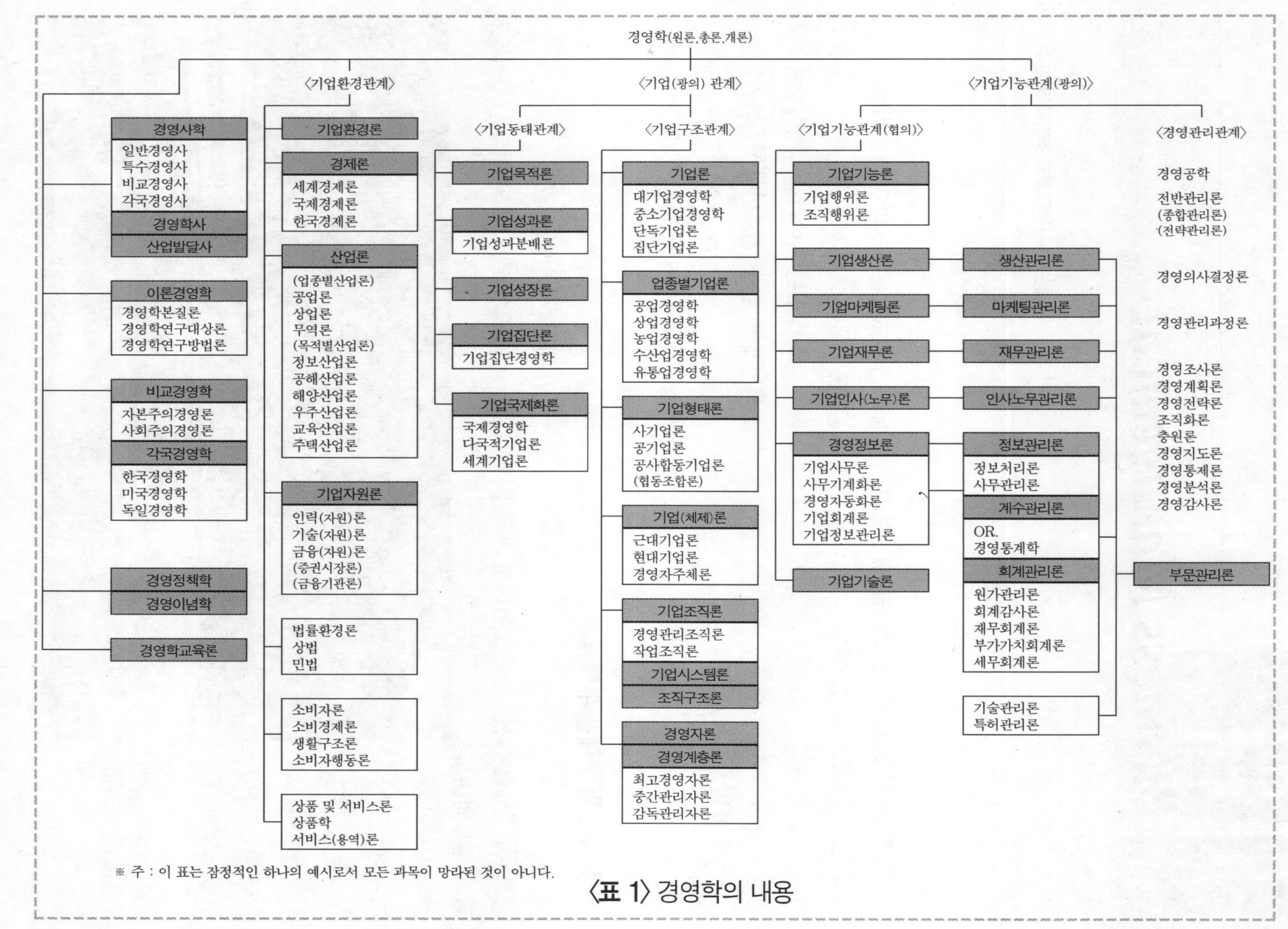

〈표 1〉 경영학의 내용

※ 주 : 이 표는 잠정적인 하나의 예시로서 모든 과목이 망라된 것이 아니다.

19세기 영국 산업혁명 당시의 공업용 기계 장치.

산업이 확대 발전되면서 공작 기계의 발달과 부품 표준화에 의해 기계 공업, 금속 가공업 등에서 분업이 촉진되었다. 그러자 능률 향상을 위해 작업 현장을 전문적으로 관리하는 '기계 기사'가 생겨서 능률 향상을 꾀했다. 19세기 말에 이들은 능률증진운동(=초기관리운동)을 통해 관리 문제를 체계적으로 해결하려는 시도를 전개했다.

한편 기계 공업 · 철도 · 섬유 등 상업은 격한 경쟁과 함께 기계화가 되면서 미숙련 노동자가 많이 필요한 분야에서는 유럽 이민자들을 끌어 썼다. 이들은 장시간 노동에 저임금이라는 열악한 노동 환경 속에서 일하게 되었다.

이 무렵 미국 경영학의 시조로 불리는 테일러(F. W. Taylor)가 이른바 '과학적 관리법'을 창안했다. 이것은 차별 성과급 제도를 중심으로 한 시간 · 작업 연구를 통한 작업 시스템인데, 그는 잦은 노사 분규와 이에 의한 태업이 노동 능률을 떨어뜨린다고 보았다.

1920년대에는 판매 · 구매 · 재무 등의 관리론이 성립되는데 이것은 각 기능별 관리 연구로, 작업 현장 관리인 공장관리가 더욱 세분화된 것이다. 이 무렵에 각 대학에도 경영대학이 생겨나 기업경영 전문가를 양성하기 시작했다.

처치(A. M. Church)가 전개한 종합관리 이론은 관리의 기본을 '조정(調整)'으로 본 것으로, 1920년대의 경영자들은 기업 합동을 진전시키면서 그의 이론을 환영하였고 경영학의 중심으로 삼았다.

한편으로 스코트(W. G. Scott) 등은 적성 검사 결과를 응용하여 여러 가지 인사관리 기법을 개발하였다. 심리학적 관점에서 인사관리운동에 접근한 테드(O. Tead, 1891~1973) · 와 메트카프(H. C. O. Matcalf)는 인간 관계를 조정하기 위한 인사 관리 이론을 전개하였다.

미국 산업은 2차 대전 후 1960년대까지 여러 가지 경영 이론을 도입하면서 번영을 거듭하였다.

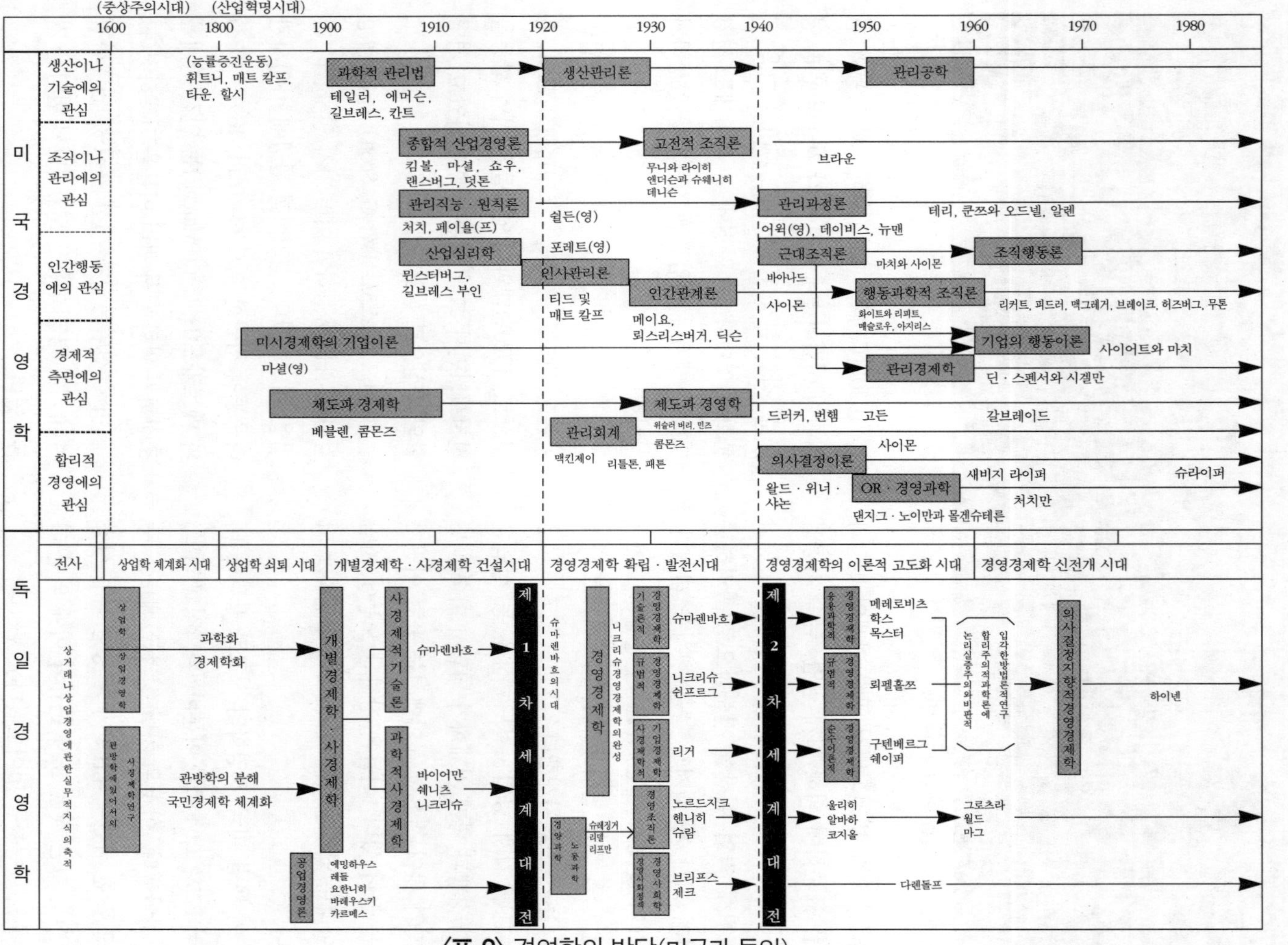

〈표 2〉 경영학의 발달(미국과 독일)

미국 경영학 연구의 주류가 되어 오늘날에도 중심이 되는 관리과정학파를 들 수 있다. 프랑스의 페이욜(H. Fayol, 1841~1925)은 자신이 광산 기사로 있으면서 경험한 것을 정리하여 저서로 발간하였는데 여기서 그는 각 관리 활동은 ① 계획 ② 조직 ③ 지휘 ④ 통제의 순서에 따라 진행된다고 보았다. 이는 미국 경영학 연구에 큰 공헌을 하였다.

또 다른 경영이론으로 산업심리학을 들 수 있다. 이것은 1차 대전중 미국에서 각광받은 이론으로, 생산을 강화하기 위한 작업 조건의 변경에 따른 능률의 변화 등을 연구했다. 메이요(E. Mayo)는 '호손 실험'을 통해 직장 내의 비공식적인 관계에서 발생하는 감정적·심리적인 동기가 작업 환경보다 더 많은 영향을 작업 능률에 미친다고 보았다.

이때까지 미국의 관리과정론은 작업의 세분화 및 단순화, 노동조합운동 활성화 등의 문제를 제대로 다루지 못하였었는데, 공장 내에서의 인간 관계가 보다 중요함을 깨달은 산업심리학과 통합되어 2차 대전 이후 미국 경영학의 한 흐름을 형성하였다.

사이몬(H. A. Simon)과 마치(J. G. March)는 바나드(C. I. Barnard)가 쓴 《경영자의 직능 *The functionsof the executive*》(1958)을 이론화하면서 인간을 합리적인 의사결정 주체로 보고 의사결정의 중요성을 밝혔다.

1950~60년대를 주도한 경영학 이론은 관리과정론으로, 가장 효율적인 조직 구조가 있다는 전제 하에 연구되었다.

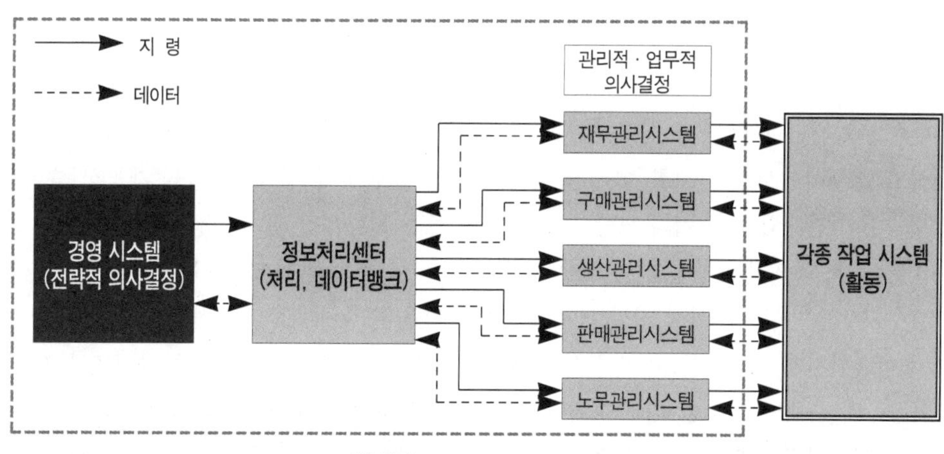

	조직체(일반조직)		=조직학
조직체	기업(산업조직체)	비기업(정부, 교회, 단체, 협회, 군대, 경찰, 학교, 가정, 공원, 박물관, 소방서, 도서관 및 동물원 등)	
활동 (기능)	생산 / 마케팅 / 재무 / 인사 / 사무 / (정보) 등		
	경영관리(= 관리일반)		=경영관리학

〈표 3〉 경영학의 연구 대상

이에 대해 로렌스(P. R. Laurence)와 로슈(J. M. Lorsch)의 조건적합이론(상황적합이론 *Contingency theory*, 1962)이 일종의 반기를 들었다. 그들은 최상의 조직은 환경 조건에 따라 달라진다고 보고 환경과 조직의 적합 관계를 밝히고자 하였다. 이 이론은 1970년 이래로 경영학의 패러다임 전환에 큰 역할을 하였다.

미국 산업계는 1960년대 이후 침체기에 들어섰고 경영학에서는 다각화 이론 중심의 경영전략론이 전개되었다. 이와 관련, 앤조프는 시너지 효과 등의 신개념을 제시하였다.

1960~70년대에는 더 이상 기업 독자적인 행보가 어려워지게 되었다. 소비자 중심의 사고, 환경공해 문제의 심각한 대두 등은 기업이 외부 집단 및 사회와의 사이에 조화를 유지해야만 살아 남는다는 인식을 강하게 심어 줌으로써 경영자를 깨어나게 하였다. 이러한 경영자의 재인식은 제도학파인 드러커에 의해 이루어지게 되었다.

(2) 독일에서의 발달 과정

독일에서의 초기 경영학 연구는 상업학으로, 이는 실천적 지식을 집약한 것이었다. 그러던 것이 1차 대전 후 경영경제학이 국민경제학에서 독립하면서 독일 경영학의 주류가 되었다.

기술론적 경영경제학을 제창한 슈마렌바흐는 원가계산 및 가격정책을 전개하였다.

이에 대해 니크리슈는 규범론적 경영경제학을 주장하여 인간중심적 연구 경향을 지속하였으나 후일 전체주의적인 경영학을 주장하여 나치스의 어용학파가 되었다. 이론적 경영경제학의 전통을 따르는 구텐베르그는 미시경제학의 전통을 그대로 이어받아 생산성과 비용 문제를 중점적으로 다루었는데 그에 의해 경영경제학의 이론적 고도화가 이루어졌다.

기술론 학파에 속하는 메레로비츠(K. Mellerowicz)는 경영경제학을 실천적 경영경제정책론으로 보고 이론은 실천을 위한 도구가 되어야 한다고 주장했다.

1970년대 이후로 응용과학으로서의 의사결정지향적 경영경제학을 주장하는 하이넨(F. Heinen)은 이론학파의 거장인 구텐베르그의 패러다임이 붕괴 위기에 놓여 있다고 보고 니크리슈 경영경제학이 주장하는 인간을 그의 이론 체계 내에 등장시키고 있다. 그리하여 생산성 문제와 인간 문제의 해결을 의사결정을 중심으로 통합적으로 해결하려 하고 있다.

이 이외에 경영경제학이 다루지 않은 노동문제, 경영사회문제, 공동결성, 노동의 인간화 및 노동자의 동기유발 등을 아울러 고찰하는 노동지향적 개별 경제학(AOEWL : Arbeitorientierte Einzeiwirtschafslehre)도 전개

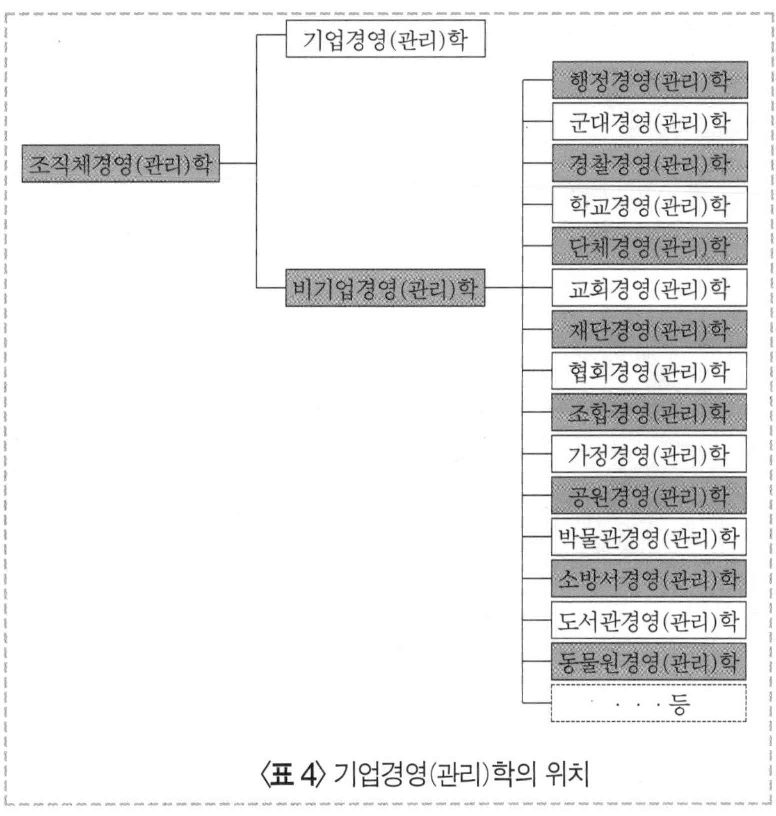

〈표 4〉 기업경영(관리)학의 위치

되고 있다.

2. 경영학의 연구 대상

그러면 경영학은 무엇을 연구 대상으로 하는 학문일까? 경영학이란 재화나 서비스를 생산 공급하여 주는 기업(조직체) 경영을 연구 대상으로 하는 학문이다.

그런데 조직체에는 〈표 3〉 경영학의 연구 대상에서 보듯이 영리를 목적으로 하는 기업 조직체와 그렇지 않은 비기업 조직체의 두 가

지가 있는데 경영학의 연구 대상을 정립할 때 의거하는 견해로는 다음과 같은 두 가지 대립되는 것이 있다. 하나는 기업 및 비기업 조직체를 포함하는 일반 조직체를 연구 대상으로 보는 견해인데 이를 가리켜 조직론적 경영학이라 한다.

다른 하나는 기업 조직체만을 연구 대상으로 보는 견해인데 이에도 크게 나누어 다음과 같은 두 가지 흐름이 있다.

① 여러 조직체 중 기업 조직체를 경영(Betriebs)이라 하여 이를 그 연구 대상으로 보는 관점으로서 주로 독일경영학이 따르고 있는데 조직론적 경영학의 한 분야로서 경제학상으로는 기업 이론이라고 한다.

② 기업에서 수행하는 경영 관리(또는 관리일반) 활동을 기능론적인 관점에서 주로 다루는 연구 경향으로서 미국 경영학이 주로 따르는 관리론적 경영학이다.

그러면 우리가 배우는 경영학은 어떻게 연구 대상을 정립해야만 행정학이나 경제학 등과는 다른 고유의 대상을 가진 독자적인 학문이 될 수 있는 것일까?

우리는 조직체 일반을 대상으로 하여 〈표 3〉에서 보는

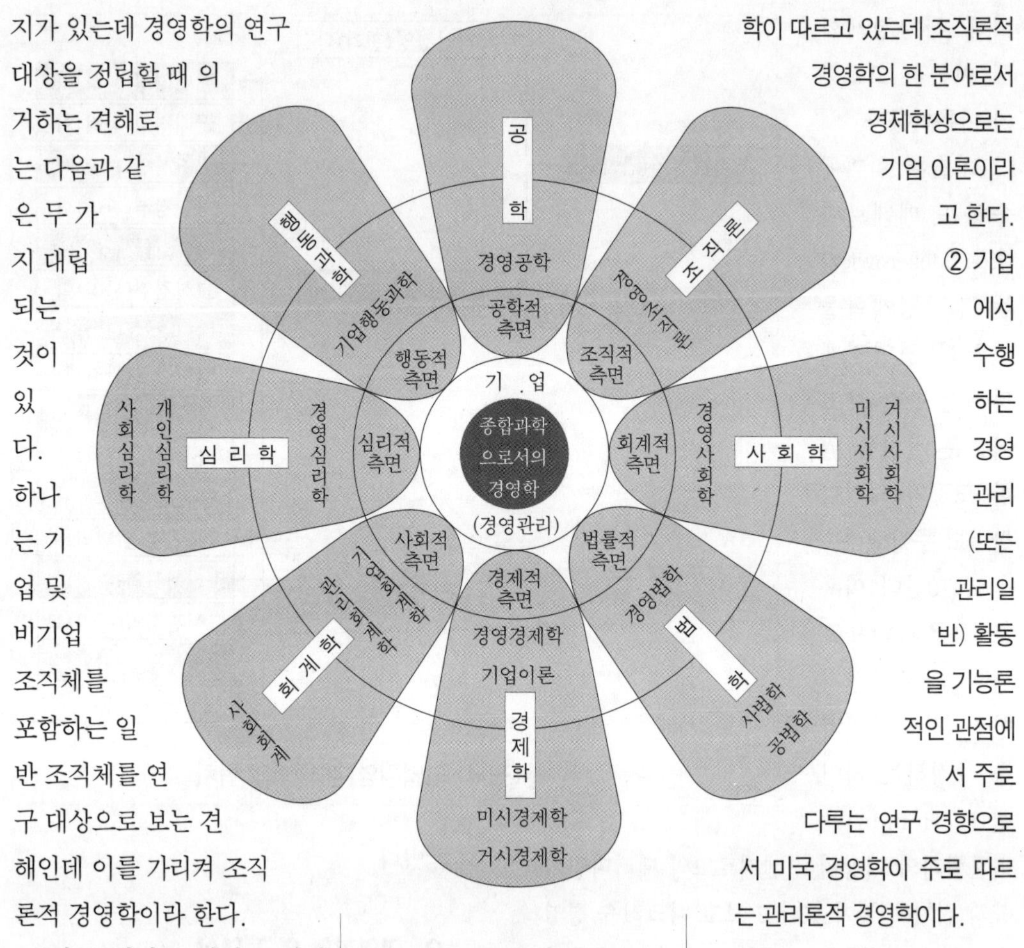

기업경영학으로서의 경영학은 연구 대상이 되는 기업경영 전반에 대해 종합적 이해(설명·예측·제어)를 가능하게 하여 주는 일반 이론으로서의 지식 체계가 되어야만 한다.

것과 같은 조직체 경영(관리)학을 전개할 수도 있으며 기업조직체만을 대상으로 하여 기업경영(관리)학을 전개할 수도 있다. 이는 〈표 4〉에서 보듯이 비기업 경영학과 아울러 보다 상위에 있는 조직체경영(관리)학에 속하는 하나의 하위학문이 된다.

그런데 학문이란 동질성을 전제로 추상의 수준을 높여감에 따라 그 학문의 일반성 내지 보편성은 커져서 그 학문이 포괄 적용할 수 있는 대상은 넓어지게 마련이다. 그러나 그 대상 분야에 고유한 특수성은 줄어들게 되어 이의 적용을 통한 문제 해결의 가능성은 상대적으로 낮아지기 쉽다. 이와 같은 관점에서 볼 때 경영학의 연구 대상을 기업경영에 한정할 것인가 아니면 이보다 추상 수준이 높은 조직체 경영으로 확대할 것인가 선택의 갈림길에 서게 된다.

이와 같은 선택은 기본적으로 연구의 목적 내지 필요성에 따르는 것이다. 그런데 추상 수준을 높여서 행정 조직체나 가정 조직체 등도 아울러 다루면 오늘날의 공(산)업 사회에서의 핵심인 기업 조직체의 경영에 관한 지식은 다른 조직체의 내용과 뒤섞여버려 기업 경영 고유의 독자적인 문제 인식이 어려워지게 된다. 왜냐하면 행정 조직체 경영의 문제는 행정(경영)학, 가정 조직체의 경영은 가정(경영)학 등에서 각각 그 특수성 내지 개별성을 전제로 독자적으로 연구되고 있으나 기업 경영의 경우는 그렇지 않기 때문이다.

◈ 입문서
1. 《경영학의 권유 – 대학 진학을 뜻하는 젊은이에게》, 김원수
2. 《세계경영학사전》, 김원수
3. 《경영학사》, 김원수
4. 《신경영학 원론》, 김원수
5. 《경영학적 사고의 틀》, 윤석철
6. 《현대의 기업과 사회》, 신유근

◈ 전문서
1. 《마케팅 관리론》, 김원수
2. 《마케팅 원론》, 김원수
3. 《현대재무관리》, 박정식
4. 《회계원리》, 이정호
5. 《국제경영학》, 조동성
6. 《생산관리론》, 곽수일
7. 《인사관리론》, 김식현
8. 《계량적 세계관과 사고체계》, 윤석철
9. 《조직행위론》, 신유근
10. 《경영수학》, 안상형 · 남익현 공저

3. 경영학의 성격

그러면 기업경영학으로서의 경영학은 어떤 성격을 갖는 것일까? 그것은 연구 대상이 되는 기업경영 전반에 대해 종합적 이해(설명 · 예측 · 제어)를 가능하게 하여 주는 일반 이론으로서의 지식 체계가 되어야만 한다.

종래 경영학을 포함하는 모든 학문은 인식론적인 제약 때문에 통합적 존재 실체인 기업 경영의 측면에서 특정의 관점에 입각하는 선택 원리에 따라 그 중의 한 부분만을 떼어 내고 그것만을 연구 대상으로 보아 분석적으로 연구를 전개하여 〈종합과학으로서의 경영학〉(그림)의 바깥쪽에 자리하고 있는 여러 경영분과학을 성립시켜 왔다. 그 결과 〈표 1〉에서 보는 것과 같은 다양한 연구 성과가 저마다 쌓여 왔다.

이러한 연구 성과가 무의미한 것은 아니지만 어느 한 측면의 연구만으로 기업경영 전반에 관한 종합적인 인식과 이해는 불가능한 것이다. 그렇게 하려면 경영학(엄밀히는 기업경영학)은 부분과 전체의 통합적 관련을 체계적으로 추구하는 시스템적 접근 방법에 의해 체계화된 종합 과학으로서의 기업행동과학이 되어야만 하는 것이다.

경영학을 공부하기 위해 알아야 할 기초지식

◇ 과학적 관리법

미국 경영학의 시조인 테일러가 임금 제도가 잘못되어 태업이 생긴다고 보고 과학적으로 설정된 과업(= 공정한 하루의 작업량)을 기준으로 제창한 작업 관리 시스템.

◇ 호손 실험

미국 웨스턴 전기 회사의 호손 공장에서 메이요와 뢰스리스버거가 행한 실험으로서, 인간관계론 연구의 계기가 되었다.

◇ X이론, Y이론

맥그레거가 주장한 인간 행동에 대한 가설의 명칭으로서 X이론은 기존의 경영이론에 입각한 가설이다.

◇ 상황적합이론

기존의 경영 이론이 무시 내지 경시하였던 환경의 중요성을 일깨우고 기업의 환경과의 적합성을 강조한 이론.

◇ 경영전략론

환경 변화에 대응하여 기업이 창조적·혁신적으로 적응하여 기업 목적을 달성하는 것과 관련되는 의사결정론의 한 분야. ♣

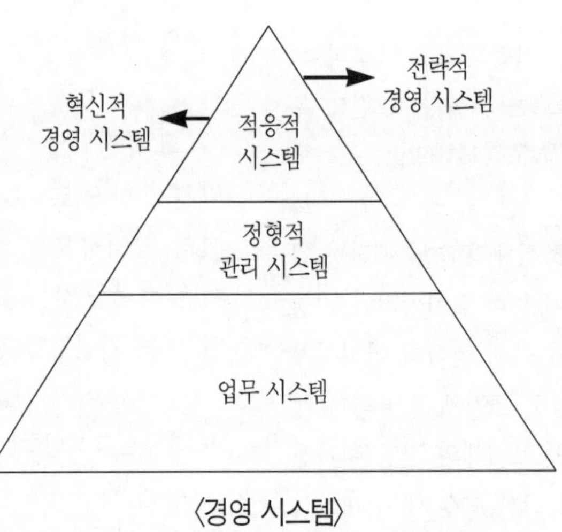

〈경영 시스템〉

통계학 Statistics

김종빈 / 연세대학교 응용통계학과 교수

통계학(Statistics)은 크게 **기술통계학**(記述統計學, Descriptive statistics)과 **추측통계학**(Statistical inference)으로 나눌 수 있다. 기술통계학에서는 다양하고 방대한 정보를 압축·요약하는 기법을 연구하는데 그 연원은 오래되었고 오늘날의 표본 조사론·물가 수준 등 각종 경제 지수 작성법 등이 그 영역에 포함된다. 우선 그 연원부터 보자.

통계학파의 분류

사회의 어떤 현상을 총체적으로 파악하려는 시도는 태고 때 이미 있었다. 기원 전 3050년경 이집트의 피라미드 건설을 위한 각종 조사라든가 기원 전 2300년경의 중국의 인구 조사 등이 그것이다. 이것은 통치자의 권력 행사를 위한 기초 자료를 작성하는 데 그 목적이 있었음은 말할 것도 없다. 그 후에도 동양에서나 서양에서나 이른바 '국세 조사' 라고 일컬어질 만한 것이 꾸준히 시행되어 왔는데

이 국세 조사에 과학적인 형태를 부여한 것은 헬름슈타트 대학 교수 콜링을 시조로 하는 독일 통계학파와 그랜트와 페티가 창시한 영국의 정치산술 통계학파이다. 독일 학파부터 개관하겠다.

1. 전통적 독일 통계학파

이 학파에는 시조 콜링을 비롯하여 괴팅엔 대학 교수인 아헨발, 슐레저, 키엘 대학 교수 니만, 뷰쉥, 안헤르젠, 루에더 등이 있다.

이 학파의 특징은 국가의 제반 사정을 객관적으로 묘사하는 데 있었다. 묘사는 하되 체계적인 것이 되기 위해서는 국가의 제반 사정의 특성을 나타내는 지표를 중심으로 묘사하여야 하므로 이 지표의 발견 내지 개발에 연구의 초점이 맞추어졌다.

콜링은 국가의 제반 사정을 묘사함에 있어서 토지와 인민 법제와 행정, 국가 목적, 재정과 육해군력을 전략적 지표로 지목하였다.

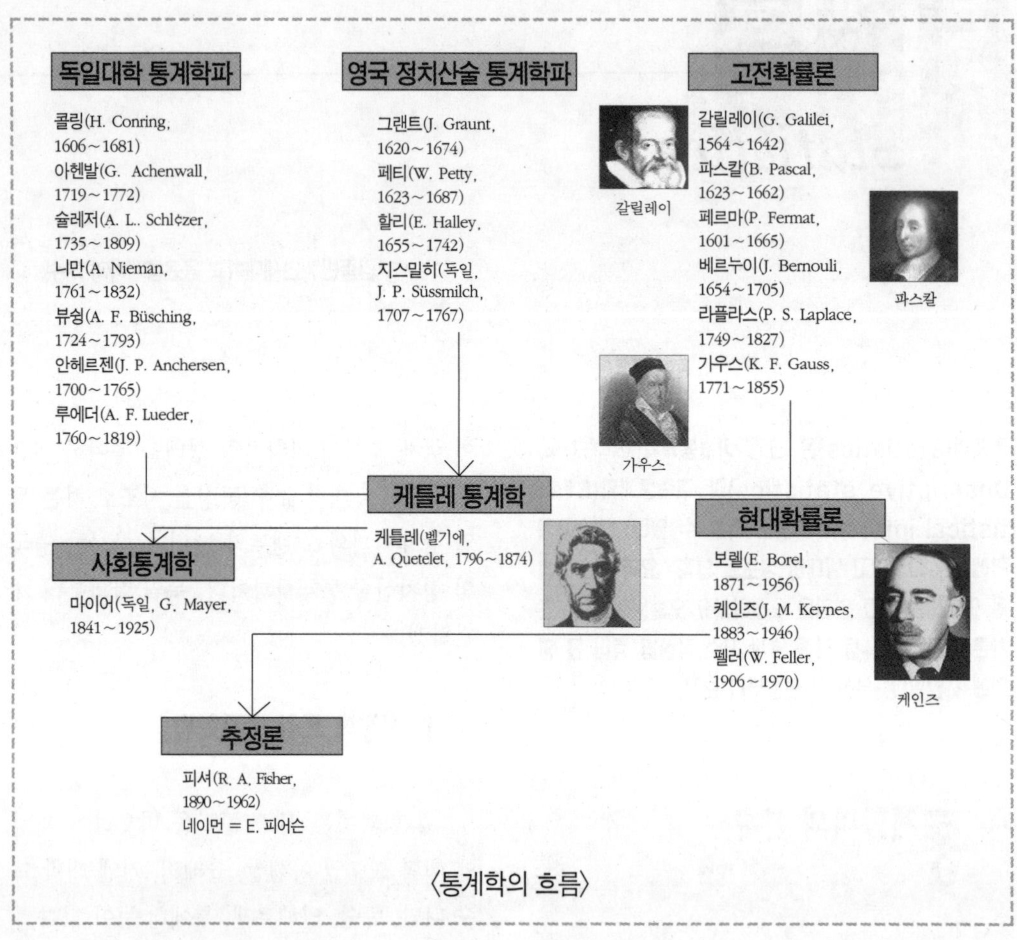

⟨통계학의 흐름⟩

그런데 콜링과 아헨발에 있어서는 '현재'의 국가 제반 사정이 연구 대상이 되고 인과 관계의 규명이나 국가간의 연구는 배제되었으며 묘사가 전적으로 비수량적 서술로 되어 있어서 수량적 파악이 결여되었다. 따라서 콜링-아헨발의 업적은 잡다한 지식의 집적이라는 면도 없지 않아서 독일 밖에서는 큰 호응을 얻지 못하였다.

슐레저는 전략적 지표 선정에서 국가의 복지에 관한 물질적 요소를 강조하고 수량적 파악의 유용성을 인식하였다. 니만은 영국의 정치산술 학파에 깊은 이해를 나타내어 독일 학파와의 통합을 모색하였다. 뷰쉥은 각국의 제반 사정의 비교 연구에 역점을 두고 전략적 지표별로 각국의 현황을 열거하였다. 안헤르젠은 전략적 지표별로 각국의 현황을 일람표로 작성하여 표식파 통계학을 성립시켰다. 오늘날의 통계수표는 안헤르젠의 업적에서 유래한다.

표식파 통계학이 출현하기 전까지 독일 학파는 비수량적 묘사로 일관하였는데, 이즈음 독일에도 자본주의가 침투하여 시장경제가 발달함에 따라 경제의 흐름을 수량적으로 파악하지 않을 수 없게 되었다. 따라서 비수량적 독일 학파는 존립 기반을 위협받게 되어 격렬한 저항을 전개하였다. 정신적인 것, 나아가서 국가의 참된 힘을 어떻게 숫자로 환산할 수 있느냐 하는 것이 그들의 주장이었지만 대세를 뒤집을 수는 없었다. 이 와중에서 루에더는 전통적 독일 학파를 옹호하기 위하여 고군분투, 대대적인 논진을 폈으나 아무런 효과를 보지 못하고 19세기 말엽까지 전통적 독일 학파는 학계에서 모습을 감추었다.

전통적 독일 학파는 처음부터 방법론에 문제가 있었다. 인과 관계의 분석은 고사하고 비교 연구조차 무시한 채 개별적 국가 상황의 묘사에만 급급하였으니 고등 상식을 축적하는 데 성공하였을 뿐 과학으로서의 뿌리를 내릴 수는 없었다. 뿐만 아니라 비수량적 서술에만 의존하였다는 것은 몰락을 예견케 하는 데 충분하였다. "춥다 덥다, 비가 많다 적다" 하는 것도 구체적인 숫자로 제시될 때 비로소 확실한 감이 잡힌다. 실로 정보는 수량적으로 파악될 때 객관성을 갖는다.

"독자가 말하고 있는 것을 측정할 수 있고 그것을 숫자로 표현할 수 있을 때 독자는 그것에 관하여 무엇인가 알고 있다. 독자가 그것을 측정할 수 없고 숫자로 나타낼 수 없다면 독자의 지식은 빈약하고 불만족스러운 것이다. 그럴 때 그것은 지식의 시작이기는 하겠으나 독자의 머리 속에서 과학으로까지 갔다고는 할 수 없다."

—《P. Samuelson》에서 재인용

2. 영국 정치산술 통계학파

이 학파에는 그랜트와 페티 이외에도 할리, 독일인 지스밀히 등이 포진한다.

그랜트는 1662년에 〈사망표에 관한 자연적 및 정치적 제관찰 *Natural and Political Observations upon Bills of Mortality*〉이라는 획기적인 논문을 발표하였다. 그는 이 논문에서 영국 런던 시의 시민 사망 자료를 1603년부터 1664년까지 무려 61년에 걸쳐서 관찰 연구하였다. 이 연구로 그랜트는 몇 가지 혁신적인 인구 법칙을 발견하였다. 어느 사망 원인은 사망 총수에 대하여 일정한 비율을 유지하고 있다는 것, 남녀의 출생 비율이 일정하다는 것(런던에서는 남녀비가 14 대 13, 시골에서는 15 대 14), 남아의 유아 사망률이 높아서 성년이 되었을 때는 남녀의 비율이 거의 같아진다는 것 등이다. 이 이외에도 그랜트는 몇 가지 방법으로 런던의 인구를 추산하였는데 다 같이 약 38만 4000명이라는 결과를 얻었다. 또 세계 최초로 생잔표(生殘表, Survival

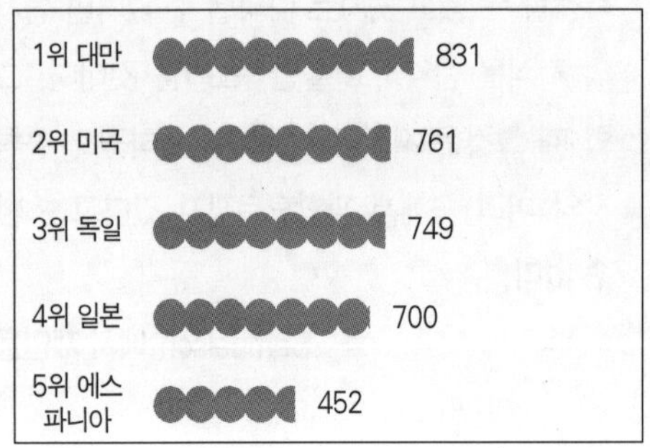

〔그림 그래프〕 외화 준비고(1993년 3월 말)

1위 대만	831
2위 미국	761
3위 독일	749
4위 일본	700
5위 에스파니아	452

(단위 : 천 원)

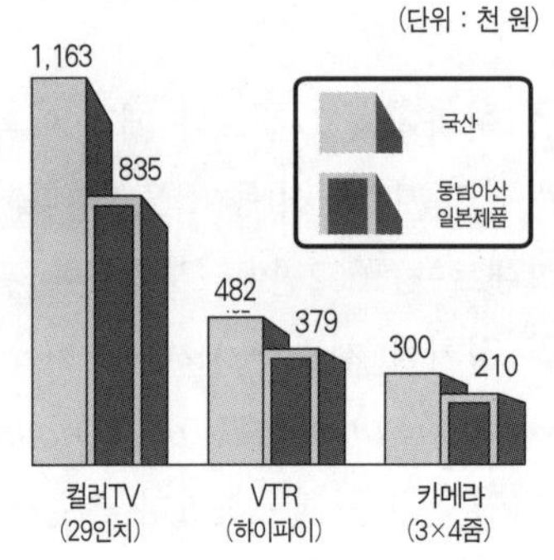

◀ 〔막대 그래프〕 가전제품 가격 비교

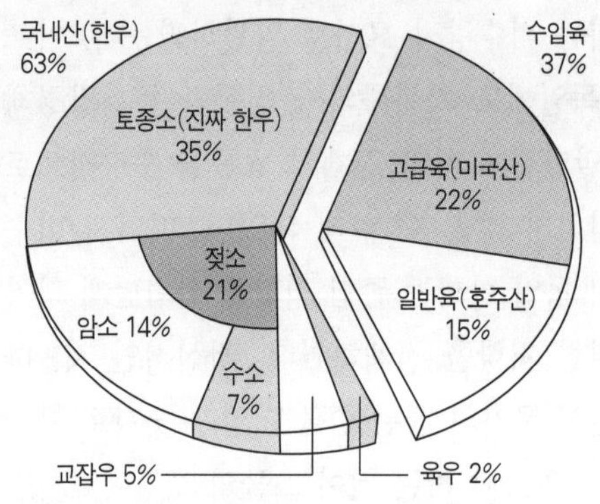

〔원 그래프〕 국내 쇠고기의 종류별 유통량 비율

table)를 작성하였다.

그랜트의 업적은 근대 인구 통계학의 효시가 되었다는 점에서 뿐만 아니라 귀납적 추리 방법을 응용하였다는 점에서도 획기적인 것이다. 물론 그랜트의 과학방법론은 시대를 배경으로 한다. 17세기부터 영국에서는 베이컨(F. Bacon, 1214~1294)의 실증주의 정신이 풍미하여 자연도 실험적으로 연구되고 또 자연과 인간의 상호 작용이 고찰되었다. 따라서 현상의 정확한 관찰과 세밀한 기록이 요구되었다. 이러한 요구에 부응하여 1592년 이래 작성 공표된 관청 통계인 런던 시의 '사망표(Bills of mortality)'가 그랜트의 기초 자료가 되었다.

페티는 그랜트의 친한 친구로 그의 사업을 계승하여 1681년에 《다브린 사망표에 관한 제관찰》을 출간하였다. 물론 페티의 업적은 이것에 국한되는 것은 아니다. 경제학상 불후의 업적으로 평가받는 《정치산술 Political arithmetick》은 그의 사후인 1690년에 출간되었는데 이 책에서 그는 네덜란드·프랑스·영국의 국력을 비교하였다. 이 책도 실증주의에 입각한 연구로, 그는 서문에서 자기가 하고 싶은 이야기는 수·중량·척도를 써서 표현하고 오관으로 확인할 수 있는 것만을 기초로 하겠다고 천명하였다.

《정치산술》이 페티의 주저라고 할 수 있으나 《조세 및 공납론》(1662), 《아일랜드의 정치적 해부》(1672) 등도 당시 크게 주목받았다. 페티에 이르러 과학 방법론으로 계량적 파악이 완전히 뿌리를 내렸다고 할 수 있다.

할리는 원래 영국의 유명한 천문학자였는데, 1687년부터 1691년간에 걸친 독일 브레슬라우 시의 출생 사망표에 의지하여 〈인류의 사망률의 일 측정〉이라는 논문을 집필하여 1693년 영국 왕립협회 기관지에 발표함으로써 그랜트와 페티에 의하여 창시된 정치산술에 커다란 전진을 이룩하였다. 그랜트와 페티의 방법론은 획기적인 것이었으나 수학적 엄밀성을 갖추었다고는 할 수 없는 데 비해 할리의 논문에서는 수학이 엄밀히 적용되었다.

할리의 논문은 방법에 있어서는 그랜트의 논문을 그대로 답습하는 것이었으나 자료 처리와 추리 과정이 더욱 정교하고 치밀하여 그가 만든 브레슬라우 시의 인구 구성표와 생잔표는 후세의 연구에 의해서 놀랄 만한 정확성이 입증되었다. 재미있게도 할리의 연구가 17세기 말엽부터 일기 시작한 생명보험 사업에 적용되었다.

지스밀히는 탁월한 독일 신학자이면서도 청년 시절부터 인구 문제에 관심을 두고 독일에 산재하는 인구 통계를 수집·정리하면서 인구 현상에 있어서의 규칙성을 관찰하였다. 그 결과가 《인간 종족의 제 변화에 있어서의 신의 질서》로, 1741년에 초판이 출간되고 1761년에는 대폭 증보 정정된 2판이 나왔다.

지스밀히는 이 책에서 인간 종족의 증가, 출생과 사망, 결혼 등에 관하여 일정한 규칙성이 존재한다는 것을 광대한 지역에서 꾸준히 모은 자료에 입각하여 추론하고 있다. 지스밀히는 그랜트와 페티의 정치산술에서 절대적인 영향을 받으면서도 《대수(大數)의 법칙》을 과학 방법론으로서 명확히 인식하여 두 선배보다 앞섰다.

인구 조사에도 각종 통계학적 방법들이 동원된다. 위의 그래프들은 우리 나라의 인구 피라미드를 나타낸 것으로, 1960년도와 1990년도를 비교해 볼 수 있다.

그러나 지스밀히는 신학자답게 그의 통계적 발견을 하느님의 섭리로 규정하고 있다. 일례로 지스밀히 역시 출생률에 있어서 남자 아이가 여자 아이보다 많은데 남아의 유아 사망률이 높으므로 성년 남녀는 수가 거의 균등하다는 것을 발견하여 일부일처 가족제도가 인구 통계학적으로 마땅하다고 결론 지으면서도 그것을 신의 섭리로 돌리고 있다.

트럼프를 이용한 포커 게임

3. 영국 학파의 전통

독일 학파든 영국 학파든 실로 주요 학자를 다 열거하는 것은 가능하지 않다. 어쨌든 독일 학파의 명맥은 끊어졌지만 영국 학파의 전통은 오늘날의 인구 통계학, 국민소득계정론 등에 계승되었고 이들은 국가 정책 입안에 기본 자료로 활용되

고 있다.

비교적 새로운 학문 분야인 국민소득계정론에 공헌한 학자는 부지기수이나 특출한 사람으로서는 미국 하버드 대학의 쿠네츠 (1901~1985) 교수를 꼽을 수 있다. 1901년 러시아에서 태어난 쿠네츠는 미국에서 공부한 사람으로 국민소득 추계에 관한 절대적인 공헌으로 1971년 노벨 경제학상을 받았다.

현대 확률론 구축에 지대한 공헌을 한 케인즈. 그의 《확률론》은 가장 권위 있는 참조 문헌으로 통한다.

조선 후기에 쓰인 12면체 주사위

국민소득계정론은 물론 완성된 학문 체계가 아니다. 일례로 물가 수준만 하더라도 관에서 발표하는 물가 수준과 피부로 느끼는 물가 수준은 아주 딴판이라는 말을 자주 듣지 않는가. 물가 수준을 어떤 방식으로 산출하느냐 하는 것은 실로 국민소득계정론을 연구하는 학문의 기본 과제 중 하나이다.

근대 과학으로서의 케틀레 통계학

1. 케틀레 통계학

케틀레는 벨기에의 탁월한 천문학자이기도 하였는데 수리통계학자라기보다는 기술통계학자로 분류하는 것이 더 적절할지 모른다. 1835년에 출간한 《인간과 그 제 능력의 발달에 관하여 혹은 사회물리학론》으로 학계의 비상한 관심과 찬탄을 얻었다.

케틀레는 이 책에서 정치산술 학파의 선배를 본받아 인간의 출생·발육·사망 등의 인구 현상을 연구했으나 여기에 그치지 않고 인간의 신장·체중·근력 등 인체의 특징도 고찰하고 범죄 등 사회 현상에까지 연구 범위를 확대하였다.

케틀레의 공헌은 광범위한 연구 대상에만 있었던 것이 아니라 혁신적인 연구 목적에도 있다. 즉 대수 법칙을 명확히 파악하여 이 법칙에 의거, 잡다하고 불규칙적으로 보이는 현상에서 엄밀한 규칙성을 발견하려고 노력하였다는 것으로, 이는 현대 추정론의 선구자적 지위를 차지한다.

케틀레의 연구가 그 시대의 지식인에게 유쾌한 것만은 아니었다. 재판소의 기록을 분석하여 범죄가 일정한 비율로 발생한다는 결론을 얻었는데, 인간의 자유란 가공의 것으로 인간은 아직 인식되지 않는 법칙에 맹목적으로 순종한다는 또 다른 결론을 유도, 학계의 격렬한 비판을 받았다.

기술통계학에 수리통계학의 기법을 명확히 적용한 업적으로는 마이어의 《사회 생활에 있어서의 합법칙성》(1877)과 《통계학과 사회학》(1895)도 잊혀질 수가 없다.

L. A. J. 케틀레는 벨기에의 탁월한 천문학자로, 현대 추정론의 선구자적 지위를 차지한다.

2. 수리통계학

수리통계학은 확률론·추정론·통계가설검정으로 삼분되는데 이 중 확률론은 노름의 승률 계산이 계기가 되어 카단(Cardan,

1501~1576), 갈릴레이 등이 이론적 고찰에 착수하고 이어서 파스칼과 페르마 등이 발전시켰다. 그 후 베르누이의 《추측법》(1713), 라플라스의 《확률 해석의 이론》(1812), 포이슨 (1781~1840)의 《확률 연구》 (1837) 및 대수학자 가우스의 일련의 논문 등으로 고전적 확률론은 확립되었다. 이들의 이름이 붙은 확률변수는 기본 확률변수로 통계학 교과서에 언제나 등장한다.

◆ 입문서
1.《실용통계학》, 윤상운 · 이태섭 공저
2.《현대통계학》, 서울대학교 자연과학대학 계산통계학과
3.《수리통계학 개론》, Hogg-Craig, 김재주 · 이재창 · 이용기 공역
4.《통계학》, 김종빈

◆ 전문서
1.《In troduction to Mathematical Statistics》, P. G. Hoel
2.《Testing Statistical Hypothesis》, E. D. Lehman

현대 확률론의 구축에는 셀 수 없을 만큼의 학자가 공헌하였다. 그 중에서도 보렐, 케인즈, 펠러의 업적이 빛난다. 보렐의 《우연론》, 케인즈의 《확률론》, 펠러의 《서설 확률이론과 그 응용》은 지금도 가장 권위 있는 참조 문헌으로 통한다.

노름의 승률 계산에서 확률론이 발생한 것은 극히 자연스러운 현상이다. 지금도 국제 도박장에서는 종종 확률 전문가의 조언을 구한다고 한다. 필자도 확률론 강의를 "복권 추첨에서 첫번째 뽑는 사람과 두 번째 뽑는 사람은 어느 쪽이 더 유리한가?" 하는 문제로 시작한다. 어쨌든 확률론 자체가 상황 판단이나 의사 결정에 매우 유용하게 적용되지만 확률론은 추정론이나 통계가설검정의 기반으로서 더욱 의의가 크다.

3. 추정론

추정론이란 모집단의 미지의 모수, 예를 들면 모집단의 평균을 짐작, 계산하는 것인데 앞서 말한 바와 같이 영국 정치산술학파에 그 맹아를 볼 수 있다.

일례로 1995년도 우리나라 가호수를 900만이라고 하자. 이때 900만 가호가 모집단을 구성한다. 이 모집단의 1995년도 평균 소득을 구하려면 900만 가호의 1995년도 소득을 전수 조사하여 합계하고 900만으로 나누면 된다. 이것은 또 모집단 평균의 정의이기도 하다. 그런데 900만 가호의 1995년도 소득을 일일이 전수 조사한다는 것은 인력 · 시간 · 금전상 가능하지 않으므로 예를 들면 1000가호를 임의로 선택하여 소위 임의 평균을 만들어서 그 평균을 계산하여 이 표본 평균으로 모집단 평균을 대체하겠다는 것이다. 그런데 표본 작성시 모집단 평균보다 매우 높은 가호 소득이 우연히 그것도 많이 걸려들 수 있고 매우 낮은 것이 걸려들 수도 있다. 앞의 경우에는 표본 평균이 모집단 평균보다 커질 수 있고 뒤의 경우에는 작아질 수 있다. 다시 말하면 표본 평균은 클 수도 작을 수도 있는 확률변수이다. 다행히도 표본 크기가 매우 크다면 표본 평균이 미지의 모집단 평균과 크게 빗나갈 확률은 작다는 것이 증명되어 있다. 이것이 '대수의 법칙'의 한 측면이다.

뿐만 아니라 극소수의 예외가 없는 것은 아니지만 모집단이 어떻든 표본 크기가 매우 크면 표본 평균은 '정규 확률변수'에 접근한다는 것이 통계학의 가장 중요한 정리의 하나인 '중심극한정리'이다. 따라서 표본 크기만 매우 크다면 표본 평균을 정규 확률변수로 간주하고 갖가지 통계 추리를 하여도 무방하다.

추정론 역시 역사는 길다. 오늘날 '회귀 분석' 혹은 '최소승자법'이라고 알려져 있는 추정 방법은 200여 년 전 가우스에 의해 발견되었다. 현대 추정론의 기반은 피셔가 이루었다는 것이 일반적인 견해다. 그가 제창한 '최우도 방법'(最尤度方法, Maximum likelihood method)은 근본적으로 더 개량할 여지가 없는 혁명적인 방법이다.

4. 통계가설검정

통계가설검정은 주사위가 제대로 만들어

졌느냐 아니냐 하는 예로 설명할 수 있다. 주사위를 120번 아무렇게나 던졌는데 1이 50번 나왔다고 하자. 제대로 만들어진 주사위라면 약 "120×1/6=20번" 나와야 한다는 것이 직관적인 판단이고 또 대수의 법칙이기도 한데 20번이 아니라 50번이나 나왔으니 이 주사위는 1이 잘 나오도록 만들어진 주사위가 아니냐 하는 의심이 생긴다. 이 의심은 마땅하다. 그러나 제대로 만들어진 주사위라 할지라도 120번 중 50번 이상 1이 나와서는 안 된다는 법도 없다. 실제로 120번 중 50번 이상 나올 확률은 일반이항확률질량함수의 공식을 써서

$$\sum_{x=50}^{120} \binom{120}{x} \left(\frac{1}{6}\right)^x \left(\frac{5}{6}\right)^{120-x}$$

로 계산되는 바, 이것은 결코 0이 아니다. 그러나 이 확률이 너무 작기 때문에 제대로 만들어졌다고 보기는 어렵다고 시비가 붙을 때 통계가설검정이 시작된다.

이 통계가설검정에 가장 현저한 공헌을 한 사람은 네이먼(J. Neyman, 1894~1981)과 피어슨(E. S. Pearson)이라고 하여야 할 것이다. 그들의 공헌은 1933년에 공동으로 발표한 〈통계가설의 가장 능률적인 검정 문제에 관하여〉라는 논문에서 밝힌 '네이먼-피어슨 보조 정리'로 불리는 것으로, 경합하는 두 가설을 수용 혹은 기각함에 있어서 관찰치 내지 실험 결과를 어떻

유명대학

1. 스탠포드 대학교
2. 캘리포니아 주립 버클리 대학교
3. 북캐롤라이나 주립 대학교
4. 시카고 대학교
5. MIT

기원 전 3050년경에 이루어진 이집트의 피라미드 건설에는 각종 통계 조사가 행해졌다.

게 이용할 때 판단의 위험 부담을 가장 많이 줄일 수 있느냐 하는 문제에 명확한 답을 주었다.

통계가설검정에서는 확률 함수의 모수에 관한 가설만 다루는 것이 아니다. 여기에는 두 변수간에 관계가 있느냐 없느냐를 따지는 분할표 분석, 수집된 표본 자료가 어느 특정한 모집단에서 온 것인가를 묻는 적합도 검정, 몇 개의 모집단 평균이 비교 가능할 때 같은지 다른지를 살피는 분산 분석 등 매우 다양하다.

통계가설검정에는 주로 정규 통계량, X^2 통계량, F 통계량, t 통계량 등의 것들이 동원된다.

월드(A. Wald, 1902~1950)에 의하여 제창된 축차검정법(逐次檢定法, Sequential analysis)도 강력한 기법으로 연구되고 있다. 1944년에 출간된 폰 노이만-오스카 몰겐슈테른의 《노름의 이론》도 통계가설검정에 심대한 영향을 미쳤다.

맺으며

과거 50년간 계산기의 폭발적 발달은 통계학에 엄청난 영향을 미쳤다. 통계자료의 수집·정리·분류·분석이 용이해져서 농축·요약된 통계정보를 일반에 정확·신속히 전달한다는 기술 통계학의 목적이 달성되었다.

추측 통계학에서도 고성능 계산기의 도입으로 분산 분석, 회귀 분석, 시계열 분석, 다변량 분석 등이 이론적 차원을 넘어서 실제적인 문제에 손쉽게 응용될 수 있게 되었다. 또한 계산기 시뮬레이션 기법이 개발되어 통계학의 이해와 교육에도 큰 진전을 가져왔다.

부정적인 면도 없지 않다. 많은 학생들이 계산기에 자료만 투입하면 원하는 결과가 저절로 나오는 것으로 착각하여 통계학의 개념과 의의를 깨우치는 데 소홀하다. 통계 모형 구성은 인간의 머리 속에서 이루어지는 것으로 결코 계산기가 해주는 것이 아니다. ♣

지리학 Geography

이희연 / 건국대학교 지리학과 교수

지리학의 정의

지리학은 학문 자체가 워낙 넓은 영역을 가지고 있으며, 각 세부 분야들이 인접한 다른 학문 분야와 밀접한 연관성을 갖고서 다른 학문 분야쪽으로 확대해 나가고 있다.

또한 지리학의 주요 연구 주제와 연구 방법론이 계속 바뀌어왔기 때문에 지리학이란 무엇인가를 한 마디로 정의 내리기는 매우 어렵다.

그러나 최소한의 범위 내에서 공통적으로 합의될 수 있는 정의를 내린다면 "지리학이란 다른 학문 분야들과 비교해 볼 때 서로간에 이질성이 매우 높은 인문 현상과 자연 현상들이 서로 연관되어 조화를 이루고 있는 통합체로서의 지리 공간을 분석·종합함으로써 인간 거주의 세계인 지구를 이해하는 학문이다"라고 볼 수 있다.

지리학의 학문적 발달

그리스인들이 지리학이란 용어를 처음 사용한 이래로 현재까지 지리학이 발달해 온 역사를 고찰함으로써 지리학의 학문적 특성과 본질을 보다 쉽게 이해할 수 있을 것이다.(〈그림 1〉 참조)

1. 고대의 지리학

지리학에 대한 연구가 언제부터 시작되었는지 정확하게 알 수는 없지만 그리스 시대에 이미 '지리학(Geography : geo=earth, graphein=write)'이라는 말이 사용되어 왔다. 지리학이란 문자 그대로 '지구에 관한 기술'로 간주되어 왔고 실제로 지구의 특성, 위치에 대한 개념, 알려진 지역에 관한 자연적·인문적 현상을 주로 경험을 통하여 기술하는 데 초점을 두었다.

고대
그리스
'지리학(Geographein)'이란 용어 사용됨.
아카데미 학파 : 아리스토텔레스, 플라톤
헬레니즘
에라토스테네스(Eratosthenes, B.C. 275~195) : 지구 둘레 측정, 《지리학(Geographika)》 저술
히파라쿠스(Hipparachus, B.C. 192~120) : 지도투영법(정사, 평사도법을 고안함.)
로마
스트라보(Strabo, B.C. 64~20) : 17권으로 된 지지서 《지리학(Geographia)》 저술
톨레미(Ptolemy, 100~170) : 8권으로 된 《지리학개요(Geographike hyphegesis)》 저술, 원추도법에 의한 세계지도 제작 → 14세기에 활용됨.
중세
이슬람지리학
유럽 지리학
동, 서양의 지식 집대성
알 이드리시(Al Idrisi, 1100~1166) : 《지리학(Geographie)》 저술
이븐 칼둔(Ibn Khaldun, 1332~1406) : 《역사에 대한 입문(Muqaddimah)》 저술
학문의 암흑기 T-O 지도 제작
마르코 폴로(Marco Polo) : 《동방견문록》(1295)
항해술 발달, 나침반 제작, 해도 제작
지리상의 발견, 르네상스 시대
대항해
지도 제작
새로운 지식
콜럼버스 : 신대륙 발견(1492)
바스코다가마 : 인도항로 개척(1499)
마젤란 : 세계일주(1519~1523)
베하임(Behaim) : 지구의 제작(1492)
쉐너(Schoner) : 세계지도 제작(1523)
메르카토르(Mercator) : 항해용 정각 도법으로 세계전도 제작(1569)
천체에 관한 지식(지동설)
지구타원체
지각변동설
바레니우스(B. Varenius, 독일, 1622~1650) : 《일반지리학(Geographia Generalis)》 저술(1650)
근대
훔볼트(A. Humboldt, 독일, 1769~1859)
리터(C. Ritter, 독일, 1779~1859)
자연지리, 계통지리학의 아버지 5권으로 된 《우주(Cosmos)》 저술
인문지리, 지역연구의 아버지 19권으로 된 《지구과학(Erskunde)》 저술
대학교에 지리학과가 설립됨.
신지리학 시대 (1870~90년대)
독일
펫쉘(O. Peschel) 지형학, 과학적 방법론
리히트호펜(F. Richthofen) 지형학과 지질 연구
현대
라첼(F. Ratzel) 인류지리학, 환경결정론
해트너(A. Hettner) 지역적 관점의 연구 방법론
미국
데이비스(W. M. Davis) 지형학(지형윤회설)
샘플(E. Semple) 환경결정론
사우어(C. Sauer) 문화경관론
프랑스
블라쉬(Vidal Blache) 지역 연구 전통, 가능론
비달리안 학파 조성
영국
매킨더(H. Mackinder) 정치지리학
허버트슨(A. Herbertson) 자연지역 구분, 지리교육
지역의 차이점 연구
핫숀(R. Hartshone) 《지리학의 본질(The nature of geography)》 저술
크리스탈러(W. Christaller) 중심지 이론
쉐이퍼(F. Schaefer) 지리학에서의 예외주의(1953) : 법칙 추구
벙에(W. Bunge) 이론지리학(1962)
하겟(P. Haggett) 입지분석(1965)
하비(D. Harvey) 지리학에의 설명(1969)
공간조직(Spatial organization) 연구
훔볼트
리터

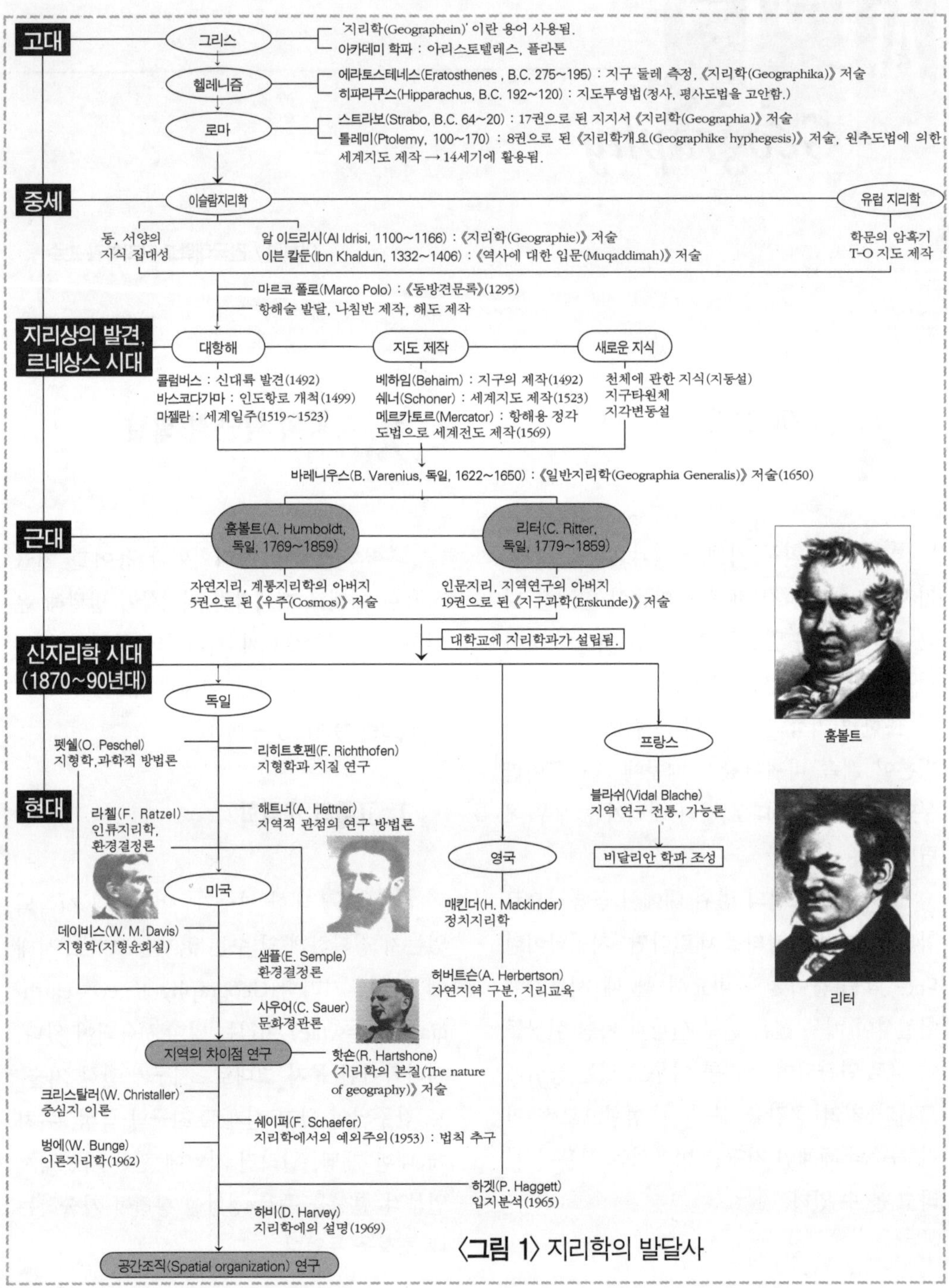

〈그림 1〉 지리학의 발달사

고대 지리학자로는 먼저 에라토스테네스가 있다. 그는 최초로 지구의 둘레를 비교적 정확하게 측정하였으며, 3권으로 된 《지리학 *Geographika*》이란 책을 저술하였다. 또한 로마 시대의 유명한 지리학자로 손꼽히는 스트라보는 지역 연구 또는 지지(地誌)의 전통을 수립한 학자이다. 그는 17권으로 된 지지서인 《지리학 *Geographia*》을 저술하였다.

고대 지리학자로 가장 후세에 명성을 떨친 톨레미는 8권으로 된 《지리학 개요 *Geographike hyphegesis*》를 저술하였고 최초로 원추도법을 이용한 지도투영법을 토대로 세계 지도를 제작하였다. 이 지도에는 당시에 알려진 약 8000여 개의 장소들의 위치가 나타 있었으며, 지리상의 발견 시대로 접어들면서 톨레미의 지도는 여러 차례 복원되어 널리 활용되어졌다.

2. 중세의 지리학

신학이 모든 학문을 지배하여 학문 발달의 암흑기라고 불리웠던 이 시기에는 지리학도 거의 정체 상태에 있었으며, 오히려 세계에 대한 이미지도 고대에 비하면 훨씬 퇴보하였다. 다행히 이슬람 교를 신봉하였던 아라비아인들에 의하여 지리학은 계승되어왔다. 이슬람 지리학자들은 동·서양의 지리적인 지식을 모아서 아랍어로 번역하였고 수리지리학과 측량과 야외 조사를 발달시켰다. 대표적인 이슬람 지리학자로는 《지리학》을 저술하고 세계 지도를 제작한 이드리시와 역사가이며 지리학자인 이븐 칼둔을 손꼽을 수 있다.

중세 말기에는 나침반도 발명되었고 항해하는 데 필수적인 해도가 제작되었으며 항해술도 발달되었다. 아랍인들에 의해 해상로가 차단되자 로마에서 중국까지 육로를 개척하고 동방에서 20여년간을 보내었던 마르코 폴로는 《동방견문록》(1295)을 저술하였다.

3. 지리상의 발견~르네상스 시대의 지리학

1492년부터 1522년에 이르는 기간은 세계 역사상 가장 놀랄 정도로 많은 지리상의 발견들이 이루어진 시기이다. 콜럼버스가 서인도제도를 발견하고 바스코 다 가마가 인도 항로를 개척하였으며, 마젤란이 최초로 세계 일주 항해를 마침으로써 지구 구체설이 입증되었다. 지리상의 발견을 통해 알려지게 된 엄청난 지리적인 정보는 새로운 지리적인 사고를 도출시켰다.

이 시기는 지도학의 전성기라고 할 만큼 다양한 지도들이 제작되었다. 세계 각 지역에 대한 정확한 정보를 토대로 하여 지도가 제작되었으며, 비로소 세계 지도에 신대륙들의 윤곽이 나타나게 되었다. 지도의 정각성을 살려서 항해용으로 가장 적합한 〈메르카토르 도법〉(1569)을 고안한 메르카토르를 비롯한 많

	급변함 ──────────→ 완만함		
이산적	석면 공장에서 일하고 있는 종업원의 수	섬유 산업에서 일하고 있는 종업원의 수	농업 노동자의 수
	자동차 대수	건강 상담 고객수	콜레라 발생 건수
연속적	판매세	인구 1000명당 암 발생율	관개용수

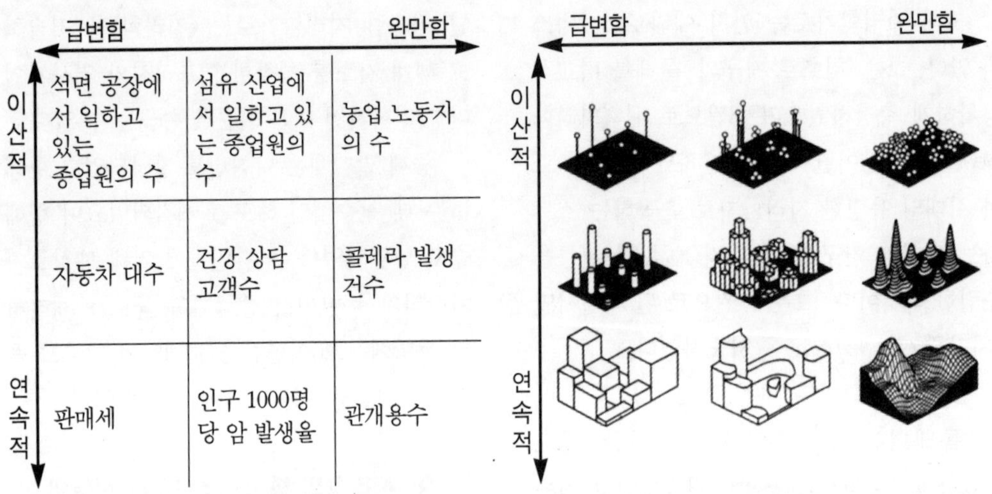

〈**그림 2**〉 지리적 현상의 분포 특성에 따른 자료 모델

은 지도학자들은 각기 특색 있는 지도와 지도첩을 제작하였다. 또한 삼각측량법을 이용한 지형도도 제작되기 시작하였다.

과학적 혁명의 씨가 뿌려진 이 시기에 천체에 관한 새로운 지식들, 예를 들면 지동설, 케플러의 법칙, 중력의 법칙, 지구 타원체설, 지각 변동에 관한 이론 등이 대두되었다.

르네상스 시대의 지리학 발달에 가장 공헌한 지리학자는 독일의 바레니우스로, 그가 저술한 《일반지리학 *Geographia generalis*》(1650)은 1세기 이상 지리학 분야의 기본서로 필독될 정도였다. 이 책을 통해 바레니우스는 지리학은 크게 일반지리학(지구에 관한 것을 연구하는 것)과 특수지리학(개별적인 국가들에 대해 그 특성을 기술하는 것)으로 나뉜다고 보았으며, 일반지리학에서는 일반 원리와 법칙을 통해 다양한 현상들을 설명하려 하였다.

4. 근대 지리학의 성립 이후~신지리학 시대

근대 지리학의 발달에 선구적인 역할을 한 철학자 칸트는 지리적 지식의 본질에 관한 철학적 논의를 통해 지리학을 체계화시키려고 노력하였다. 과학적인 지리학은 근대 지리학의 아버지라고 불리우는 훔볼트와 리터에 와서 비로소 독립된 과학으로서 발전할 수 있는 계기가 마련되었다. 이들은 지리학이란 지역이라는 기틀 위에서 총합체로서 조화를 이루고 있는 다양하고 이질적인 현상들을 연구하는 학문이라고 보았다.

흔히 훔볼트는 자연지리학의 아버지 또는 계통지리학의 아버지라고 불리우고 있으며, 리터는 인문지리학의 아버지 또는 지역 연구의 전통을 확립한 학자라고 일컬어지고 있다.

1859년 두 거장의 지리학자가 같은 해에 사망한 후 대학에 지리학과가 설립되면서 신지리학의 발달을 가져왔다.

1870년대부터 대학을 중심으로 하여 학문적인 차원에서 지리학이 활발하게 연구되면서 독일의 펫쉘, 리히트호펜을 중심으로 지형학을 위주로 한 자연지리학이 발달하였고, 인류지리학을 성립시킨 라첼과 지리학의 연구 방법론과 지역 연구를 발달시킨 해트너, 그리고 경관론을 확립시킨 쉴루터가 활동하면서 지역의 개념이 확고하게 수립되기 시작하였다. 독일을 뒤이은 프랑스에서도 소르본느 대학 등에 지리학과가 만들어지면서 프랑스 지리학의 아버지라고 불리우는 블라쉬가 지역 연구의 전통을 세웠다.

한편 영국의 경우 옥스퍼드와 케임브리지 대학에 지리학과의 창설을 계기로 하여 지리학이 발달하게 되었는데, 정치지리학 발달에 공헌한 매킨더와 지리 교육에 공헌한 허버트슨이 대표적인 학자이다. 미국의 신지리학 발달에 혁신적인 계기를 마련한 지형학자인 데이비스는 하버드 대학에서 자연 지리를 강의하면서 지형 윤회설을 주창하였다. 그의 뒤를 이어 문명과 기후와의 관계를 주장한 헌팅톤,

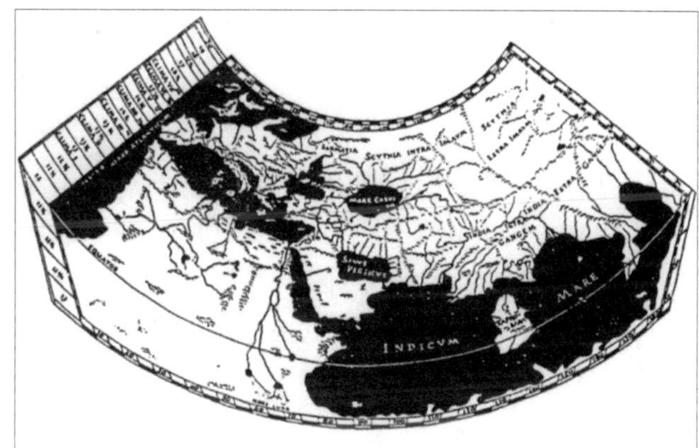

톨레미의 세계 지도

메르카토르가 제작한 세계 지도(1569년)

환경 결정론을 주장한 샘플 등 많은 학자들이 배출되었다.

5. 현대 지리학

지식의 전문화 추세가 고조되어 감에 따라 지리학의 방대하고 다양한 영역 속에서 지리학의 연구 주제와 연구 방법론에 있어서 지리학자들의 견해가 갈라지면서 학파가 조성되기 시작하였다. 20세기에 들어오면서 지리

학의 연구 사조는 크게 네 유형으로 나누어 진전되었다.

(1) 인간과 환경과의 관계를 연구하는 지리학(1890~1920년대)

지리학은 인간의 거주지로서의 지구를 연구하는 것으로 인간과 환경과의 상호 관련성을 연구하는 것이라는 관점이다.

인간과 환경의 관계를 보는 견해는 크게 환경 결정론과 가능론으로 대별되었다. 독일의 라첼은 환경 결정론적 사고로 인간의 삶의 방식은 환경에 의해 만들어진다는 견해를 보인 반면 프랑스의 블라쉬는 가능론적 사고를 기저로 하여 인간이 주어진 환경에 어떻게 적응하면서 변화시켜 나가는가를 강조하였다.

주로 1920년대까지의 당대 지리학자들은 인간이 자연적 조건들과의 상호 작용에 있어 어떠한 제한점과 가능성을 갖는가에 대한 인과 관계를 밝히려고 노력하였다.

(2) 지역의 차이점을 연구하는 지리학(1930~1950년대)

1940년대에는 대부분의 지리학자들은 지표상의 지역을 연구하는 것으로, 지리학의 목적은 지표상의 지역을 구분하고 그 지역 내에서 관찰된 현상들을 체계적이고도 개성 기술적으로 그 특성을 나타내는 데 연구 목표를 두었었다.

미국의 대표적인 지리학자 핫숀은 《지리학의 본질 *The Nature of Geography*》(1939)이란 저서에서 지역의 차이점을 연구하는 것이 지리학의 본질이라고 분명하게 주장하였다. 많은 지리학자들은 지역을 구분하기 위해 노력하였으며, 사우어는 가시적인 문화 경관에 의해 지역을 구분하려는 경관론을 내세웠다. 또한 지역을 중심으로 자연 지리와 인문 지리를 통합시키려고 시도했다.

(3) 공간 조직을 연구하는 지리학(1960년대 이후~)

사회과학으로서의 지리학의 위상을 정립하는 데 공헌한 쉐이퍼는 1953년에 〈지리학에서의 예외주의 : 방법론적 검토〉라는 논문을 통해 논리실증주의적 접근 방법을 도입하여 법칙 추구적인 지리학을 구축해야 한다는 점을 역설하면서 개성 기술적인 지리학의 접근 방법을 비판하였다. 이에 따라 1960년대에 들어와서는 사회 과학으로서의 지리학이 굳게 뿌리를 내릴 수 있었으며, 검증을 통한 법칙과 이론을 추구하게 되었다.

지리학의 연구 목표는 공간 조직을 연구하는 것이며, 지표상의 다양한 특성들의 공간 배열의 원리를 찾고 그 원리에 따라서 나타나는 공간 질서를 파악하려는 데 초점을 두었다. 즉 인간이 그들의 욕구에 적합하게 어떻게 공간을 조직화하고 구성하는가에 관심을 두는 것으로, 이를 알기 위해 공간 조직을 이루는 과정과 그 구조가 어떠한 과정을 거쳐서 이루어졌는가를 설명하는 법칙을 추구하려고 하였다.

이를 바탕으로 더 나아가 보다 효율적인 공간을 조직할 수 있는 방안도 모색하려 하고 있다. 주로 입지 선정의 의사결정 과정이나 토지 이용, 취락, 중심지 배치, 공업 입지 등과 같은 공간 구조를 분석하고 이해하려는 연구들이 많이 행해졌다.

그러나 1970년대 중반 이후 논리실증주의에 입각한 접근 방법에 대한 비판이 대두되면서 인간의 주관성과 내면 세계를 중시하고 인지된 생활 세계를 이해하려는 인본주의 접근 방법, 자본주의 사회 체제 하에서 자본-노동의 관계라는 구조적인 기틀 속에서 공간이 어떻게 조직되어 나가는가를 파악하려는 구조주의적 접근 방법 등 다양한 접근 방법론들이 나타나고 있다.

이상에서 살펴본 바와 같이 지리학의 본질에 대한 견해와 지리학을 연구하는 접근 방법도 그 당시 철학 사조의 영향을 받으면서 달라져왔다. 그러나 지리학이 인간 거주지로서의 지구에 관한 유용한 지식을 제공하는 것이 근본적인 목적이라고 할 때 인간과 환경과의 관계, 지역 연구, 공간 조직에 관한 연구들이 각기 분리된 것이라기보다는 연구의 초점과 그 연구 방법론이 다소 다르다고 볼 수 있다.

지리학의 미래 전망

일반적으로 각각의 학문은 독자적인 연구 분야와 연구 방법론을 개발하여 다른 학문과 구분되고 있다. 지리학의 경우 "그 연구 대상은 무엇이며, 무엇을 연구하는 학문인가?"를 논의할 때 일반적으로 "지리학이란 자연 과학과 사회 과학 분야 전반에 걸친 종합 과학이다"라고 볼 수 있다. 즉 〈그림 3〉에서 볼 수 있는 바와 마찬가지로 지리학의 연구 주제는 자연 현상과 인문 현상을 다루는 다른 학문 분야와 상당히 중첩되어 있다.

이와 같이 연구 주제가 광범위한 종합 과학

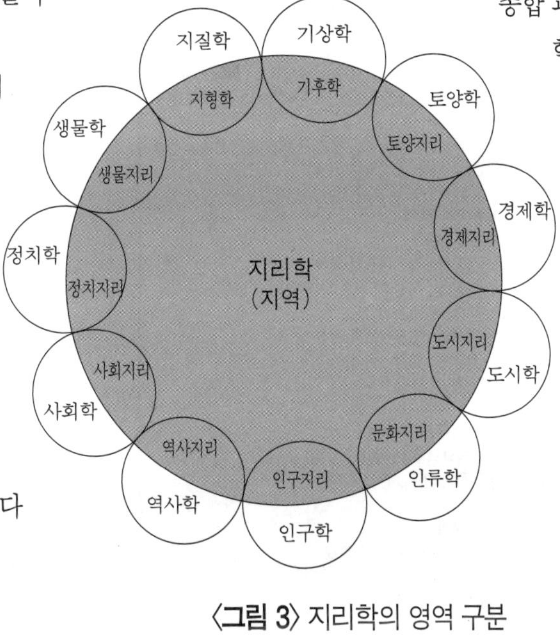

〈그림 3〉 지리학의 영역 구분

으로서의 지리학은 폭넓고 생동감 있는 학문이라는 장점도 있지만, 반면에 독립된 학문으로서의 특성을 모호하게 할 수도 있다.

이렇게 지리학의 주제는 다른 학문과 중첩되고 또 지리학의 세부 영역이 인접한 다른 학문과 깊은 연관성을 갖고 있기 때문에, 지리학이 하나의 독립된 학문으로서의 정체성(Identity)을 갖기 위해서는 지리학 내부의 세부 영역간의 관계가 인접한 다른 학문 분야와의 관계보다 더 밀접하게 연결되어야 하며, 지리학의 중심부에 놓여 있는 지역이라는 기틀 안에서 각 세부 주제들이 연구되어야 한다는 전제를 지니고 있다.

지리학은 크게 계통지리 분야와 지역연구 분야로 구분되며, 계통지리 분야는 다시 인문지리 분야와 자연지리 분야로 세분된다. 또한 지리학을 공부하는 데 필수적으로 학습하여야 하는 공통된 분야(지리학사, 지도학, 지리 통계, 지리정보 체계론, 원격 탐사 등등)가 있다.
따라서 지리학을 공부하는 데는 각 세부 분야별로 도서를 선정하여 읽어야 할 것이다.

◆ 계통지리 분야
1. 자연지리 분야
  (1) 기본서 : 자연지리학 개론
  (2) 전문서 : 지형학, 기후학, 인간과 환경 등
2. 인문지리 분야
  (1) 기본서 : 인문지리학 개론
  (2) 전문서 : 경제지리학, 도시지리학, 문화지리학, 인구지리학

◆ 지역연구(지지 분야)
1. 세계 지역연구 : Regional Geography, 세계 지지
2. 한국 지역 연구 : 한국 지지

◆ 공통 분야
1. 지리학의 발달사 : 지리학사
2. 계량적 분석 : 지리통계, 계량 지리
3. 지도학 분야 : 지도학

그러나 지리학이 공간적인 관점에서 인간의 거주지로서의 세계에 관한 사고를 조직해 나가는 학문이기 때문에 중첩되어 있는 다른 학문으로부터 기본적 이론이나 개념·정보들을 받아들여 지리적인 연구 방법론으로 전환시켜 활용한다면 지리학은 독립성을 유지하면서도 다른 인접 분야 쪽으로 확장될 수 있어 지리학의 상대적 지위를 높일 수도 있다.

특히 현대인들이 그 어느 시대 사람들보다 세계에 관해 가능한 더 폭 넓고 깊은 지식을 갖기 원한다고 볼 때 지리학은 광범위한 연구 주제 때문에 어떤 다른 분야보다도 세계에 관한 전망을 제공하는 데 더 많은 융통성을 갖게 한다. 비유해서 말한다면 다른 인접한 학문 분야들이 개개의 나무들에 관한 각종 지식을 제공한다면 지리학은 다양한 나무들로 복잡하게 이루어진 숲 전체를 이해하는 데 도움을 줄 수 있는 학문이다.

우리가 살고 있는 이 복잡한 지표면을 이해하기 위한 보다 실제적이고 기능적인 사고기틀을 제공하는 학문인 지리학의 경우 "다양한 주제들을 어떻게 연구하고 왜 연구하는가?"라는 목적 의식과 세계를 이해하기 위한 지식이나 개념을 조직화하고 추출해 내는 데 있어 다른 학문들과 구분 지을 만한 지리적 연구 방법론은 필수적이다.

즉 다가오는 21세기가 다변화되고 더욱 복잡해져 간다는 점을 고려해 볼 때 현실 세계에서 나타나고 있는 다양한 현상들을 지리

유명대학

지리학과가 가장 먼저 설립된 국가는 독일이었으며 그 뒤를 이어 프랑스, 영국, 미국 순으로 대학에 지리학과가 창설되었다. 따라서 지리학의 역사와 전통을 지니고 있고 오늘날까지도 지리학의 학문적 추세를 이끌어가고 있는 나라들은 주로 이 네 나라들이라고 볼 수 있다.

독일의 경우 베를린 대학, 뮌헨 대학, 본 대학, 키일 대학들이 역사적 전통을 지니고 있다. 프랑스의 경우 소르본느 대학과 스트라스부르그 대학이 유명하며, 영국은 옥스포드 대학, 런던 대학, 쉐퍼필드 대학 등이 유명하다. 또한 캐나다의 브리티시 콜롬비아 대학과 토론토 대학도 전통을 갖고 있는 유명한 대학이다.

현재 지리학을 주도적으로 이끌어가고 있는 미국의 경우 유명한 지리학과를 갖고 있는 대학들을 보면 위스콘신 대학교(위스콘신 주의 주립 대학으로, 1928년에 지리학과가 창설됨), 캘리포니아 대학교(캘리포니아 주립 대학 가운데 가장 큰 대학으로 1915년에 지리학과가 창설됨), 미네소타 대학교(미네소타 주의 주립 대학으로 1925년에 지리학과가 창설됨), 루이지애나 대학교(루이지애나 주의 주립 대학으로 1928년에 창설됨), 그 밖에 클라크 대학교, 오하이오 대학교 등이 있다. 이들 대학들은 대부분 25~30여명의 교수와 150~200명 정도의 대학원 학생수와 많은 연구비를 가지고 왕성한 연구를 수행하고 있다.

적인 시각, 공간적인 관점에서 보고 현상들간의 상호 관계를 분석하여 실제 세계에서 일어나고 있는 현상들을 보다 정확하게 설명하고 이해하는 데 도움을 줄 수 있는 지식을 제공하는 지리학은 미래에 보다 나은 인류사회를 이룩하는 데 상당히 공헌할 수 있을 것이다.

지리학을 공부하기 위해 알아야 할 기초지식

지리학은 지표 공간상에서 나타나는 모든 현상을 다루는 종합적인 학문이기 때문에 그 연구 주제와 연구 대상 지역이 매우 광범위하다.

〈그림 4〉에서 볼 수 있는 바와 같이 흔히 지리학을 배우는 데 있어 편의상으로 자연 현상을 주로 다루는 자연 지리와 인문 현상을 다루는 인문 지리로 구분하고 있다.

자연 지리 분야를 보다 세분화하면 지형학·기후학·생물지리학·토양지리학·환경지리학·수문지리학 등으로 나눌 수 있고, 인문 지리 분야를 세분하면 경제지리학·도시지리학·인구지리학·문화지리학·역사지리학·사회지리학·교통지리학·관광지리학·정치지리학 등등으로 나눌 수 있다.

한편 연구 대상 지역의 크기도 매우 미시적인 차원인 읍·면·동에서부터 시·군 또는 도나 더 나아가 특정 국가나 대륙을 다룰 수 있고 전 세계 지역을 대상으로 연구할 수도 있다.

이렇게 광범위한 주제와 매우 다양한 연구 대상 지역이 포함되는 지리학의 경우 연구 목표를 달성하기 위한 접근 방법은 크게 두 가지 유형으로 대별되어진다.

즉 주어진 특정한 현상의 분포를 다양한 지역에 걸쳐서 고찰함으로써 일반 원리와 법칙을 추구하는 계통적 접근 방법(Systematic approach)과 주어진 특정 지역에서 나타나는 다양한 현상들을 고찰함으로써 현상들과의 연관성을 통해 지역성을 규명하는 지지적 접근 방법(Regional approach)으로 나누고 있다.

그러나 이러한 이원론적인

분류는 연구 목적을 위해 구분하는 것일 뿐 지리학의 궁극적인 목표는 통일화된 총합체로서의 지역을 연구하는 것이다.

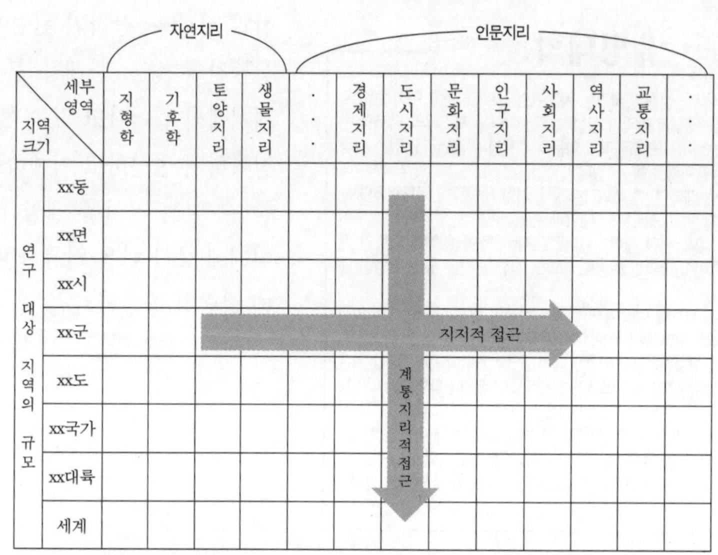

지역 크기＼세부 영역	지형학	기후학	토양지리	생물지리	· ·	경제지리	도시지리	문화지리	인구지리	사회지리	역사지리	교통지리	· ·
xx동													
xx면													
xx시													
xx군													
xx도													
xx국가													
xx대륙													
세계													

〈그림 4〉 지리학 연구의 접근 방법의 유형

종합 과학의 특성을 지닌 지리학을 학습하기 위해서는 기초적인 지식이나 기능들을 많이 필요로 한다. 그 이유는 이질적인 다양한 현상들과의 관계를 통해서 실제 세계를 설명하고 이해하는 데 이러한 기능들이 요구되기 때문이다.

먼저 "주어진 특정한 현상들이 어디에 분포되어 있는가?"라는 가장 기본적인 질문에 대해 답하기 위해서는 우선적으로 그 현상의 공간적 분포를 지도로 나타내어야 한다. 전통적으로 지리학에서 지도는 필수적인 도구이며 독도법 · 지도화 그리고 원격 탐사의 이미지로부터 주어진 현상에 대한 공간 분포를 파악하기도 한다.

두 번째의 탐구 질문인 "왜 그 현상이 그곳에 분포되었으며, 나타나게 되었는가?"에 대한 질문에 답하기 위해서는 보다 깊은 분석이 요구되는데, 주로 기술적 통계와 추론적 통계를 이용하는 계량적 기법과 최근에 들어와 많이 활용되고 있는 지리 정보 체계(GIS : Geographic Information System) 기법이 활용된다.

세 번째의 보다 심도 있는 탐구 질문인 "그 현상이 그곳에 분포 또는 입지함에 따라 그 지역의 공간 구조에 어떠한 영향을 주었는가?"에 대한 질문에 답하기 위해서는 다양한 분석 방법론과 수학적 모델링 등을 동원하게 된다.

이와 같이 지리학적 연구를 수행해 나가는 데는 지도학, 원격 탐사, 지리 정보 체계, 계량 지리, 환경 분석, 지역 분석 등등과 같은 다양한 방법론을 습득하여야 하며, 지리학적 방법론은 주로 컴퓨터를 기초로 하고 있기 때문에 컴퓨터의 이용은 필수적이다. ♣

정치학 Politics

김영국 / 서울대학교 정치학과 명예 교수

정치학의 기원

정치에 관한 논리나 사상은 정치학이 생기기 전에 이미 있었다. 고대 동양의 공자나 맹자와 같은 학자는 이상국가를 논했고 서양에서는 고대 그리스 아테네의 소크라테스, 플라톤과 같은 철학자들이 탁월한 정치 철학을 제시하기도 했다. 그러나 그들은 독립된 학문 분야로서의 정치학을 체계화하지 못했다.

그 후 플라톤의 제자였던 아리스토텔레스는 역사상 최초로 '정치학'을 제시했다. 그는 158개국을 여행하면서 각국의 실정을 조사하여 국가의 종류를 분류하는 한편 각종 국가의 특성을 분석하여 그 후의 정치학의 틀을 장만했다. 그래서 그는 오늘날 정치학의 시조로 평가되고 있다.

◀ 과거 서양에서 여성들은 집회 장소인 교회에 모여 정치 클럽을 만들고 혁명을 위한 여러 활동을 벌였다. 그녀들은 소식지를 이용해 서로 정보를 나누고 정치 헌금도 했다.

소크라테스, 플라톤
〈고대〉 정치학의 발생 아리스토텔레스
〈로마〉 자연법 이론 키케로 (BC 106~43) 세네카 (BC 4~AD 65)
〈16세기〉 국가이성론 마키아벨리 (1469~1527) 보댕 (1530~1596)
유토피아론 모어 (1478~1535) 캄파넬라 (1568~1639)
〈17세기〉 계약국가론 홉스 (1588~1679) 로크 (1632~1704)
〈18세기〉 민주주의 몽테스키외 (1689~1755) 루소 (1712~1778)
〈19세기〉 자유민주주의 벤담 (1748~1832) 밀 (1806~1873)
이상주의 칸트, 헤겔, 그린(1836~1882)
민주적 사회주의 패비안주의, 길드사회주의
무정부주의 스틸너(1806~1856), 푸루동(1809~1865) 바쿠닌(1814~1876), 크로포트킨(1842~1921)
크로포트킨
〈현대의 정치학〉 사회학적 정치론 베버(1864~1920), 피헬스(1876~1936), 만하임(1893~1947), 리스만(1909~), 파슨스(1906~)
정치행태론 메리암(1874~1953), 라스웰(1902~1978), 알몬드(1911~), 이스튼(1917~)
정치적 다원론 라스키(1893~1950), 콜(1889~1959), 벨틀리(1870~1957), 달(1915~)
콜
정치철학론 스트라우스(1899~1973), 롤즈(1921~)

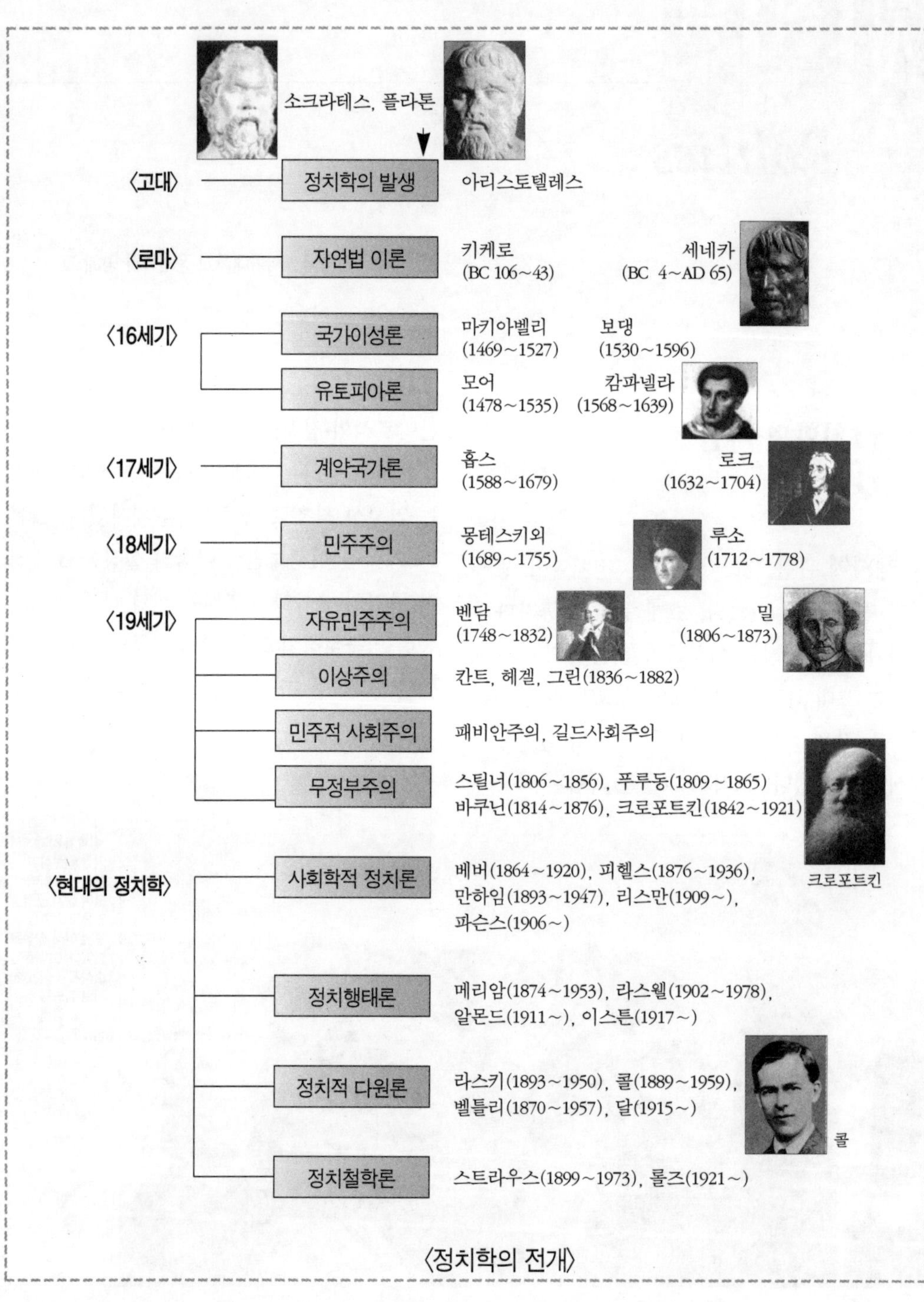

〈정치학의 전개〉

고대와 중세

아리스토텔레스의 정치학은 로마에 도입되어 세네카(P. Seneca)와 같은 사상가에 의해서 계승되었고 로마 시대에는 법학 이론, 정치 의무론 등으로 변용되었다. 세계적 판도를 갖게 된 로마에서는 아테네와 같은 도시국가 이론이 그대로 통용되지 못했기 때문이다.

중세에 들어서면서 정치학의 전통은 단절되고 신학자들에 의한 '신의 국가'가 논의되었다. 크리스트 교리는 인간 내세의 구제를 중요시했다. 현세는 원죄의 속죄를 위해서만 존재한다. 그래서 현세를 중요시하는 정치학이 필요하지 않았다.

중세 말엽인 13세기에 아퀴나스는 아리스토텔레스의 영향을 받아 신학적 국가관을 반영하는 《신학대전》을 남겼다.

근세

근세에 접어들면서 신학 사상을 벗어난 새로운 정치학이 활발하게 발전했다. 중세의 세계주의가 해소되고 유럽의 여러 나라는 제각기 민족을 단위로 민족 국가를 형성하게 된다. 근대의 민족 국가는 강력한 군주를 중심으로 국가 권력의 강화와 다른 나라와의 전쟁을 일삼게 된다.

마키아벨리는 《군주론》에서 군주가 권력을 획득하고 유지하는 통치 기술을 논했고 프랑스의 보댕(J. Bodin)은 《국가론 6권》에서 주권 이론을 포함한 근대 국가 이론을 집대성했다. 그래서 이들은 근대 정치학의 시조라고도 불린다.

근대 국가의 발생은 사회적으로 많은 부작용을 낳기도 했다. 이런 세태 속에서 유토

마키아벨리(왼쪽)는 《군주론》(오른쪽)에서 군주가 권력을 획득하고 유지하는 통치 기술에 대해 논했다.

피아 사상이 태동했다. 유토피아는 그리스어의 장소를 뜻하는 '토포스'와 부정을 뜻하는 '유'의 합성어에서 비롯되었다. 영국의 모어의《유토피아》와 이탈리아의 캄파넬라(T. Campanella, 1568~1639)의《태양의 나라》등은 현실 정치의 개혁을 이상사회에서 찾았다.

18세기

인간의 이성을 중요시하는 계몽 사상과 인간의 존엄성을 주장하는 자연법 사상은 기존의 절대주의 왕정을 비판하고 인간의 자유와 평등에 입각한 자유주의와 민주주의 사상을 낳게 했다. 홉스(T. Hobbes)는《리바이아탄》에서 인간의 자연적 평등에 입각한 합리적 국가를 논했고 로크는《시민정부2론》에서 자유주의를 기초로 하는 제한정부론을 주장했다.

프랑스의 몽테스키외는

모어는《유토피아》(왼쪽)를 써서 현실 정치의 개혁을 이상사회에서 찾고자 했다.

권력 분립이 권력의 횡포를 방지하고 시민적 자유를 보장하는 길임을 밝혔다.

루소는《사회계약론》에서 인민의 동의를 기초로 하는 계약국가론을 주장함으로써 근대 민주정치의 이론을 확립하였다.

홉스가 쓴《리바이아탄》표지. 인간의 자연적 평등에 입각한 합리적 국가를 논했다.

루소는《사회계약론》에서 인민의 동의를 기초로 하는 계약국가론을 주장하였다.

마르크스(왼쪽)와 엥겔스(오른쪽)는 정치와 정치학을 경제에 예속시켜 해석한 사회주의 이론(가운데)을 제창하였다.

19세기

19세기에는 근대 국가가 완성되고 자본주의적 경제 질서가 확립된다. 이런 속에서 무수한 정치 이념이 속출하게 된다. 민족주의·사회주의· 무정부주의 등은 새로운 정치 운동을 유발하였고 학문의 세계에서는 다양한 새 학문이 개척된다. 인구학·경제학·심리학·인류학·사회학 등은 모두 19세기에 생겨났다.

칸트와 헤겔 등의 철학자들은 순수이성을 비판하고 이상주의 철학에 입각한 세계평화 이론과 도덕적 국가론을 제시하였다. 이와는 대조적으로 영국에는 객관적 사실과 실제

마르크스와 엥겔스가 제창한 사회주의 이론은 특히 주목할 만하다. 그것은 전통을 벗어나서 정치와 정치학을 경제에 예속시켜서 해석했다는 점에서 새로운 정치학의 길을 열었고 현대의 네오마르크시즘으로 계승되었다.

적 효용성을 강조하는 실증적 과학으로서의 정치학이 발생하였다. 벤담(J. Bentham)은 공리주의를 주장했고 그의 제자 밀은 자유론을 정리하고 정치경제학의 영역을 새로이 개척하였다.

독일의 이상주의는 영국의 그린의 신자유주의로 나타난다. 그것은 자본주의의 발달이 가져온 사회적 폐단을 국가 정책으로 해결하려는 것으로, 후에 영국 사회주의의 모체가 되었다.

마르크스와 엥겔스가 제창한 사회주의 이론은 특히 주목할 만하다. 그것은 전통을 벗어나서 정치와 정치학을 경제에 예속시켜서 해석했다는 점에서 새로운 정치학의 길을 열

었고 나아가 현대의 네오마르크시즘으로 계승되었다.

현대 정치학

(왼쪽 위부터 시계 반대 방향으로) 한국·영국·미국·프랑스의 국회의사당들

현대 정치학은 미국 정치학이라고 말할 수 있을 정도로 미국 정치학은 세계 여러 나라에 전파되어 그 나라의 정치학 교육과 연구에 큰 영향을 미치고 있다. 미국 정치학은 미국의 독특한 사회를 배경으로 삼고 발전했다. 유럽의 국가학적 전통을 벗어나서 현대 대중 사회에서 속출하는 이익집단을 연구 대상으로 삼게 되고 정태적인 제도론을 벗어나 정치 과정론을 중요시하게 되었다. 그리고 방법론에 있어서는 사회 과학의 다른 분야, 예컨대 사회학·심리학·문화인류학의 방법을 도입했다.

정치적 행태주의는 이러한 현대 정치학을 대표하는 것이었다. 그것은 한 마디로 정치학의 과학화를 지향했다. 그러나 정치에 대한 과학적 연구에는 한계가 있다. 인간 사회의 규범 문제를 소홀히 하는 경향이 있기 때문이다. 이래서 정치 행태론에 대한 반성이 이루어지고 후기 행태학적 정치학이 등장하게 된다. 그리고 다른 한편에 있어서는 오랫동안 등한시했던 정치 철학에 대한 관심이 커지고 있다.

미래의 전망

세계화 추세에 따라 정치학의 연구 대상에 많은 변화가 생길 것이다. 우선 국가의 위상이 변했다. 대외적으로는 국가간의 지역주의가 성행하고 있으며 대내적으로 인종·종교·지역 이기주의 등에 의한 분리주의가 크게 부각되고 있다. 이리하여 국가간의 구별이 없어짐과 동시에 국가적 통합도 와해되어 인류는 새로운 질서 체제를 모색하게 된다.

다음으로 과학 기술의 발전에 따른 새로운 인간 관계의 문제가 제기될 수 있다. 특히나 정보화 시대에 있어서의 정보 매체의 다원화는 주목할 만하다. 여기에 더해서 전자 산업의 발달로 인한 인간 생활의 기계화가 가져올 인간성 상실의 문제가 있다. 이런 점은 오늘날 미래학자에 의해서 거론되고 있으나 그 최종적인 해결책 제시는 정치학의 과제가 될 것이다.

현대 대중 사회는 속출하는 이익집단들의 단체 행동에 어떤 형태로든 해답을 주어야 하는 문제에 직면해 있다.

어느 인텔리전트 빌딩의 내부. 전자 산업의 발달이 가져온 인간 생활의 기계화는 인간성 상실이라는 더 큰 문제를 낳고 있다. 이것 역시 정치학의 미래 과제다.

◇ 아리스토텔레스의 《정치학》

정치에 관한 이론이나 사상은 옛날부터 있었으나 학문으로 체계화되지는 않았다. 아리스토텔레스의 《정치학》은 최초의 정치학 전문서이다. 그 후의 정치학자들은 아리스토텔레스가 잡아 놓은 틀을 따라 정치를 논했다.

그는 정치학을 다음과 같이 정의했다.

"인간은 정치적 동물이며 신과 야수 사이에 존재한다. 인간만이 야수와 달리 도덕 생활을 할 수 있으며 인간인 까닭에 신이 될 수가 없다. 이러한 특이한 성격을 갖는 인간 사회의 정치는 가장 고귀한 것이고 정치학은 모든 학문 중 가장 으뜸가는 학문이다."

아리스토텔레스가 처음 정치학을 마련했기 때문에 정치학의 시조로 알려졌다.

◇ 마키아벨리와 권력이론

마키아벨리는 《군주론》에서 군주가 권력을 획득·유지하는 방법을 제시했다.

그는 그 전까지의 이상주의적 정치 이론에서 탈피하여 현실 정치를 논했다.

그에 의하면 인간은 이기적 동물이기 때문에 인간을 통치함에 있어서는 사자와 같이 용감하고 여우와 같이 교활할 필요가 있다고 한다. 그래서 그는 권모술수론자라는 악평을 받기도 했다.

그러나 그는 정치의 규범과 현실을 구분해서 정치의 현실을 예리하게 분석했을 뿐이다.

이러한 그의 입장은 오늘날의 권력이론과 과학적 정치학에서 높은 평가를 받게 되었다.

◇ 모어의 유토피아 사상

유토피아는 이상사회를 가리키며 현실적으로는 이루어질 수가 없다.

근대 사회의 발전 과정에는 엄청나게 많은 부조리와 부작용이 따랐다. 부당한 권력의 남용, 경제 발전에 따른 극심한 빈부의 격차 그리고 무엇보다도 도덕적 타락이 그것이었다. 이런 속에서 모어는 유토피아라는 가상의 이상사회를 논했다. 그 후 유토피아 사상은 현실비판 사상으로 끊임없이 등장하게 된다.

◇ 루소와 민주주의

루소는 《사회계약론》에서 인간의 자연 상태를 가상하여 인간은 본래 자유롭고 평등했으나 사회 생활을 시작하면서 자유와 평등을 상실한 노예 상태에 들어가게 되었다고 한다. 그래서 각 개인의 자유롭고 평등한 의사에 의한 계약으로 정치 사회를 건설해야 한다고 주장했다.

이러한 그의 사상은 직접민주주의의 원천이 되어 프랑스 민주 혁명의 사상적 기초가 되었고 후에 칸트, 헤겔 그리고 마르크스의 사상에까지 큰 영향을 미치게 된다. 민주적 다수결의 원칙도 그의 사상에서 비롯된다.

◇ 밀의 자유주의

밀은 《자유론》에서 전통적인 무절제한 자유주의를 반성하고 개인의 독립과 사회적 통제를 어떻게 조절하느냐의 문제를 제기한다. 밀은 권력으로부터의 자유를 인정하면서도 개성 있는 소수자의 자유를 다수자의 횡포로부터 보호해야 한다는 입장을 고수한다. 이러한 입장은 최대다수의 최대행복이라는 자유주의 전통을 수정하는 것이었다.

밀의 자유사상은 다수결의 원칙에 입각한 소수자의 보호라는 현대 민주정치 원리의 기초가 되었다.

◇ 토크빌의 《미국 민주주의》

토크빌은 프랑스의 귀족으로서 19세기 중엽에 미국을 방문, 《미국 민주주의》를 발간하여 세계의 이목을 끌었고, 그의 민주주의론은 오늘날 민주주의의 귀중한 고전이 되고 있다. 그는 인간의 평등을 주장하면서도 평등사상이 가져온 중우정치를 경계했다. 오늘날의 대중화 시대는 건전하고 능동적인 정치가를 육성하기 어렵고 개인은 자립성을 잃고 전제적 권력에 순종하기 쉬운 민중으로 타락하기 쉽다고 한다. 이러한 그의 진단은 2차 대전전의 나치즘의 등장을 예언했다고 본다.

◇ 마르크스의 사회주의

마르크스에 의하면 정치와 사상은 각 시대의 생산 양식과 교환 양식에 의해서 만들어진 사회 조직 위에 생겨나는 것이라 하여 정치와 인간 사상의 독자성을 부인한다. 그리고 국가 권력이란 가진 자가 없는 자를 지배하기 위한 수단이다.

이러한 그의 사상은 자유주의적 정치 이론과 대립되는 것이었다. 이러한 그의 사상은 20세기 공산 혁명에 큰 영향을 미쳤고 네오마르크시즘에 의해서 계승된다. 네오마르크시즘은 현대 자유사회의 사회주의화를 위해서 생겨난 일련의 사상을 말한다.

◇ 이스튼과 체계 이론

정치 시스템 전체가 생명체와 마찬가지의 구조와 기능을 갖는다고 생각하는 이론이다. 이스튼은 《정치체계론》과 《정치 생활의 체계 분석》에서 경제학의 수요와 공급의 구조를 차용하여 정치 체계론을 전개했다.

이러한 그의 정치 체계론은 정치 현상을 과학적·체계적으로 분석하려는 의도에서 생겼다. 이 체계 이론은 오늘날 많은 추종자를 갖고 있으며 활발하게 학술 활동을 전개하고 있다. 이런 점에서 현대 정치학을 대표하는 첨단 이론이라 할 수 있다.

◇ 스트라우스와 정치 철학

과학주의가 미국의 정치학계에서 각광을 받고 있는 속에서 스트라우스는 《정치 철학이란 무엇인가》를 발표하여 새로운 과학적 정치학을 신랄하게 비판하고 고전 정치 철학의 부활을 주장했다. 과학적 정치학은 무엇보다도 사실을 중요시하고 가치의 문제를 등한시한다.

그는 막스 베버의 방법론에서 비롯된 현대 정치학을 총체적으로 비판하고 고대 그리스의 정치 철학으로의 회귀를 위해서 역사상의 저명한 정치 철학자에 관한 많은 저술을 남겼다. 그의 제자와 추종자들은 오늘날 스트라우스 학파를 구성하여 과학적 정치학에 대항하고 있다.

◇ **국제정치학**

1차 대전 후 국가간의 문제가 제기됨에 따라 국제정치학이 새로운 정치학의 영역으로 등장하게 되었다.

그러고 나서 2차 대전이라는 세계적인 큰 전쟁을 경험하게 되자 인간의 멸망을 가져올 전쟁을 어떻게 회피할 것인가의 문제가 제기된다. 2차 대전 후 이런 문제는 국가간의 세력 균형 문제로 전환된다.

모겐소는 일찍이 국제정치를 "모든 다른 정치와 같이 힘을 위한 투쟁"이라고 규정하고 "국제정치의 궁극적 목표가 무엇이든간에 힘의 투쟁이 항상 제1차적 목표이다"라고 단언했다. 그 후 국제정치학은 정치학의 중요한 영역을 차지하게 되었다. ♣

유명대학

1. 미국의 대학

현대 정치학은 미국에서 비롯되었다고 해도 과언이 아니다. 건국의 지도자들은 정치학의 필요성을 인식했고 19세기 말엽에는 대부분의 대학이 정치학과를 설치했다. 제2차 대전 이후 세계 대국으로 성장함에 따라 세계 정치의 중심지가 되었다. 정치학과가 설치되어 있는 대학은 제각기 탁월한 학문적 특색을 갖고 있다. 따라서 자기의 전공 분야에 따라서 선정할 필요가 있다.

2. 영국 런던 경제정치대학

영국의 국제대학에는 정치학과를 따로 설치하고 있지 않았다. 20세기에 들어서면서 설립된 이 대학은 사회과학대학으로 출발해서 후에 경제학에 정치학을 첨가하여 대학 명칭을 확정했다. 사회를 객관적으로 분석함으로써 개혁을 추진하려 했던 유명한 S. 웹이 설립하였다. 정치학을 포함한 사회 과학 전체에 관한 교육으로 유명한 영국 굴지의 대학이다.

3. 독일 자유벨린 대학

2차 대전 후 냉전의 와중에서 새로운 자유 민주주의의 창달을 목적으로 설립되었다. 독일의 전통적 대학 제도를 벗어나서 미국 대학을 모방해서 설립되었다. 특히 정치학과는 개교와 더불어 중요한 비중을 차지하고 있다. 교수와 학생의 수는 세계에서 가장 많은 것으로 알려지고 있다. 교육 내용은 거의 미국식을 따르고 있으며, 특히 구공산권에 대한 서방측의 우월성을 과시하는 상징 역할을 하기도 했다.

4. 프랑스 파리 정치 대학

프랑스는 유럽에서 가장 발달한 정치학 연구의 전통을 갖고 있었다. 그러나 그것은 국가 공무원 양성과 같은 실용성을 중요시하는 것이었기에 독자적 정치학의 발전을 이루지 못했다. 2차 대전 후 일찍이 미국 정치학의 장점을 인정하여 미국의 정치학 교육을 모방, 프랑스의 6개 지역에 독립된 정치 대학을 설치했다. 파리 정치 대학은 그 중의 하나로서 개성이 강한 정치학 교육을 실시하고 있다.

5. 러시아 모스크바 대학

정치학은 본래 정치적 자유가 없는 곳에서는 발전할 수가 없는 법이다. 따라서 정치적 자유가 억압되었던 구공산권 사회에서는 정치학의 독립이 인정되지 않았고 대학에 정치학과가 따로 설립될 수가 없었다. 그러나 개방과 개혁이 진행됨에 따라서 정치학의 수요도 커질 것이고 모스크바 대학의 정치학 교육도 활발해질 것으로 예상된다. 그 동안 러시아에 관한 직접적인 연구가 불가능했던 실정을 생각해 볼 때 모스크바 대학의 비중은 앞으로 매우 클 것으로 전망된다.

자연과학
Natural science

수학 *Mathematics*

화학 *Chemistry*

물리학 *Physics*

생물학 *Biology*

공학 *Engineering*

의학 *Medicine*

한의학 *Oriental Medicine*

수학은 숫자와 기호를 이용하여
수 · 양 · 도형 등을 다루는
논리적이고 정치한 기초 학문이다.

박을룡 / 서울대학교 수학과 교수

▲ 논증 체계로서의 수학의 시작, 원론

어느 학문이나 마찬가지겠으나 수학은 순수수학으로서의 면과 수리과학으로서의 면을 동시에 지닌다. 순수수학이란 수학 그 자체를 목적 · 대상으로 하여 연구하는 것이고, 수리과학으로서의 수학이란 연구 대상을 수학 내부에 국한시킬 것 없이 외부적인 여러 방면에서의 요구에 응하여 수학을 연구하는 것이다. 이것은 넓은 의미에서는 순수수학을 포함하는 것이며, 이 두 가지 면의 접촉은 근래에 와서 점점 광범위하고 긴밀해지고 있다. 수리과학으로서의 수학의 연구 성과는 그 응용성과 실용성 면에서 순수수학의 연구를 압도하고 있으나, 순수수학의 연구가 미진해서는 수리과학으로서도 그 응용에 한계가 있다.

▲ 순수 논증 체계로서의 수학의 시작

기원 전 3~7세기경 그리스는 이집트와 아시리아의 지식을 흡수하면서 나름대로의 독특한 문화를 발달시켰다. 그 과정에서 그 이전까지는 볼 수 없었던 순수수학의 이론이 정립되어 가기 시작했다. 즉 순수수학의 이론이 탄생한 것이다.

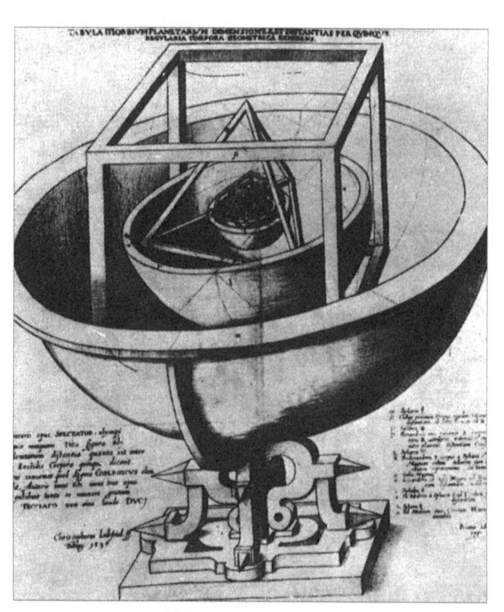

〈수학 계보도〉

순수 논증 체계로서의 수학의 시작

근대 수학

유클리드
(Euclid, BC 300~275)
《원론》---기하학

알후와리즈미
(Alkhwarizmi, ?~850)
대수학

보이티우스
《수론의 원리》

유럽

파치오리
(L. Pacioli, 1445~1510)
생략 기호 사용

타르탈리아

카르다노
(G. Cardano, 1501~1576)
3차방정식의 해법

페라리
(L. Ferrari, 1522~1576)
4차방정식의 해법

비에타
(F. Vieta, 1540~1603)
연산 기호와 문자 도입

데카르트
(R. Descartes, 1596~1650)
《방법서설》, 해석기하학

뉴턴
뉴턴
(I. Newton, 1642~1727)
미적분학

라이프니츠
(G. W. Leibniz, 1646~1716)
미적분학

베르누이 형제, 오일러
미적분법의 응용 · 발전

라그랑주
변분학

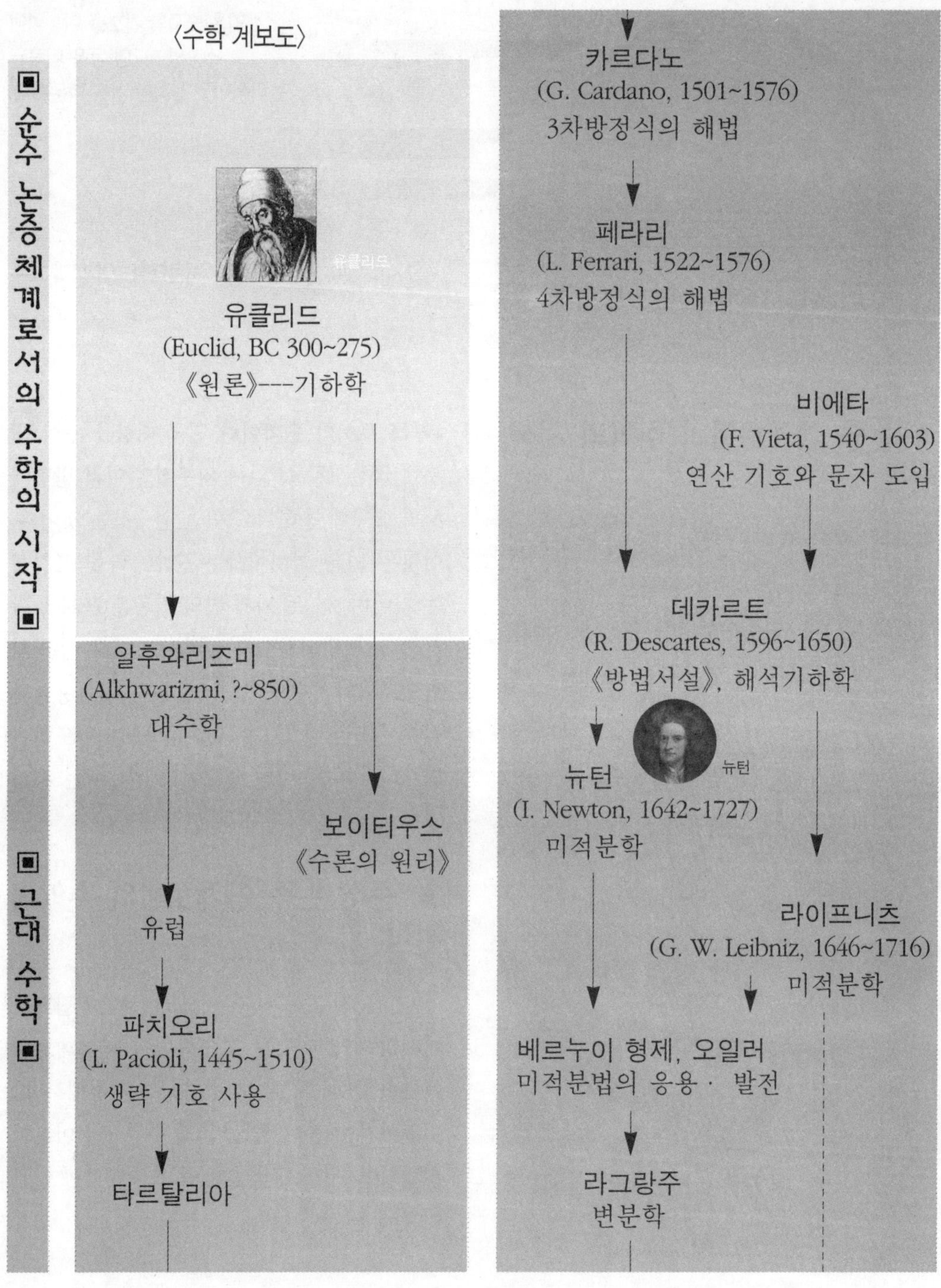

156

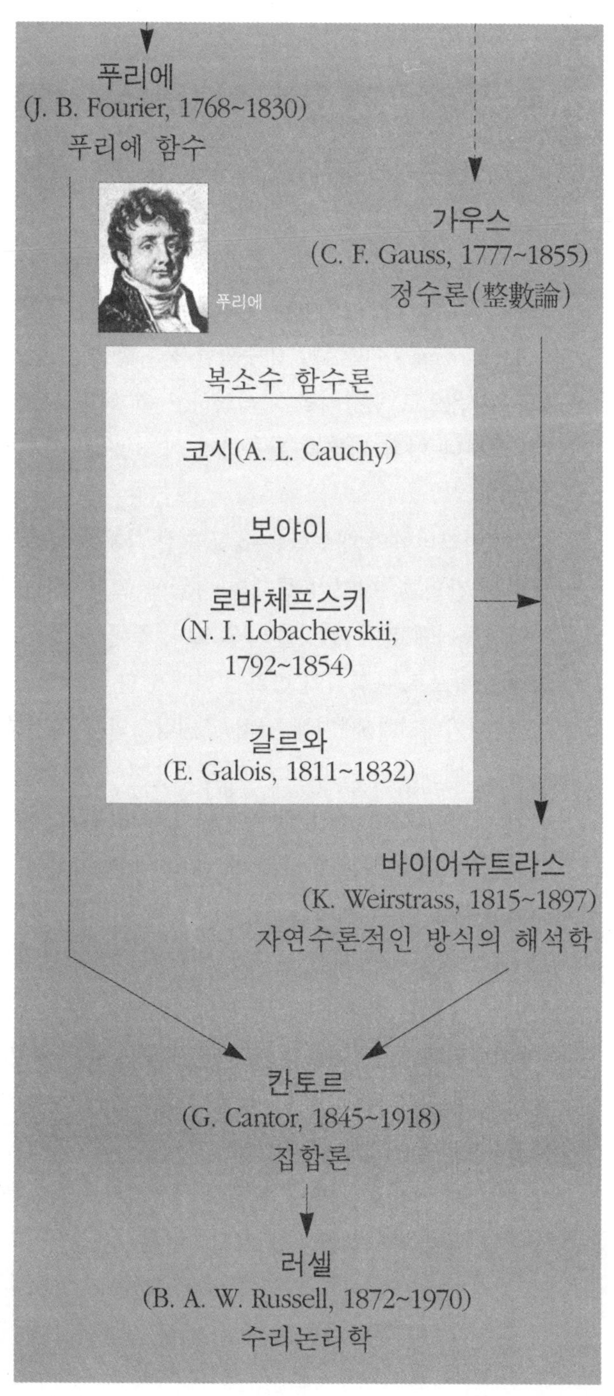

그 중에서 형적을 뚜렷이 남기고 있는 것이 그리스 문화의 기초 중의 하나인 유클리드(Euclid, BC 300~275)의 《원론》이다. 《원론》에는 기하학적인 부분이 많기 때문에 동양에서는 흔히 《기하학 원본》이라고 불리우기도 한다. 제1권에서 제13권까지로 구성되어 있는데 1권에서 4권이 기하학을, 7권에서 9권이 수에 관한 이론을 다루고 있다. 《원론》은 "점은 부분을 갖지 않는 것이다" 따위와 같은 '정의', "두 점을 직선으로 이을 수 있다"와 같은 '공준', "동일한 것에 같은 것(끼리)은 (서로) 같다"와 같은 '공리'를 출발점으로 하여 기하학을 '증명'에 의하여 체계적으로 구성한다는 점에 큰 의의가 있는 것이다. 물론 '무엇인가를 써서 무엇인가를 증명한다' 따위는 전례가 없는 것이 아니지만 이 거대한 체계가 이만큼 엄밀한 증명에 의해서 쌓아올려졌다는 것은 역사상 처음 있는 일이었다.

▲ 근대 수학의 형성 과정(르네상스 전후)

0과 수(數)

문자가 있기 전부터 인간은 세는 일을 하였으며, 수의 개념이 있었다고 추측된다. 수란 일반적으로 복소수(複素數)를 가리킨다. 한편 0은 양수와 음수 사이에 있는 실수로서 5세기 인도에서 처음 수의 개념 중에 포함되었다.

~~~~~~~~~~~~~~

라이프니츠

유럽의 역사는 그리스에서 로마 시대로 넘어왔으나, 그리스의 수학의 성과는 아라비아로 넘어가는 추세에 있었다. 보이티우스가 《수론의 원리》를 펴냈지만 이전과 비교하여 새로운 내용이 아니었다. 그보다는 알후아리즈미(Alkhwarizmi, ?~850)의 대수학을 풀이한 책이 돋보인다. 그는 처음으로 방정식을 형식화하고 그 해법을 제시하였다. 그러나 아직 기호를 활용하여 식(式)으로 표현하지는 못했다.

이 아라비아의 대수학은 유럽의 한 학자에 의해 모방한 책이 출간되고, 이것이 중세의 유럽에 널리 퍼져 유럽의 수학자들에게 많은 영향을 주었으며, 결국 새로운 형태의 근대 수학으로 본질적인 변화를 하게 된다.

15세기에서 16세기에 걸쳐 르네상스의 전성기를 맞이하였고, 인쇄술이 널리 퍼진 덕택에 출판이 성행하였으며, 이에 따라 과학에 대한 연구도 열기를 더해갔다. 수학 방면에서의 눈에 띄는 변화를 찾는다면, 이탈리아와 프랑스 수학자들의 연구 성과를 들 수 있다. 이탈리아에서는 3차 · 4차 방정식의 해법 연구가 한창이었으며, 프랑스에서는 대수학을 기호화하는 연구가 있었다.

이탈리아의 수학자 파치오리(L. Pacioli, 1445~1510)는 생략 기호를 활용해서 말로써는 장황한 서술을 단순화해 나갔는데, 이는 상업 부기(簿記)에서 쓰이던 습관을 원용한 것이었다. 이런 기법을 통하여 이탈리아 수학자들은 방정식의 해법을 수립했다. 타르탈리아는 3차방정식의 해법을 생각하였으며 이를 카르다노(G. Cardano, 1501~1576)에게 전수하였는데, 카르다노는 이를 체계적으로 확립하
~~~~~~~~~~~~~~

여 3차방정식의 해법을 제시했다.

한편 카르다노의 제자 페라리(L. Ferrari, 1522~1576)는 4차방정식의 해법을 수립하였다. 그러나 아직 현대와 같은 식을 활용하지는 못하였으므로 말로써 공식을 설명하였다.

지금 우리가 사용하는 기호법과 같은 모습을 갖추게 된 것은, 프랑스의 수학자 비에타(F. Vieta, 1540~1603)의 시도에 의해서였다. 비에타는 이탈리아의 수학자들보다도 한층 발전된 연산 기호와 문자를 도입하였으며, 이것을 17세기에 들어와 데카르트(R. Descartes, 1596~1650) 등의 학자들이 연구를 거듭하여 지금의 방정식과 같은 모습을 갖추게 되었다. 17세기에는 철학, 천문학, 물리학 등의 눈부신 발전과 더불어 수학에서도 창조적인 발전이 있었다. 《방법서설》을 지은 데카르트는 오늘날 '해석기하학(解析幾何學)' 이라 불리우는 새로운 분야의 창시자로 명성을 남기고 있다. 이것은 유클리드 기하학의 방법에 색다른 방법을 더한 것으로서, 이 기하학에서는 도형에 관한 문제를 푸는 것을 방정식을 푸는 것으로 전환시켰다. 이것이 명실공히 근대 수학의 출발인 것이다. 또한 뉴턴(I. Newton, 1642~1727)과 라이프니츠(G. W. Leibniz, 1646~1716)는 각각 미적분학을 수립하였는데, 두 사람은 같은 연산법을 발명한 탓에 미적분학의 창시자 자리를 놓고 많은 논쟁이 있었다. 그러나 수학의 기호화에서는 라이프니츠가 많은 업적을 남겨서 오늘날 미적분학의 기호는 그의 것이 쓰이고 있다.

18세기에는 새로운 수학이 나오지 않고, 17세기에 나온 해석학이 더욱 발전된 시대였다. 스위스의 베르누이 형제와 오일러는 미적분법과 그 응용을 더욱 발전시켰다. 프랑스의 라그랑주는 변분학(變分學)을 만들어 19세기 수학

라그랑주

~~~~~~~~~~~~~

기하학이란

도형을 대상으로 하는 수학으로서 고대 이집트의 토지측량술과 천체관측술이 그 기원이라고 하며, 그리스 시대의 유클리드에 와서 엄밀한 증명에 의해 하나의 거대한 체계로 확립되었다. 후에 19세기 전후에 비(非)유클리드 기하학이 로바체프스키와 보야이에 의해서 창시되고 또 18세기의 오일러와 19세기의 뽀앙까레에 의해서 유클리드의 기하학과는 다른 위상(位相)기하학이 등장했다. 그리고 그밖에 해석기하학, 대수기하학 등이 있다.
~~~~~~~~~~~~~

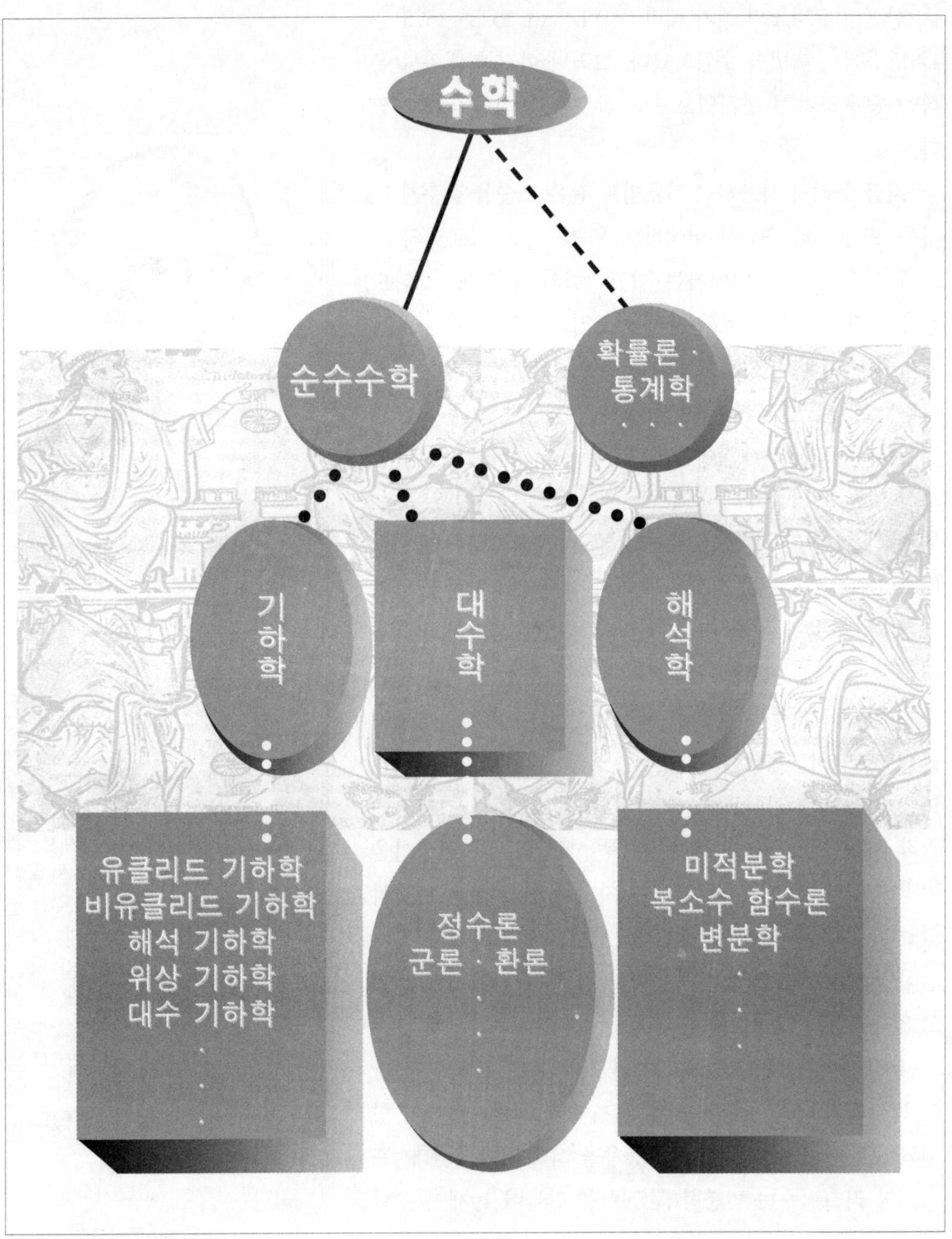

수학
순수수학
확률론 통계학
기하학
대수학
해석학
유클리드 기하학
비유클리드 기하학
해석 기하학
위상 기하학
대수 기하학
정수론
군론 · 환론
미적분학
복소수 함수론
변분학

자들에게 큰 영향을 주었다.

▲ 현대 수학으로 넘어오는 과정

프랑스의 푸리에(J. B. Fourier, 1768~1830)는 열(熱)의 전도라는 물리 현상의 연구를 미분 방정식으로 표현하여 푸리에 해석이라는 새로운 이론을 제시하였다. 이 개념의 기본은 그 이전의 미분적분학(해석학)의 근본적인 개념을 뒤흔드는 것이었다. 18세기에는 프랑스에서 수학의 발달을 보았다면, 19세기에는 그 주무대가 독일로 옮겨갔다.

가우스(C. F. Gauss, 1777~1855)는 정수론(整數論)을 위시하여 많은 분야에 연구 업적을 남겼으며, 바이어슈트라스(K. Weirstrass, 1815~1897)는 해석학을 자연수론(自然數論)적인 방식으로 기초를 세우려 하였다. 그리고 또·하나 주목할 만한 것은 해석학에서 새로 등장한 복소수 함수론의 분야이다.

수학의 역사에서 중요한 위치를 차지하는 복소수 함수론(複素數函數論)의 연구에는 많은 수학자들의 노력이 있었다. 프랑스의 수학자로 해석학 연구에 힘쓴 코시(A. L. Cauchy, 1789~1857)를 필두로 하여, 비유클리드 기하학을 연구한 보야이 및 로바체프스키(N. I. Lobachevskii, 1792~1854), 5차 이상의 대수 방정식을 푸는 조건을 제시한 갈르와(E. Galois, 1811~1832) 등이 있다.

칸토르(G. Cantor, 1845~1918)는 집합이라는 개념을 도입하여 집합론(集合論)을 발표하였는데, 이 이론은 20세기에 와서 러셀(B. A. W. Russell, 1872~1970) 등에 계승되어 발전하게 된다.

수학과 다른 학문과의 관계는 그 역사가 상당히 오래되었다. 특히 물리학과의 관계는 아르키메데스 이후 계속되어 뉴턴을 거쳐 20세기에는 아인슈타인에 이르게 되었다.

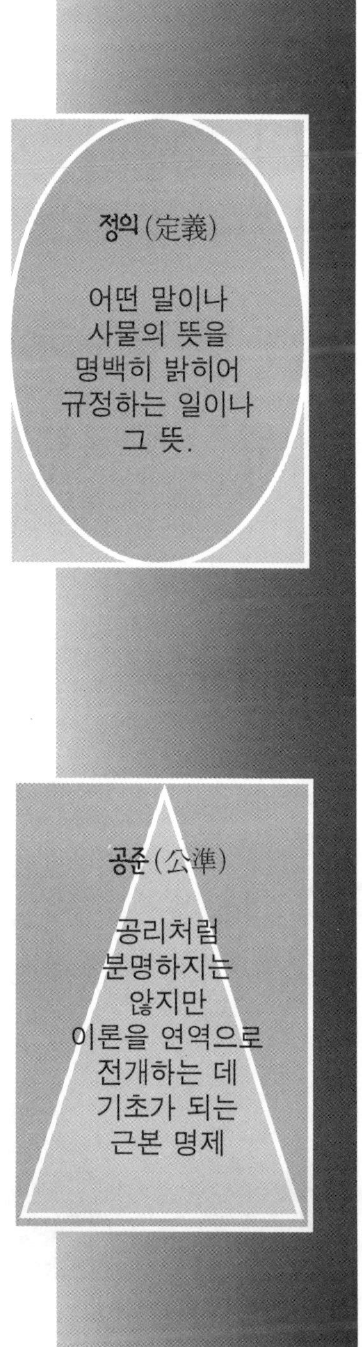

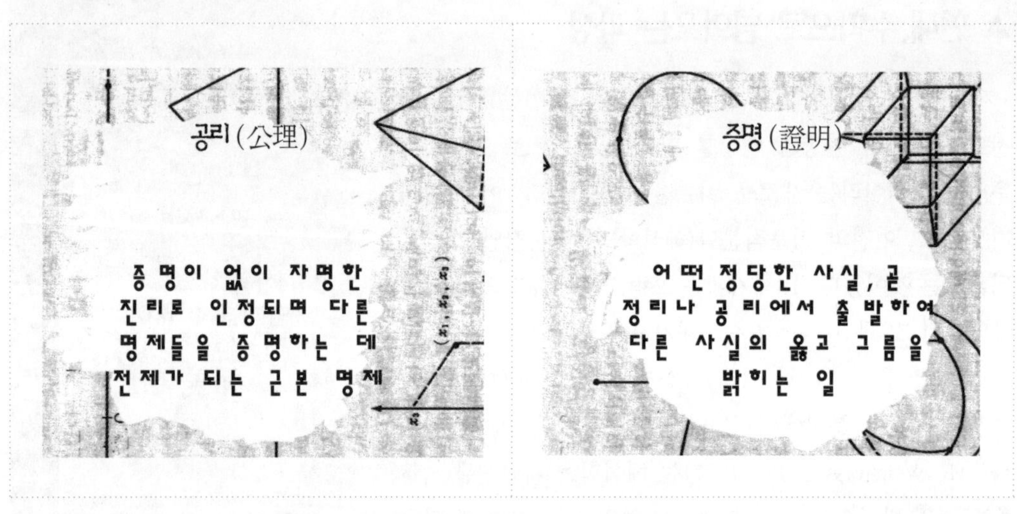

코시

1931년에는 괴에델(1906~?)이 〈불완전성 정리(不完全性 定理)〉라는 논문을 발표하였다. 그의 논문은 국제적인 성격의 논문을 게재하는 논문집을 출판하는 곳에 보내졌으나 별다른 반응이 없었다. 그러나 얼마 후에 아인슈타인이 미국으로 망명하여 프린스톤의 연구소에 있을 때, 괴에델의 논문을 읽고 서로 인연이 맺어졌는데, 바로 수학과 물리학의 만남이 이루어진 것이다. ♣

유명 대학

　수학 분야에 관해서 세계적인 우수 대학을 극히 소수 지정한다는 것은 어려운 일이다.
　다만 미국 AMS(American Mathematical Society)의 잡지 《Notice》의 NRC(National Research Council) Ranking (of Graduuate Program Released)의 1995년도 결과를 보면 미국의 139개 대학, 독립연구소의 연구, 교육, 환경, 특히 인적 연구 능력 분야에 걸쳐 등급을 매겨 놓은 것이 특이하게 눈에 띄는데, 여기에 상위 10개만을 열거하면 다음과 같다.

버클리 대학교(University of California-Berkely)

프린스턴 대학교(Princetone University)

MIT(Massachusetts Institute of Technology)

하버드 대학교(Harvard University)

시카고 대학교(University of Chicago)

스탠포드 대학교(Standford University)

예일 대학교(Yale University)

뉴욕 대학교(New York University)

미시간 대학교(University of Michigan)

콜롬비아 대학교(Columbia University)

추천도서

입문서

1. 《미적분학》, 고영소 · 김도한 · 김홍종 공저

2. 《해석개론》, 김성기 · 김도한 · 계승혁 공저

3. 《실해석학》, 조태근

4. 《선형대수학》, 이일해

5. 《복소함수론》, 김상문 · 지동표 공저

6. 《현대대수학》, 김응태 · 박승안 공저

7. 《실해석학개론》, 정동명 · 조승재 공저

8. 《집합론》, 임정대

9. 《미분방정식》, 정창훈 · 임동일 · 임성모 공저

10. 《다변수 해석학》, 김성기 · 김홍종 · 계승혁 공저

1.《국소적 형태의 Atiyah-Singer 지표이론》, 지동표

2.《미분위상수학》, 이현구

3.《편미분 방정식론》, 김종식

4.《복소 다양체론》, 김상문

5.《후리에 해석과 미분작용소》, 김도한

6.《리이만 기하학》, 박을룡

7.《군표현론》, 박승안

8.《확률론》, 구자흥

9.《군함론》, 박재걸

10.《대수기하학》, 조영현

화학자들의 창조적인
탐구심에 의해 새로운
물질이 계속 합성되어
우리 생활에 쓰이고 있다.

박택규 / 건국대학교 화학과 교수

▲ 화학의 기원

인간은 고대 문명이 시작된 이래 자신들이 살고 있는 세계를 보다 더 정확히 이해하기 위한 줄기찬 노력을 계속하였다. 이러한 탐구 정신은 예술이나 문학의 세계에서만이 아니라 과학과 기술의 세계에서도 예외가 아니었다.

오늘날의 자연 과학이나 기술은 인류가 과거 수천 년에 걸쳐 축적하였던 자연에 대한 이해와 이것에 바탕을 둔 창조적 정신이 투영된 것이다. 자연에 대한 이해가 넓어지고 깊어짐에 따라 학문도 여러 가지로 분화되어 왔다.

화학은 생물이나 무생물을 불문하고 우리들 주위에 존재하는 다양한 물질의 본성이나 그 작용을 탐구하여 우리 생활에 도움을 주는 자연 과학의 한 분야이다. 우주와 지구, 그리고 우리를 둘러 싸고 있는 모든 물체들을 비롯해서 우리 몸까지도 모두가 여러 가지 물질

로 구성되어 있다.

화학은 물질을 다루는 학문으로서 물질의 구조, 성질, 변화를 연구하고 천연물질을 분리하거나 천연에 존재하지 않는 새로운 물질도 합성한다. 실제로 오늘날 공장에서 생산되

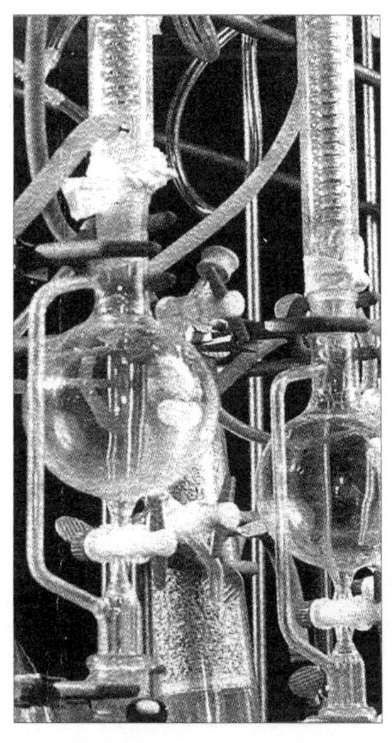

아라비아의 연금술사로부터 시작한 화학기구의 원리는 오늘날에도 그대로 쓰인다.

화학은 최고의 기술 문명을 자랑했던 고대 이집트에 기원한다.

는 모든 제품의 2/3 이상은 20세기 이전에는 알려지지 않았던 물질이다. 화학자들의 창조적인 탐구심에 의해 새로운 물질이 계속 합성되어 우리 생활에 쓰이고 있다.

화학은 석유로부터 합성섬유, 합성고무, 합성플라스틱 등을 합성하여 다양한 일용품을 만들어 사용하고 있는데, 감미로운 음악을 선사하는 오디오 제품이나 첨단기기인 컴퓨터 등도 모두 화학자들의 연구에 힘입어 만들어진 것이다. 매우 복잡한 물질이나 복잡한 변화의 과정도 단순한 법칙으로 해석하고 설명할 수 있다. 생명의 신비하고 오묘한 현상도 분자 수준에서 화학의 언어로 표현할 수 있게 되었으며, 화학은 앞으로도 계속 발전할 수 있는 젊은 학문이다.

이러한 화학의 기원은 어디에 있으며 어떤 과정을 거쳐 발달하였을까.

화학은 인류와 함께 그 역사를 같이했다고 할 만큼 오래된 것이다. 양조나 금속제련 같은 것은 매우 오랜 역사를 지녔으며 이러한 기술은 발효나 야금이라는 화학적 기술이 그 바탕이 되었다. 기원 전 6000년에 이미 구리의 야금이 있었으며, 그 밖에도 토기, 유리, 의약품의 제작, 옷감의 염색 등이 행해졌다.

화학은 최고의 기술 문명을 자랑했던 고대 이집트 시대에 기원을 두었다고도 할 수 있다. 기원 전 3500년에 이집트에서 만들어진 구리제품의 순도가 99%에 달한 것이 있다. 이러한 화학적 기술이 그리스에 전파되어 다른 학문과 마찬가지로 진리의 탐구 대상으로서 그리스 철학자의 관심거리가 되었다.

기원 전 500년경에 그리스의 탈레스는 물이 자연계의 근원이라고 했고, 기원 전 400년경에 데모크리토스는 물질이 궁극적으로 그 이상의 쪼개지지 않는 입자, 즉 원자로 이루어져 있다고 하였다. 또한 그리스의 철학자 아리스토텔레스는 지상의 물질이 물, 공기, 불, 흙으로 이루어져 있다는 4원소설을 제창하였다. 그리스 시대 이후 1세기경 헬레니즘 시대에는 헤론이 기체의 연소에 관한 가설을 세우기도 하였다.

〈화학의 발달〉

인류는 물질을 변화시켜서 생활에 유익한 도구를 만들어 냈고, 이러한 경험을 축적하여 기술을 발전시켰다. 1세기경에 알렉산드리아에서 시작된 연금술은 아라비아를 거쳐 유럽에 전파되었으며, 15세기경까지 값싼 금속으로부터 귀중한 금속을 얻으려는 노력을 계속하였다. 허황된 꿈이었으나 여러 가지 화합물이나 이들의 변화를 연구할 수 있었고, 다양한 화학 실험기구도 이때 많이 고안되어 화학 발전에 기여하였다. 물질을 탐구하는 학문으로서 화학이 정립된 것은 겨우 18세기 후반부터였다.

◆

1662	보일(영국) 보일의 법칙 발견
1772	라부아지에(프랑스) 연소설의 확립. 원소 개념 정립. 33종의 원소를 4종으로 분류
74	프리스틀리(영국), 쉘레(스웨덴) 각각 독립하여 산소 발견
1803	돌턴(영국) 원자설 제창
08	게이뤼삭(프랑스) 기체 반응의 법칙 발견
11	아보가드로(이탈리아) 분자설을 발표
18	베르첼리우스(스웨덴) 많은 원소의 원자량 결정
33	패러데이(영국) 전기 분해의 법칙 발견
40	리비히(독일) 유기 화학 발달에 공헌
56	퍼킨(영국) 처음으로 합성염료 제조
57	파스퇴르(프랑스) 발효가 미생물에 의해서 일어남을 밝힘
58	케쿨레(독일) 탄소의 원자가를 4가로 해서 유기화합물의 구조이론 확립
62	솔베이(벨기에) 암모니아 소다법의 발명

파스퇴르

돌턴

화학이 기술로서 정립되어 커다란 발전을 이룩한 것은 아라비아 시대이다. 알칼리나 알코올이라고 하는 일반적인 화학용어의 어원은 아라비아에서 비롯되었다. 'Kham(화학)'은 아라비아어의 alchemy(연금술)로 이어졌다. 값비싼 귀금속을 얻으려고 했던 연금술사들의 노력은 화학의 발전에 크게 기여했다. 당시 쓰였던 화학 실험기구들은 오늘날에도 그 원리가 그대로 적용되고 있다.

67	노벨(스웨덴) 다이너마이트 발명
69	멘델레예프(러시아) 원소의 주기율 발견
75	베르테로(프랑스) 화합물의 연소열 측정. 열역학 연구
84	르 샤를리에(프랑스) 평형 이동의 법칙 발견
87	아레니우스(스웨덴) 전해질의 전리설 제창
97	톰슨(영국) 음극선의 연구로부터 전자 발견
98	퀴리 부부(프랑스) 방사성 원소 라듐 발견
1900	플랑크(독일) 양자론의 확립
06	하버(독일) 암모니아의 합성법 발명
11	러더퍼드(영국) 원자핵의 존재를 실증
13	보어(덴마크) 수소 원자의 모형 제창
27	하이틀러와 런던(독일) 양자역학으로 화학 결합론의 기초 수립
32	챠드윅(영국) 중성자 발견
37	캐러더스(미국) 나일론의 발명. 합성 섬유공업의 개척
38	하안과 스트라스만(독일) 우라늄의 원자핵 분열을 발견
42	페르미(이탈리아) 시카고 대학에 처음으로 원자로 건설
53	와트슨(미국), 크리크(영국) DNA의 이중나선 구조 해명
55	생거(영국) 단백질 호르몬의 하나인 인슐린의 아미노산 배열 순서 결정
61	국제 순수 응용 화학 연합(IUPAC) 원자량 단위로 ^{12}C를 기준으로 결정

▲ 근대 화학의 탄생

근대 화학의 출발은 17세기 후반에 등장한 영국의 보일(R. Boyle, 1627~1691)로부터 시작했다고 볼 수 있다. 그는 기존의 추상적이고 부정확한 원소의 개념을 실용적 개념으로 바꿔 놓았다.

18세기에 물질의 연소에 관하여 주장한 독일의 슈탈(G. E. Stahl, 1660~1734)의 연소설(플로지스톤설)이 그 후 100년 이상 믿어져 왔다. 그는 물질이 연소한다는 것은 물질이

〈화학의 여러 분야〉

기초화학	일반화학 · 분석화학 · 유기화학 · 물리화학 · 생화학
연관분야	원자력 · 방사능 · 분자생물학 · 환경공해 · 반도체 · 식품공학 · 영양화학
응용화학	공업화학 · 화학공학 · 고분자화학 · 응용 전기화학 · 금속화학 · 재료화학 · 방사화학

공기와 반응하면서 물질 속에 있는 플로지스톤이라는 원소가 빠져 나가는 현상이라고 말하였다. 이러한 플로지스톤(phlogiston)설은 1774년 영국의 프리스틀리(J. Priestley, 1733~1804)에 의한 산소 발견과 1784년 프랑스의 라부아지에 (A. L. Lavoisier, 1743~1794)의 연소 이론의 확립으로 무너졌다.

18세기 말 라부아지에는, 물질의 연소는 산소와의 화합이라는 근대적 연소 이론을 확립하였다. 라부아지에는 화학 변화를 정량적으로 다루었고, 물질의 구성 요소로서의 원소의 개념을 확립하였다. 즉 정밀한 저울을 이용하여 질량보존의 법칙을 발견함으로써 화학에서 정량적인 실험의 중요성을 밝혔다. 또한 세계 최초로 근대적 화학 교과서라고 할 수 있는 《화학요론》을 발간하였고, 화학명명법을 체계화하는 등 화학의 아버지라 불리우고 있다.

실험중인 라부아지에.

라부아지에와 같은 시대에 근대 화학의 바탕을 마련한 영국의 화학자 돌턴(J. Dalton, 1766~1844)은 원자설을 발표하여 질량보존의 법칙과 일정성분의 법칙, 배수비례의 법칙 등을 설명할 수 있었다.

이러한 원자론의 진보는 드디어 원자가설을 거쳐 유기화합물의 합성에 합리적인 체계를 수립하게 하였다. 특히 18세기로부터 19세기에 걸쳐 화합물의 성분이 분석되고, 그 결과 성질이 비슷한 원소의 무리를 묶은 원소의 주기율이 1869년 러시아의 멘델레예프(D. I. Mendeleev, 1834~1907)에 의해 발견되어 원소의 화학적 성질을 계통적으로 이해하는 데 크게 도움을 주었다. 따라서 18~19세기 초엽에 근대적 화학 이론이 확립되었고, 화학이

연구실에서의 퀴리 부부.

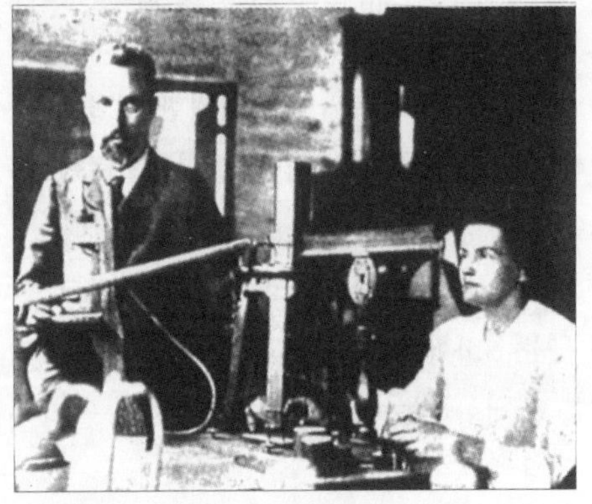

비로소 하나의 학문으로서 발전의 바탕을 마련할 수 있었다.

오늘날 화학에서 사용하고 있는 화학 기호는 베르첼리우스(Berzelius, 1779~1848)에 의해서 이 시기에 만들어졌으며, 그는 물질을 유기물과 무기물로 구분하였다. 그러나 실험실에서 생명력을 잃지 않고 유기 화합물을 합성할 수 없다고 믿었던 당시의 생각은 1828년 독일의 뵐러(F. Wöhler, 1800~1882)가 무기물인 시안산 암모늄을 가열하여 요소를 합성함으로써 그 잘못을 고칠 수 있었다. 오늘날 유기 화합물을 탄소 화합물이라고 하며, 인공적으로 합성된 것을 비롯하여 그 종류가 500만 종에 이르고 있다.

19세기 말에 이르러 화학에 커다란 지각변동이 일어나기 시작하였다. X선의 발견에 이어 프랑스의 물리학자 베크렐(A. H. Becquerel, 1852~1908)이 1896년 우라늄 광석에서 일종의 방사선이 방출되는 것을 발견하여 방사능 기능을 연구하는 선구자로 등장하였고, 폴란드 태생의 마리 퀴리(M. Curie, 1867~1934)와 그의 남편 피에르 퀴리(P. Curie, 1859~1906)가 1898년에 방사능 원소인 플루토늄과 라듐을 분리하는 데 성공함으로써 절정에 이르렀다. 1897년 톰슨(J. J. Thomson, 1856~1940)이 전자를 발견하였고, 1911년 러더퍼드(E. Ruderford, 1871~1937)가 α선 산란 실험에 의하여 원자구조에 관한 원자핵설을 확립하였다.

이와 같이 20세기 초까지 원자, 분자, 전자, 원자핵, 광자의 실재가 증명되어 원자, 분자에 바탕을 둔 현대 화학이 확립되었다.

▲ 화학과 생활, 그리고 화학의 미래

화학이 인류문명에 기여하는 바는 다른 어떤 학문보다도 크다고 할 것이다. 화학의 발달은 보다 풍요롭고 편리한 생활을 사람들에게 제공했다.

근대 화학의 역사는 200년밖에 되지 않았으나 이 기간 동안 화학은 눈부신 발전을 거듭하여 우리 생활에 커다란 변혁을 가져왔다. 독일의 화학자 하버(A. Haber, 1868~1934)가 발명한 암모니아 합성법으로 질소 비료가 대량 생산됨에 따라 곡물의 생산량이 증가하며 녹색혁명을 가져 왔고, 살충제인 DDT의 합성은 전염병을 비롯한 여러 가지 질병을 퇴치하는 데 기여하였다. 화학이 계속 발전함에 따라 그 응용 범위가 더욱 넓어져서 자연계에 존재하는 물질과 똑같은 물질이나 비슷한 물질 또는 자연계에 전혀 존재하지 않는 새로운 물질을 인공적으로 합성하기에 이르렀다.

고분자 화학의 창시자 슈타우딩거(H. Staudinger, 1881~1965)가 1920년 고분자 이론을 확립함으로써 폴리에틸렌 등의 고분자 물질의 합성이 가능하게 되었다. 특히 1937년 미국의 캐러더스 (W. H. Carothers,

캐러더스

1896~1937)의 '물과 공기와 석탄을 원료로 해서 만들었고 거미줄보다 가늘고 강철보다 질기다' 는 나일론의 등장은 인간이 만들어 낸 인조견으로서 섬유 산업에 커다란 변혁을 가져왔고, 인조고무의 합성으로 천연고무보다 품질이 우수하고 값이 싼 고무를 공급할 수 있게 되었다.

최근 의학의 발달에도 화학 연구가 크게 도움을 주고 있다. 질병의 예방, 치료 그리고 인간의 수명을 연장시키는 데 필요한 화학요법제, 비타민의 합성, 인공 장기 등의 개발은 그런 예이다.

앞으로도 화학의 발전이 인류의 삶의 질을 향상시키는 데 크게 기여할 것으로 전망되는데, 대체 에너지의 개발, 정밀과학의 발전을 통한 암이나 에이즈 치료액의 개발, 20세

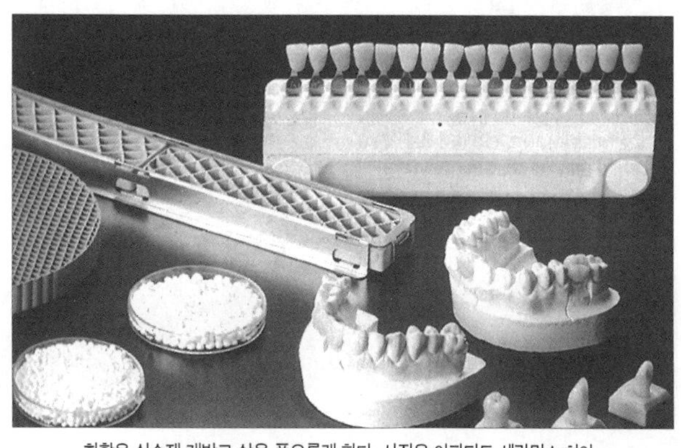

화학은 신소재 개발로 삶을 풍요롭게 한다. 사진은 아파티트 세라믹스 치아.

기 최후의 꿈의 분자라고 일컫는 탄소 60플로렌의 연구, 꿈의 신소재의 개발 등은 우리의 밝은 미래를 약속해 주는 새로운 화학분야이다.

그런데 이와 같은 화학의 발전이 우리의 미래를 밝은 쪽에서만 약속해 주거나 보장해 주는 것은 아니다. 최근에 인간이 개발하여 널리 쓰이고 있는 화학약품 중에 부작용을 일으키는 것이 있다는 놀라운 사실들이 밝혀지고 있다. DDT와 같은 농약이 사용되면서 야생동물뿐 아니라 인간의 생명까지도 위험에 처하게 되었으며, 합성세제의 과다한 사용에 따른 하천의 오염, 산업폐기물이 우리 주변의 환경을 훼손시키고 있다.

따라서 우리의 생활을 향상시키고 풍요롭게 하기 위하여 개발한 물질이 우리의 환경을 오염시키고 있다는 사실을 깨닫고, 화학적 지식을 통해 이 문제를 근원적으로 해결해야 되는 것이다. 첨단과학 시대, 정보화 시대를 주도하는 핵심적인 기초과학 분야인 화학이 우리의 삶의 터전인 이 지구를 쾌적한 상태로 계속 보전하는 데 모든 지혜를 모아야 한다.

▲ 화학의 기초지식

유기화학 (Organic chemistry)

탄소 화합물의 화학을 유기화학이라고 한다. 유기화합물은 오늘날에도 세계 여러 곳의 대학 연구실, 연구소에서 계속 새로운 물질이 합성되고 있다. 유기합성화학은 의약품, 새로운 신소재 물질의 제조, 정밀과학을 통한 여러 분야의 신물질의 합성과 개발을 주도하고

유명 대학

화학 분야의 세계 유명 대학을 선정하는 데는 어려움이 있다. 일반적으로 대학의 우열을 판정하는 기준은 여러 가지가 있으나 주로 대학의 전통, 우수 교수의 확보, 우수 논문의 발표수 , 연구시설, 도서관의 규모와 장서, 교수와 재학생의 비율, 연구비 수혜 실적 등을 꼽을 수 있을 것이다. 특히 학생들의 질적 수준이 매우 중요하다 하겠다.

여기에서는 미국에서 화학 분야의 상위권에 속하는 5개 대학을 선정해서 소개하고자 한다.

하버드 대학교(Harvard University)
MIT(Massachusetts Institute of Technology)
스탠포드 대학교(Leland Standford Junior University)
버클리 대학교(University of California at Berkeley)
칼텍(California Institute of Technology)

있다. 특히 유기금속 화합물, 촉매화학 분야에서 무기화학의 연구 분야와 상호보완·발전하고 있다.

생화학 (Biochemistry)

생명 현상을 분자 수준에서 해명하는 화학 분야로서 오늘날에는 당질, 지질, 단백질, 핵산, 비타민, 호르몬 등의 생체 물질의 기능과 분자 구조, 특성, 효소 작용 등의 넓은 분야를 다루고 있다.

특히 생체 내 대사 메커니즘, 유전병의 화학적 규명, 유전자 정보 현상 등을 분자 수준에서 규명하는 과제가 생화학에서 중요한 연구 분야이다.

분석화학 (Analytical chemistry)

천연 또는 인공 물질이 어떠한 성분으로 구성되어 있는가를 조사하는 화학의 한 분야이며, 존재하는 원소, 핵종, 화학종 등을 검출, 동정, 함유율을 결정하고 이것을 수량화하는 데 필요한 부식용 시료의 채취, 시료의 분해, 성분의 분리 농축, 데이터 처리 등이 분석화학의 연구 대상이다. 근대 화학 중에서 가장 오래된 역사를 지닌 것으로 18세기 말 라부아지에에 의해서 학문으로 체계화되어 정량적 화학의 바탕이 되었다.

20세기에는 미량 원소 분석, 폴라로그래피, 적외선 분석, 원자 흡광 분석, 자기 공명 분석, X선 분석, 크로마토그래피 등이 출현, 화학뿐 아니라 과학기술의 여러 분야에서 활용되고 있다. 1950년대 이후 분석화학의 특징은 기기 분석의 발전에 힘입어 여러 가지 화학 분석을 신속·정밀하게 할 수 있게 되었으

추천도서

입문서

1. 《화학용어 찾기》, 김원택
2. 《도전! 노벨상 화학상》, 이혜경
3. 《화학 정보, 어떻게 찾을 것인가》, 윤전순
4. 《과학의 탄생》, 박택규
5. 《Ashimov's New Guide to Science》, Isaac Asimov
6. 《생활 속의 화학, 인류의 꿈을 찾아서》, W.릭스너 · G 뵈크너 공저, 박택규 역
7. 《우리가 먹는 화학 물질》, M. A. 버나드, 박택규 역
8. 《원소란 무엇인가》, 요시자와 야스카즈, 박택규 역

전문서

1. 《Chemistry》, J. McMurry, R. C. Fay
2. 《General Chemistry Principle and Structure》, J. E. Brady
3. 《현대생화학》, 박택규 · 박동기 공저
4. 《유기화학》, R. Fessenden, J. S. Fessenden, 허태성 외 역,
5. 《Principle of Biochemistry》, A. L. Lehninger, D. L. Nelon, M. M. Cox.

며, 1970년대 이후 컴퓨터를 이용한 자동 분석 시스템이 개발되어 화학 정보를 종합적으로 활용할 수 있게 되었다.

인공 장기

바이오테크놀러지를 사용한 화학 약품 등의 의약품 제조 기술과 함께 의료 목적에 적합한 의료 기기의 개발에 큰 진전을 보이고 있다. 인공 신장, 인공 심폐, 인공 혈관, 인공 뼈 등이다. 척추 동물의 뼈나 치아의 주성분인 히드록시 아파티트를 만들어 인공 골, 인공 치근, 충치 등을 예방할 수 있다. 아파티트 세라믹스를 채워 넣어 이러한 의치가 천연 치아와 같은 모양으로 씹을 수 있게 되고, 충치의 원인 중의 하나인 덱스트린 등의 다당류가 히드록시아파티트에 흡착되는 것을 이용하여 히드록시아파티트를 첨가한 치마제가 개발되었다.

지구화학(Geochemistry)

지구에 있는 원소의 존재와 분포 상황, 암석의 구조 및 여러 광물의 성분과 분포를 비롯하여 지각의 변화에 따르는 이들의 변화를 연구하는 화학의 한 분야. 지각의 원소는 산소, 규소, 알루미늄, 칼슘, 나트륨, 철, 마그네슘, 칼륨의 순서로 존재한다. 지표의 아래 약 2900km에서 중심까지의 부분인 지핵은 철(약 90%), 니켈(약 10%), 규소 등으로 이루어져 있다.

우주화학(Cosmochemistry)

우주에 존재하는 물질과 그 원소 조성, 우주에서의 화학 반응과 원자핵 반응 등을 연구하여 우주의 구성과 별의 진화에 관한 법칙을 탐구하는 화학의 한 분야. 과학적 탐구 중에서 가장 도전을 받고 있는 분야는 우주의 기원과 진화에 관한 것이다.

우주적 차원에서 발생하는 핵반응과 화학 원소를 만드는 핵반응에 관한 총체적 이해가 마련되었다. 최근에는 적외선 흡수 스펙트럼에 의해 행성 표면의 물질을 알아내는 방법으로 발전하였다. 큰 폭발에서부터 시작된 우주의 팽창은 아직도 계속되고 있으며, 우주화학의 연구는 이러한 비밀의 베일을 벗길 것이다. ♣

물리학은 생물, 화학뿐만
아니라 모든 응용과학의
기초학문이다.

김종오 / 고려대학교 명예 교수

▲ 물리학의 기원

기원 전 650년까지 지중해 연안에서
매우 뛰어난 기술이 꽃피었고,
자연학의 태동이 있었다.
그 후 아라비아 과학을 거쳐 마침내
고전물리학이 대두되었다.
이제 20세기의 현대물리학이 20세기 문명의
핵심적 바탕으로 성숙했다.

고대 그리스에서는 자연 철학을 논하는
사상가들이 임의적인 자연 현상에 대해서 기
본적인 법칙성을 찾으려는 움직임이 있었다.
물리학을 뜻하는 Physis의 어원은 자연을 뜻
하는 그리스어였다. 수많은 그리스 사상가들
가운데 가장 먼저 자연 현상을 논한 사람은
탈레스(Thales, BC 624~546)이다. 탈레스는
세상을 이루는 근원은 물이라고 생각했는데,
그 이후에도 많은 사상가들이 근원 물질에 대
한 자신들의 생각을 펴냈다. 헤라클라이투스
(Heraclitus, BC 544~484)는 만물은 멈추지

않고 변화하며, 만물의 근원은 불이라고 하였

최고의 물리학자로 꼽히는 스티븐 호킹.

다. 엠페도클레스(Empedocles, BC 495~435)는 물, 불, 공기, 흙이 만물을 만들어 내는 근원이라고 하였다. 데모크리토스(Democritos, BC 460~370)는 만물의 근본이 되는 것은 불생(不生)·불멸(不滅)·불변(不變)하는 원-자*(Atom)이며, 이것은 더 이상 분할될 수 없는 것이라고 하여 최초로 원자론을 펼쳤다.

이후 이러한 모든 논의들은 아리스토텔레스(Aristotles, BC 384~322)에 의해서 논리적으로 정리되고 체계화되었다. 그는 《자연학 *Physica*》에서 화학변화와 생명현상을 포함한 넓은 뜻의 운동을 논하였는데, 이 방법은 지금의 물리학에도 그대로 계승되었다. 고대 그리스에서 발전되었던 물리학은 그 후에 이집트의 알렉산드리아에서 여러 다

케플러

른 과학과 함께 고대 과학의 정점을 이루었다. 그리고 로마 시대를 거쳐 아라비아에 그대로 전파된다. 아라비아에서 더욱더 발전된 물리학은 그 후 중세의 유럽으로 다시 전파되었다.

쿨롱

그러나 기독교적 신비주의에 휩싸여 있던 중세의 유럽은 더 이상의 진보를 기대할 수 없었다. 그 시대는 종교의 그늘에서 벗어나는 것이 큰 과제가 되었다.

권위적인 종교를 부정하기 시작한 르네상스기에 들어와서 물리학은 보다 사실과 경험을 중시하며 실험과학으로 성장하였다. 코페르니쿠스(N. Copernicus, 1473~1543)의 지동설은 새로운 세계관을 제시하며, 사람들의 사고에 일대 변혁을 이루었다.

▲ 고전물리학의 성립과 완성

뉴턴으로부터 시작되는 고전물리학은 맥스웰의 전자기학에 의해 완성되어 갔다. 갈릴레이(G. Galilei, 1564~1642)는 '진자의 등시성'을 발견하고 이어서 '낙하체의 법칙'도 발견하였다. 또한 케플러(J. Kepler, 1571~1630)는 '행성운동의 3가지 법칙'이라는 물리학상의 커다란 업적을 남겼다.

코페르니쿠스, 갈릴레이, 케플러를 정점으로 천체와 지구상의 운동에 관한 여러 해석을 결합하여 통일적으로 파악하고 근대 과학

---

*각주 : 18세기의 화학적 원자(Atom)와 구별하기 위해서 '원-자'라 표기했음. 추천도서 1 참조.

〈물리학의 전개〉

고대 그리스의 자연학
르네상스의 물리학
고대원자론의 완성
데모크리토스(BC 460~370)
고대의 자연학
아리스토텔레스(BC 348~322)
《자연학 Physica》
아라비아의 과학
새로운 세계관
코페르니쿠스(1473~1543)
지동설의 전개
물리학상 대변혁
갈릴레오(1564~1642)
낙하체의 법칙
진자의 등시성
케플러(1571~1630)
행성운동의 법칙

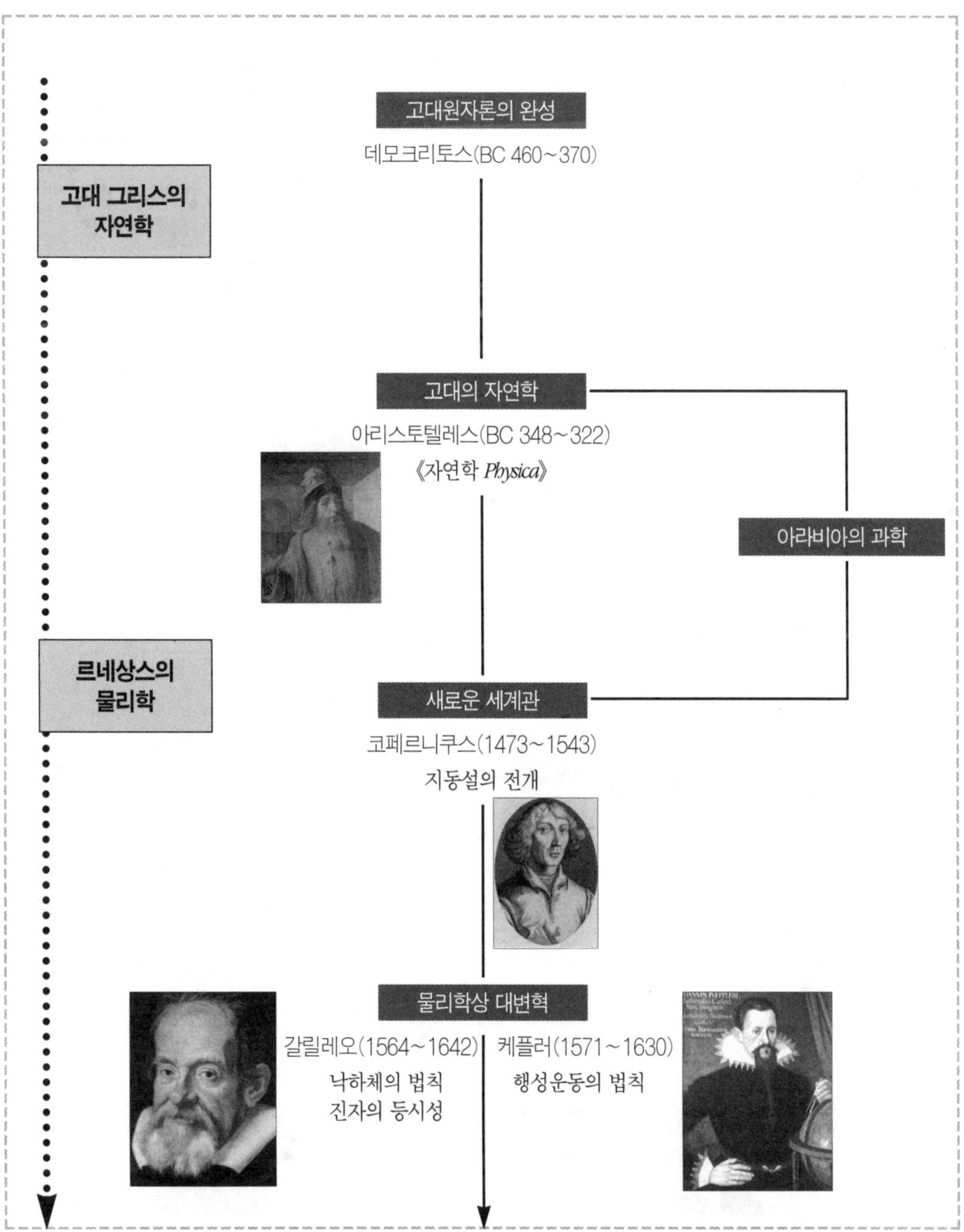

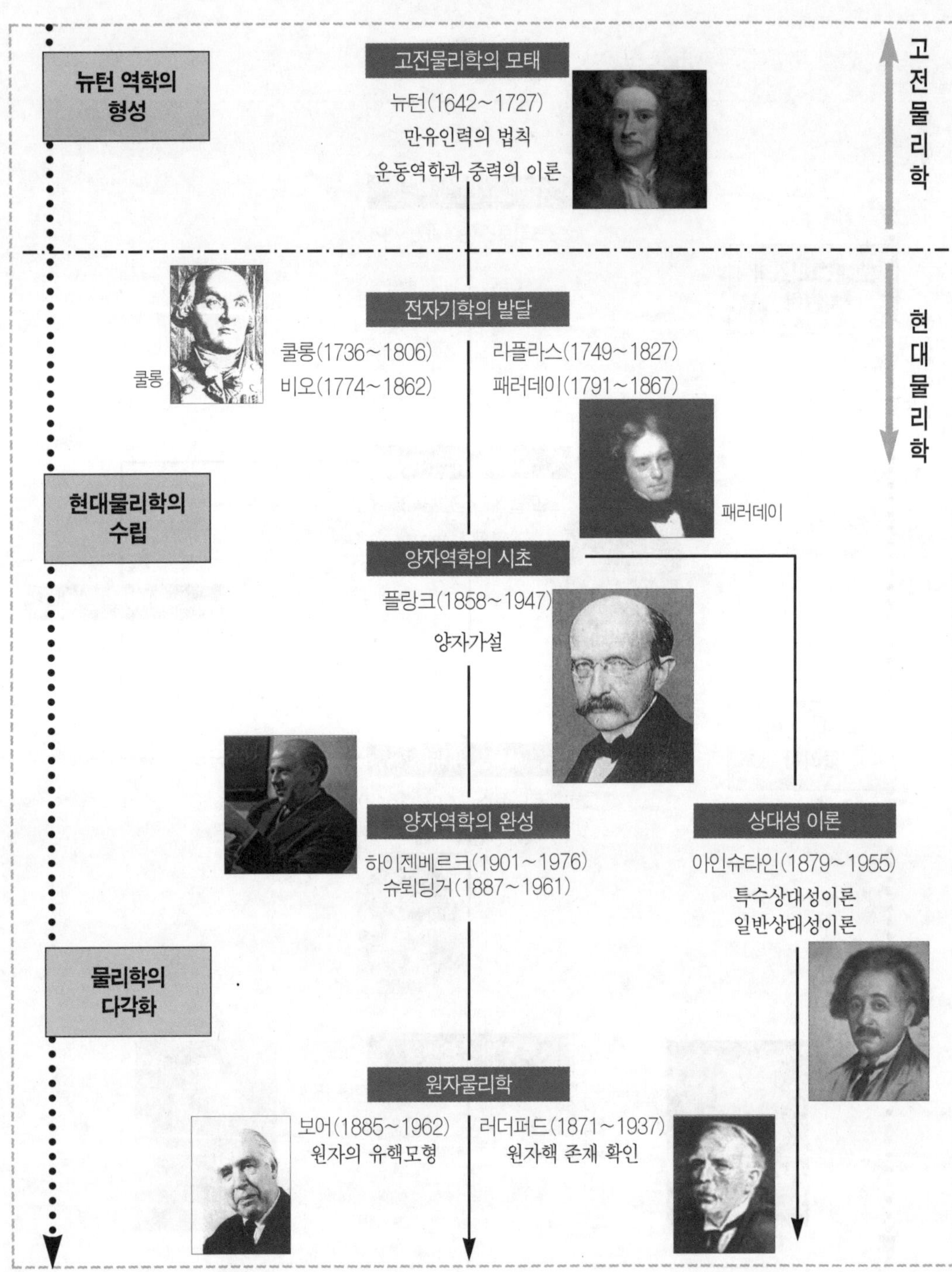
뉴턴 역학의 형성
고전물리학의 모태
뉴턴(1642~1727)
만유인력의 법칙
운동역학과 중력의 이론
고 전 물 리 학
현대물리학의 수립
전자기학의 발달
쿨롱(1736~1806)
비오(1774~1862)
라플라스(1749~1827)
패러데이(1791~1867)
쿨롱
패러데이
현 대 물 리 학
양자역학의 시초
플랑크(1858~1947)
양자가설
양자역학의 완성
하이젠베르크(1901~1976)
슈뢰딩거(1887~1961)
상대성 이론
아인슈타인(1879~1955)
특수상대성이론
일반상대성이론
물리학의 다각화
원자물리학
보어(1885~1962)
원자의 유핵모형
러더퍼드(1871~1937)
원자핵 존재 확인

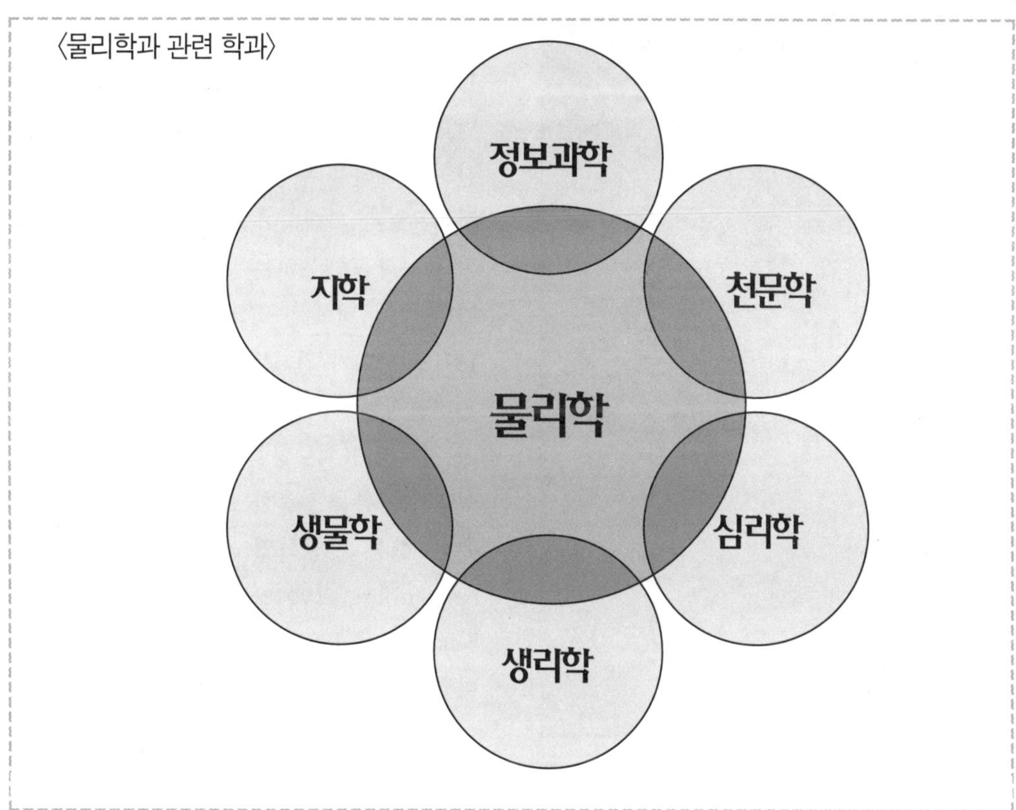

의 기초를 만든 사람은 뉴턴(I. Newton, 1642~1727)이었다. 그는 운동역학과 만유인력의 법칙, 태양계 행성의 운동, 유체역학 등 고전물리학의 모태가 되는 이론들을 거의 완벽하게 확립시켰다.

19세기에 들어서는 열, 빛, 전기, 자기에 커다란 관심이 쏠렸다. 특히 전자기학(電磁氣學)의 발달을 보았는데, 쿨롱(C. A. de Coulomb, 1736~1806), 라플라스(P. S. Laplace, 1749~1827), 비오(J. B. Biot, 1774~1862), 패러데이(M. Faraday, 1791~1867), 맥스웰(J. C. Maxwell, 1831~1879) 등이 연구를 통해 전자기 이론의 체계화를 이루었다. 여기서 빛(광학)과 전자기 현상(전자기학)의 통합이 이루어졌다. 결국 고전물리학이 완성되었다.

▲ 20세기의 현대물리학

양자역학으로 막을 연 20세기의 현대물리학(양자물리학)은 미시적(원자적) 세계의 질서를 해명함과 동시에 우주 탄생의 수수께끼도 풀어가고 있는 중이다.

물리학의 분류

- ◆ 소립자 물리학
- ◆ 원자핵 물리학
- ◆ 플라스마 · 핵융합
- ◆ 통계역학 · 물성기초론
- ◆ 원자 · 분자
- ◆ 분자결정
- ◆ X선 · 입자선
- ◆ 양자일렉트로닉스
- ◆ 자기성
- ◆ 이온결정
- ◆ 광물성
- ◆ 반도체
- ◆ 금속
- ◆ 저온물리
- ◆ 역학 · 유체물리
- ◆ 방전물리학
- ◆ 고분자물리학
- ◆ 생체물리학

20세기가 시작하는 1900년에 플랑크(M. Plank, 1858~1947)는 양자역학의 기초가 되는 논문을 발표하였다. 플랑크는 금속덩이 등을 가열해 갈 때 관측되는 현상을 설명한 것이었다. 금속덩이 등을 높은 온도로 점차 가열해 가면, 온도가 상승하는 데 따라서 그 금속덩이의 색이 변하는 현상의 이유를 잘 해명했다.

고전물리학을 가지고서는 해명할 수 없던 이 현상을 에너지의 덩어리 양자(Quantum)라는 개념을 도입해 설명했었다. 결국 플랑크의 발견은 1905년 아인슈타인(A. Einstein, 1879~1955)의 광양자(Light quantum)라는

개념에 의해 그 기틀이 확립되었다. 다시 1905년에는 아인슈타인이 특수상대성이론도 발표하였다. 이것은 뉴턴 역학의 전제인 시공간의 절대성을 부정하였으며, 후에 일반상대성이론으로 확대되어 양자역학과 함께 20세기 물리학을 대표하는 중요한 기초 이론이 되었다. 1911년에는 러더퍼드(E. Rutherford, 1871~1937)가 원자핵의 존재를 확인하였고, 1913년에는 보어(N. H. D. Bohr, 1885~1962)가 원자의 유핵모형을 제시하였는데, 고전역학과 양자론을 절충한 그의 주장 이후 양자역학은 한층 발전하였고, 하이젠베르크(W. Heizenberg, 1901~1976)와 슈뢰딩거(E. Schrödinger, 1887~1961) 등에 의해 양자역학이 완성되었다.

양자역학이 완성된 후 물리학은 새로운 단계로 들어갔다. 원자핵의 영역이 개발되어 원자의 영역과는 또 다른 원자핵 및 소립자의 세계가 열렸다. 채드윅에 의한 중성자의 발견이 1932년에 있었고, 그 외에도 1942년에 페르미가 최초로 원자로에서 연쇄반응을 완성하면서, 인공적인 원자핵의 변환, 핵반응 · 핵분열 등으로 그 진보는 괄목할 만했다.

더불어 발전한 것이 실험장치인 입자가속기 사이클로트론(Cyclotron)이었는데, 현재는 미국, 일본, 유럽 등에서 엄청난 비용을 들여 초대형 입자가속기를 건설하고 있다. 이들 입자가속기에 의한 힉스(Higgs)입자의 발견이 우주의 태초라고 생각되는 '대폭발(Big bang)'의 해명에 이르게 될 것이다.

▲ 물리학의 기초 지식

양자역학

거시적인 물체를 대상으로 하는 뉴턴 역학에 대하여, 전자·원자·분자 등의 미시적인 세계에 통용되는 법칙을 설명한 이론이 양자 역학이다. 플랑크가 양자가설을 제창한 이후 하이젠베르크, 슈뢰딩거 등에 의해 기초적인 체계가 완성되었다.

상대성 이론(Theory of relativity)

1905년 이후 아인슈타인에 의하여 전개된 물리학의 이론체계. 일반적으로 자연 현상은 좌표계의 운동에 의하여 다르게 관측되나, 물리의 법칙은 모든 좌표계에 있어서 같은 형식으로 표현되지 않으면 안 된다는 것. 1905년 뉴턴 역학에 의해 알려졌던 시간·공간의 개념을 근본적으로 변경, 상대성원리를 서로 일정한 속도로 상대운동을 하는 두 좌표계 사이에서 물리학의 여러 법칙에 적용한 것이 특수 상대성 이론이며, 1915년 상대성원리를 확장하여 뉴턴의 만유인력 대신 일반상대성 이론을 완성하였다. 모든 물질의 질량은 속도가 증가함에 따라 증가한다는 질량과 에너지의 동등성과 세계의 4차원성 등을 밝혔다.

만유인력

1687년 뉴턴이 발견한 것으로 질량을 가진 모든 물체가 서로 잡아당기는 힘을 말한다. 만유인력 F는 두 물체 사이의 거리 R의 제곱에 반비례하고, 두 물체의 질량 m_1, m_2의 곱에 비례한다. 그리고 그 방향은 두 물체의 중심을 연결하는 방향이다.

$$F = G \frac{m_1 \cdot m_2}{R^2}$$

(G : 만유인력상수)

태양계 탐색을 끝내고 외부 성간 공간에 들어선 보이저와 파이어니어 호.

특수상대성이론을 실증해 보인 핵실험.

소립자

우주의 모든 물질을 구성하는 가장 기본적인 것으로 그 이상 간단한 것으로 만들 수 없다고 생각되는 입자. 이들 소립자는 일정한 질량·전하·스핀(Spin)을 가지고 있다. 주요한 소립자는 양성자·전자·중성자이며, 이밖에도 파이(π)중간자·뮤(μ)중간자·광자·중성미자(Neutrino)등 많은 소립자가 발견되었다.

운동의 법칙(Laws of motion)

뉴턴이 확립한 역학의 기본이 되는 3개의 법칙.

① 제1법칙(관성의 법칙) : 모든 물체는 외부에서 힘을 받지 않는 한 그 운동 상태를 변화시키지 않는다.

② 제2법칙(가속도의 법칙, 운동의 법칙) : 가속도의 크기는 작용하는 힘의 크기에 비례하고 질량에 반비례하며 방향은 힘의 방향과 일치한다.

③ 제3법칙(작용·반작용의 법칙) : 작용과 반작용은 같은 선에 따라서 정반대의 방향으로 작용하고 그 크기는 서로 같다.

원자(Atom)

물질을 이루는 가장 기본적인 입자로 그 물질의 특성은 지니지 못한다. 플러스의 전기를 띠고 있는 양성자와 전하를 갖지 않으며, 그 질량은 양성자와 거의 같은 중성자로 이루어진 원자핵과 마이너스 전기를 띠고 원자핵의 주위를 돌고 있는 같은 양의 전자로 이루어져 있다.

원자핵은 원자의 중심에 있고 양성자와 중성자가 핵력으로 결합하여 이루어져 있다. 원자 중의 양성자의 수와 전자의 수는 같고 중성자의 수는 양성자의 수와 비슷하다. 원자의 질량은 양성자의 질량과 중성자의 질량의 합과 거의 같다.

원자력(Atomic energy)

원자핵에서 방출되는 다량의 에너지를 말한다. 핵반응(분열·융합)의 결과, 새로운 원자핵이 생길 때는 그 핵을 이루고 있는 각 입자의 질량을 합한 이론상의 무게보다 실제의 질량은 적어진다. 이와 같이 감소된 질량은 에너지로 변하여 외부에 나타나게 되는데 이 것을 원자력이라 한다. 원자탄은 핵분열의 연쇄반응을 순간적으로 일으켜 일시에 막대한 에너지를 방출하게 만든 것이다.

원자로(Atomic pile)

핵분열 반응 때 생기는 중성자를 탄소나 중수에 흡수시킴으로써 연쇄 반응을 서서히 일으키게 하여, 여기서 얻어지는 에너지를 이용하는 장치이다. 동력용과 방사성동위원소 생산용이 있다.

전자와 양성자

전자는 원자를 구성하는 마이너스 전기를 띤 입자로 원자핵의 주위를 포위하고 있다. 전자의 무게는 원자 중에서 가장 가벼운 수소 원자의 1/1840이다. 양성자는 원자핵을 구성하고 있는 입자로 플러스의 전기를 띠고 있다. 양성자의 수는 원자핵의 주위를 돌고 있는 전자의 수와 같다. 수소의 원자핵은 1개, 산소는 8개, 우라늄은 92개로 되어 있다.

유체역학(Fluid mechanics)

유체의 운동이나 유체 매질 내에서의 물체의 운동을 연구하는 학문. 특히 유체의 정지상태를 대상으로 하는 경우는 유체정역학(Hydrostatics)이라 하며, '아르키메데스의 원리', '파스칼의 원리' 등이 이에 속한다. 이에 대해 운동중인 유체를 대상으로 하는 경우를 유체동역학(Hydrodynamics)이라 한다.

열역학법칙(Law of thermodynamics)

열과 관계된 여러 가지 현상을 취급하는 보편적인 이론체계인 열역학은 열평형 상태와 경험적 온도에 관한

추천도서

1.《신의 입자》, 레온 레더맨, 김종오 역
2.《상대성이론》, A. 아인슈타인, 김종오 역
3.《상대성이론》, J. D. 버널, 김상민 역
4.《물리이야기》, A. 아인슈타인·L. 인펠트 공저, 지동섭 역

열역학제0법칙, 에너지 보존법칙인 열역학제
1법칙, 열현상의 비가역성 및 엔트로피에 대
한 열역학제2법칙, 절대영도에서의 상태에
관한 열역학제3법칙을 기본법으로 하는데,
이들 4가지 법칙을 총칭하여 열역학법칙이라
고 한다.

엔트로피(Entropy)

열현상 등 열역학적 현상의 비가역성(非
可逆性)을 수량적으로 나타내기 위해 도입된
상태량의 하나로서 입자의 미시적인 운동 상
태의 무질서한 정도를 나타내는 양이다. 엔트
로피라는 명칭은 1865년 독일 물리학자 클라
우지우스가 처음 사용하였으며, 변화라는 뜻
의 그리스어에서 유래되었다. 자연계에서 엔
트로피가 감소하는 변화는 없다. 그것을 열역
학제2법칙이라고 한다.

쿼크(Quark)

물질을 구성하는 가장 기본 단위의 입자.

물질의 구성요소인 원자는 원자핵과 그 둘레
의 전자로 이루어져 있으며, 원자핵은 양성자
와 중성자로 이루어져 있다. 그러나 쿼크나
경입자는 더 이상 분할할 수 없는 궁극의 입
자로 생각된다.

종래에는 u, d, s, c, b의 5종류가 있다는
것이 밝혀졌었는데, 1994년 t쿼크의 존재가
미국의 페르미 연구소에서 확인되었다.

광속

빛이 진공 속을 전파하는 속도. 물리학에
서 가장 기본적인 상수(常數) 중의 하나이다.
빛의 속도가 처음 측정된 것은 1675년 뢰머에
의해서이며, 1727년 브래들리가 보다 정밀한
값을 측정해 내었다. 그 후 여러 가지 방법을
통한 측정에서 그 값이 조금씩 변했는데, 현
재 통용되고 있는 속도는 초속 30만km이다.

식량이나 생활재료로서의
동물이나 식물에 대한
관심과 탐구가 생물학의
하나의 원류가 될 수 있다.

이영록 / 고려대학교 명예 교수

▲ 생물학의 기원

학문의 연구는 보다 나은 생활을 추구하려는 인류의 욕망에서 그 뿌리를 찾아볼 수 있다. 윤택하고 건강한 생활을 하고자 하는 것은 예나 지금이나 변함없는 인류의 바람이기 때문이다.

우리들 현세인들은 10~20만 년 전에 아프리카에서 기원하여 전세계에 널리 퍼진 것으로, 긴 구석기 시대를 통하여 자기들 주변에 살고 있는 동물이나 식물 또는 다른 자연물 중에서 식량을 위시한 여러 가지 생활 자료들을 발견하여 이들을 이용하는 생활을 영위하여 왔다. 그리하여 지금으로부터 약 1만 년 전 신석기 시대에는 농경기술을 개발하여 생활에 큰 변화를 가져오게 하였다. 즉 수렵, 채집의 단계에서 농경, 목축의 단계로의 이행이 일어났고, 이로 인해 오늘날의 고도로 발달한 인류문화의 출발점이 된 이집트, 메소포타미아, 중국 등의 고대 문명이 성립하게 되었다.

인류가 오늘날과 같은 고도의 문명사회를 구축할 수 있었던 것은 자기의 경험과 지식을 어떠한 방법으로든지 다른 사람이나 자손들에게 전달하는 특성을 가지고 있었기 때문이라 할 수 있다. 예컨대 오늘날까지 전하여지

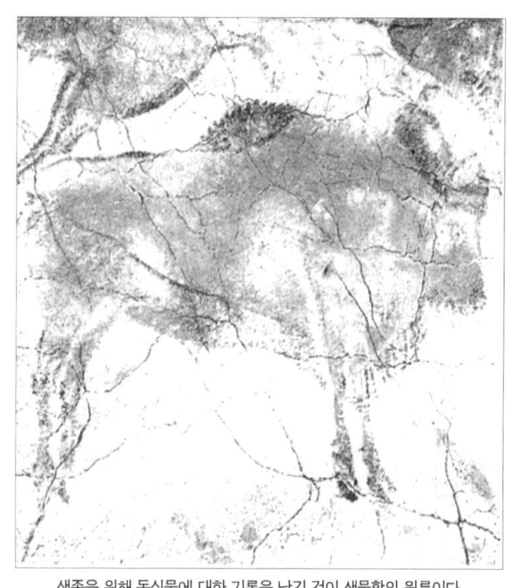

생존을 위해 동식물에 대한 기록을 남긴 것이 생물학의 원류이다.
사진은 알타미라 동굴벽화.

고 있는 스페인의 알타미라 동굴벽화 등은 아직 문자가 없었던 구석기 시대의 인류가 그림으로 지식을 전달하고 동족의식을 고취시켰음을 보여 주고 있는 것이다.

약 6000년 전에는 개나 양, 소, 낙타, 말 등을 가축화하였다. 기원 전 2000～3000년경의 고대 국가의 완성기에는 밀이나 옥수수 같은 농작물의 종자나 재배기술, 양봉, 양잠기술 등이 널리 전세계에 전파되었음을 당시에 쓰여진 고대문서의 기록에서 엿볼 수 있다.

이와 같이 인류는 옛부터 유용한 동식물의 특성이나 재배, 사육방법 또는 이용방법 등을 처음에는 그림으로, 그리고 문자가 생긴 후에는 문서에 의한 기록으로 후세에 전달할 수가 있었다. 그 기록 가운데 식량이나 생활 재료로서의 동물이나 식물에 대한 관심과 탐구가 생물학의 하나의 원류라고 할 수 있다.

생물학의 다른 하나의 원류는 질병이나 죽음으로부터 해방되었으면 하는 인류의 본능적 욕구에서 비롯되었다. 오래된 문헌에 의하면 인도에서는 이미 기원 전 1500년경에는 고도로 발달한 의학체계가 성립하였고, 그 무렵 중국에서도 침구술 등 오늘날의 한방의학의 이론과 기술의 기초가 확립되었음을 엿볼 수 있다. 사람의 질병이나 그 치료 방법에 관한 깊은 관심은 사람이나 다른 동물의 몸의 구조나 생리적인 기능에 관한 지식의 발달을 초래하였을 것이다. 이것이 오늘날의 생물학의 또 다른 하나의 원류가 되었다.

이러한 생물학의 원류는 박물학과 생명론으로 이어져 갔다. 박물학은 자연계의 여러 가지 생물을 기재하는, 말하자면 다양성의 추구라고 할 수 있다. 그 박물학의 시조라고 할 수 있는 사람이 그리스의 아리스토텔레스이다.

그는 실제로 동물을 관찰하고 조사하여 종에 따른 특색을 밝히고, 《동물지》에 500여 종을 수록하였다. 박물학은 그 후 로마 시대에 크게 발전하여 플리니우스(Plinius, 23～79)는 37권의 《박물지》를 저술하여 동식물에 관한 지식을 집대성하였다.

생명론은 생물체가 갖는 공통된 원리를 추구하는 것이다. 이 생명론의 흐름이 해부학이나 생리학을 탄생시키고 크게는 의학이라는 학문을 낳게 하였다. 히포크라테스(Hippocrates, BC 460～377)는 의학의 창시자로서도 잘 알려져 있는데 체액설을 주장하였다. 질병이란 하나님의 노여움과 같은 초자연적인 힘에 의한 것이 아니라, 체액의 균형을 잃었을 때 일어나는 자연적인 현상으로

히포크라테스

사람이 스스로 관리할 수 있는 것이라고 했다. 근대 생물학은 박물학과 생명론이라는 이 두 조류가 융합하여 성립된 것이다.

〈생명과학의 계보〉

분야	1900	1920	1940		1960	1980
	·자연발생설의 부정 ·유전법칙의 발견 ·생명현상이 화학반응임을 확인	·유전자설의 확립	·바이러스의 결정화 ·유전자를 물질로 보는 입장	·유전자가 DNA임을 밝힘	·유전정보의 전달 경로에 대한 일반원리 확립	·생명과학과의 연관분야
〈미생물학〉	·파스퇴르(1860) 자연발생설 부정 ·이바노프스키(1890) 바이러스의 발견		·플레밍(1929) 항생물질 발견	·이베리(1944) 폐렴균의 병원성 유전이 DNA에 의해 전달됨을 증명 ·허시, 체이스(1952) 바이러스의 증식기구와 유전적 구조 발견	·야곱, 모노(1961) 대장균의 유전자 조절기작	의학 인류학 발생생물학 행동생물학 뇌신경과학 식물과학 동물과학 정보과학 우주과학 공학 농림수산학 사회학 종교학 철학
〈유전학〉	·멘델(1865) 완두콩의 잡종 실험	·모건(1911) 초파리 염색체 분열 확인	·멀러(1927) X선에 의한 인공돌연변이 ·비이들(1935) 유전자와 생체 물질간의 규칙성	〔분자생물학의 탄생〕 ·와트슨, 크리크(1953) DNA의 이중나선 모델	·코라나, 니런버그(1968) 유전정보의 해독과 단백질 합성 규명	
〈생화학〉	·부흐너(1897) 효모 추출액에 의한 발효		·스탠리(1935) 담배 모자이크 바이러스의 결정화	·샤가프(1951) DNA내 염기 조성 분석 ·메셀슨, 스탈(1957) DNA의 반보존적 복제 증명	〔생명과학의 탄생〕 ·코엔, 보이어(1974) 재조합 DNA 기술 등장	
〈물리학〉			·보어(1932) 생명현상에 물리 법칙이 적용됨을 밝힘	·슐레딩거(1945) 생체내 현상이 물리법칙의 범위내라고 주장	·하운스필드, 코맥(1979) 컴퓨터를 이용한 X선 단층촬영 기술 개발	

▲ 생물학의 성립과 발전

중세는 종교가 지배한 학문의 암흑기라고 할 수 있다. 종교적인 억압에서 풀려나 합리적인 자연관이 싹트기 시작한 것은 르네상스기(14~16C)이다. 르네상스기를 거쳐 등장한 생명관이 기계론이다.

기계론이란, 생물은 본격적으로 무생물과 다를 것이 없고, 따라서 생명현상도 물리화학적 방법으로 해명이 가능하다는 생각이다. 영혼이나 생명력의 존재를 인정하는 생기론에 대체하여 기계론이 등장한 배경에는 여러 가지 도구의 기술적인 진보가 있었다. 이러한 기술의 진보는 현미경에 의한 미세한 세계의 발견을 유발하였다. 세포의 발견에 이어 미생물의 세계도 알려지게 되었다.

18세기에 들어서서는 린네(C. Linne, 1707~1778)에 의해 분류학의 탄생을 보게 되

〈생물학의 영역〉

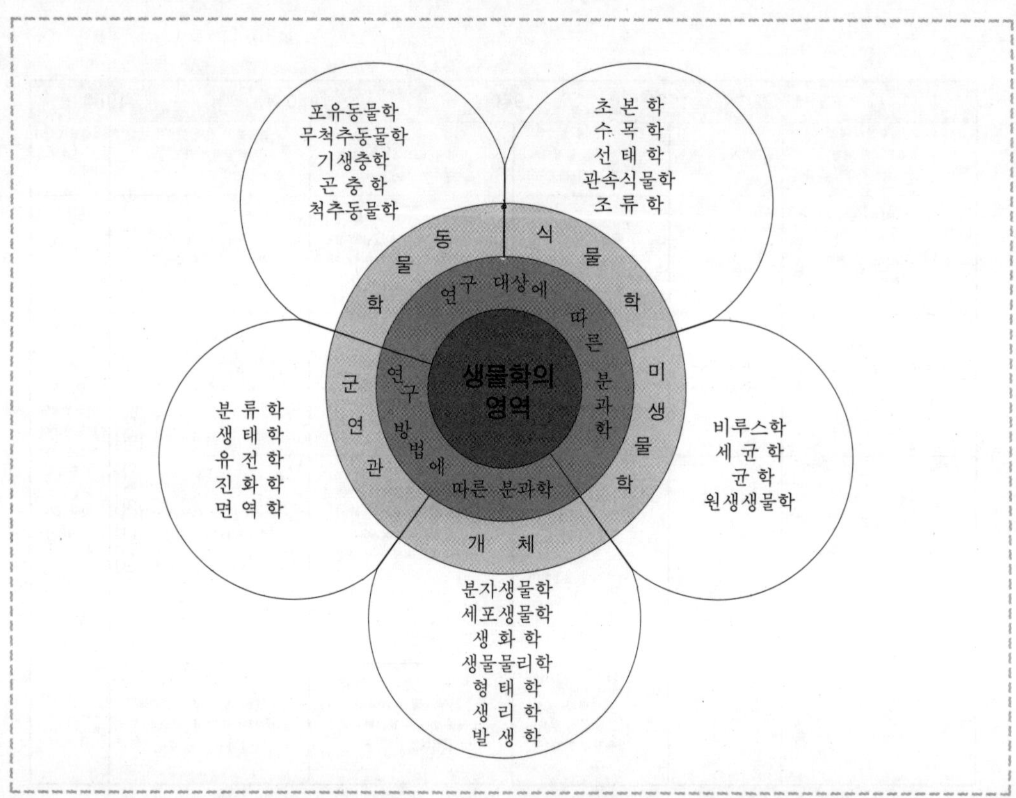

었다. 19세기에는 근대생물학에서 전환의 계기가 된 생물학사상 대사건이 있었다. 그것은 바로 다윈(E. Darwin, 1809~1882)의 진화론과 슐라이덴, 슈반의 세포설이다. 진화론은 생물학 분야만이 아니라 널리 사회 사상에도 큰 영향을 미쳤다.

세포설이 확립된 이후에도 생명현상에 대한 많은 연구가 세포에 집중하게 되었고, 물리, 화학의 근대적 발전을 뒷받침으로 발생학, 생화학, 유전학 등 생물학의 각 분야가 근대적 정밀과학으로 발전되었다.

생물학은 다양한 생명현상을 연구하는 학문이므로 연구 대상이 되는 생물에 따라 또는 연구 방법에 따라 여러 가지 영역의 분과학이 있다. 생물의 성질에 기초를 둔 생물학은 우선 그 대상에 따라 동물학, 식물학, 미생물학 등으로 크게 구분할 수 있다. 그 대상을 더욱 세분화하면 동물학에도 곤충학이나 기생충학 등의 구분이 있는 것처럼 식물학이나 미생물학도 선태학, 초본학, 균학, 바이러스학 등으

〈생물학과 다른과학의 관계〉

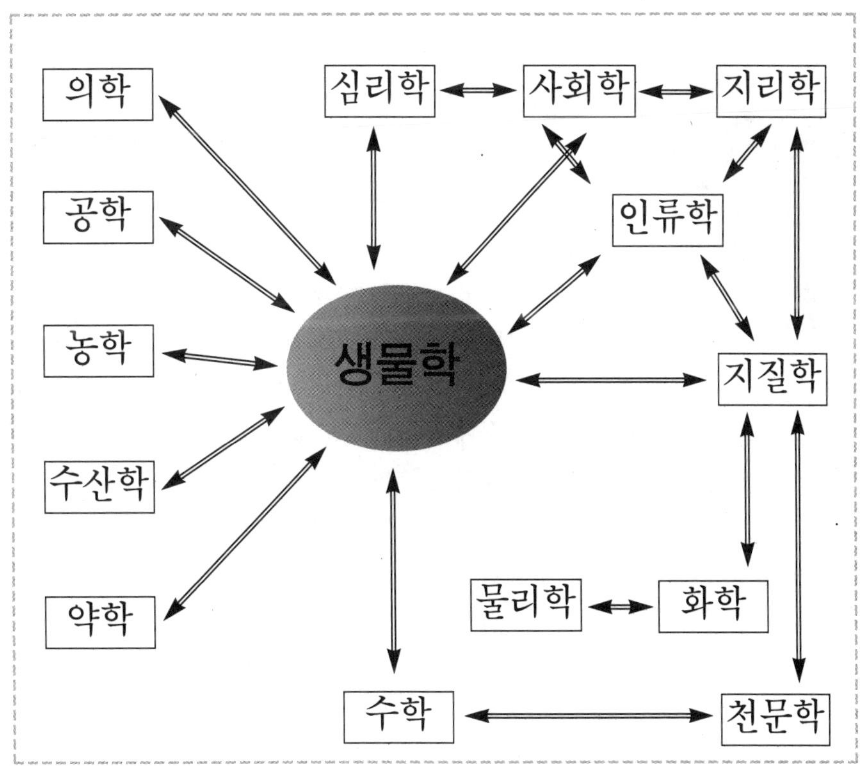

로 세분된 과학이 있다.

연구 방법에 기초를 둔 분과학에도 생명의 어떤 특징을 주로 연구하느냐에 따라 여러 가지 영역이 있다. 개체를 대상으로 할 때는 형태학, 생리학, 발생학 등이 있다. 또한 분자나 세포 수준에서 생명현상을 다루는 분자 생물학과 세포 생물학이 있고, 군집을 대상으로 하는 분과학에는 분류학, 생태학, 유전학, 그리고 진화학 등이 있다.

▲ 생명과학의 새로운 전개

생물학은 금세기 후반부터 새로운 발전 단계를 맞이하고 있다. 그것은 주변 과학 기술의 발달로 생물이 나타나는 생명 현상을 원자나 분자 수준에서 설명하고 조작하는 일이 가능해졌기 때문이다. 생물학은 이제 '분자 생물학'을 발판으로 하여 '생명과학'이라는 새로운 발전 단계를 맞이하고 있는 것이다.

세포설이 확립된 후에는 생물체의 구조

멘델

상, 기능상의 단위가 세포라는 것과 모든 세포는 구조나 화학적 조성이 공통되는 일양성(一樣性)을 지니고 있다는 것을 인식하게 되었다. 그리고 멘델의 법칙이 재발견됨에 따라 유전에 관한 법칙성이 있다는 것과 이 법칙은 많은 다른 생물에도 적용이 된다는 인식으로 생물의 공통성이 주목을 받기 시작하였다.

그리하여 동물학과 식물학을 통합하여 '생물학'으로 불려지게 되었다. 그러나 종래의 생물학은 동물, 식물, 미생물 등이 각각 따로 연구되었으며, 그 대상에 사람은 포함되지 아니하였고 사람은 의학이나 인류학에서 따로 다루어 왔다.

'생명과학'에서는 사람을 포함한 모든 생물을 공통된 관점에서 보고 '생명의 본질'을 해명하려고 하는 것이다. 표 〈생명과학의 계보〉에 금세기 초부터 생명과학의 정립에 이르기까지의 경위를 표시하였다. 1940년대 생물학의 가장 큰 관심사는 유전자의 물질적 본체를 밝히는 것이었는데, 1944년에는 DNA가 유전 물질임이 확인되었다.

1953년 와트슨(J. D. Watson)과 크리크(F. H. C. Crick)에 의해 DNA의 이중나선구조 모형이 제출된 것은 '분자생물학'이라는 새로운 분야의 성립에 큰 계기가 되었다. 이 이중나선구조의 가설에 의해 유전정보의 전달 경로에 대한 일반원리가 확립되어 유전자의 근본적 해명에 접근하여 갔다.

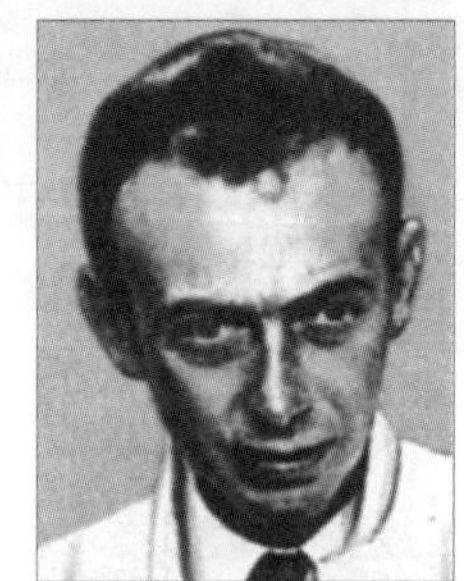

와트슨

즉 1960년대에는 모든 생물의 유전정보는 DNA에 의해 기록되어 있고, 그 정보가 RNA를 매개로 하여 읽어져서 특이한 단백질을 합성함으로써 특이한 유전 형질이 발현된다는 것을 명백히 하였다. 이러한 상황에서 1970년대에는 '생명과학'이라는 새로운 용어가 생겨났고, 생명의 본질에 관해 모든 생물을 공통의 관점에서 해명하려고 하는 새로운 학문 영역이 성립하게 된 것이다.

1970년대에 개발된 유전자 조작 기술에 의해 그때까지 세균이나 바이러스가 주된 연구재료였던 DNA의 연구는 사람을 위시한 고등동물이나 식물에서도 해석이 가능해져서 생명과학은 급속한 발전을 하게 되었다.

생명과학이라고 하는 새로운 영역이 생기게 된 배경에는 과학이 점차 세분화되어 가는 데 대한 반성과 더불어 당시의 지구적 규모의 환경오염, 식량문제, 인구, 의료 등의 여러 문제에 대한 깊은 관심과 같은 사회적 배경도 있었다고 본다.

1980년대의 생명과학은 생명과학이 원래 목적으로 삼았던 환경, 식량, 인구, 의료 등의 문제에 근본적으로 대처하는 기술로서보다는 오히려 기업적인 견지에서 기술이 요구되는 감이 없지 않아 있다. 생명공학은 원래 생명과학을 발전시키기 위해 필요한 수단으로서 개발하려는 것이지만, 그후 산업적 문제에서의 기술 개발과 여러 분야에서의 응용이 활발해졌다.

그러나 이러한 흐름은 차분히 가라앉아 최근의 생명과학은 그 연구 동향을 진핵생물인 고등 동·식물의 고차적 생명 현상의 해명으로 잡아가고 있다. 예컨대 식물의 세포 융합이나 유전자 조작 등에 의하여 차원 높은 생명현상을 밝히면서 생산성이 높은 품종, 향료나 생약 성분을 많이 가지는 식물, 내한, 내염, 내병성 품종 등을 개발하여 장래의 농업이나 식량문제 해결에 기여하려 하고 있다.

▲ 생물학을 배우는 데 필요한 기초지식

생물의 역사와 지질연대

시초의 생물이 출현한 이후 오늘에 이르기까지 35억 년이라는 긴 생물의 역사에서 고생대와 중생대가 차지하는 시간의 비율은 각각 10%와 5% 정도이고, 83%라는 대부분의 시간은 선캄브리아 시대가 차지하고 있다. 포

생명과학은 농업이나 식량문제 해결에 기여하려 하고 있다.

유류 시대라고 할 수 있는 신생대가 차지하는 시간의 비율은 생물 역사의 2% 정도에 불과하다.

생물학과 다른 과학과의 관계

생물학은 생명현상을 해석하는 자연과학의 한 분과학으로 수학, 물리학, 화학과 같은 다른 기초과학이 생물학의 기초가 된다. 그러나 생물학은 응용 과학이 아니고 의학, 약학, 농학, 공학, 수산학과 같은 응용과학의 기초가 되는 기초과학이다. 또한 생물학은 지질학, 사회학, 인류학 및 심리학과 같은 다른 과학과도 밀접한 연관성을 갖는다.

전성설과 후성설

전성설은 생물체의 형상이 발생 이전의 난자 또는 정자 시기 때부터 이미 완성되어 있다고 주장하는 학설이고, 후성설은 생물의 형태는 발생 과정중에 형성된다는 학설이다.

이 두 설은 오래 전부터 존재했었지만, 18세기 중반 볼프의 닭의 발생 연구 및 19세기 베어의 비교발생학 연구 등으로 수정란이 성체로 되는 과정이 밝혀지면서 전성설은 부정되었다.

진화론

생물 진화의 생각은 그리스의 자연철학에서도 이미 싹트고 있었으나 구체적인 진화론은 라마르크(C. J. B. M. Lamarck, 1744~1829)에 의해 제창되고 다윈에 의해 많은 증거가 제시되었다.

다윈에 의해 확립된 진화론은 생물학뿐만 아니라 사회, 사상의 영역에서도 지대한 영향을 미치게 되었다.

유명 대학

하버드 대학교(Harvard University)
MIT(Massachusetts Institute of Technology)
스탠포드 대학교(Leland Standford Junior University)
예일 대학교(Yale University)
동경대학교

분자시계

생물의 진화 과정에서 DNA나 단백질 등의 정보 고분자에서 생기는 변화는 시간에 비례하여 거의 일정한 속도로 축적된다. 따라서 DNA의 염기 배열이나 단백질의 아미노산 서열의 차이를 비교하여 현생 생물간의 계통관계나 분기 연대를 추정할 수 있는데 이를 분자시계라고 한다.

생물공학

생물의 기능을 유효하게 이용하는 기술을 말한다. 생물공학이란 원래 생명과학을 진전시키기 위해 필요한 수단으로써 개발하려 한 것이지만, 그 후 산업적 목적에서의 기술 개발 등 넓은 영역에서 활발한 응용이 이루어지고 있다.

분류의 5계 체계

생물학자들은 지구상의 생물군은 원핵 생물, 원생 생물, 동물, 식물, 균류 등의 5계로 분류하는 분류체계를 받아들이고 있다. 세균은 원핵 생물이고, 원생 생물, 동물, 식물, 균류 등은 모두 진핵 생물이다.

진핵세포의 공생기원설

각각 독립생활을 하였던 여러 가지 원핵 세포들이 숙주세포에 섭취되었으나 소화되지 아니하고 생존하여 숙주세포를 따라 증식함으로써 다음 세대도 내부 공체를 함유하게 되어 진핵세포가 되었다는 학설이다. 진핵세포의 세포기관의 성질이 밝혀짐에 따라 이는 신빙성 있는 학설이 되었다.

생물의 계통

분자시계에 근거한 생물의 계통수를 보면 모든 생물이 동일한 근원에서 유래하였음이 입증된다. 16 s rRNA염기 서열의 분석 결과는 지구상의 모든 생물이 진핵생물과 원핵생물의 두 형이 아니라 적어도 진정세균, 고세균, 진핵생물의 세 계통이 있다는 것을 나타낸다.

유전자효소설

하나의 유전자는 효소의 생성이나 그 기능을 지배한다는 학설. 운반 RNA나 리보솜 RNA도 유전자 산물이므로 이 학설에는 예외도 있으나 유전자가 효소의 본체인 단백질 합성을 지배한다는 개념은 많은 실험에 의해 확인되었다.

아프리카의 이브설

현세인은 모두가 약 20만 년 전에 아프리카에서 살았던 한 사람의 여성에서 유래한다는 학설. 이 학설은 5개 대륙으로부터의 현세인 147개체의 미토콘드리아 DNA의 염기 순

추천도서

1. 《Developmental Biology(2nd)》, Gilbert
2. 《Principles of Biochemist(2nd)》, Lehninger
3. 《Molecular cell Biology(2nd)》, Darnell
4. 《Process and Pettern in Evdution》, Avers
5. 《Fundamental of Genetics》, Russell
6. 《Fundamental of the Fungi(3rd)》, More
7. 《Virology(3rd)》, Kimall
8. 《Introduction to lmmunology》, Kimball
9. 《Animal Physiology(3rd)》, Eckert
10.《Plant Development》, Lyndon

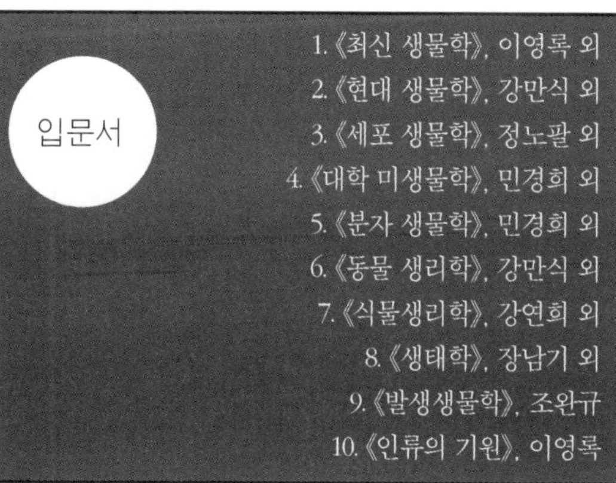

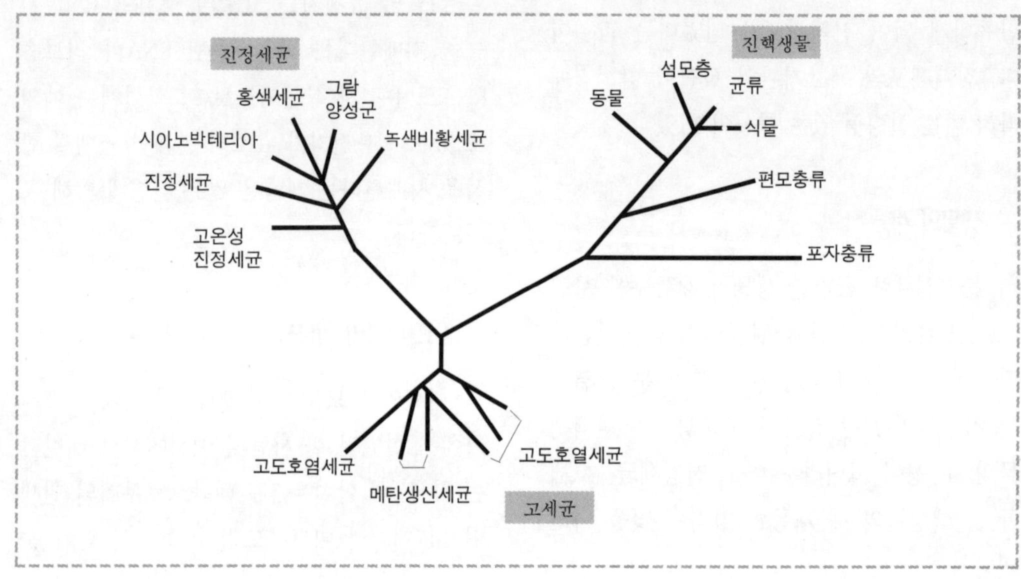

서의 변화를 해석하여 계통수를 만들고 분기 연대를 추정하여 얻은 결론인데 유력한 학설로 인정받고 있다. ♣

공학

Engineering

노태천 / 충남대학교 기술교육과 교수

공학은 천연 자원을 인간에게
유용하게 변환시키기 위하여
자연 과학적 원리와 방법을
응용하는 공업 기술에 대한
학문이다.

▲ 공학(엔지니어링)의 뜻

공학은 천연 자원을 인간에게 유용하게
변환시키기 위하여 자연 과학적 원리와 방법
을 응용하는 공업 기술에 대한 학문이다.

1787년 이후 제조된 증기기관 모델

'Engineering' 이라는 말은 'engine(엔진 : 기
관)', 'ingenious(영리한)' 그리고 'ingener-
are(발명 · 고안 · 창안하다)' 라는 라틴어에서
유래했다. 3세기경의 기록에서 'ingenium' 이
라는 말이 보이는데, 이
것은 일종의 '성벽 파괴
무기' 였다.

15세기경에는 이러한
전쟁 무기를 만들고 다루
는 사람을 'Ingeniator' 라
고 불렀다. 따라서 '공학
자(engineer, 기술자)' 는
고대 서양에서 쇠뇌(기계
활) · 배다리 · 성벽 파괴
무기와 같이 전쟁에 필요
한 교묘한 무기를 발명하
고 다루거나 군사적으로
중요한 지점에 튼튼한 방
어 시설(요새)을 건설하
는 군사 기술자(Military

engineer)를 뜻했다. 공학은 개념상 기술 또는 기술학과 구별하기 어렵지만 기술(학)보다는 이론적 · 학문적 측면이 강조된다.

▲ 공학의 기원

근대 이후 유럽에서는 도로 · 교량 · 운하 · 성 등을 건설하는 민간 기술자(Civil engineer)들의 활동이 활발해졌는데, 이들을 양성하는 학교가 세워지고 이들의 모임인 학회가 결성되면서 공학에 대한 연구와 교육이 시작되었다.

18세기 프랑스는 나라를 통합시킬 목적으로 토목 기술자를 양성하는 근대 최초의 기술 학교인 국립교량 철도학교(1747)를 세웠다. 이 학교에서는 수학 · 물리 · 화학 · 도학 및 역학을 토목 기술에 적용하여 가르쳤는데, 이때부터 최초의 공학인 토목공학이 탄생했고, 이 학교는 프랑스 대혁명중에 이학과 공학을 가르치는 이공과학교 (école polytechnique, 1794)로 바뀌었고, 이곳에서 훌륭한 과학자와 기술자가 배출되어 유럽 및 미국 공학 학교의 모델이 되었다.

프랑스에 비해 공학 교육을 늦게 시작한 영국은 글래스고 대학의 야간 과정에 기계공들을 가르치는 기계 학교를 세웠다. 이곳에서는 물리학을 강의했는데 1840년에 공학 강좌를 처음 개설하였다. 영국에서는 최초의 공학자 모임인 토목공학자협회가 창립(1818)되어 종래의 군사적 기술이 아니고 시민(Civil)에게 유용한 기술을 개발하여 보급하였다. 산업혁명을 거치면서 영국에서는 방직 기계 · 증기 기관 · 공작 기계 등 기계 기술이 발달하게 되자 기계 공학자들이 토목공학자협회에서 독립하여 독자적으로 기계공학자협회를 발족(1847)시켰다. 이때부터 기계공학이 탄생한 것이다.

독일은 베를린 실업학교(1821)를 시작으로 칼스루에 뮌헨 아헨 베를린 공과대학을 설립하여 공학 교육을 본격적으로 시작하였고, 미국은 유럽의 공학 학교를 모방하여 MIT 공과대학을 설립(1851)하면서 공학을 연구하고 가르치기 시작했다.

일본은 메이지유신(1867) 이후 서양의 기술을 도입하여 부국강병을 꾀하였는데, 정부가 관리하는 공학교를 설치(1873)하고 토목 · 기계 · 전신 · 조가(造家), 화학 및 용주(熔鑄), 광산의 6개 학과를 두었다. 공학교가 공부대학교(1877)를 거쳐 동경제국대학 공과대학(1886)으로 개칭되었다. 이 학교는 종합 대학교에 설치된 최초의 공과대학이다.

우리 나라에서 근대적인 기술 교육은 관립상공학교(1899)와 광무학교 · 우무학당 · 전무학당(1900)에서 시작되었는데, 대학 수준에서의 공학 교육은 경성제국대학(1924) 내에 설치된 이공학부(1941)에서부터 시작되었다.

▲ 공학의 발전

◀ 매사추세츠 공과대학

영국에서 산업혁명이 완성 단계에 들어선 19세기 후반까지는 토목공학과 기계공학이 공학 교육의 중심을 이루었으나, 20세기를 전후하여 물리학과 화학에 기초한 전기공학·화학공학 등 다양한 공학 분야가 등장하면서 공학 교육이 발전하기 시작했다.

전신기기의 발달과 더불어 영국에서 창립된 전신공학자협회(1871)는 발전기·전동기와 같은 전력기기가 발달하자 전기공학회를 결성(1881)하여 전기공학이 새로운 공학 분야로서 등장하기 시작했다. 백열전구의 개량에 힘쓴 에디슨이 열전자 효과를 발견(1884)하고부터 전자관 연구가 시작되었는데, 플레밍이 2극 진공관을 발명(1904)하면서 전자공학에 대한 연구가 시작되었다. 특히 전자공학은 트랜지스터가 개발(1947)되고 집적회로(IC)와 컴퓨터가 개발되면서 급속하게 발전하였다.

18세기 후반부터 연소 이론(1783)과 원자론(1808)을 거치면서 체계화된 근대의 화학

이론은 석탄 가스를 조명에 이용하고 염료와 의약품과 같은 합성 물질이 개발되면서 생산 기술에 응용되었다. 특히 암모니아 합성(1913)과 석유 증류 기술(1913) 및 촉매 이론의 개발로 화학공학이 성립하였고, 합성고무·폴리에틸렌·나일론 등이 합성되면서 고분자화학이 출현하여 화학공학의 발전을 가져왔다.

20세기 후반 두 차례의 세계 대전을 치르면서 TNT·비행기·탱크·독가스·원자폭탄 등 전쟁 무기가 개발 응용되었다. 이에 따라 공학 연구와 교육이 점점 전문화되고 공학적 방법을 응용하는 분야도 확대되었다. 예를 들면 군사 행동에 결정적 영향을 준 레이더의 연구와 완성으로 통신전자공학이 발전했다. 전략 결정이나 탄도 계산 등을 위한 고속 연산이 요구되어 컴퓨터가 개발되었다.

공학의 발전과 더불어 공학적 방법을 사회 부문에 적용하는 인간공학·경영공학·사회공학·교육공학·도시공학·환경공학·정보공학 및 시스템 공학 등이 새롭게 등장하였고, 자연 과학 분야와 밀접한 관련을 가진 원자력공학·우주공학·해양공학·생명공학·제어공학·재료공학 등이 공학 분야에 추가되었다.

<근대 이후 공학의 발전>

	1700-1749	1750-1799	1800-1849	1850-1899	1900-1949
프랑스	공병대(1976) 토목학교(1747) 【토목공학】 탄생	이공과학교(1794) Monge의 공학 기초	카르노의 열역학(1824) Navior의 응용역학(1826)	마틴의 평로법(1863) 에펠탑 건설(1889)	
영국		와트의 증기기관 개량(1769-1784) 모슬리의 선반 발명(1797)	토목공학자협회(1818) 패러데이의 전자기학(1837) 기계공학자협회(1847) 【기계공학】 독립	배세머의 전로법(1856) Rankine의 열기관공학(1859) 암모니아 합성(1861) 전신공학자협회(1871) 전기공학자협회(1888) 【전기공학】 탄생	런던의 지하철 건설(1904) 플레밍의 이극진공관(1904) 【전자공학】 탄생
독일		베크만의 기술학(1772)	볼타 전지 발명(1800) 리비히의 유기화학(1824) 헤름홀쯔의 에너지 보존의 법칙 (1847)	베를린 공과대학(1865) 게크레의 벤존구조식(1865) 전기공학회 조직(1881) 디젤의 내연기관공학(1893)	촉매론(1909) 고분자화합물설(1920) 【화학공학】 설립
미국			홀톤의 증기선(1807) 모 스의 유선전신(1835)	모스 전신기 완성(1837) MIT설(1851) 에디슨의 전구 발명(1879) 미국전기공학회(1884) 교류발전소 건설(1989)	3극 진공관 발명(1906) 대량생산시스템(1911) 화학공정의 분류(1923) 트랜지스터 개발(1947) 【컴퓨터공학】 탄생

최근에는 에너지 공학·재료공학·인간 공학·정보공학 등의 기초적인 여러 공학을 종합적으로 재편성한 '기초공학' 혹은 인문·사회 과학적 시점을 도입한 '공학개론'이나 '기술사' 등이 시도되고 있다.

▲ 공학의 여러 분야

공학 분야에는 건축·토목·기계·금속·화학·섬유·전기·전자·컴퓨터 공학 등이 있는데, 우리 나라에는 1995년 현재 100여 개의 공과대학, 60여 개 공학계열 학과와 30여 개의 정부 출연 연구 기관 및 2000여 개의 기업체 부설 연구소에서 6만여 명의 연구원들이 공학을 교육·연구하고 있다.

우리 나라 공과대학에 설치되어 있는 공학 계열 학과를 정리하여 다음 페이지의 표로 나타냈다.

위의 공학 계열 학과에서 다루고 있는 공학 분야를 간단히 소개하면 다음과 같다.

〈공학 계열 학과〉

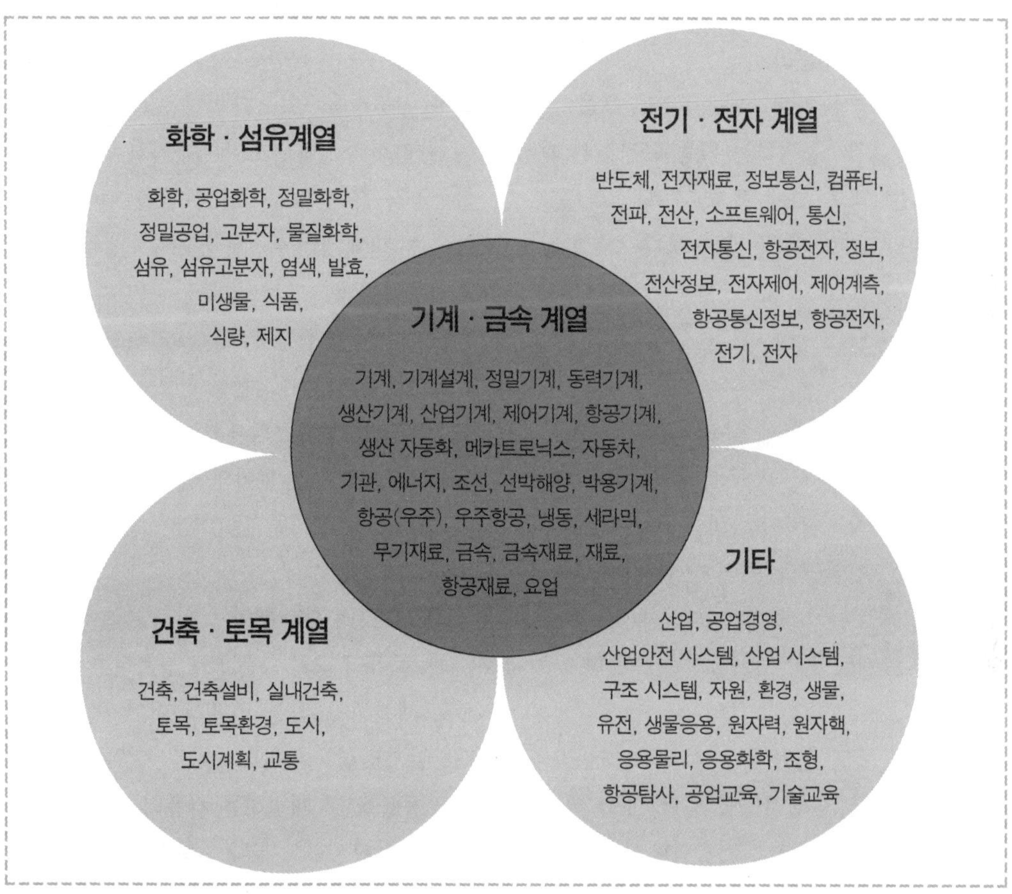

(1) 건축 · 토목 분야

인간 생활과 관련된 모든 환경을 대상으로 하고 있는 건축공학은 인간을 위한 건축 환경을 창조하기 위하여 건축 계획, 구조 · 설계, 시공 및 재료, 건축 환경, 설비 등을 다루고 있다.

국토를 개발하고 산업 기반을 조성하기 위하여 도로 · 교량 · 철도 · 댐 · 항만 · 상하수도 등의 계획 · 설계 · 시공을 다루는 토목공학에는 구조공학 · 수리공학 · 환경공학 · 토질공학 · 측량공학 · 교통공학 등의 분야가 포함된다. 최근에는 환경 파괴와 자연 재해를 최소화하는 건설공학이 연구 개발되고 있다.

건축 · 토목 분야는 설비와 시설면에서 기

계·전기·화학 분야와 밀접하게 관련되어
있다.

(2) 기계·금속 분야

원동기·생산 기계·제조 공정 등을 설
계·제작·설치·운전하는 활동과 관련된 기
계공학에는 역학(고체/유체/재료/소성/동/
열)·열전달·제어 등에 관한 이론이 포함된
다. 최근에는 CAD/CAM·자동화·로봇 공
학·메카트로닉스 등에 관한 연구가 활발히
진행되고 있다.

철강·비철·신소재 등의 합금·제조·
가공 등을 다루는 금속공학에서는 재료과
학·결정구조학·금속조직학·물리야금학·
금속강도학·야금공학 등이 포함되며, 최근
에는 요업재료·전자재료·자성재료·신소
재를 다루는 재료공학으로 발전하고 있다.

(3) 전기·전자 분야

전등의 보급, 송배전망의 성립, 교류 시스
템의 완성으로 발전한 전기공학에서는 에너
지 변환·자동 제어·전력 전자·전기 설
비·전력 계통 등을 다룬다.

최근에는 초전도 송전·자기부상열차·
위성 발전·핵융합 발전 등에 대한 연구가 활
발히 진행되고 있다. 전자현상을 응용하는 전
자공학은 전자회로·반도체공학·통신공
학·제어이론 등을 다룬다. 최근에는 반도
체·초고주파·컴퓨터·통신·제어 등의 분

야로 발전하고 있다.

(4) 화학·섬유 분야

의식주에 필요한 화학 제품을 합성·산업
화하는 공정을 연구 개발하는 화학공학에서
는 물리화학·단위조작·유기화학·반응공
학·공정제어·고분자공학 등을 다룬다. 최
근에는 대체에너지·환경오염·생물화학공
학·생의공학·고분자재료·전자재료 가공
등을 다루는 종합공학으로 발전하고 있다. 섬
유소재로부터 섬유제품을 만드는 공정을 연
구 개발하는 섬유공학에서는 염색·방적·방
적 제직 등의 가공 분야와 섬유의 화학적·물
리적 특성을 다룬다.

(5) 기타의 공학 분야

① 컴퓨터 공학 : 문제를 정확하고 효율적
으로 해결하기 위한 컴퓨터 언어·인터페이
스·알고리즘·데이터베이스·컴퓨터 네트
워크 등을 연구 개발하는 컴퓨터 공학은 일상
생활은 물론 교육·금융·통신·의료 등 다
양한 분야에서 응용되고 있다.

② 정보통신공학 : 정보화 사회를 위하여
컴퓨터 기술과 통신 기술을 연구 개발하는 정
보통신공학은 영상회의·HDTV·고감도 음
향 등에 이용되고 있다. 최근에는 종합정보통
신망의 개발로 홈쇼핑·홈뱅킹·재택근무·
재택교육 등이 가능하게 되었다.

③ 전파공학 : 고도 정보화 사회를 실현시

키기 위하여 무선통신의 자원인 전자파를 연구·개발·응용하는 전파공학은 최근 새롭게 등장하고 있는 이동통신·위성통신·우주통신은 물론 의료·무기·탐사 분야에 응용되고 있다.

④ **생물공학** : 미생물 및 동식물 세포를 포함하는 생체 시스템을 직간접으로 이용하여 인류가 필요로 하는 각종 물질을 산업적으로 생산하고 처리하는 제반 공학 기술. 인류를 위하여 생명 현상을 유용하게 사용하고 응용한다. 최근에는 의약·농축산물·식품·화학·환경·에너지 분야로 응용 범위를 넓히고 있다.

⑤ **시스템 공학** : 힘들고 복잡한 문제를 분명하게 해결하기 위하여 종래의 방법을 응용하거나 새로운 방법을 개발·계획·실행하는 종합적 기법을 말한다. 시스템 공학은 1960년대 달 착륙 아폴로 계획에 응용되었다.

▲ 공학자의 역할

공학자(엔지니어)는 특정 기술 분야에서 계획·설계·제작·운영에 종사하는 전문가로서 연구실에서의 창조적 연구 개발, 실용화를 위한 새로운 기술 시스템의 설계, 생산과 건설, 조업과 유지 및 보수, 시험 검사 분석, 판매 영업 경영 및 정책에 이르기까지 다양한 활동에 종사하고 있다. 구체적으로는 다음과 같은 일을 한다.

① **연구와 개발** : 연구는 과학 및 공학 지식을 산업화할 수 있도록 새로운 원리와 방법을 발견하는 것이고, 개발은 연구 결과를 유용한 목적에 적용하여 실제로 작동하는 회로나 공정 및 기계 장치를 만드는 활동이다. 과학과 공학에 대한 전문 지식과 더불어 수학적 해석 능력 및 종합적 지식 그리고 경제적 안목이 필요한 분야이다.

② **설계** : 연구 개발된 결과를 생산 단계로 옮기기 위하여 부

한국 최초로 도입된 슈퍼 컴퓨터 CRAY-2S. 1988년 시스템 공학 연구소에 설치, 운영되고 있다.

공학 분야에는 건축·토목·기계·금속·화학·섬유·전기·전자·컴퓨터 공학 등이 있는데, 우리 나라에는 1995년 현재 100여 개의 공과대학, 60여 개 공학계열 학과와 30여 개의 정부 출연 연구 기관 및 2000여 개의 기업체 부설 연구소에서 6만여 명의 연구원들이 공학을 교육·연구하고 있다.

품을 선정하고 재료를 선택하며 동력구동방식을 결정하고, 편의성·안전성·경제성을 다각도로 검토하여 기술적인 요구 사항과 성능 조건을 만족시킬 수 있는 형상을 결정한다.

③ 생산과 건설 : 설계된 결과를 구체화시키기 위한 공장 터의 선정, 각종 설비의 배치는 물론 동력·용수·배관·조립 등의 문제를 해결하여 시운전되기까지 구체적이고 상세한 일정을 계획하여 실천하는 활동이다.

④ 조업 및 운영 : 기계·공장·전력·운송·통신 등을 유지·보수·관리하는 활동으로 공장의 확장, 새로운 기계 및 장비의 도입·설치 등의 활동이 포함된다. 생산 효율을 높이기 위하여 산업공학·경영·법률·조직관리 등의 종합적 지식이 필요하다.

⑤ 판매·경영 및 기타의 활동 : 제품의 특성, 효과적 이용 방법 등을 설명하고 수요자의 요구를 개발 부문에 전달하는 일. 엔지니어는 최근 소비자의 욕구와 시장의 수요를 파악하여 생산 활동에 반영하고 직접 판매 및 영업 활동에 종사하기도 한다. 그 밖에 기술 용역, 특허를 다루는 변리사 혹은 정부나 공공기관의 기술적 업무에도 종사하고 있다.

▲ 공학에 대한 기초지식

종합정보통신망(ISDN : Integrated Services Digital Network)

여러 통신망의 경제성과 효율성을 증대시키기 위하여 전자·컴퓨터·정보통신 기술을 융합하여 하나로 묶어 놓은 통신망을 말한다. 하나의 통신망으로 전화·텔렉스·비디오텍스·팩시밀리·텔레비전 등의 모든 통신 서비스를 동시에 이루어지도록 하는 이상적인 통신망이다. 종래의 음성통신·데이터 통신·영상통신을 단일 가입자 회선에 연결시켜 제공한다. 사용자들은 전용선 하나로 모든 종류의 통신을 자유자재로 사용할 수 있다.

퍼지 이론(Fuzzy theory)

최근 인간과 비슷하게 생각하고 판단하는 컴퓨터를 만들려고 하는 인공지능에 대한 연구가 활발히 진행되고 있는데, 컴퓨터가 인간 지능을 가지고 인간이 바라는 바를 제대로 수행하기 위해서는 인간이 사용하는 숫자는 물론 애매한 표현도 처리할 수 있어야 한다. 퍼지 이론은 인간의 애매한 표현을 처리할 수 있는 이론적 바탕을 제공하고 있다.

퍼지 이론이란 인간이 본질적으로 갖고 있는 주관적인 애매함(Fuzziness)을 정량적·합리적으로 처리하는 수리 이론이다. 퍼지 이론은 인간지능의 핵심 이론으로서 컴퓨터 과학·제어계측공학·패턴 인식·로봇 공학·신뢰성 공학 등에 응용되고 있으며, 지하철의 자동운전이나 세탁기의 제어에 적용되었다.

칼스(CALS : Continuous Acquisition and

Lifecycle Support)

정부나 산업계가 조달하는 제품이나 시스템이 라이프사이클 전체에 걸쳐서 연속적으로 조달되도록 디지털 정보를 작성·교환·관리·사용하는 체제를 말한다. 칼스를 통하여 세계적 규모의 기업이 통합되고, 관련된 모든 기관이 제품의 설계·개발·제조·운용 서비스를 공통의 데이터베이스를 사용하여 리얼타임으로 수행한다.

컴퓨터 그래픽스(Computer graphics)

모양과 빛깔을 수치로 바꾸어 디지털화한 새로운 논리적 표현 방법으로서 예술과 과학의 융합을 실현한 것이다. 물체의 X, Y, Z 좌표 데이터를 근거로 모양을 만들고, 물체 각 면의 밝기를 계산하여 농담으로 표시하며, 확대·축소·회전 등의 변환과 빛깔도 쉽게 바꿀 수 있어서 3차원 공간 안에서 자유로운 이동과 여러 방향에서 보는 것을 가능하게 한

▲▲ 가상현실(Virtual reality)이라고 하는 기법을 이용해 제작된 영화 《론 머맨》, P. 가브리엘 작품.
▲ 《마인드 블렌더(Mind blender)》, 3차원 배경에 이미지 프로세싱 기법을 이용하여 환상적인 영상을 제작하였다.

다. 미술 상업 디자인과 같은 정적화상은 물론 애니메이션·시뮬레이션과 같은 동적화상·CAD/CAM·비디오아트·레이저아트 및 화상처리에 응용되고 있다.

패턴 인식(Pattern recognition)

기계로 도형·문자·음성 등을 식별하게 하는 방법. 패턴 인식이 실현되면 손으로 쓴 문자나 전표를 직접 컴퓨터가 읽거나 컴퓨터 로봇에게 명령할 수 있게 한다. 패턴을 인식하는 기구에는 패턴을 관측하는 기구, 패턴 정보를 처리

하는 기구, 패턴이 무엇인가를 결정하는 기구 등이 있다.

비결정성 합금(Amorphous)

비결정질이거나 무정형 상태인 금속을 말한다. 일반적으로 금속은 원자가 질서 정연하게 줄지은 결정구조를 가지고 있으나, 비결정성 합금은 원자 배열이 불규칙하다. 1960년에 미국에서 금과 실리콘의 합금을 액체 상태에서 급속히 냉각시켜 비결정성 합금을 만들었고, 1977년 일본에서 코발트·철·니켈에 붕소·규소를 섞은 합금으로 우수한 비결정성 자성 재료를 만들었다.

마이크로머신(Micromachine)

수밀리미터 이하 크기의 매우 작은 기계를 말한다. 1만분의 1밀리미터의 홈을 새길 수 있는 미니 로봇 등이 시험적으로 제작되고 있다. 마이크로머신은 인간의 체내에서 병을 치료하거나 발전 설비의 파이프 검사 보수에

활용되고 있다.

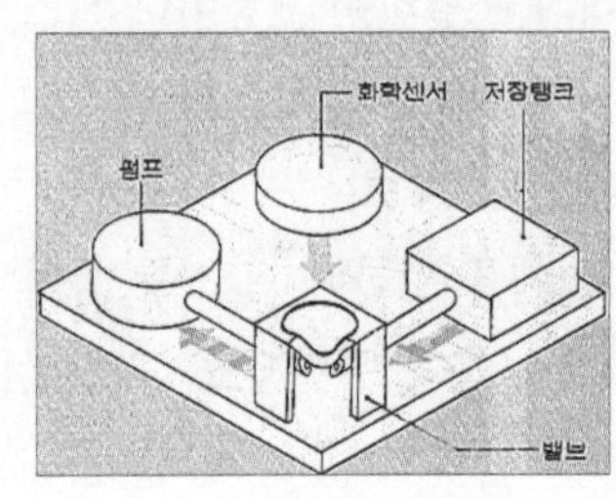

마이크로머신(당뇨병 환자용 혈당 농도 조절 마이크로머신 모형도)

국제표준화기구(ISO : International Standard Organization)

나라마다 다른 공업규격을 조정·통일하여 물자 및 서비스의 국제 교류를 쉽게 하기 위해 1947년 설립된 공업 제품에 관한 국제적 표준이나 규격을 제정하는 기관으로, 우리 나라는 1963년 가입했다. 보통 서구 공업국가들은 미국표준협회(ANSI)·영국표준협회(BSI) 등과 같은 민간조직이 있으나, 대부분의 다른 나라는 정부 기관이 담당하고 있다. 과학 기술의 발전으로 ISO에서 정한 표준은 5년마다 재검토되며 필요에 따라 개정된다. ♣

유명 대학

칼텍(캘리포니아 과학기술 대학교)
MIT
    인문사회과학도 중요시하여 폭넓은 교양을 지닌 공학자를 양성하고 있다.
스탠포드 대학교
    공학의 거의 모든 분야에서 정상을 유지하고 있다.
버클리 대학교
UIUC(일리노이 대학교 어바나/샴페인)

의학은 인체에 관한 연구와
질병의 치료 및 예방법을
연구하는 학문이다.

허 정 / 서울대학교 보건대학원 교수

▲ 의술과 의학의 기원

의술과 의학의 기원은 인류문화의 기원과 그 시기를 같이한다. 여러 가지 치료법을 개발·응용하기 시작하면서 질병이 발생하는 원인을 알고 싶은 욕망이 생겨나고, 이런 원인에 대한 치료법이 강구되기 시작하면서 발전을 거듭해 왔다.

원시 시대의 인류가 현재의 동물들이 본능적으로 자신의 고통을 제거하려고 노력하는 것, 즉 외상을 입었을 때 그것을 혀로 빨거나 혹은 마찰하는 것과 비슷한 방법을 응용했으리란 사실은 인류문화의 진화 원칙에 의해서도 쉽게 추측된다. 또한 병이 생겨났을 때 특정한 풀을 먹어서 구토를 일으키게 하는 일종의 본능적 치료 행위를 시작했다고 여겨진다.

이와 같이 원시인들이 외부 환경 때문에 생겨나는 여러 가지 질병이나 외상에 본능적인 치료법을 응용해 왔다는 사실은 문화인류학자들의 공통된 견해이다.

고대 동방민족도 다른 원시민족과 똑같이 구석기 시대로부터 신석기 시대로 옮겨지면서 여러 가지 원시 의술이 발전되어 왔음은 의심할 여지가 없다.

원시 시대에는 세계의 모든 인종이 사람

서양 의학의 시조 히포크라테스.

에게 생겨나는 모든 현상은 악마나 신령 같은 초자연력에 기인한다고 믿었으며, 건강과 질병 또한 이런 초자연력의 지배 아래 있다고 믿었다. 따라서 질병은 악령이나 악마의 소행이라 믿었으며, 그 결과 주술적인 방법이나 악령을 쫓아내려는 여러 가지 민속적인 원시의술이 나타나기 시작했다.

특히 우리의 원시신앙에선 신(神)을 존경하는 신앙적인 요소와 악령을 숭배하는 샤머니즘적 신앙이 함께 섞여 있다는 것이 문화사가들의 공통된 견해이다. 샤먼 연구의 권위자인 반자로프에 의하면 샤먼은 첫째로 사제자(司祭者)의 직능이 있고, 둘째로는 질병을 다스리는 의무(醫巫)의 역할이 있으며, 셋째로는 예언자(豫言者)의 역할을 가진다고 했다.

원시 의술의 한 형태였던 굿은 오늘날에도 고유 전통으로서 남아 있다.

사제자는 신의 의사를 알아내서 제례 의식으로 그 의사를 인간에게 전하게 되며 병을 다스리는 의무는 제사나 기도에 의해 좋지 않은 악령을 내쫓는 역할을 지니며, 예언자의 역할로서는 점을 쳐서 미래의 길흉을 예언하는 것이었다고 한다. 실제로 우리 나라에는 아직도 고유 전통의 '굿', '맞이', '풀이' 등을 하고 있으며, 이런 민속행사는 샤머니즘의 마법(魔法)과 악령 숭배의 일종이라 볼 수 있으며, 이런 행사를 맡은 무당의 직능은 이미 지적한 '샤먼'의 역할과 거의 일치한다.

특히 이런 무당은 병마를 제거하기 위해 양병(讓病) 또는 구귀(驅鬼)하는 여러 가지 의식을 행한다.

중국에서도 먼 옛날에는 오늘날 우리가 쓰는 '의(醫)'라는 글자

대신 무당과 밀접한 관계를 가진 의(毉)라는 글자가 쓰여져 왔다. 즉 毉 란 글자는 세 가지 부위로 나눌 수 있는데, 위 왼쪽의 예(医)는 활 같은 무기를 지닌 함이라는 뜻을 지니는 것이고, 오른쪽의 수(殳) 또한 원래 일종의 창과 같은 무기이며, 아래쪽의 무(巫)는 무당을 상징하는 것이었다. 이런 세 글자로 이루어진 '의(毉)' 라는 글자는 무당이 병을 일으킨 좋지 못한 악령을 내쫓기 위하여 활이나 창 같은 무기를 사용한다는 뜻이었다. 후세에 이르러 밑에 붙어 있는 巫가 酉로 변한 것은 의술이 이미 무당의 손을 떠나 술(酒) 혹은 여러 가지 술과 비슷한 마시는 것으로 바뀌게 되었다는 것을 표시하게 되었다고 할 수 있다.

따라서 우리 나라 옛말에 병을 '덧' 또는 '탈' 이라 함은 '배탈, 배덧' 등과 같이 외부로부터 좋지 않은 악령이 몸에 들어와 생겨났다는 의미를 지녔으며, 병이 '낫다' 는 것은 병을 일으키는 좋지 않은 귀신이 '나갔다' 는 뜻으로 해석된다.

이런 사정은 우리 나라뿐만 아니라 중국은 물론 서양에서도 비슷했다. 이런 주술적이고도 원시적인 고대 의학에 학문적 기초를 닦은 사람이 바로 그리스 의학 내지 서양 의학의 시조라 불리는 히포크라테스(Hippokrates, BC 460~377)이다.

히포크라테스로 대표되는 그리스 의학의 특징은 병의 원인을 밝히기보다는 여러 가지 질병에 대한 치료에 중점을 두었다. 그러나 히포크라테스의 의술에선 기술적인 요소를 강조해서 경험 의학의 기초가 닦여졌다.

히포크라테스 이후 의학의 전통은 로마의 갈렌(Galenus, 129~210)이 계승 · 발전시켰다. 갈렌은 해부학자이며 생리학자였다. 그는 그때까지의 의학을 집대성하고 실험의학을 시작했으며, 동물을 해부해서 인간의 골격이나 근육에 관련된 지식을 발전시켰다. 또한 혈액순환에 관련된 프노이마설을 주장하기도 했다.

갈렌

서양은 중세로 접어들면서 크리스트교의 영향 아래 있었으며, 일반적으로 문화적 향상이 미미한 편이었고 의학에서도 뛰어난 업적을 발견하기 힘들다. 그러다가 16세기 르네상스가 시작되면서 시체 해부와 자유로운 사고와 비판이 가능해짐에 따라 해부학이 크게 발전했다.

〈의학 계보도〉

서양의학의 시조
프노이마설 주장
히포크라테스 (Hippokrates, BC 460~377)
갈렌 (Galenus, 129~210)
최초로 인체도감을 만듦
화학요법의 시조
레오나르도 다빈치 (Leonardo da Vinci, 1452~1519)
파라켈수스 (Paracelsus, 1493~1541)
최초의 진정한 인체해부 학자
소화, 호흡, 체열에 관한 이론
베살리우스 (A.Vesalius, 1514~1564)
혈액 순환 이론
상토리우스 (1561~1636)
하비 (W. Harvey, 1578~1657)
부패와 발효로 생리 현상 설명
실비우스 (F. Sylvius, 1614~1672)
신 히포크라티즘 운동
토마스 시데남 (1624~1689)
세균, 정자, 적혈구 발견
말피기 (M. Malpighi, 1628~1694)
모세혈관의 기능 발견
레벤후크 (Leeuwenhoek, 1632~1723)
베루하베 (1668~1738)
임상 의학 이론 확립
병리해부학 수립
모르가니 (G.B. Morgagni, 1682~1771)
제너 (E. Jenner, 1749~1823)
미생물 부문의 기초를 세움
파스퇴르 (L. Pasteur, 1822~1895)
우두접종법 발견
코흐 (R. Koch, 1843~1910)
플레밍 (Sir. A. Fleming, 1881~1955)
페니실린 발견
결핵균, 콜레라 병원체 등 발견

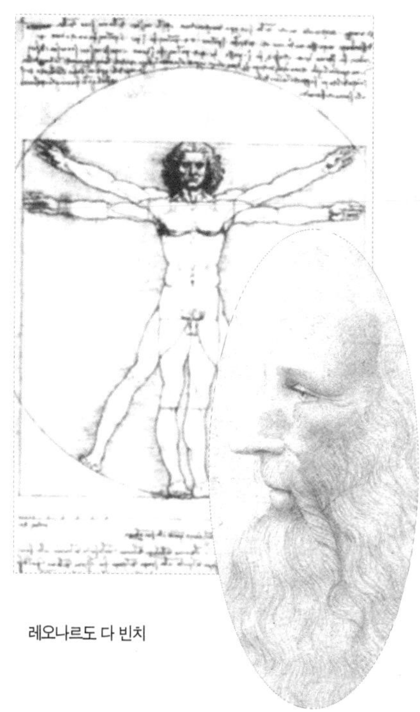

레오나르도 다 빈치

레오나르도 다 빈치(Leonardo da Vinci, 1452~1519)는 인체도감을 최초로 만들고, 안드레아 베살리우스(Andreas Vesalius, 1514~1564)는 인체해부학을 발전시켰다. 그는 브뤼셀 태생으로 이탈리아의 파도바 대학에서 교수 생활을 하며 해부학에 관한 《인체해부론》 등의 대저술을 남겼으며, 최초의 진정한 인체해부학자로 인정되고 있다. 그는 인체해부를 실시해서 과학적인 해부학과 실증적인 근대의학의 기초를 닦았다.

한편 같은 시기의 연금술사인 파라켈수스(Paracelsus, 1493~1541)는 광물에 의한 화학적인 치료약 등 여러 가지 치료약을 개발했으며, 치료면에서 여러 가지 약재를 써서 약물응용의 폭을 넓혀, 화학요법의 시조라 불리운다. 또한 아케우스설을 제창해서 히포크라테스의 액체병리설(液體病理說)에 정면으로 반기를 들었다. 예를 들면 음식을 먹으면 필요한 성분은 흡수되고, 불필요한 성분은 배설을 하는데 이것이 바로 아케우스설의 골자이다.

▲ 근대 의학의 형성

갈렌과 파라켈수스 등에 의해 기초가 닦여진 의학은 17세기에 접어들자 더욱 실증적이고도 과학적인 의학으로 발전하기 시작했다.

특히 윌리암 하비(William Harvey, 1578~1657)에 의해 현대의학의 기반이 된 것 중의 하나로 평가되는 혈액순환 이론이 제창되었다.

파라켈수스

이것은 혈액이 심장에서 나와 심장으로 되돌아간다는 이론으로 혈액의 순환은 심장의 수축에 의한 펌프 작용에 의한다는 것을 밝혀냈다. 그가 비록 동맥과 정맥을 연결하는 모세혈관의 연결 기능까지를 설명하지는 못했지만, 그의 혈액순환 이론은 지금까지도 큰 수정 없이 인정되고 있는 위대한 발견이다.

이런 혈액순환론이 나오게 된 배경을 따져 보면 역시 베살리우스의 해부학을 첫째로 손꼽을 수 있다. 그 후 현미경을 써서 사람의 생리현상을 연구했던 말피기(M. Malpighi, 1628~1694)에 의해 현미경으로 작은 소동맥에서 혈액이 작은 소정맥으로 모세관을 통해 옮겨진다는 사실이 밝혀져 하비의 혈액순환 이론은 더욱 완벽하게 인정받았다. 또한 폐나 간, 신장, 피부 같은 미세구조도 현미경에 의해 분명하게 밝혀졌다.

레벤후크(Leeuwenhoek,

말피기

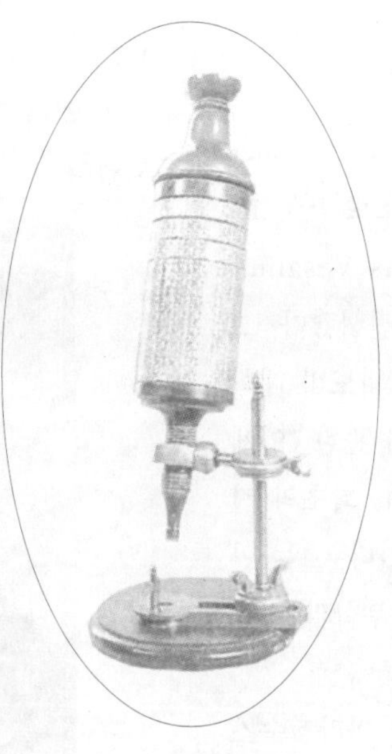

17세기의 현미경

1632~1723)는 현미경을 써서 세균이나 정자 같은 것을 발견하고 적혈구의 존재를 밝혀냈다. 그리고 정자와 난자가 합치면 태아가 생겨난다고 주장하기도 했다.

그러나 17세기에는 기계론적(機械論的) 의학 이론이 지나치게 대두해서 의료물리학파(醫療物理學派)와 의료화학파(醫療化學派)의 탄생을 가져오기도 했다. 프란시스 베이컨과 데카르트의 철학 이론이 의학에 도입되고 현미경이 응용되면서, 인체생리학에도 큰 변화가 생겨나고 사람의 병리현상 연구에도 물리화학적으로 사람의 생명현상까지도 설명하려고 했다.

상토리우스(1561~1636)와 같은 의료물리학파에 속한 사람들은 사람의 소화는 먹은 음식이 위 속에서 분쇄되고 작아지는 과정이라고 설명했으며, 호흡은 흉곽의 근육운동이라 설명했고, 사람의 체온은 혈구가 서로 충돌해서 생겨나는 체열(體熱)

이라고 했다. 이와는 반대로 실비우스(1614~1672) 같은 사람들은 부패와 발효로 모든 인체의 생리현상을 설명하려 했다.

그러나 이런 기계론적 의학 이론의 지나친 주장은 실제로 환자의 진료를 담당하는 당시 임상 의사에게는 별 도움도 되지 않고, 큰 영향을 끼치지도 못했다.

이런 배경 아래 영국의 임상 의사 시데남(1624~1689)은 히포크라테스 정신회복 운동을 제창해서 신(新)히포크라티즘 운동을 전개해 나갔다. 즉 의학의 실제적인 측면을 강조하고 가설과 신비적인 주장을 배격하였으며, 질병의 객관적 평가와 증상의 합리적이고도 논리적인 기록을 강조했다.

18세기 말에는 베루하베(1668~1738)가 임상의학 이론을 확립해 나갔으며, 이탈리아의 모르가니(1682~1771)는 《질병의 위치와 원인》에서 병리해부학(病理解剖學)을 수립하였다. 또 영국의 제너(1749~1823)는 우두접종법을 발견했다.

▲ 현대 의학의 출현

19세기에 접어들자 자연 과학의 급속한 발전의 영향으로 기초 의학의 괄목할 만한 발전이 있었다. 그리고 병원이 산업화 초기의 구호(救護)적인 수용소의 역할에서 점차 환자의 치료와 회복을 위한 시설로 바뀌어지면서 체계적으로 되어감에 따라 자료와 경험이 쌓여서 19세기 이후 병원 의학의 시대를 맞게 되었다.

특히 19세기 전반에는 생물체가 세포로부터 성립된다는 것이 알려지고, 19세기 후반부터는 수많은 병원미생물(病原微生物)의 발견이 있었는데, 이것은 미생물 부문의 기초를 닦고 체계를 세운 파스퇴르(1822~1895)와 탄저병균의 포자(胞子), 결핵균, 콜레라 병원체 등을 발견한 코흐(Robert Koch, 1843~1910)에 의해 이루어졌다. 이렇듯 19세기 후반에 이르러 등장한 세균학은 병원균

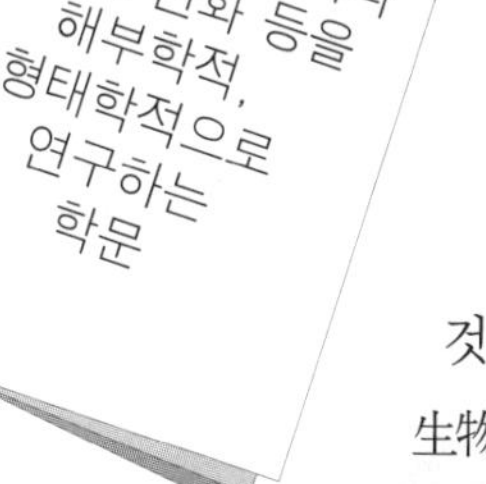

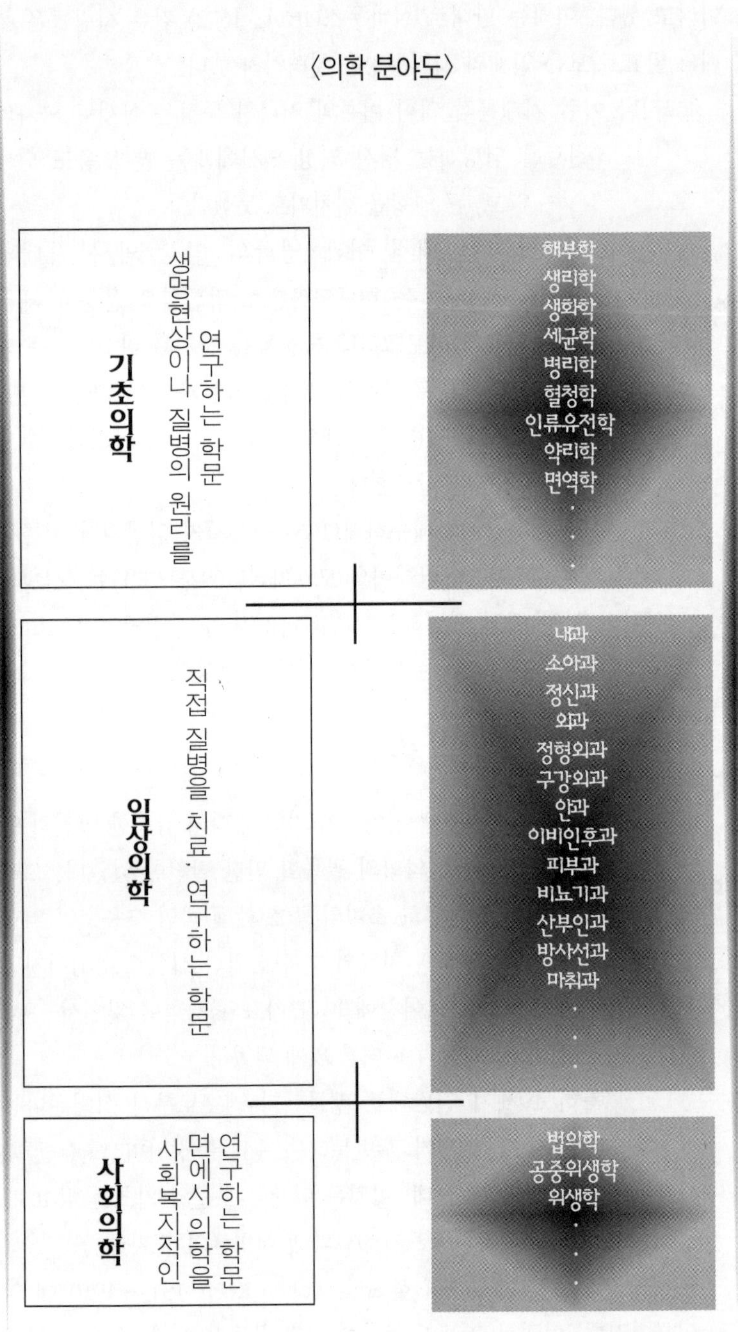

의 발견과 예방 주사의 개발 등을 가져와 의학 발전에 눈부신 성과를 이루었다.

그밖에 1896년의 뢴트겐(W. K. Röntgen, 1845~1923)의 뢴트겐선 발견, 1928년 플레밍(Sir. Alexander Fleming, 1881~1955)의 페니실린 발견 그리고 1940년대의 바이러스의 정체 파악 등과 20세기의 전자기술의 발전을 의학에 도입함으로써 이룩된 의료기기 및 의료기술의 발전 등이 있었다.

이러한 진보는 장기 이식과 같은 새로운 의료기술의 개발을 가져왔고 또한 더 나아가 와트슨(J. D. Watson, 1928~)과 크리크(F. H. Crick, 1916~)에 의한 DNA의 구조의 이해와 유전자공학의 발달로 인해서 신의 영역이라고 할 수 있었던 유전자의 조작을 통해서 질병의 예방 등 의료적 목적을 달성하려는 수준에까지 이르렀으며 그 발전의 폭과 속도를 더해가고 있다. 따라서 21세기를 눈앞에 둔 지금 병원과 의학의 위상에 대한 지금까지와는 다른 평가와 개념들을 요구하는 흐름이 보이고 있다.

이런 시대적 흐름 속에서 의학은 앞으로도 아직도 완전히 그 원인이나 치료법을 개발하지 못한 대부분의 성인병과 암 그리고 각종 질병들의 극복을 위해 더욱 발전을 거듭하리라 전망된다.

▲ 의학의 기초 지식

연금술

동서양을 막론하고 과거에는 사람들의 질병을 치료하는 데 동물이나 식물이 주원료가 되는 생약을 많이 썼으나 연금술이 개발되면서 화학이 발전되고 각종 광물들도 질병 치료에 이용됐다. 그런 의미에서 광물을 질병 치

유명 대학

하버드 대학교 의과 대학
미네소타 대학교 의과 대학
예일 대학교 의과 대학
동경 대학교 의과 대학

료에 이용하기 시작한 파라켈수스를 서양에선 화학요법의 창시자라 부르기도 한다.

현미경 학자

1928년에는 플레밍이 현미경을 써서 미생물의 발육을 저지시키는 물질을 밝혀내서 페니실린 및 항생물질의 연구가 급속하게 진행되어 오늘날 미생물에 의한 대부분의 전염병은 이런 항생물질에 의해 치료 가능하게 되었다.

천연두의 예방·치료

우리 나라에서도 제너의 우두접종법이 지석영 선생에 의해 1879년에 충청북도 청원군에서 최초로 실시된 후, 정부에선 종두국(種

지석영

痘局)을 설치하여 천연두 예방에 힘썼다. 그후 이런 종두사업은 관립의학교에 그 기능이 인계되고 광범위하게 예방접종 사업이 실시되어 우리 나라에서도 1950년대 이후 완전히 천연두의 위협으로부터 벗어나게 되었다.

화학 요법

파라켈수스가 이미 수많은 화학물질을 써서 질병 치료를 시도했으나 실제로 화학물질에 의해 세균을 없애려는 시도는 19세기후반에 에르리히(1854~1915)에 의해 시작되었다. 그는 606회에 걸친 실험결과 해독균을 죽일 수 있는 화학물질을 만들어냈다. 그것이 1930년대까지 전세계적으로 통용되었던 매독의 치료약 606호였다. ♣

유기원 / 경희대 대학원 한의학과 교수

▲ 한의학(韓醫學)이란 어떤 학문 인가?

한의학은, 인체의 생명 활동이 우주의 일부이므로 우주의 이론에 맞추어서 운영되어진다고 관찰하여 왔다.

최근에 '인간의 두뇌는 소우주(小宇宙)'라는 말이 나오는 것을 보아도, 자연계에서 이루어지는 변화와 인체에서 이루어지는 변화가 상관성이 있다는 것을 알 수 있다. 다만 그 용어에 있어서 현대의 자연 과학계에서 사용하고 있는 것과 거리가 있을 따름이다.

▲ 한의학의 기본 이론

한의학에서는 전일개념(全一概念)이 기본(基本)이 된다. 인체(人體)는 우주라는 한 단위 안에 있는 작은 존재이며, 이 작은 존재는 오장육부라는 가시적(可視的)인 것과 정신(精神)이라는 비가시적(非可視的)인 활동이 함께 존재함으로써 생명을 유지하고 영위할 수 있

는 것이다. 그래서 모든 우주 변화의 기본이

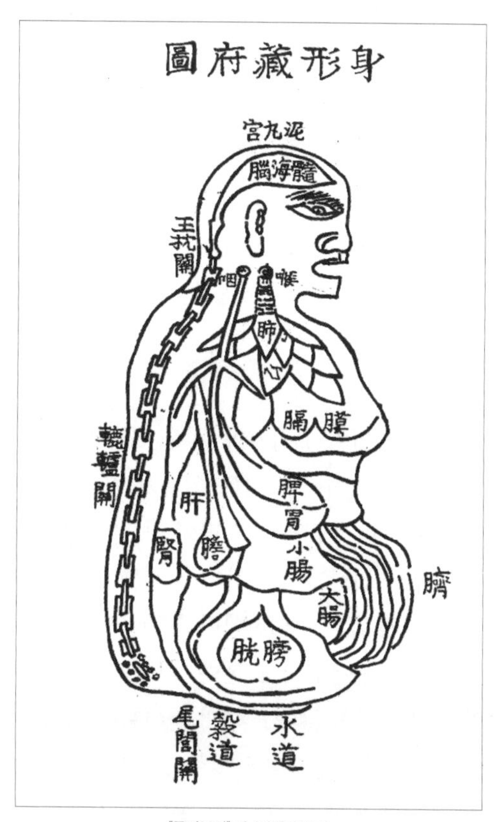

《동의보감》의 《신형장부도》

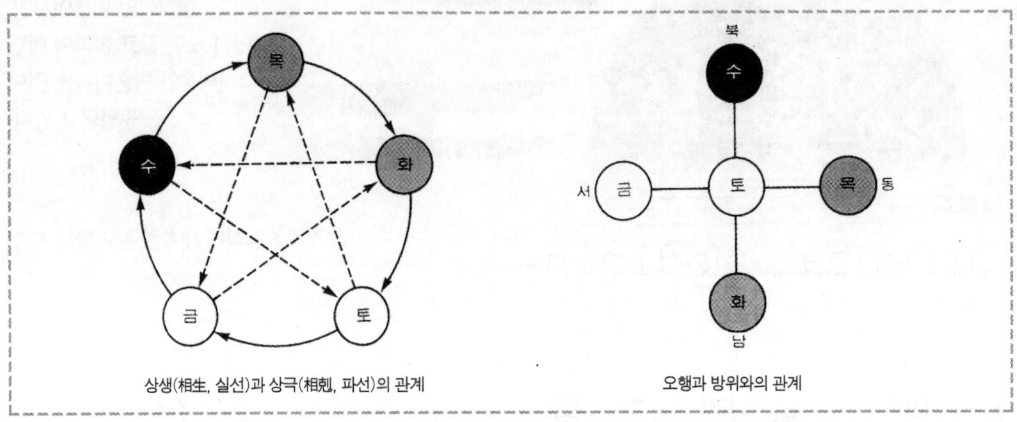

되는 음·양, 오운·육기가 그 근간이 된다고 본다.

며 서로 보완하는 원리에 의하여 운용된다는 면에서 인체가 소우주라고 본 것이다.

음양(陰陽)이란 무엇인가?

우주 또는 인체에서 일어나고 있는 상대적인 것의 총칭이다. 예를 들면 밤과 낮, 하늘과 땅, 남자와 여자, 양지와 음지, 찬 것과 더운 것, 약한 것과 강한 것이 모두 상대적인 것이다.

인간에 있어서 남자와 여자는 상대적이지만 양자의 결합이 없이는 인류가 생존할 수 없다. 우주에서도 태양과 달이 없으면 기본적인 기후의 변화가 생명체의 존재를 파괴시킬 수 있는 것처럼, 상대적이면서 전일적인 개념에 의하여 운용된다고 본다. 이것이 현대 용어로 되어 있지 않다고 해서 한의학은 과학이 아닌 철학이라는 생각은 아주 잘못된 것이다.

우주와 인체가 모두 이 음양의 상대적이

오운육기(五運六氣)란 무엇인가?

오운(五運)이란, 목(木)·화(火)·토(土)·금(金)·수(水)가 우주에서 운행(運行)되는 현상이며, 생(生)·장(長)·화(化)·수(收)·장(藏)으로도 표현한다.

목(木)은 '생(生)'의 기운(氣運)으로, 우주에서 발생 기능(發生機能)으로 관찰된다. 계절(季節) 중에서 봄(春)의 기운에 해당되며, 발아(發芽)와 같이 생명의 시초가 발생하는 기운이다.

이것은 인체에서 간(肝) 기능과 동일시(同一視)된다. 한의학에서 말하는 간은 현대 의학에서 말하는 간(Liver)과는 다른 성 호르몬의 분비 및 면역 기능을 가진다고 본다.

화(火)는 '장(長)'의 기운으로, 자연현상

한의학 발전사

춘추전국시대 이전
약과 침을 사용하기 시작. 샤머니즘(신과의 교류)
적 개념으로 질병을 인식·치료했으나
음식·기후·환경에 대해서도 인식함.

고조선(BC 2333~BC 108)
단군신화에 언급(부인병·대하에 뜸으로 치료).
기도나 축원에 의한 치료 시도.

춘추전국시대(BC 5C~BC 3C)
의술과 무술이 확실히 구별됨. 의사 제도의
확립(의정 제도 뚜렷이 확립).
임상지식의 진보(음양오행의 의학 응용, 양생법,
사진법, 약물·침구의 응용 등)

삼국시대(AD 53~668)
중국 의학의 본격적 수입.
불교 전래로 인도 의학 소개.

신한시대(BC 221~AD 264)
《황제내경》(한의학의 기본서), 《상한잡병론》,
《난경》, 《신농본초경》 등 출간. 많은 처방이
치료에 응용됨. 변종론치의 기초 마련.

통일신라시대(676~935)
중국 수·당 의학의 영향.
인도 의학의 영향. 의사 교육 제도.

양진 및 수·당 오대(AD 265~959)
임상의학에서 풍부한 경험의 축적. 양생단전의
발달. 왕숙화의 맥경으로 진단학의 효시(촌관척
삼부맥 이론). 최초의 학교식 의학 교육.

고려시대(936~1392)
향약의 발전. 송의학의 수입. 의서 간행.
의학의 자주적 발전(향약구급방, 의학의 독립).

송대(960~1279)
의학 서적의 대량 출판에 의한 의학 지식의
보급(임상의학 발달).
윤기학설의 성행. 상한론의 연구 해부 및 법의.

허준, 《동의보감》

조선시대(1392~해방 이전)
세종조 때 《향약집성방》, 《의방유취》 등의 출간으로
한국 한의학의 자립 기반 구축.
허준의 《동의보감》, 이제마의 《사상의학》,
《의종손익》, 《의문보감》, 《방약합편》 등의 출간.
처방의 정리. 침구술의 발달.

금·원대(1127~1368)
의학유파의 출현. 《동원십서》, 《삼육서》, 《장씨유
경》 등 출간. 이동원, 장종정, 유완소, 주진형,
성무기 등 많은 학자들이 고유의 학설을
개발하여 임상서적을 발간.

《의방유취》

명대(1368~1644)
송대의 주자학이 의학에 영향을 미침. 명문과
상화학설의 형성. 임상의학의 발전(망진증시, 설진,
새로운 질병 인식, 변종, 치료에의 복귀).
한의학의 전반적인 내용을 포괄한 종합적인 《경약전서》 출간

해방 이후
1952년 한의사법 개정.
한의사 양성기관 탄생,
현재 11개 한의과대학.
한방의료 보험 실시(부분적),
50여 개의 한방 병원

이제마

청대(1644~1905)
고종학과 서양 의학의 영향을 받음.
은병학(전염병학)과 해부학의 발전.

에서 불과 같이 추진하는 힘을 가지고 있는 기능이다. 계절적으로 여름(夏 : 초여름)에 해당되어 발아된 초목이 생장하기 시작하게 되는 현상으로 표시된다.

자동차나 로켓이 불의 추진력에 의하여 움직이는 것과 마찬가지로, 인체에도 심장이 이렇게 추진하여 전신에 혈액을 공급한다. 정신적으로 흥분하거나 분노하면 심장 박동을 빨리 하여 얼굴이 벌겋게 되며, 이러한 관점에서 우리가 흔히 쓰는 '화병'이라는 용어가 나오게 된 것이다.

토(土)는 '화(化)'의 기능으로 우주에서의 흙과 같이 모든 생명체를 자라게 하며, 계절적으로 장하(長夏 : 여름의 장마철을 말함)에 해당되어 가지가 뻗고 잎이 무성하게 한다.

인체에서는 비(脾)의 기능으로 몸에 들어온 음식물을 영양화하여 우리의 생명력을 영위(營爲)하게 하는 기본적인 에너지원이 된다. 이 비의 기능이 왕성하면 살이 찌고 약하면 마르게 되는데, 이는 흙의 성분이 좋으면 식물이 왕성하게 성장(成長)하는 것에 비유할 수 있다.

금(金)은 '수(收)'의 기능으로 우주에서의 금석(金石)과 같이 내리누르는 기능이며, 계절적으로 가을(秋)에 해당되어 만물이 낙엽이 지고 열매를 맺게 한다.

인체에서 폐(肺)의 기능에 해당되어 흡입된 공기로 폐를 정화시켜서 전신에 혈액을 맑게 해 준다. 비(脾)와 함께 인체를 영위하는

에너지원으로의 기능을 가지고 있고, 심폐(心肺) 기능을 조율하는 기능이 있다.

수(水)는 '장(藏)'의 기능으로, 결실된 생명을 저장(貯藏)하여 생명력을 연장시킨다. 흙이 있어도 물이 없으면 생명력이 생장할 수 없는 것과 마찬가지로, 인체에서 정액 호르몬의 생산과 같이, 보이지 않는 곳에서 활동하는 침정기능(沈靜機能)으로 표현된다.

육기(六氣)란, 우주에서 일어나는 풍(風)·한(寒)·서(暑)·습(濕)·조(燥)·화(火)의 기후 변화를 말한다.

기후는 기압(氣壓), 기온(氣溫), 습도(濕度)에 의하여 좌우되는 것으로, 풍(風)은 기압의 변화, 습(濕)은 습도, 서(暑)는 높은 기온과 습도의 복합, 한(寒)은 기온의 하강 상태, 조(燥)는 높은 기온과 낮은 습도, 화(火)는 기온의 상승을 의미한다. 이를 다시 살펴보면 다음과 같다.

풍(風)은 이동을 주관한다. 즉 기압의 변화는 바람을 일으키고 그 바람에 의하여 식물과 곡식은 결실을 맺게 된다. 그러나 부족하거나 과잉되면 곡물의 수확에 장애를 주고 심하면 지구에 큰 변화를 일으킨다.

인체에서는 순환을 좌우하나 그것이 병적으로 나타나면, 돌풍에 나무 등이 쓰러지는 것과 같은 상태가 나타나고 으슬으슬하게 추위를 느끼게 되는 것이다. 그렇기 때문에 뇌혈관의 병변(病變)을 일으켜서 뇌졸중(腦卒

中)이 되면, 물체가 쓰러지는 것에 비유하여 중풍(中風 : 바람에 맞는다)이라고 병명을 설정하게 된 것이다.

한(寒)은 기온의 급강하로 우주의 생명들을 일시적으로 침잠시키는 생리적인 현상이지만, 동상(凍傷)에 걸리면 모든 순환이 멎고 체온이 급강하하여 생명을 잃게 된다. 가벼운 한기(寒氣)가 인체에 침습(侵襲)되면, 소위 상한(傷寒)이라고 하여 체온이 오르고 몸을 떨게 된다.

서(暑)는 우주에서 생물을 번식시키는 가장 좋은 기후이지만, 이것이 병적이면 전염병이 만연하게 되고 인체나 동물들은 불쾌지수가 높아져서 활동에 지장을 주게 된다. 또한 갈증으로 인하여 물을 많이 먹어 인체가 수분을 과잉 섭취하고 체중의 감소를 초래하는, 당뇨병(糖尿病)과 수인성 전염병(水因性傳染病)의 원인이 될 수 있다.

습(濕)은 장하(長夏)의 높은 습도가 식물을 번성하게 하고 인체에서 소화의 기능과 체중을 증가시키는 작용을 한다. 과잉되거나 부족하면 체중의 감소, 체중의 증가, 골 관절(骨關節)의 염증을 발생하게 만든다. 이러한 현상은 골 관절에 이상이 있는 환자들의 동통을 가중시킨다.

조(燥)는 우주에서 과잉된 습도를 조절하며 결실을 재촉하게 하는 작용을 하지만, 병적으로 조도(燥度)가 높으면 만물은 말라 버린다. 인체에서도 수기(水氣)의 부족 현상인 탈수 현상을 일으키게 되고 갑상선 기능 항진증, 당뇨병 등의 대사 질환을 유발하게 된다.

화(火)는 자연 현상에서 과잉 생산된 동식물을 조절하고 습도를 조절하지만, 병적으로 나타나면 화재를 일으킨다. 이것이 인체에서 부족하면 심장 기능이 저하되어 무력감·천급(喘急) 등을 유발하게 되고 심장병·조울증 등의 원인이 되기도 한다.

풍·한·서·습·조·화가 정상적인 기능을 하면 육기(六氣)라 하고, 병적으로 작용하면 육음(六淫)이라 하여서 병의 원인이 된다. 위의 내용을 정리하면 〈도표 1〉과 같다.

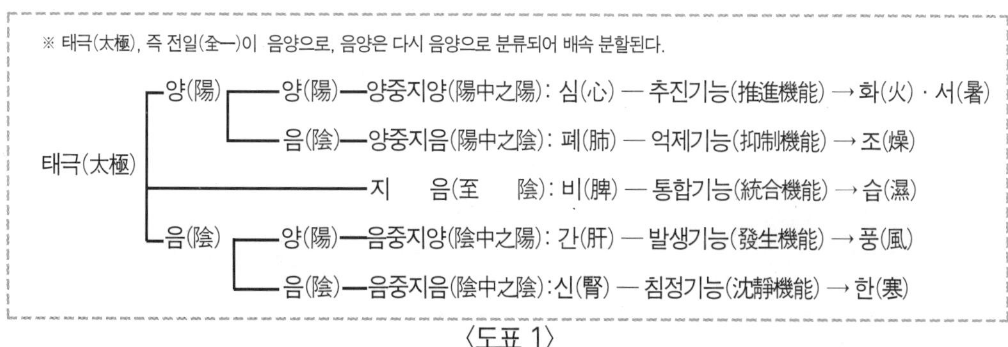

〈도표 1〉

인체의 생리를 어떻게 이해했나?

인체는 내적으로 간·심·비·폐·신이라는 오장과 위·담·소장·대장·방광·삼초라는 육부로 구성되어 있으며, 십이경락(十二經絡)과 삼백육십오(三百六十五) 개의 경혈이 있어서 기(氣)가 운행되고, 혈관으로 피가 운행되어 기혈순환(氣血循環)이 여환무단(如環無端)으로 이루어지며, 외형적으로 뇌수·골·근육·수족·이·비·인후·요·척·흉·복·제·설·치아·전음·후음으로 구성되어 있다. 이에 장애가 오면 병이 발생되고, 정지되면 사망한다고 보고 있다.

기혈(氣血)이란 무엇인가?

음양론적인 관점에서 보면 기(氣)는 양(陽), 혈(血)은 음(陰)에 속하며, 이 기혈의 순환이 생명 활동의 기본이 된다.

우리가 사용하는 언어에도 '기(氣)'가 들어간 용어를 쉽게 찾아 볼 수 있다. 기분 나쁘다, 기 죽었다, 기운이 없다, 연기(煙氣), 기온, 기후 등. 한 마디로 눈으로 나타나지 않으면서 인체에 지대한 영향을 미치는 기능인데,

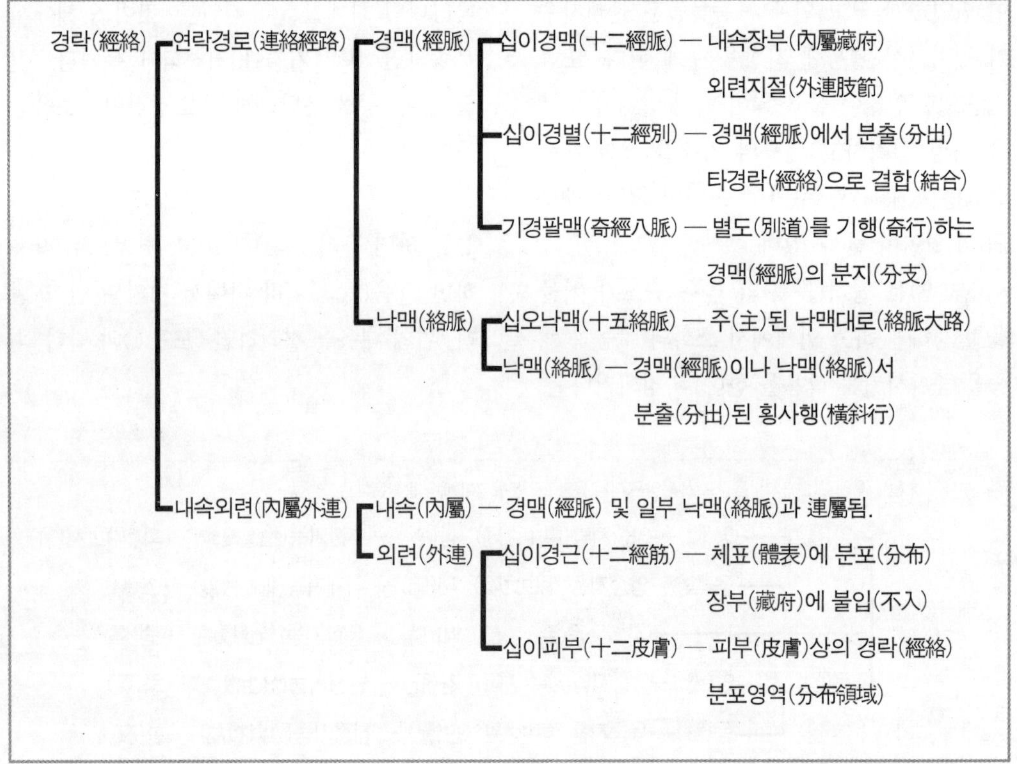

〈도표 2〉

그 표현은 얼굴색, 맥(脈)의 상태, 언어의 고저(高低) 등에서 엿볼 수 있다.

혈(血)은 가시적인 형태로 인체의 생명 활동에 근간이 되는 원천이다. 부족하면 혈허(血虛)라 하여 혈을 보완시켜 주는 치료로 병변을 치료하여 왔다.

이 기혈의 통로(通路)로 12개의 경맥이 인체에 포진되고, 365개의 경혈이 있다. 임맥(任脈)과 독맥(督脈), 기경팔맥(奇經八脈)은 보조 역할을 하고 있다.

경락(經絡)이란 무엇인가?

동양의학에서는 본능적인 경험에 의하여 체표(體表)의 어느 부분을 자극하면 특정 질병이 치유된다는 사실을 알게 되었고, 이를 토대로 경락학설을 성립시켰다.

이를 정리해 보면 앞의 〈도표 2〉와 같다.

십이경맥유주수혈

수삼양(手三陽), 수소음(手少陰), 족삼양(足三陽), 족삼음(足三陰)이 합하여 십이경(十二經)이 된다. 십이경(十二經)의 명칭(名稱)은, ① 수태음폐경(手太陰肺經) ② 수양명대장경(手陽明大腸經) ③ 족양명위경(足陽明胃經) ④ 족태음비경(足太陰脾經) ⑤ 수소음심경(手少陰心經) ⑥ 수태양소장경(手太陽小腸經) ⑦ 족태양방광경(足太陽膀胱經) ⑧ 족소음신경(足少陰腎經) ⑨ 수궐음심포경(手厥陰

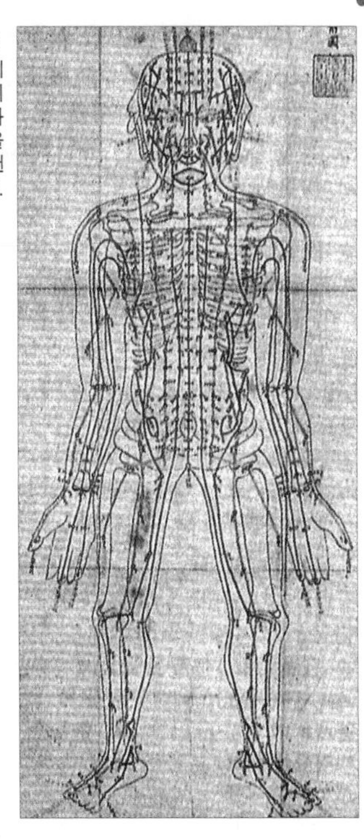

〈동인도〉
침구 실습용의 인체 모형도. 인체상의 12경락의 부위와 365개의 경혈을 그림으로 나타낸 것이다.

心包經) ⑩ 수소양삼초경(手少陽三焦經) ⑪ 족소양담경(足少陽膽經) ⑫ 족궐음간경(足厥陰肝經)이며, 독맥(督脈)과 임맥(任脈)이 인체 전·후면의 정중선(正中線)을 이루고 있으며, 기경팔맥과 십오낙맥으로 인체를 이루고 있어서 기혈의 순환하는 통로로 보고 있다.

이는 지구본의 경도(經度)와 위도(緯度)로 전 세계의 지역을 표시한 것에 비유할 수 있는 이론이라고 할 수 있다.

질병(疾病)의 진단(診斷)은 어떻게 이루어지나?

망(望)·문(問)·문(聞)·절(切)의 사진

(四診)이 기본이며, 여기에서 기혈(氣血)의 성쇠(盛衰) · 육음(六淫) · 내상(內傷) · 칠정(七情) · 담음(痰飮) · 어혈(瘀血) 등 각종의 병인(病因)을 색출(索出)한다.

예를 들어서 감기 환자를 보면 안면은 열로 인하여 빨갛게 상기(上氣)되고 맥박은 빠르며, 문진(問診)상 · 두통 · 발열 · 전신동통(全身疼痛)을 호소하게 된다.

문진에서 천급으로 인한 숨찬 소리나 기침을 들을 수 있으며, 복진(腹診)에서 흉협고만(胸脇苦滿)이나 협하경만(脇下硬滿)을 호소하는 수도 있으나 초기에는 별 문제가 없는 것이 보통이다. 이런 상황을 종합하여 진단을 내리면, 표부(表部)에 한사(寒邪)가 침습되어 발열 · 오한(惡寒)과 전신통을 유발하게 된다.

치료 방법은 표사(表邪)를 체외로 배설하는 마황탕(麻黃湯)이나 갈근탕(葛根湯)이라는 처방을 투여하게 된다. 그러나 실제로 치료 시기를 놓치고 체력도 많이 쇠약하여서, 일반적인 처방으로 형방패독산(荊防敗毒散)이라는 처방을 가장 많이 응용한다.

과로로 인하여 전신동통 등의 증상이 있으면 이증(裏證) 음허(陽虛)로 보아서 쌍화탕(雙和湯)과 같은 것으로 체력을 보강시키면, 자연히 인체가 가지고 있는 항병력(抗病力)을 증가시켜서 자연히 치료되게 한다.

▲ 한약은 어떻게 응용하게 되었는가?

자연을 중요시하는 동양의학에서는 인체도 자연의 일부이기 때문에 자연 속에 인체의 병변을 수복(修復)시키는 약물이 존재한다는 사실을 직관과 본능에 의하여 체득하고 경험에 의하여 기록에 남기게 되었다고 볼 수 있다.

가장 오래된 서적인 《신농본초경(神農本草經)》을 효시로 하여서 많은 서적이 있으며, 현재의 약물학적인 관점에서도 상당히 가치가 있다는 것이 확인되고 있다.

예를 들면, 차조기라는 풀은 우리의 식탁에 매일 오르는 깻잎과 비슷한 식물인데, 위로 뻗어 오르는 가지와 잎은 감기가 걸리면 발한제(發汗劑 : 땀을 내게 하는 약)로 응용하

산수유는 심경을 치료하는 약으로 응용되어 왔다.

고, 밑으로 떨어지는 씨앗은 강담(降痰 : 가래를 삭혀서 해수나 기침을 멎게 한다) 작용이 있을 것이라는 직관으로 응용하였다.

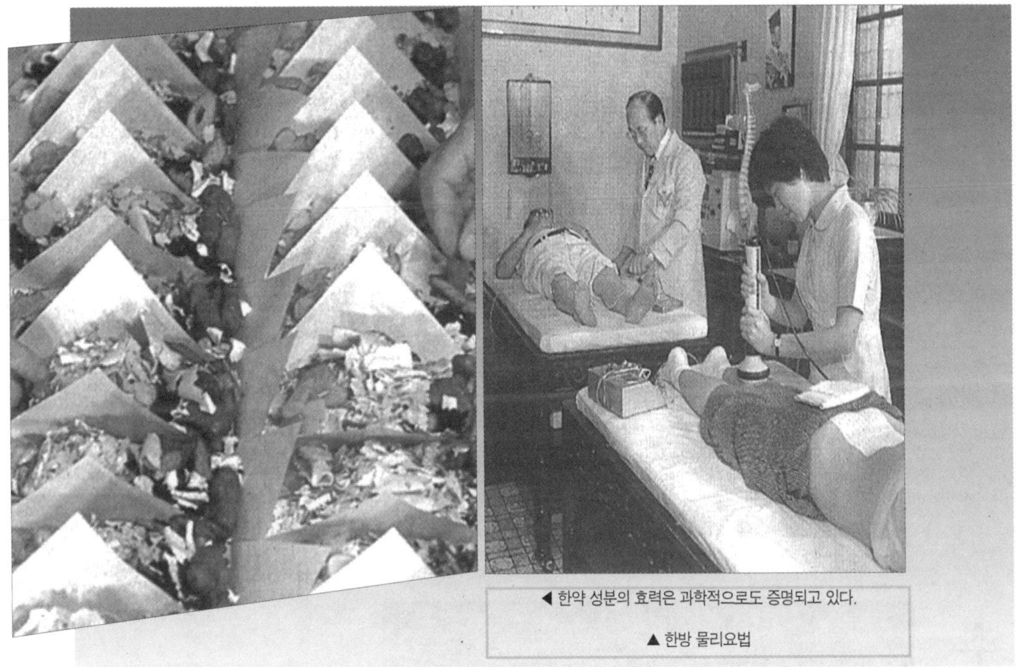

◀ 한약 성분의 효력은 과학적으로도 증명되고 있다.

▲ 한방 물리요법

색(色)도 중요한 지표가 되어서, 청색(靑色)이 나는 식물이나 광물(鑛物)은 간경(肝經), 적색(赤色)은 심경(心經), 황색(黃色)은 비경(脾經), 백색(白色)은 폐경(肺經), 흑색(黑色)은 신경(腎經)에 귀경(歸經)한다고 생각하였다.

따라서 검은 색인 숙지황(熟地黃)은 신경, 흰 빛인 산약(山藥)은 폐경, 누른 빛인 백출(白朮)은 비경, 자색인 자초(紫草)는 간경, 산수유(山茱萸)는 심경을 치료하는 약으로 응용하고 있다.

한의학은 처음에는 직관과 본능에서 가설적으로 출발한 철학적인 이론이지만, 임상(臨床 : 환자를 직접 치료하는 행위)에서 보면 결코 철학이 아닌 과학적인 이론이라는 것이 과학이 발달되면 발달될수록 더욱 확실하게 증명되고 있다.

▲ 한의학의 분야

한의학의 기초 분야에서 원리론·해부학·생리학·병리학·경혈학·진단학으로 인체 구조와 생리·병리 등을 연마하고 내과·외과·소아과·산부인과·침구과·재활의학과·이비인후과·신경정신과·사상의학과 등의 임상과목을 연마한 뒤에, 이에 준하여 병종의 진단을 한다. 그 다음에는 본초학·방제학 등을 공부하여 약제에 대한 상식을 얻은 후에 실제로 예방의학과 환자의 치료를 담당한다.

한의학은 크게 분류하여 약물(藥物), 침구(鍼灸), 재활의학(再活醫學)이 혼합하여 완벽한 임상치료에 임하게 되는 것이다.

현재 전문 한의사를 배출하는 과는 내과·소아과·부인과·침구과·신경정신과·의관과·안/이비인후과·재활의학과가 있다.

아울러서 한의학은 급·만성 질병의 치료와 만성질환, 특히 성인병과 노쇠화로 야기되는 모든 질환을 예방하는 데 도움이 된다.

▲ 한의학을 배우려면

우리가 이제까지 배우고 익힌 학문은 비교적 계통과 학설이 완벽한 것이었다. 그러나 인체라는 것이 단순히 과학의 피조물이 아니기 때문에 현재까지 알려진 학설로 전체를 파악하기는 힘들다.

그 동안 우리 동양인의 건강을 돌보아온 한의학을 이해하려면, 얕은 과학적 사고를 가지고는 접근하기가 힘들다. 한문을 많이 공부하고 한의학 관련 서적을 틈틈이 읽어 두는 것이 필요하다. ♣

추천도서

1. 《한방의학백과》, 이길호
2. 《오행은 뭘까》, 이윤형·전창선
3. 《생약도감》, 김두원 편저
4. 《한방의 과학》, 호소야 에이키치, 김은하 역
5. 《동의수세보원》, 이제마

문화예술
Art & Culture

문학 *Literature*
문학의 연구 영역/문학 연구의 역사 및 미래의 전망

음악 *Music*
음악의 정의/음악의 역사/음악의 연주 형태/한국 양악사

미술 *Art*
미술의 개념/미술 교육/미술의 역사

건축 *Architecture*
건축학의 기원/건축설계 · 시공과 관련된 분야/
한국 건축의 발달/서양 건축의 발달/미래의 전망

사진 *Photograph*
학문의 전개/사진에 대한 기초 정보와 지식

영화 *Movie*
영화란 무엇인가?/영화의 발명과 발전/한국영화

오늘날의 문학 연구가 문화 연구로 확장되어 가는 것은, 수용자들의 문화 향유 욕구가 확장되어 가는 시대적 변화에 발을 맞춘 것이다.

김대행 / 서울대학교 국어교육과 교수

◆ 문학의 연구 영역

1) 대상에 따른 연구 영역

기록 문학이 나타나기 전, 문학의 가장 중요한 전달 수단은 구비 전승이었지만, 문학을 기록할 수 있는 문자가 등장한 이후에는 인쇄 매체가 중요한 전달 수단이 되었다. 오늘날은 인쇄 매체와 함께 영상 매체가 문학 소통 과정에서 막강한 영향력을 행사하고 있다.

문학이 창작되고 독자들에게 수용되는 과정은 문학 작품을 창작한 작가, 창작 활동의 결과물인 문학 작품, 그리고 그 문학 작품을 읽는 독자, 3단계로 구분할 수 있다.

문학 연구의 영역은 이 3가지 대상에 따라 구분된다. 가장 일반적이며 문학 연구의 주류를 이루는 것이 문학 작품 자체에 대한 연구이다.

문학 작품이야말로 문학 연구의 1차적 대상이라는 점은 어느 누구도 부인할 수 없을 것이다. 이것은 문학의 본질이란 무엇인지,

문학의 구조는 어떻게 이루어져 있는지, 문학 작품을 분류하는 기준은 무엇인지 등, 문학 자체를 알고자 하는 연구 분야이다. 문학의 본질을 규명하고자 하는 이러한 연구는 문학에 대한 시학적 접근이라고 할 수 있다.

한편 문학 작품에 주목하면서도 문학의 본질 자체를 탐구하는 것이 아니라 시대에 따라 문학의 경향은 어떻게 변화해 왔으며, 특히 어떤 작품들이 그 시대의 시대 정신과 맞물려 주요 장르가 되는지를 연구하는 문학사적 접근법도 문학 작품에 초점을 맞춘 연구 방법이라고 할 수 있다.

다음으로, 문학 작품을 창작하는 작가 중심의 연구가 있다. 작가론은 작가의 의도나 관념, 혹은 작가의 창작 배경이 작품에 어떻게 드러나는가를 추적하는 것이다. 이것은 작품 속에 작가의 세계관이나 인생관뿐만 아니라 작가가 살아온 삶의 궤적이 반영된다는 것을 전제로 하고 있는 접근법이다. 문학 작품과 작가 사이의 관련성을 추적하고자 하는 작

가론은 문학 연구의 한 주류를 이루었다.

세 번째 영역은 작품을 읽는 독자 중심의 연구이다. 독자 중심의 연구는 현대에 접어들면서 적극성을 띠었다. 작품과 작가의 관련성에 주목하던 과거의 관점을 수정하면서 독서 과정에서의 독자 역할에 의미를 부여하고자 하는 의도가 전제로 깔려 있다.

독자 중심의 연구 경향은 작가가 작품에서 의도하는 바가 아니라 독자가 작품을 어떻게 이해하는가의 측면에 초점을 두거나, 작품이 독자에게 미치는 영향력이 무엇인가 하는 효용론적인 측면에 초점을 두고 있다. 현대 독일에서 비롯된 '수용 미학'이나 그것을 발전시킨 '독자 반응 비평' 등이 독자 중심 연구의 한 흐름이다.

2) 문학을 보는 관점에 따른 연구 영역

문학을 바라보는 관점에 따라 문학 연구의 흐름을 분류하기도 한다. 문학을 연구하는 방법론은 작품의 특성이나 연구자의 취향과 세계관에 따라 달라지게 마련이지만, 크게는 내적 접근법과 외적 접근법으로 나눈다.

내적 접근법은 문학 작품 자체가 지닌 여러 특성을 통해 문학 작품의 가치를 파악하려는 방법으로 분석주의가 대표적이다. 외적 접근법은 문학 작품을 통해 사회상을 파악하려는 시도로 대표적인 외적 접근법으로는 역사주의를 꼽을 수 있다.

먼저 분석주의적 방법론은, 내적 접근법

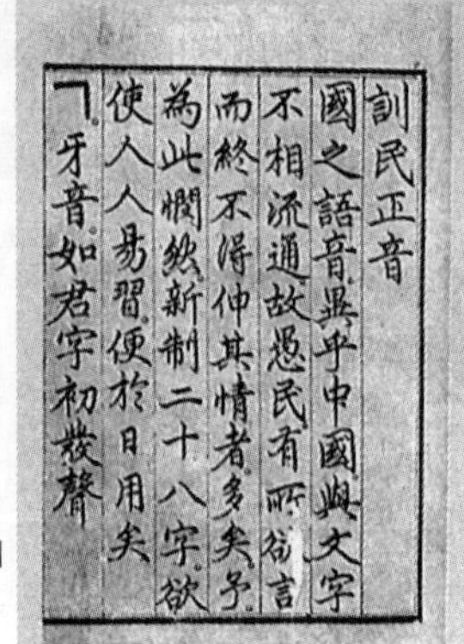

《훈민정음》
세종대왕이 정인지, 성삼문 등의 도움으로 만든 우리 문자로서, 이 문자의 탄생 이후에야 진정한 민족문학의 꽃이 필 수 있다.

이라는 구분에서도 알 수 있듯이 문학 작품이 창작되거나 수용되는 국면보다 작품 자체의 구조에 주목하는 연구 방법론이다. 즉 문학 작품을 하나의 자율적 통일체로 보고, 여러 부분들과 그 조직에 엄격하고 논리적인 분석 체계를 적용함으로써 그것의 의미와 성격, 의의를 발견하고자 하는 관점이다.

따라서 이 방법론은 작품을 하나의 자족적인 실체로 전제하기 때문에, 문학 작품을 생산 조건인 사회나 작자와 독립시켜 분석·연구한다. 이와 같은 내적 접근법은 문학 작품의 언어적 기법, 문학적 수법, 전체의 구성 및 구조에 관한 기술 등에 관심을 기울이며, 그러한 분석을 위해 구조, 조직, 애매성, 전략, 패러독스, 아이러니 등의 새로운 비평 도구를 창안해 내어 분석하기도 한다.

현대에 들어서 가장 득세하고 있는 분석주의 방법론으로 미국에서 발생한 '신비평'을 들 수 있다. 신비평론자들은 19세기의 낭만주의적 역사주의에 반대하며, 문학 내부의 구조에 주목하여 문학을 연구해야 한다고 주장한다. 이러한 접근 방식에 따라 분석된 구조가 작품의 미를 나타내기에 충분한지를 따지고, 작품의 형태나 구조 분석을 통하여 의미를 찾아 낸다.

이에 비해 역사주의적 방법론은 문학이 환경에 의해 형성된 역사적 산물이라는 점을 주목하면서 문학 작품을 이해하고자 한다. 이런 목적을 위해 그 작품의 발생론적 근원이 되고 있는 문학 외적인 환경, 곧 역사적 사실에 대한 실증적인 검토를 중시한다.

역사주의 방법론에서 문학적 전기는 개인의 전기에서 끝나는 것이 아니라 항상 시대나 사회 배경의 문제로 확대된다. 그렇기에 역사주의 연구가들은 역사·전기적 맥락으로서의 의미와 개별 작품의 의미가 어떻게 연계되어 있는가에 주목한다.

또한 역사주의 연구가들은 문학 작품과, 그것을 생산한 사회적·문화적 맥락과의 관계에 초점을 둔다. 작품이 생산된 역사적 맥락, 상상력의 소산으로서의 작품, 그 작품이 그 시대의

사회적·문화적 요소들에 준 충격, 그리고 그 작품이 후세의 독자에게 미칠 영향 등의 상호 관계를 밝히려고 한다.

3) 문학 연구 방법론에 따른 연구 영역

이와는 또 다른 차원에서 문학 연구 영역이 분류되기도 한다. 문학은 인간의 삶을 형상화하고 있는 것인 만큼 인간을 연구 대상으로 하는 주변의 다양한 학문이 개발해 낸 방법론을 가지고 문학에 대한 분석과 이해를 추구한다.

먼저 인간을 대상으로 하는 대표적인 학문인 철학에 기대는 방법론이 있다. 철학 중에서도 특히 문학과 관련되어 있는 부분은 미적인 것을 탐구하는 것이다.

플라톤 이래로 철학자들은 예술과 미의 문제에 지대한 관심을 보여 왔다. 이 분야가 흔히 '미의 철학' 또는 '예술 철학'이라고도 불리는 미학이다.

이러한 미학적 접근법은 '미란 무엇인가?', '미는 객관적인가?', '미와 다른 가치들과의 관계는 무엇인가?' 등 미의 본질을 찾고자 하

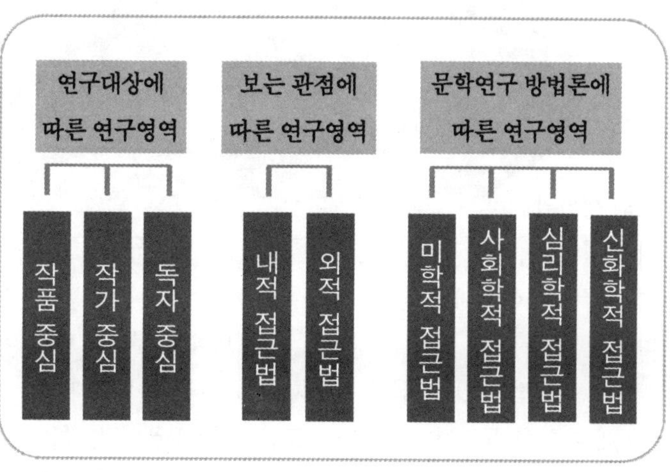

는 접근법과, 미적 쾌락이나 미적 경험 또는 미적 창조를 밝혀 내고자 하는 접근법으로 크게 구분할 수 있다.

문학 작품에 대한 미학적 접근이 갖는 특징으로는 문학 작품에서 어떠한 미가 보편적인지, 혹은 여타 예술과는 다르게 문학 작품만이 드러내고 있는 미적 특질은 무엇인지를 중심으로 연구한다.

두 번째로, 사회학적 접근법이 있다. 사회학적인 관점에서 문학에 접근하는 방법론은 '문학 사회학' 이라고도 불린다.

이 방법론은 문학 작품이 실제 현실을 '반영' 한다는 관점에서 작품에 접근하며, 문학 작품의 내용뿐만 아니라 형식조차도 시대적인 요구에 부응하여 결정된다는 관점을 바탕으로 한다.

사회학적 접근법은 그 하위 연구 범주로 작가 사회학, 작품 사회학, 독자 사회학으로 나뉜다. 작가가 차지하는 사회적 지위, 작가의 장르 · 스타일의 변화에 따른 독자의 평가, 문학적 소재로서 사회 생활의 제 요소들의 수용과 반영 양상, 문학 활동에 있어서 전달과 공급에 대한 문제 등을 연구 과제로 삼는다.

세 번째로, 심리학적 접근법이 있다. 심리학적 연구 방법은 현대로 와서 등장한, 프로이트(S. Freud)를 비롯하여 융(C. G. Jung)의 심층 심리학과 사회 심리학 등 심리학 분야의 연구 성과를 문학 연구에 도입함으로써 가능해졌다.

심리학적 연구 방법론은 작가와 등장 인물 그리고 독자 등 크게 3가지 방향으로 나누어, 그 각각의 심리가 문학 작품을 읽는 독서 과정 속에서 어떻게 드러나며 어떤 방식으로 개입되는가를 추적한다.

먼저 작가의 심리와 작품의 상관 관계를 추적하는 경우에는 작가의 개성이나 창작 심리를 분석한다. 또 작품에 등장하는 인물의 내면 세계와 무의식의 세계를 심리학적 방법에 따라 분석하여 등장인물의 심리적 특성 · 동향 및 유형을 찾아 내고자 하는 작품 내적 분석 방법이 있다.

최근 들어서는 여기서 더 나아가 독자의 작품 수용 심리나, 작품이 독자에 미치는 심리적 영향을 연구하는 독자 심리 분석으로까지 그 범위를 확대하고 있다.

네 번째로, '원형 비평' 이라고도 하는 신화학적 접근법이 있다. 이 방법론은 신화가 모든 문학 작품의 본질을 이루는 모태(母胎)

《신들과 거인과의 싸움》
원형비평은 신화가 모든 문학작품의 모태라는 전제 위에서 출발한다.

이므로 상상력과 이야기의 구조적 원리가 된다는 전제 위에서 출발한다. 따라서 문학 작품 속에 드러난 신화적 형성에 관한 사유나 문학 속에 함유되어 있는 신화적 모티브들을 찾아내고자 하는 문학 연구 방법론이다.

이 방법론은 신화의 원형을 작품 속에서 찾아내고, 나아가 그들 원형이 작가들에 의해 어떻게 재현·재창조되어 있는가를 추적한다. 신화와 의식(儀式)이라는 인간의 정신 작용을 반영하는 것인 만큼, 신화 비평은 심리학적 접근 방법과 중복되는 연구 영역을 갖기도 한다.

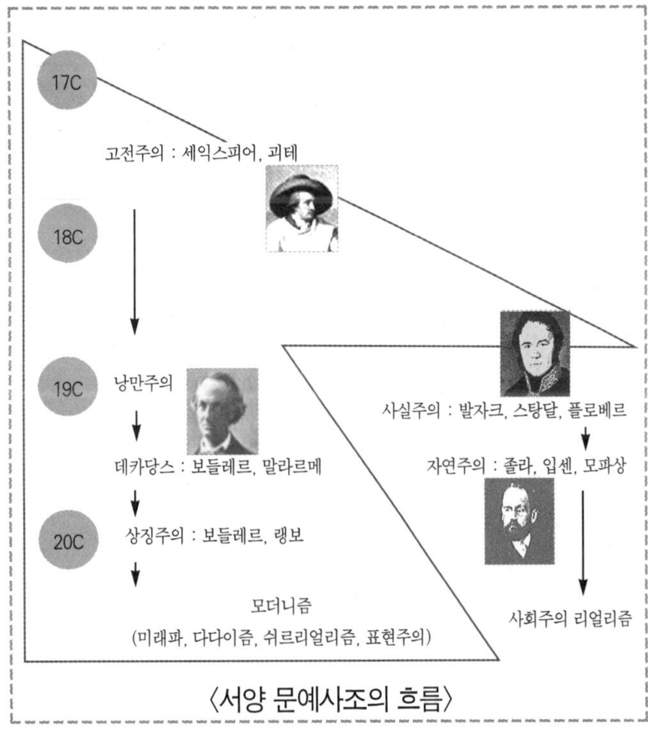

〈서양 문예사조의 흐름〉

◆ 문학 연구의 역사 및 미래의 전망

서양 문학 연구의 기원으로는, 그리스의 비극에 대해 체계적인 연구를 시도한 아리스토텔레스의 《시학》을 꼽을 수 있다. 이러한 연구에 이어 종교적인 권위가 절대시되었던 중세의 가장 대표적인 학문은 성경에 대한 주석 작업과 성경 구절의 해독 문제였다.

근대에 들어 문학 자체의 변화뿐만 아니라 문학 연구에도 영향을 미친 시대사적 흐름이 나타났으니 그것이 문예사조이다. 서양의 문예사조는 크게 고전주의, 낭만주의, 사실·자연주의, 상징주의, 데카당스, 사회주의 리얼리즘, 실존주의 등으로 분류할 수 있다.

고전주의는 17세기 말부터 18세기에 걸쳐 프랑스를 중심으로 영국·독일 등 유럽에서 이루어졌던 사조로, 그리스·로마의 고전 예술을 문학과 예술의 정신과 양식의 규범으로 삼는 것이었다.

18세기 말부터 19세기 말에 걸쳐 영국과 독일에서 발생한 낭만주의는 주지적(主知的)인 고전주의에 대해서, 주관적이며 감정성(感情性)을 중시하는 주정주의(主情主義)의 태도를 취하고, 기존의 도덕이나 형식주의에 반발함으로써 자아의 해방을 본질로 삼았다.

사실주의는 낭만주의와 함께 19세기 말에 성행된 사조로, 자연이나 인생 등 문학의 대상을 객관적 태도로 현실감 있게 표현하는 방법을 말한다. 한편 객관적인 방법으로 인생을 그대로 옮기려고 하는 사실주의와는 달리 자연주의는 자연 과학적인 방법으로 인간과 사회를 해부하고 분석함으로써 그 질(質)을 밝히려고 했다.

상징주의는 19세기 말부터 20세기 초에 걸쳐 프랑스를 중심으로 나타난 문예사조로 주관을 강조하고 정조(情調)를 상징화하여 표현하는 것을 주안으로 삼았다.

19세기 말 절망 끝에 관능적인 자극이나 도취를 찾은 퇴폐적인 예술가들에 의해 나타난 사조가 데카당스이다.

이후 19세기 말과 20세기를 거치면서 과거의 전통을 부정하고 새로운 문명을 드러내거나 인간의 주관적인 체험을 존중하는 다양한 유파들(미래파, 다다이즘, 쉬르리얼리즘, 표현주의 등)이 등장했다.

한편 동양의 경우, 특히 중국을 중심으로 한 한자 문화권에서의 문학 연구는 《시경(詩經)》을 비롯한 육경(六經 : 시경, 서경, 춘추, 예기, 주역, 상서)에 대한 주석 및 해석 작업이 문학 연구의 주류를 이루었다. 이 연구의 주된 대상이었던 '문(文)'은 실용문을 포함한 산문(散文), 시(詩) 등으로 상당히 폭이 넓은 것이었기 때문에 오늘날과 동일한 문학의 개념으로 이해해서는 안 된다. 이러한 경전에 대한 해석 및 철학적 이해는 그 시대의 특성에 따라 훈고학과 성리학, 양명학·고증학 등 다양한 방식으로 진행되었다.

훈고학은 경전을 수집·정리하여 그 자구(字句)에 대한 주(注)와 해석을 주로 하는 방

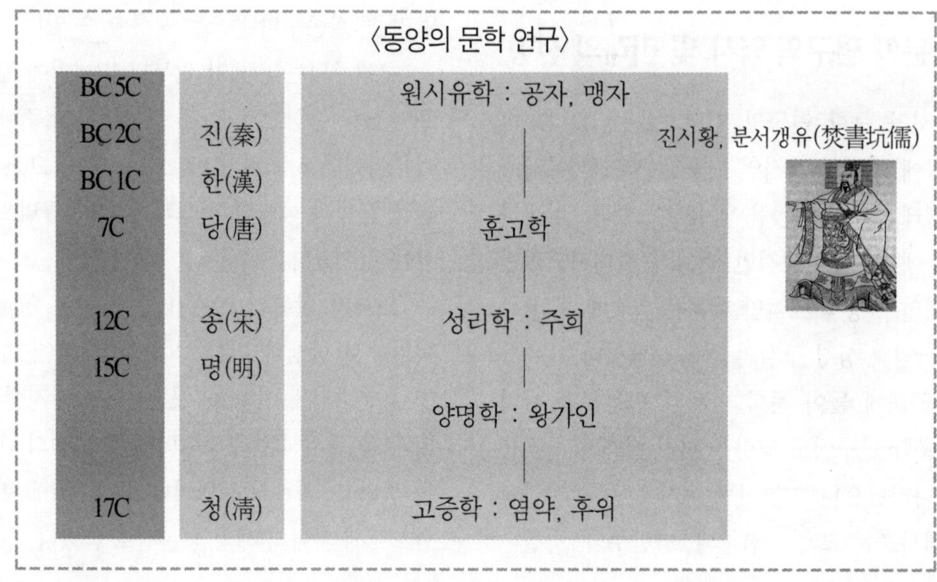

법론으로 한나라와 당나라 때 성행하였다.

성리학은 중국 송(宋)·명(明)나라 학자들에 의하여 성립된 학설로 훈고학의 단계를 넘어서 유학이 이론적으로 심화되고 철학적인 체계를 갖추면서 나타난 것이다. 성리학은 이(理)·기(氣)의 개념을 구사하면서 우주의 생성과 구조, 인간 심성의 구조, 사회에서의 인간의 자세 등에 관하여 깊이 사색함으로써 한·당의 훈고학이 다루지 못했던 형이상학적·실천철학적인 새로운 유학 사상을 수립하였다.

양명학은 송대에 확립된 성리학과는 대립적인 성격을 지니고, 명나라 때 정립된 신유가(新儒家) 철학의 하나이다. 고증학은 중국 청(淸)나라 때 성행했던 실증적 고전 연구의 방법 또는 그 학풍을 가리킨다. 이는 인간의 윤리적·사회적 실천의 근거를 묻는, 송·명대의 관념적인 학풍에 대한 반동으로 일어났다. 이것은 고전의 문헌학적 고찰을 통해 실증적으로 대상에 접근함으로써 고전 그 자체의 모습을 뚜렷이 부각해 내려는 방법론인 만큼 귀납적 접근 방법이 주를 이루었다.

오늘날의 문학 연구는 동·서양의 구분이 그다지 크다고 볼 수 없으며, 동양과 서양의 활발한 학문의 교류 속에서 서로의 흐름을 이해하면서도 독자적인 자신들의 연구 경향을 만들어 가기 위해 노력하고 있다. 그러나 동양과 서양을 제외한 제3세계 문학에 대한 연구의 흐름은 그리 널리 알려져 있지 않다.

또한 오늘날의 문학 연구는 문학 그 자체에 대한 연구를 넘어서 문화(文化)에 대한 연구로 그 연구 영역을 확장하고 있다.

오늘날 문학 연구가 문화 연구로 확장되어 가는 것은, 영상 매체 등 다양한 매체가 활성화됨으로써 수용자들의 문화 향유 욕구가 확장되어 가는 시대적 변화에 발을 맞춘 것이라고 볼 수 있다.

문학은 그것이 창작되고 향유되는 시대적 상황과 무관하게 존재할 수 없다. 따라서 문화 연구는 문학 연구가 보여온 연구의 한계를 보완하거나 확장시킬 수 있으리라 기대되고 있다.

◆ 기초 지식

1) 시학적 지식

① 주제(主題, theme) : 작가가 표현하려고 하는 중심적인 사상이나 관념이다. 작가는 테마를 중심으로 소재를 정리·통일하여 작품을 형성한다. 따라서 플롯(plot)의 전개와 밀접한 관련을 갖는다.

② 모티브(motif) : 예술작품에서 표현의 동기가 된 중심사상이다.

작가의 현실 체험이나 지적 체험이 모티브를 형성하는 경우가 많다.

③ 플롯(plot) : 줄거리, 구조. 작가가 자신의 구상(構想)을 실제로 표현하는 데 필요한 조건이다. 모티프에 의해 전개되어 전체로서

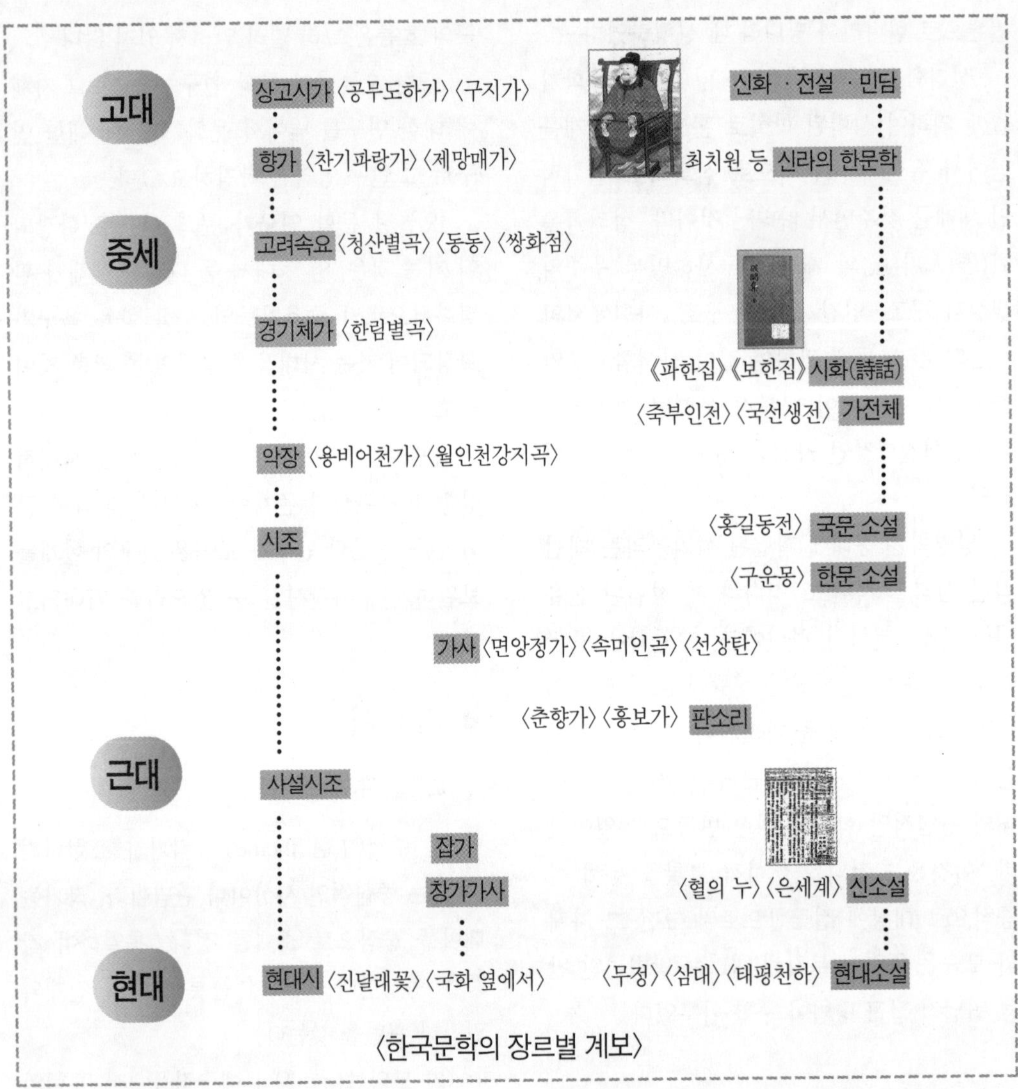

의 테마를 제시한다.

④ 문체(文體) : 문장의 형(型), 예를 들어 구어체(口語體), 문어체(文語體), 논문체, 서사체 등이 있다. 작가가 개성적인 특색을 발휘한 스타일을 가리키는 것이다.

⑤ 알레고리(allegory) : 본뜻은 어떤 일을 다른 것에 의해서 이야기한다는 것이다. 우의(寓意)적이며 추상적 · 정신적인 내용을 구체적인 것에 의해서 표현하는 것이다. 알레고리에 의해서 전체가 구성되어 있는 작품을 우화(寓話)라고 한다.

⑥ 리얼리티(reality) : 원래 현실, 실재,

본체 등의 의미이나, 문학 작품이 가져오는 현실감을 가리킬 때 사용한다. 어느 정도 진실에 가까운가 하는 것을 문제로 할 때 리얼리티가 있느냐 없느냐라고 한다.

⑦ 패러디(parody) : 어떤 저명한 작가의 작품의 어구(語句)나 문체를 모방하여 그 특징을 보존하면서도 전체로서는 전연 별개의, 외형에 맞지 않는 내용을 표현함으로써 익살의 효과를 주는 종류의 시를 말한다. 대개는 운문의 시지만 반드시 그렇다고는 할 수는 없다. 패러디는 가끔 풍자의 한 수단으로 쓰이고 있다.

⑧ 아이러니(irony) : 본래 그리스어의 '거짓 꾸민다'는 뜻으로, 수사학상의 개념으로서는 진의(眞意)와는 반대되는 말을 하는 비꼬는 말투를 일컫는다. 겉으로 칭찬하는 척함으로써 도리어 비난의 뜻을 날카롭게 표현하려는 것이다. 그것은 표면의 거짓 의미와 숨겨져 있는 참된 의미와의 모순으로 인해 일종의

익살맞은 효과를 성립시킨다.

⑨ 역설(paradox) : 겉으로 보기에는 자기 모순이거나 불합리한 것 같지만, 나중에 보면 이치에 맞는 진술이다. 역설적인 발언이 일상 용법에서 반대말인 두 용어를 결합시키면, 그것을 '모순어법'이라 부른다.

⑩ 장르(genre) : 자연 과학의 분류 개념에서 빌려온 것으로 문학 작품의 제재나 내용, 형식 그리고 작품 형성의 양태 등에 있어서 일정한 공통적인 특징을 갖는 작품군을 가리킨다.

2) 문학사적 지식

① 구비문학 : 세상 사람들이 말하여 전하는 바는 전전(轉轉)하여 오랫동안 사라지지 않음이 마치 비석에 새겨서 오래 전하는 바와 같다고 하여 '구비(口碑)'라고 일컫는다. 우리 나라에 한자가 전래되기 이전에 있었던 모든 문학 형태는 구비문학에 속한다. 한국 문학의 기원은 실로 이 구비문학으로부터 싹텄다고 할 수 있다.

② 설화문학 : 신화, 전설, 민담을 총칭한 서사 문학의 한 분야이다.

신화란, 역사상 근거는 없으나 부족(部族) 또는 씨족, 민족에 있어서의 신격(神格)을 중심으로

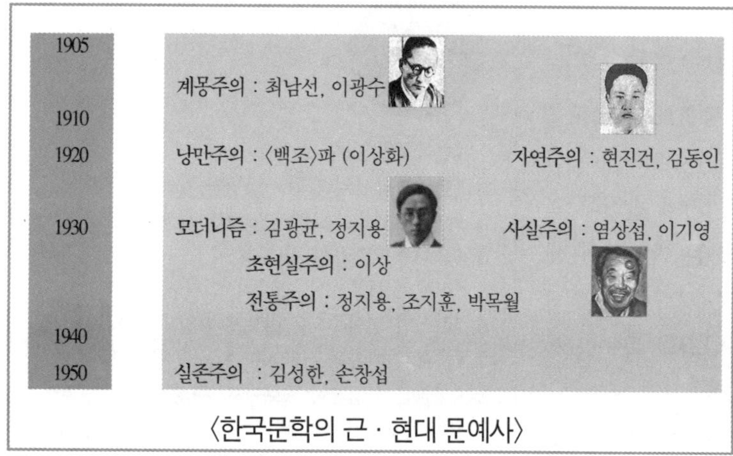

〈한국문학의 근·현대 문예사〉

한 하나의 전승적 설화를 의미한다.

　전설이란, 보통 신화와 같이 신격을 중심으로 하는 것이 아니라, 인간과 그 행위를 주제로 삼아서 일정한 민족 또는 지방에서 구전되어 전해온 설화를 의미한다.

　③ 가전체(假傳體) : 고려 후기에 시화문학(詩話文學)이 유행하는 한편, 설화는 설화대로 발전하여 그 독창성이 더욱 발휘되어 나타난 것이 바로 가전체의 작품이다. 가전체라 함은 이들 작품의 대부분이 물건을 의인화(擬人化)해서 썼기 때문이다.

　④ 시조(時調) : 고려 후기에 3장 6구의 형태로 출발한, 우리의 시가 중 가장 독특한 문학 형태.

　⑤ 속요(俗謠) : 민요와 거의 같은 개념으로 쓰이지만, 민요라면 주로 음악이나 민속(民俗) 부문에서 다루는 것이다. 반면 문학에서는 창작적인 시가(詩歌)와 대립되는 개념으로서 일반 민중 사이에서 제작된 시가를 '속요'라고 부르고 있다.

　⑥ 판소리 : 판소리는 전래하는 설화를 토대로 만들어져 조선 후기에 충청도, 전라도를 중심으로 발달하였다. 진양조, 중모리가 중심적인 소리가 되고 아니리(臺詞)와 발림이 적절히 안배되어, 광대(廣大)라는 직업적인 재인(才人)이 고수(鼓手)의 북 장단에 맞추어 창(唱)으로 나타내던, 우리 나라의 독특한 서민 예술의 한 형태이다.

　⑦ 신소설 : 갑오경장 이후의 소설로서,

형식이 서구 근대소설의 영향하에 이루어졌다. 언문일치(言文一致)에 접근한 문체를 썼다는 것, 주제를 비롯한 작품 내용이 새로운 시대의식을 반영하였다는 점이 그 특징이다.

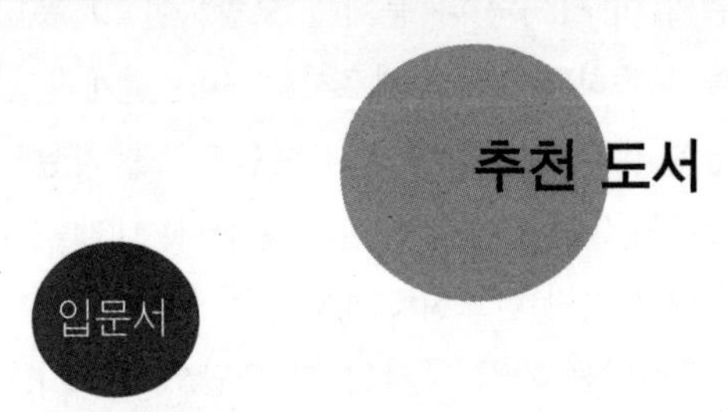

1.《문학개론》, 구인환
2.《문학이란 무엇인가》, 김대행
3.《한국문학강의》, 조동일 외
4.《한국문학사》, 김현 · 김윤식
5.《문예사조》, 김용직 외
6.《수용미학》, 차봉희 편저
7.《문학이론 입문》, 테리이글튼, 김명환 외 공역
8.《정신분석비평》, E. 라이트, 권택영 역
9.《한국고전시학사》, 전형대 외

1.《한국문학통사》, 조동일
2.《한국문학사의 쟁점》, 장덕순 외
3.《시학》, 아리스토텔레스, 천병희 역
4.《문심조룡》, 유협, 최신호 역
5.《비평의 해부》, N. 프라이, 임철규 역
6.《러시아 형식주의》, 빅토르 어얼리치, 박거용 역
7.《문학과 예술의 사회사》, A. 하우저, 백낙청 역
8.《정신분석 입문》, 프로이트, 김성래 역
9.《C. G. 융 심리학 해설》, 야코비 외, 권오석 역

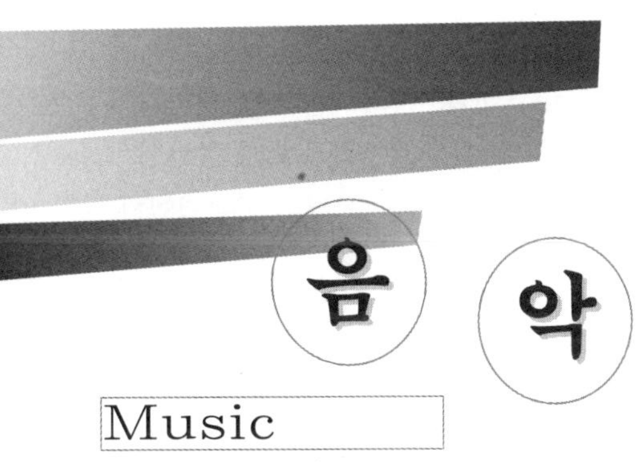

현대에는 음악을 학문적 관점에서 접근하는 것이
국제적으로 일반화되어 있고, 또 우리 나라에서도
음악에 대한 이론적 연구가 활발히 진행되고 있다.

한상우 / 음악평론가

◆ 음악의 정의

오랫동안 '음악이란 인간의 사상과 감정을 음을 통해 표출하는 시간적인 예술이다' 라고 정의해 왔다. 그러나 음악에 대해서 유럽에서는 오래 전부터 학문으로 분류해서 음악학에 대한 강의는 물론 음악을 철학의 범주에 포함시켜 철학박사 학위를 수여하고 있다.

근래에 와서는 음악을 학문적 관점에서 접근하는 연구가 국제적으로 일반화되어 있고, 또 우리 나라에서도 음악에 대한 이론적 연구가 활발히 진행되고 있어 음악에 대한 접근 방법이 다양해지고 있는 것도 사실이다.

고대 음악은 유희나 놀이로서 인식되기도 했고 무용도 그 속에 포함되었지만, 기독교의 역사와 함께 발견의 기틀을 다지기 시작한 서양음악은 오랫동안 종교와 깊은 관계를 맺으면서 변화되어 왔다. 그러다가 세속음악인 민족음악의 발달로 음악

이 종교의 지배에서 벗어나는 계기를 마련, 새로운 음악세계를 만들어 갔다.

따라서 음악의 정의를 내리기 위해서는 민족음악에 대한 정의가 필수적이며 다양한 접근을 통해서만이 음악의 실체를 이해하게 될 것이다.

앞에서 음악에 대한 일반적 정의를 소개

로마의 필라초 바르베리니에 장식된 《성 세실리아》.

했지만 이해를 돕기 위해 몇 가지 더 살펴 보면 다음과 같다.

1) 음악이란 높은 음과 낮은 음의 차이를 인식하는 능력이다.

2) 음악이란 음의 움직임을 조정하는 지식이다.

3) 음악이란 올바르게 노래하는 기술이다.

4) 음악이란 음을 조합하고 기분 좋은 음향으로 만들어 신에 대한 영광과 인간의 지성을 발전시키는 예술적 학문이다.

이외에도 여러 관점에서 음악을 본 정의들이 많이 있다.

〈음악과 관련된 이론 분야〉

◆ 음악의 역사

음악사는 음악에 대한 역사적 사실을 기술한 것을 말하지만 여기에서 말하는 음악사는 서양음악사를 지칭하는 것이며 우리의 국악이나 각 나라의 고유한 민족음악은 서양음악사에 포함되지 않았다.

음악의 시작은 인류의 역사와 그 맥을 같이하고 있으나, 서양음악의 뿌리는 기원 전 이미 상당한 수준에 이른 그리스와 이집트의 음악에서 찾을 수 있다. 그리고 보다 체계적인 발전은 기원 후 로마 카톨릭의 미사에서 단편적인 음악들이 쓰여지고, 이러한 미사곡들을 로마 교황 그레고리우스 (Gregorius, 540~604) 치하에서 최초의 악보집으로 발간함으로써 기틀이 마련되었다.

교황의 이름을 따 '그레고리우스 성가집'으로 불리우게 된 최초의 악보집은 음악적으로 미약한 점이 많지만 중요한 것은 형상이 없는 음악을 기보해서 후세에 남길 수 있게 되었다는 사실이다. 그 후 기보법의 발달은 서양 음악이 세계 음악으로 자리잡는 데 중요한 역할을 하게 되었다.

1) 그레고리안 성가 이전

초기 기독교 음악은 라틴어 가사로 된 단편적인 기도문이었다. 4세기경 밀라노의 사제였던 암브로시우스(Ambrosius, 339~397)는 동방의 전례음악을 받아들여 《암브로시우스 성가집》을 남겼다. 9세기경에는 기독교에 대한 박해로 오랫동안 지하에 묻혀 있던 미사곡들을 한데 모아 《그레고리안 성가집》이 만들어졌다. 《그레고리안 성가집》은 단선율로 된 간단한 음악적 형태로 되어 있으나 이를 토대로 음악의 발전이 이루어짐으로써, 《그레고리안 성가집》의 출현은 서양음악사에서 매우 중요한 의미를 갖는다.

2) 1300년 ~1600년

그레고리안 성가의 단선율은 '폴리포니', 즉 다선율 시대로 접어들어 다양한 형태를 갖게 되었다. 폴리포니에서 다시 화음감을 느끼게하는 '호모포니'의 출현은 선율과 화음이 함께 어우러지는 완전한 음악의 형태로 일보 접근하게 되었다.

14세기 음악가들은 자신들의 음악을 '아루스 노바' 즉 '신예술'로 표현했고, 13세기의 음악은 자연히 '아루스 안티카' 즉 '고예술'로 표기하게 되었다.

오랫동안 교회음악으로 안주해 오던 음악은 소위 음유시인으로 불리우던 '트루바투로', '미네젱거' 등의 세속음악과 부딪치면서

〈서양음악사〉

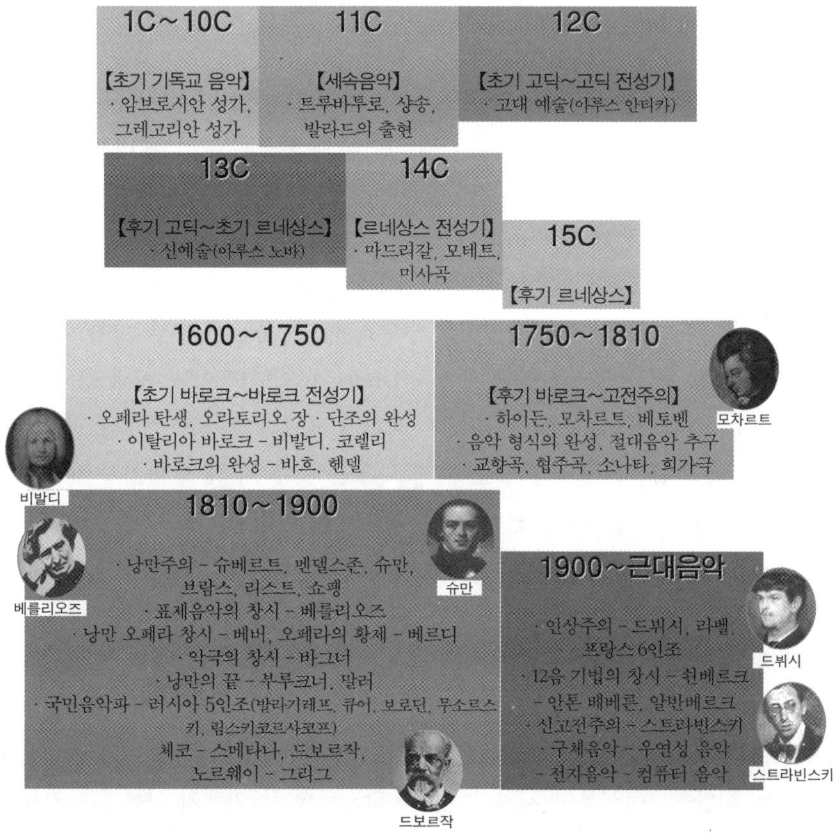

16C 에스파냐의 오르간 테블러튜어, A. 카베논 작곡.

창작기법도 다양해지기 시작했고, 그 결과 음악도 이제는 종교음악과 세속음악으로 분류할 수 있게 되었다.

또한 이 시기에 기악의 발달도 눈부신 바 있어, 각 나라의 민속음악에서 유래된 각종 무곡들이 기악곡의 형태로 쓰여지기 시작했고 종교 음악에서도 나라마다 독특한 맛을 갖게 되었다.

3) 바로크 시대 1600~1750

현대에 와서 흔히 들을 수 있는 음악이 바로크 시대 음악이며, 이 시대의 음악은 그 후의 모든 음악의 기본이 되었음은 물론 지금도 예술적 가치가 높은 작품으로 인정되고 있다.

바로크 시대의 양식은 아직도 하나의 형태를 이루지 못했지만 바로크의 2대 양식 즉 '트리오 소나타'와 '콘체르토 크로소'는 고전파 시대에서 소나타 또는 협주곡으로 발전하게 되었다.

초기 바로크는 이탈리아에서부터 시작되었다. 특히 이 시기에 이탈리아에서 발달된

현악기 제조 기술은 작곡가들로 하여금 훌륭한 현악 합주곡을 작곡하도록 하는 계기를 마련했는데,《사계》의 작곡가 비발디(A. Vivaldi, 1678~1741), 코렐리(A. Corelli, 1653~1713) 등은 바로크 현악 합주곡의 진수를 보여주고 있다.

1500년대 후반부터 만들어지기 시작한 현악기들은 지금도 최고의 명기로 찬사받고 있다. 특히 스트라디바리우스, 과르네리 등 바로크 시대에 만들어진 악기들은 지금도 값을 따지기 어려울 만큼 최고의 악기로 인정되고 있다.

한편, 1600년에는 최초의 오페라가 이탈리아에서 발표되었고, 베네치아에는 오페라 전문관이 세워짐으로써 종합예술이라는 새로운 장르가 탄생되기에 이르렀다.

이탈리아에서 출발한 바로크는 양대 거인 즉 바흐(J. S. Bach, 1685~1750)와 헨델(G. F. Handel, 1685~1759)에 의해 그 마지막을 장식하게 되었다. 1750년을 바로크의 마지막으로 보는 것은 이 해에 바흐가 세상을 떠났기 때문인데, 이처럼 바흐는 음악사에서 가장 중요한 인물이며 그래서 그를 '서양음악의 아버지'라 부르고 있는 것이다.

4) 고전파 시대 1750~1820

고전파 시대에는 형식미와 절대음악을 추구함으로써 음 자체가 아름다운 기품있는 음악들이 만들어졌다. 뿐만 아니라 음악이 교회

를 떠나 일반 청중들을 위한 연주회가 개최됨으로써, 교회에 속해 있는 음악가가 아니라 음악 자체를 위한 직업 음악가들이 활동하게 되었다.

그러나 무엇보다도 소나타 형식의 완성은 형식미의 정점을 이룩한 것으로, 이 소나타 형식에 의해 교향곡을 비롯한 협주곡, 4중주, 소나타 등 완벽한 형식미를 자랑하는 불멸의 작품들이 이 시기에 발표되었다.

N. 파가니니

고전파 시대의 주도적인 작곡가는 교향곡의 아버지로 불리우는 하이든(F. J. Hyden, 1732~1809)을 비롯해서 신동 모짜르트(W. A. Mozart, 1756~1791) 그리고 위대한 작곡가 베토벤(L. Beethoven, 1770~1827)이며, 이들의 작품들은 지금도 가장 귀한 보석과도 같이 빛을 발하고 있다.

5) 낭만파 시대 1820~1900

형식미를 중요시 여긴 나머지 음악이 개인적인 감정의 표현보다는 형식 그 자체에 더 큰 의미를 부여하게 되자, 개인의 독특한 감정을 더욱 진하게 표출하기 위해서는 형식을 버려도 좋다는 운동이 바로 고전파의 반동으로 일어난 낭만파이다.

음악사에서 가장 화려한 시기이며 다양한 음악적 모습들이 이 시기에 나타나고 있어 고전파 시대와는 달리 독특한 자기어법을 가진 작곡가들의 출현이 눈부시다.

낭만 오페라의 문을 연 초기 낭만파의 작곡가로는, 《마탄의 사수》를 작곡한 베버(K. M. Weber, 1786~1826)와 '가곡의 왕'으로 불리우는 슈베르트(F. P. Schubert, 1797~1828)가 있다.

M. I. 글린카,
국민악파의 창시자.

이들의 뒤를 이어서 멘델스존(J. L. F. Mendelssohn, 1809~1847), 슈만(R. A. Schuman, 1810~1856), 브람스 (J. Brahms, 1833~1897), 리스트(F. List, 1811~1886), 쇼팽(F. F. Chopin, 1810~1856), 파가니니(N. Paganni, 1782~1840), 베를리오즈(L. H. Berlioz, 1803~1869), 바그너(W. R. Wagner, 1813~1883) 등이 있다.

베를리오즈는 '표제음악의 창시자'로도 불린다.

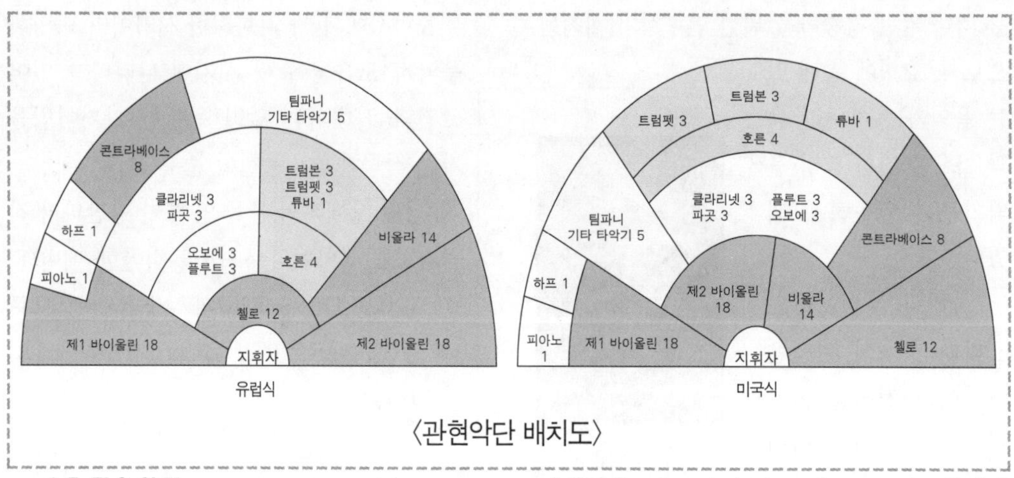

〈관현악단 배치도〉

6) 국민음악파

낭만파 음악이 전세계를 휩쓸고 있을 때, 일단의 작곡가들은 국적 있는 음악 운동을 펼치며 소위 민족음악을 만들기 위해 힘을 기울였다.

그 처음 시도가 러시아 국민악파의 5인조로 불리우는 발라기레프(M. A. Balakirev, 1837~1910), 큐이(T. A. Kyui, 1835~1918), 보로딘(A. P. Borodin, 1834~1887), 림스키코르사코프(N. A. Rimski-Korsakov, 1844~1908), 무소르그스키(M. P. Musorgskii, 1839~1910) 등에 의해 이루어졌다.

이러한 국민음악파들의 운동은 다른 나라들로 확산되어, 체코슬로바키아의 스메타나(B. Smetana, 1824~1884), 드보르작(A. Dvorak, 1841~1904), 노르웨이의 그리그 (E. H. Grieg, 1843~1907), 핀란드의

시벨리우스(J. Sibelius, 1865~1957), 일단의 스페인의 작곡가들과 프랑스의 생상(C. Saint-Saens, 1835~1921) 등도 국민음악파로 분류할 수 있을 것이다.

7) 20세기 음악

20세기에 접어들면서 음악은 많은 변화를 겪게 되는데 조성의 파괴는 물론 지금까지의 음악적 질서에서 벗어나 새로움을 향해 줄달음치고 있다.

근대음악으로 분류되는 드뷔시(C. A. Debussy, 1862~1918)의 인상주의를 기점으로, 쇤베르크(A. Sch¢nberg, 1874~1951)의 12음 기법, 스크리아빈(A. Skryabin, 1872~1915)의 신비주의, 스트라빈스키(I. F. Stravinskii, 1882~1971)의 원시주의, 바르토크(Bartok Bela, 1881~1945)의

민족주의 등이 있고 2차 대전 후 현대 음악으로 넘어 오면 전자 음악, 구체 음악, 우연성 음악, 컴퓨터 음악에 이르기까지 변화를 거듭하고 있다.

◆음악의 연주 형태

1) 성악

초기시대 즉 악기가 발명되기 전까지는 성악이 음악의 표현수단으로 쓰여졌는데, 특히 종교음악은 성악의 가장 중요한 연주형태였다.

소리의 높낮이에 따라 여성은 고음역으로부터 소프라노, 메조 소프라노, 알토로 나누고 남성은 테너, 바리톤, 베이스로 나눈다. 성악곡으로는 가곡, 중창곡, 합창곡 등이 있고 종교음악에서는 미사, 오라토리오, 칸타타, 진혼미사, 수난음악 등이 중요하게 취급되고 있다.

또한 종합예술로도 불리우는 오페라에서도 성악이 가장 중요한 역할을 담당한다.

2) 기악

악기의 발달은 훌륭한 연주 기술을 가진 연주가들을 만들어 내었고, 좋은 연주가들의 출현은 필연적으로 작곡가들로 하여금 여러 가지 연주 형태의 작품을 작곡하게 하였다.

기악은 크게 5가지로 나뉜다. 줄을 그어서 소리를 내는 현악기, 관 속에 바람을 불어넣어 소리를 내게 하는 관악기(나무로 만든 것은 목관악기, 쇠로 만든 것은 금관악기), 북처럼 두드려서 소리를 내는 타악기, 건반이 있는 건반악기 등으로 구분된다. 이러한 악기들을 적절히 사용해서 독주곡, 중주곡, 관현악곡 등을 연주하게 된다.

예컨대, 교향곡은 보통 건반악기를 제외한 위의 4가지 종류에 속해 있는 여러 악기들이 모여, 적게는 40명에서 많게는 100여 명이 넘는 오케스트라를 이루게 된다.

하나의 오케스트라를 이루기 위해서는 여러 종류의 악기들이 일정한 비율에 따라 모이게 되는데, 1관 편성은 목관악기 즉 플루트, 오보에, 클라리넷이 각각 하나씩으로 이때의 전체수는 40명 정도가 된다. 그러므로 목관악기의 수에 따라 1관에서 4관까지 나누게 되며 2관은 60명, 3관은 90명, 4관은 110명에 이르게 되고, 특정 작품에 따라 전체 수가 달라질 수 있다.

오페라 오라토리오, 《오이디푸스왕》, 1927.

◆한국 양악사

한국에 처음으로 양악이 수입된 것은 여러 가지 설이 있으나 일반적으로 1885년을 기점으로 삼고 있다. 이는 이 해에 기독교의 선교사로 아펜젤러와 언더우드가 한국에 도착했고 이들 선교사들에 의해 기독교가 전파되면서 찬송가를 비롯한 교회음악이 불려지기 시작했기 때문이다.

그러나 한국의 음악가에 의해 처음으로 만들어진 것은 1920년대에 들어서였다. 그래서 1920년에 홍난파(1897~1941)가 작곡한 《봉선화》를 우리는 최초의 양악 기법에 의한 가곡으로 인정하고 있다.

이때부터 해방되기까지 많은 음악의 선각자들이 나름대로 음악 활동을 했지만 역시 본격적인 음악 활동은 해방 이후에야 가능했다.

그런 점에서 한국 최초의 교향악 연주는 1945년 고려 교향악단의 연주이고, 최초의 오페라는 1948년 국제 오페라사에 의해 무대에 올려진 베르디의 《춘희》 공연이었다.

그러나 6 · 25 전쟁으로 음악 활동은 중단되었고, 그 후 50년대 중반 이후부터 양악의 체계적인 발전이 다시 시작되었으니, 불과 50년도 되지 않은 상황에서 현재의 음악적 위상을 갖게 되었다는 것은 대단한 발전이 아닐 수 없다.

명실공히 세계적인 음악가로 인정받는 한국의 음악가들도 많다. 작곡가 윤이상을 비롯하여 바이올린의 정경화, 장영주, 지휘의 정

한국 오페라 《자명고》, 김달성 작곡, 1970.

명훈, 소프라노 조수미, 홍혜경 그리고 국제 무대에서 자신의 영역을 지켜 나가는 연주가로는 바이올린의 김영욱, 피아노의 백건우 등을 꼽을 수 있다.

◆ 유명 음악학교

1) 〈줄리어드 음악학교〉, 미국 뉴욕

1905년에 설립되었고 1924년 줄리어드의 유산으로 확장하면서 학교 이름을 줄리어드로 개명했다. 1969년 링컨센터로 자리를 옮겨 현재에 이르고 있다.

음악 이외에 무용과, 연극과가 있으며 학제는 예비학교, 석사, 박사 등으로 되어 있다. 훌륭한 교수진들과 링컨센터를 중심으로 한 다양한 음악적 경험을 토대로 세계적인 음악가들을 많이 배출하고 있으며, 많은 한국의 음악도들이 줄리어드에서 공부했고 지금도 공부하고 있다.

2) 〈왕립 음악원〉, 영국 런던

영국에서 이론 분야는 대학교에서 담당하고, 실기 분야는 음악원에서 공부하게 된다. 영국의 음악원으로는 런던의 〈왕립 음악원(Royal Academy of Music)〉이 대표적인 음악원으로 꼽히고 있다.

전체 학생수를 약 400명으로 제한하고 있는데, 제대로 졸업하는 학생수는 약 40%로 과정이 쉽지 않다. 만 16세 이상이어야 입학할 수 있고 실기 시험 이외에 필기 시험도 거쳐야 한다.

3) 〈베를린 음악대학〉, 독일 베를린

독일에는 국립음대로 지칭되는 〈무지크 호흐슐레〉가 서부 독일에만도 20개가 되는데, 그중에서 한국인들이 가장 많이 가는 학교는 〈쾰른 음대〉, 〈베를린 음대〉, 〈폴크방 음대〉 등이다.

그런데 독일의 학교는 모두 국립이기 때문에 학교의 이름보다는 특정 교수를 따라 학교를 선택하게 된다.

그 중에서도 대도시에 있는 음대들이 여러 가지를 경험할 수 있다는 점에서, 베를린 음대는 가장 인기 있는 학교가 아닌가 한다.

다만 독일에서는 학사 학위 또는 석사 학위가 없이 졸업장을 주기 때문에 미국의 학제와는 큰 차이가 있다는 것을 염두에 두어야 하겠다.

4) 〈베르디 음악학원〉, 이탈리아 밀라노

1808년에 설립된 긴 역사를 가지고 있는데, 음악의 모든 전공이 개설되어 있지만 특히 성악과는 한국 학생들이 가장 많은 자리를 차지하고 있다.

학제는 전공마다 다르다. 성악은 5년이지만 건반악기와 현악기, 지휘, 작곡은 10년이며 관악기는 7년이다. 입학때도 나이의 제한이 있으므로 잘 알아볼 필요가 있다.

5) 《차이코스키 음악원》, 러시아 모스크바

러시아의 대표적인 음악원으로, 학제는 학부가 5년, 석사 과정이 2년이지만 석사 과정에 들어가기 위해서는 2년 정도의 준비 과정이 필요하다. 실기 우선으로 되어 있어 실기가 뛰어난 학생들에게는 좋은 학교이지만 실기가 미치지 못하면 어려움을 겪게 된다. 아직도 안정되지 않은 사회 환경으로 유학생들은 준비를 철저히 해야 하고 생활비를 비롯한 학비도 미국 못지 않게 부담이 되므로 잘 알아볼 필요가 있다. ♣

1. 《서양음악사》, 그라운트, 서우석 · 문호근 공역
2. 《음악사조사》, 라히텐트리트, 한명희 역
3. 《음악학의 시원》, 김춘미
4. 《음악사》, 밀러
5. 《음악과 지식》, 이강숙 편
6. 《음악의 즐거움》, 조셉 매클리스, 신금선 역, 전 3권
7. 《한국의 양악 100년사》, 이유선
8. 《선율, 온 영혼의 불꽃》, 한상우
9. 《삶과 죽음의 음악》, 한상우
10. 《음악 대사전》
11. 《세계 명작 오페라 해설》, 이성삼
12. 《음악사를 통한 음악 감상》, 존 화이트, 김성남 역
13. 《음악 통론》, 백병동

미술은 언제부터 시작되었는가? 그 기원은 아마
인류가 이 땅에 뿌리내리기 시작했던
시대로 거슬러올라갈 것이다.

미 술

Art

서성록 / 안동대학교 미술학과 교수

◆미술의 개념

유독 미술에는 많은 하위 분과가 자리잡고 있다. 그러한 하위 분과를 통상적인 의미에서 나눈다면, 순수미술과 응용미술로 구분할 수 있다.

전자에 속하는 동양화, 서양화, 조소를 비롯하여 후자에 속하는 디자인, 공예 등이 대표적인 예이다. 특히 산업의 발달과 미술에 대한 사회적 요구의 급증으로 디자인은 다시 시각디자인, 산업디자인, 광고디자인으로, 공예는 금속공예, 도자공예, 목공예로 각각 나누어지기도 한다.

만일 전자가 예술로서의 특수성을 강조한다면, 후자는 유용성에 두는 경우가 많다. 도조(陶彫)나 연성조각(soft sculpture)처럼 유용성보다 미적 가치를 중시하는 경우도 있지만 일반적으로 후자는 용도나 사용가치 등 쓰임새를 더 강조하는 편이다.

위에서는 거론하지 않았으나 사진,

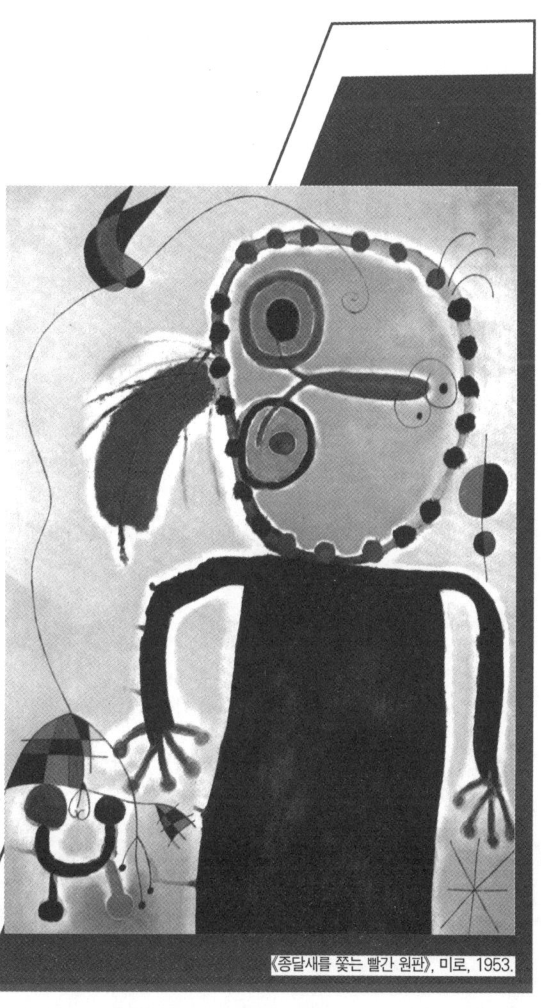

《종달새를 쫓는 빨간 원판》, 미로, 1953.

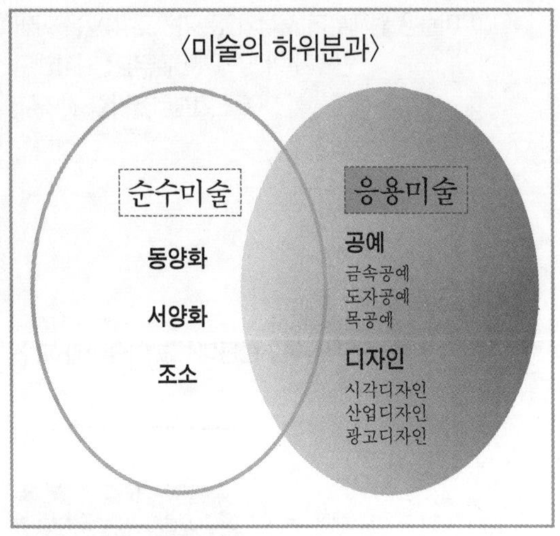

판화, 건축도 중요한 미술의 영역을 차지하고 있는 분과임이 분명하다. 사진과 판화가 속성 상 기계적 과정을 거쳐 제작된 것이라면, 건축은 시각예술 전반이 망라된 종합예술의 성격을 띠고 있다.

이외에도 미술과 관련된 인접 분야로는 미술사, 미학, 예술학, 미술 교육 등을 들 수 있다. 이들 분야에서는 미술 작품 및 작가에 관한 역사적 연구, 예술과 미의 근본 문제들, 작품에 대한 깊이 있는 연구, 그리고 미적 교육에 큰 관심을 할애한다.

미술은 언제부터 시작되었는가? 그 기원은 아마 인류가 이 땅에 뿌리내리기 시작했던 시대로까지 거슬러올라갈 수 있을 것이다. 원시인들이 사용하던 돌도끼나 돌로 만든 칼, 그리고 그밖의 생활용품들은 최초의 수공예 작품일 것이며, 원시인들의 생활상이나 염원을 담은 벽화(스페인의 알타미라 동굴벽화, 스

위스의 타잉겐 동굴벽화 등)는 인류 최초의 회화 작품으로 생각할 수 있다.

미술에 대한 개념적 규정이 꾀해지기 시작한 것은 서구의 경우 그리스 시대부터이다. 그리스인들은 물건이나 집, 동상, 선박, 침대, 도기, 의복 따위를 만드는 데 필요한 기술을 '테크네' 라고 칭했다.

이와 함께 테크네는 군대를 지휘하거나 땅을 측정하거나 청중을 사로잡는 데 필요한 일체의 기술도 의미했다. 요컨대 건축가의 예술, 조각가의 예술, 도공의 예술, 의복 제작자의 예술, 전략가의 예술, 기하학자 및 수사학자의 예술을 통칭 '테크네' 로 불렀던 것이다. 그들에게 테크네는 규칙에 관한 지식을 의미했으므로 규칙이 없는 것, 즉 법식(法式)이 없는 것은 예술이 아니었다. 회화(모자이크, 벽화, 판넬화)와 조각(신상), 건축(신전과 극장)이 성행했지만 특정한 이름 없이 그것을 단지 '테크네' 라고 불렀다.

고대와 중세에 사람들이 예술이라고 생각했던 것은 오늘날보다 폭넓은 것이다. 그때의 예술은 순수미술은 물론이고 수공업 기술까지 포괄했기 때문이다. 그들은 기술의 소산만이 아니라 기술 그 자체와 규칙의 숙달, 전문가적 기술을 모두 예술이라고 이해하였다. 회화, 조각 이외에도 양복 재단, 문법, 그리고 논리학을 예술이라고 했던 것이다. 따라서 이때의 예술이란 순수예술, 수공업 기술, 그리고 최소한 학문의 일부분까지를 포함하는 것

이었다.

　로마와 중세시대에 통용되었던 '아르스' 가 규칙을 탐구하는 것으로 이해되었던 것은 그리스 시대와 크게 다르지 않다.

　오래 전부터 회화와 조각이 있었지만, 미술에 대한 장르 의식이 싹튼 것은 르네상스 시대이다. 이탈리아의 미술사가 바자리(Vasari)는 최초로 시각적 재현의 예술을 '디제뇨(disegno, 도안)' 라 불렀다.

　바자리는 모든 시각 예술을 포함한 체계를 분석하고, 또 서로 다른 창조적 활동들을 각각 분리하여 자리매김한 사람이다. 르네상스 시기의 화가들은 때로 건축가이기도 했으며, 따라서 그가 화가인지 조각가인지 건축가인지 말하기가 곤란했다. 하지만 바자리는 이러한 구분을 명확히 한 이론가로서 그의 이름은 지금까지도 꾸준히 언급되고 있다.

　바자리에 의해 '자매예술' 인 건축, 조각, 회화에 공통되는 요소가 디제뇨라는 사실이 밝혀졌음은 시각예술의 영역을 개념적으로 확보했다는 점에서 주목할 만한 부분이다. 그가 말하는 디제뇨는 과연 무엇이었을까? 그

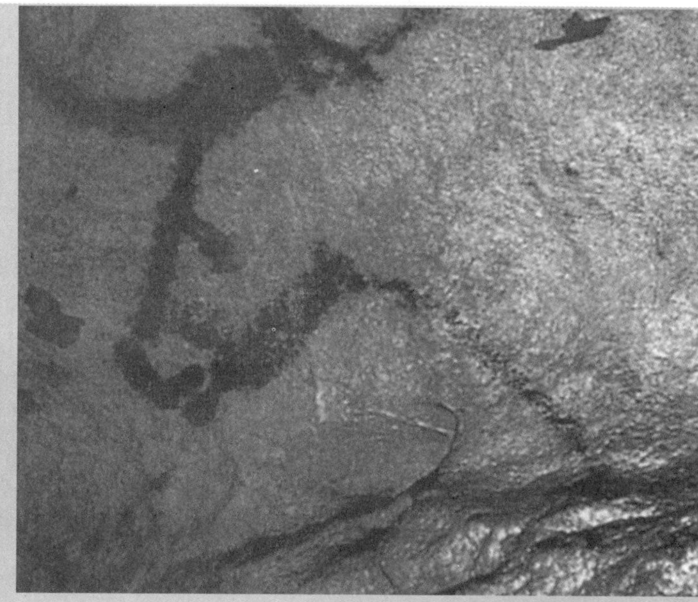

▲ 라스코 동굴 벽화, 선사 미술, 도르노뉴.

◀ 네브아멘 암굴묘 벽화, 이집트 미술, BC 16C~11C.

◀ 《봄》, 카스텔라마레 디스타비아 벽화, 로마 미술, BC 1C.

◀ 레오파르디묘 벽화, 에트루리아 미술, BC 5C, 타르퀴니아.

에 의하면 "디제뇨는, (중략) 많은 사물로부터 비롯되는 일반적 판단, 즉 자연 속에 숨쉬는 모든 자연의 형태와 관념"을 뜻한다. 간단히 말하면, 우리가 나타내야 할 형태와 대상의 정신적 이미지를 일컫는다.

다른 한 가지 의미는 보다 실제적이다. 그것은 재현된 구조물을 표시하거나 기술과 훈련이 요구되는 미적 생산물을 갖추게 하는 '선적 구성'을 뜻한다. 이 경우 디제뇨란, 관념의 착상을 작품으로 옮긴다는 뜻으로 오늘날 말하는 '스케치'라는 의미에 해당한다.

르네상스에 이르러 미술의 독자적 장르 개념이 생기게 되었고, 내용면에서도 많은 변화를 겪었다. 그것은 '창조' 개념을 생각할 때 잘 드러난다.

중세에는 창조란 개념이 없었다. 성 어거스틴(A. Augustinus, 354~430)의 말대로 "피조물은 창조할 수 없다"는 주장이 유력했고, 토마스 아퀴나스(T. Aquinas, 1225~1274)는, 미술가들은 단지 '유사 창조'만이 가능할 뿐이라고 엄격한 견해를 취했다. 오직 신만이 창조를 할 수 있다는 관점은 르네상스 초기에도 변함이 없었다. 레오나르도 다 빈치(L. Da Vinci, 1452~1519)조차도 화가를 이 세상의 '주인이자 신'이라고 묘사했을 때 '창조'라는 말은 쓰지 않았다. 예술적 창조 개념이 맹아

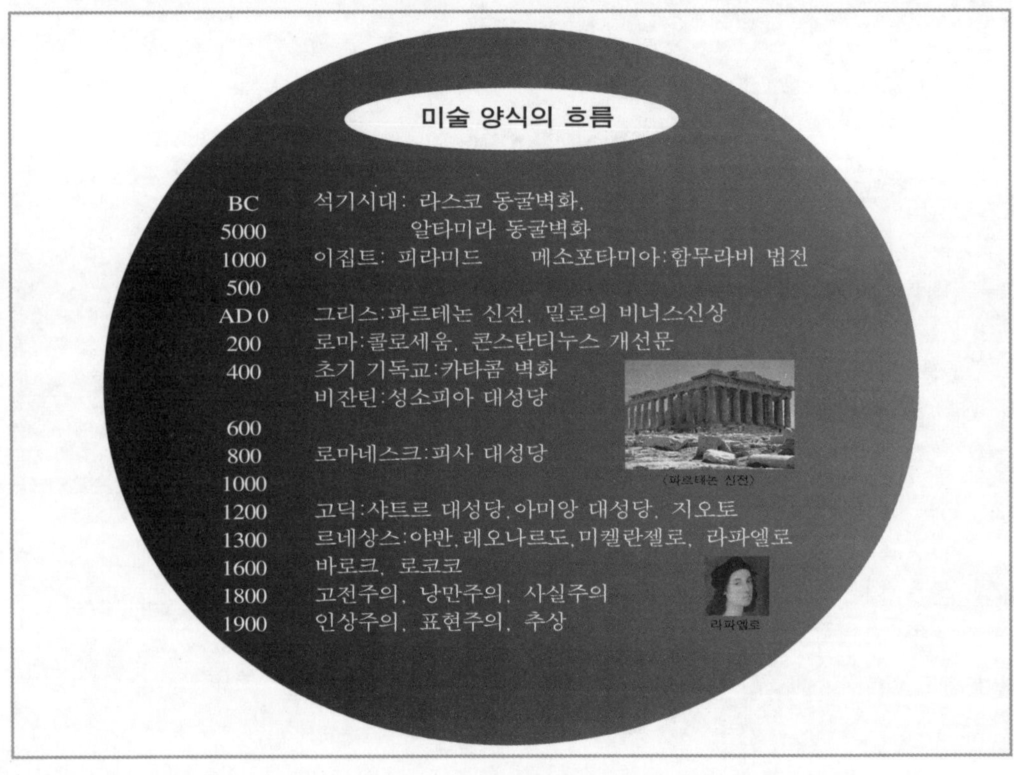

되기 시작한 것은 르네상스 전성기 이후이다. 15세기에 자주 사용하던 말은 '발명(inven-zione)'으로 현대어로는 '창조'에 비교적 가까운 개념이다. 그러나 '발명'이 의미했던 바는 엄격한 의미에서 오늘날의 '창조'와는 다르다. 그때의 '발명'은 이전에 존재하지 않았던 그 무엇을 발명한다는 뜻이 아니었다.

15세기 사람들은 그 말을 주로 예술작품의 주제, 이 주제를 반드시 발견되지 않으면 안 되거나 혹은 전래된 문학적·역사적 소재에서 선택되지 않으면 안 된다는 뜻으로 사용했다. 따라서 이 용어는 디테일 혹은 주제의 의미를 좀더 부각시키려는 은유적 형상의 참신성 및 창의성을 의미했다.

그러한 '발명'의 개념을 미술에 적용시킨 알베르티(L. B. Alberti, 1404~1472)는 "발명이란 회화적 재현 없이도 홀로 즐거움을 주는 것"이라 규정했다. 다른 말로 표현하면 어떤 훌륭한 주제(영웅의 묘사나 승화된 주제)를 선택하는 것을 가장 중시했던 것이다.

르네상스 최고의 성과는 '정확한 재현'의 획득이라고 할 수 있다. 알베르티에 의해 널리 알려진 원근법은 회화가 자연을 '보이는 대로' 재현할 수 있게 만들었다. 그리하여 원근법은 회화적 재현의 수단이자 하나의 연구 분과로서 우리의 시각적 경험 속에서 관찰되는 사물과 인체를 생생하게 옮겨낼 수 있게 하였다. 물론 중세에도 그와 비슷한 개념(per-spectiva)이 존재했으나 그때는 자연 과학의

프랭크 스텔라, 1987.

일부였을 뿐 회화적 재현과는 아무런 연관을 지니지 않았다.

원근법의 발견은 미술에 커다란 변화를 가져왔다. 중세에는 그림 표면을 고착된 것, 불투명한 것으로 파악하여 그 위에 색깔을 칠하고 모양을 넣었지만 르네상스 시대에는 우리가 관찰하는 바를 옮기는 '투명한' 표면으로 파악하게 되었다. 그리하여 감상자를 마치 우리가 실제 풍경을 보는 것처럼 믿게 만들었다. 원근법은 미술이 과학적이고 수학적인 방식에 의하여 점차 독자적 분과로서 발돋움해 가는 과정에서 탄생한 성과이다.

◆미술 교육

미술에 대한 독자적 의식이 생기게 됨에

따라 이를 체계적으로 가르치는 기관이 출현하게 되었다.

순수미술을 가르친 최초의 교육기관은, 1563년 바자리가 대부호인 두크와 함께 건립한 〈디제뇨 아카데미〉이다. 디제뇨를 미술의 본질로 이해함에 따라 이 아카데미에서는 실기와 함께 이론 교육도 시행하였다.

플로렌스에 아카데미가 건립되자 얼마 안 있어 로마, 볼로냐에서도 미술 교육 기관이 잇달아 문을 열었다.

그러다가 본격적인 미술교육이 실시된 것은 프랑스에서였다. 1648년 꼴베르(J. B. Colbert, 1619~1683)는 〈보자르(Beaux-Arts) 아카데미〉를 열었다. 이 무렵 '보자르', 즉 순수미술이란 용어가 르네상스의 '디제뇨' 개념을 대체하고 있었음을 알 수 있다.

그러나 루이 14세의 절대왕권 아래 이 아카데미의 교육 내용은 절대군주를 예찬하기 위한 목적에 바쳐졌다. 교육 방법도 〈이탈리아 아카데미〉의 수준을 능가하지 못했다. 실기에 있어서는 모델의 모사, 조각의 드로잉 등 학생 교육에 필수적인 교과목을 그대로 채택했고, 이론에 있어서는 이탈리아의 경우와 마찬가지로 기하학, 원근법, 해부학이 주종을 이루었다.

상거래 시스템의 발달로 18세기 말부터는 여러 가지 산업과 연관된 미술학교가 건립되었다. 독일과 영국의 도시에 건립된 미술학교에서는 특히 세라믹, 판화와 같은 실용적인 미술을 교육하였다.

들라크루아(1793~1863)

그러한 추세는 날로 증대되어 여러 아카데미(마인츠, 라이프치히, 베를린)에서는 다시금 미술의 수공예적 개념을 회복하자는 목소리가 높았다.

이러한 학교들이 주로 강조했던 것은 기하학, 인물 드로잉, 장식, 풍경, 그 외에도 동물과 식물의 묘사였다. 이론을 연마하고 고전주의를 익히는 아카데미의 이상은 프랑스에서 시작하여 유럽 전체로 퍼져갔다.

1770년 〈영국 로열 아카데미〉의 창설자 레이놀즈(S. J. Reynolds, 1723~792)는 천재론을 표방하였다.

"미술가들이 부단한 관심을 기울여 명백한 미의 이상과 시머트리(좌우상칭)를 갖출 때, 그리고 자연의 다양성을 추상적 관념으로 환원시킬 때, 그는 유행의 그것과는 대조되는 순수한 자연의 습성을 깨달아야 할 것이다. (중략) 우리가 통상 말하는 천재란 모방의 산물에 다름 아니다."

레이놀즈는 당시에 널리 유포되었던 천재론을 미술 교육에 적용하였다.

창조적 자유를 억제하기보다는 부추기는 미술 이론을 누구보다 열렬히 강조한 사람은 낭만주의 화가 들라크루아(F. V. E. Delacroix,

1798~1863)였다.

"누구인들 우리의 청년기를 고달프게 만들었던 코, 귀 그리고 눈으로 메워진 교과서를 기억하지 않겠는가? 눈은 기계적으로 똑같은 세 부분으로 나뉘어진다. 그 세 부분은 부득불 난형(卵形)을 취한다. 우리가 알다시피 머리를 그리기 위한 출발점은 난형도 아니고 원형도 아니다. 결국 인체의 모든 부분들은 학생들로 하여금 궁극적으로 전체 인물을 재구성하지 않으면 안 될 곤경을 겪게 한다."

들라크루아는 이러한 훈련, 즉 자신이 말한 '오류와 혼동의 온상'을 미술가의 창조적 자유에 의해 태어난 훈련과 대조하면서 후자에 우월성을 두었다.

들라크루아의 태도와 정반대로, 고전주의 화가 앵그루는 자연회귀를 주장하면서 고대 연구를 적극 권장했다.

"당신은 내가 흔히 말하는 이상미를 추구하기 위해 루브르 미술관에 보내는 것으로 생각합니까? 그와 같은 넌센스는 사실 역사상 최악의 시기에 만연하고 있는 미술의 퇴폐성

에 기인합니다. 고대인 자신이 바로 자연이기 때문에 자연을 만나 배우도록 하기 위해 당신을 거기에 보내는 것입니다."

한편 19세기 중엽에 이르면, 순수미술은 물론이고 산업에 응용할 수 있는 미적 교육에 관한 요구가 싹튼다. 이같은 교육 이념은 미술이 모든 영역에 적용할 수 있는 활동이라는 인식에서 비롯된 것이다.

이와 같은 주장을 펼친 사람은 러스킨(J. Rusckin)으로 그는 수공예인을 처음으로 산업화로부터 자유롭게 만든 장본인이다. 현대 문명이 근본적으로 요구하는 바는 미술 훈련을 '창조'의 일부분으로서 복귀시키는 작업이라는 게 그의 기본 입장이었다.

그와 같은 지침을 위한 프로그램을 현실화한 인물은 모리스(W. Morris)이다. 그는 중세 때 행해졌던 것처럼 미술 훈련에 고전적 방식을 도입하였다. 러스킨이나 모리스가 중세를 '황금기'로 여겼던 것은 꽤 이채롭다.

현대 교육의 단면을 알 수 있는 건 〈바우하우스〉이다. 〈바우하우스〉는 유럽의 응용미술 학교에 넓게 퍼져 있었던 자기 교육과 수공작업의 필요성을 기조로 삼으면서, 무엇보다 창의력 발굴과 지도에 역점을 둔다.

교육 자체도 대단히 창의적이어서 학생들은 여러 실험실에서 자유롭게 자신

현대 미술교육의 단면을 알 수 있는 〈바우하우스〉.

의 표현수법을 발견하도록 유도했다.

교육 프로그램은 크게 3단계로 나뉘어졌다. 입학 후 처음 6개월 동안은 학생들의 잠재력을 확인하는 데 소요된다. 두 번째 단계인 '작업강의'는 3년간 계속되는데 이 단계에서는 돌, 철, 나무, 유리, 텍스타일, 조각, 색채, 그밖의 재료를 다루고 사용하는 실천적 과정을 이수하게 된다. 이 시기에 학생들은 무엇을 전공할지를 결정한다.

시험을 치른 후, 세 번째 단계인 '조형강의'에 들어가게 되는데 여기서는 학생들의 관심과 기량을 여러 가지 예술장르로 이끌어, 설립자 그로피우스(W. A. Gropius, 1883~1969)의 바람, 즉 전체 예술을 통합하는 공통의 목적에 실질적으로 참가하게 된다. 이 3단계를 마친 뒤에만 학생들은 비로소 전공 분야를 선택할 수 있게 되는 것이다.

◆ 미술의 역사

미술의 역사적 연구는 미술의 발생이나 미술 교육 기관의 발전에 비하면 때 늦은 편이다. 그 시발점은 '미술사의 아버지'로 불리는 18세기 빈켈만(J. J. Winckelmann, 1717~1768)으로 잡을 수 있는데, 물론 그 이전에 미술에 관한 저술이나 연구가 전혀 없었던 것은 아니었다.

유명한 비트루비우스의 《건축에 관한 글》(BC 25), 르네상스 조각가 기베르티의 《회상록》, 바자리의 《미술가 열전》, 그밖에도 여러 미술가나 사상가들에 의해 미술 연구가 진행되었지만, 미술에 '역사'라는 이름을 최초로 독립된 학과로 승격시킨 사람은 빈켈만이다.

빈켈만은 《그리스 미술 모방론》과 《고대 미술사》를 저술하여 고대 그리스 미술을 최고의 예술로서 평가하고 예술을 미와 동일시하는 고전주의적 견해를 취했다.

빈켈만의 탁월한 업적 중 하나가 그리스 미의 발견이다. 그가 궁극적으로 추구했던 것은 단순히 그리스 미술의 예찬에 있지 않았다. 자주 애용하였던 '이데아' 또는 '완전한 미'라는 용어를 통해서 그는 인간의 손이 닿지 않는 어떤 것을 발견하고자 했다. 그에게 있어 미술이란 어떤 시대나 나라도 능가하는 참다운 미, 불변의 미를 윤곽짓는 중요한 매

《헤리오드로스의 추방》, 라파엘로, 1511~1512.

《라오코온》, 헬레니즘시대, BC 50.

《송아지를 짊어진 사람》, BC 570.

《아프로디테의 탄생》, BC 460.

개물이었다. "미란 위대한 자연의 신비 중 하나"이며, 그러한 미의 세계는 '그것이 무엇이다' 라고 말하는 것보다 '무엇이 아니다' 라고 말하는 게 더 정확하다"라는 말로 미의 포괄성을 지적하기도 했다. 또한 "우리가 누구도 흉내낼 수 없을 정도로 위대해질 수 있는 유일한 방법이 있다면 그것은 그리스를 모방하는 것"이라는 말도 잊지 않았다.

빈켈만과 함께 근대 미술사의 문을 연 것은 멩스(Mengs)였다. 유럽 전체에서 이름난 벽화 제작자이기도 했던 그가 최상의 미술로서 여긴 미적 모델은 사유의 구조물로서의 미술이었다. 그러한 성향은 고대 그리스의 '화가이자 철학가(Malerdenker)' 개념에 빠지게 만들었다. 그에게 있어 미술이란 하나하나의 요소나 사례에 구애됨이 없이 포괄적인 구조로서 이해된다.

이러한 미술은 결국 양식으로 나타날 수밖에 없는데, 그가 생각한 양식이란 모든 시간, 세계 그리고 예술의 제한을 넘어선 성질의 것으로, 여기에 해당하는 양식은 1)높은 양식 2)아름다운 양식 3)우아한 양식 4)의미 있거나 표현적인 양식 5)자연적인 양식 등 5가지로 분류된다.

부르크하르트(J. Burckhart, 1818~1897)와 빈켈만의 영향을 받았던 스위스인 뵐플린(H. Wölfflin, 1864~1945)은 문화사적 경향으로 기울었던 기존 미술사의 방법론 대신에 순수하게 미술적인 가치를 부여하는 학문의 방향성을 부여했다. 특히 그는 양식에 주목하여 미술 양식의 발전을 순수한 시각적 형식의 발전으로 간주하고 양식사를 확립했다.

각 시대에는 특유의 시각 형식이 있다고 믿은 그는 르네상스 미술과 바로크 미술 사이에 존재하는 양식적 차이를 1)선/회화 2)평면/깊이 3)닫힌 형식/열린 형식 4)다수성/통일성 5)명료성/불명료성 등 다섯 쌍으로 분석하여 '인명 없는 미술사'를 창출했다.

양식론에 심취하였던 다른 한 사람 리글(A. Riegl, 1856~1905)은 《양식의 문제》에서 이집트, 메소포타미아 등의 고대 동방으로부터 그리스 · 로마, 비잔틴, 특히 아라비아에 이르는 미술작품에 관하여 그 중요한 장식 문양의 모티브를 모아 그 구성 원리를 분석하고, 수천 년에 걸쳐 나타나는 장식 문양의 양식사로서의 내적인 발전 연관을 규명하고자 했다. 한편《후기 로마 시대의 공예》에서는 고대 동방, 고대, 중세 등 3단계의 양식의 전개를, '촉각적'과 '시각적'이라고 하는, '미술 형식의 기초 개념'에 입각하여 설명했다.

비엔나 대학 미술사 주임교수를 역임한 막스 드보르작(M. Dvorák, 1874~1921)은 초기에 리글의 뒤를 이었으나 점차 자신의 독자적인 관점을 세워갔다. 드보르작의 학자적 이력은 2단계로 나뉘어진다.

첫 번째 시기는 리글과 빅호프의 영향 아래 미술사의 진화론적 관점을 취한 시기이다. 미술은 퇴보나 쇠퇴 없이 지속적인 흐름으로 발전되어 왔으며, 미술의 역사는 재현의 새로운 형식의 발전으로 구성되어 시각적 현실의 해석을 줄곧 취해왔다고 한다.

두 번째 시기는 미술 연구에 '정신'의 중요성을 도입한 것으로, "미술은 형식적 과제와 문제의 해결로만 달성되지 않는다. 그것은 언제나 맨 먼저 종교, 철학 그리고 시의 역사와 마찬가지로 인류를 지배하는 이념의 표현으로 이념의 역사이다 미술이란 일반 정신사의 일부이다"라는 그의 견해는 시대의 '세계관'이 미술양식의 형성에 지대한 영향을 미친다는 것으로 요약된다.

지금까지 주변적인 것으로 경시되어 왔던 민족미술에 눈을 돌리는 계기가 된 것은 보링거(W. Worringer, 1881~1965)의 영향이 크다.

그에 의하면 미술의 표현에는 2가지 방향이 있다. 하나는 그리스 미술이나 르네상스 미술의 사실적·자연적 방향이고, 다른 하나는 동방의 이집트 미술이나 비잔틴 미술의 기하학적·추상적인 방향이다.

자연주의적 미술은 인간과 자연의 행복한 조화적 관계에서 태어난 '감정이입적 충동'에서 기초한다. 반면 추상적 미술은 생명을 억압하는 표현의 예술로서, 인간과 외적 자연의 부조화와 분리의 감정, 즉 인간의 내적 불안에 근거하는 '추상 충동'에서 생겨났다고 설명했다. ♣

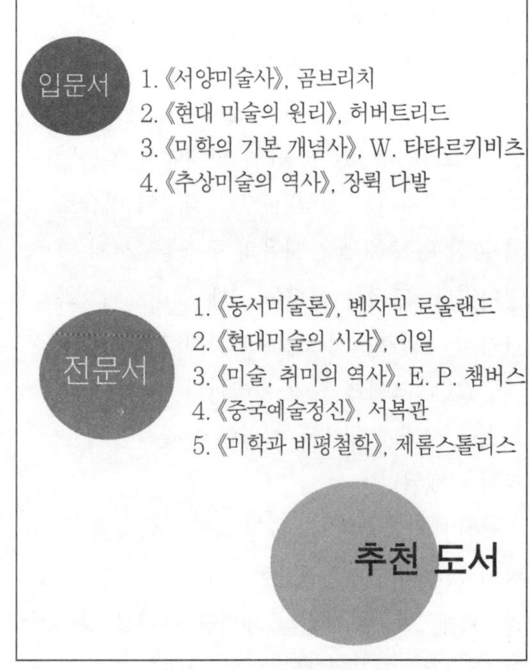

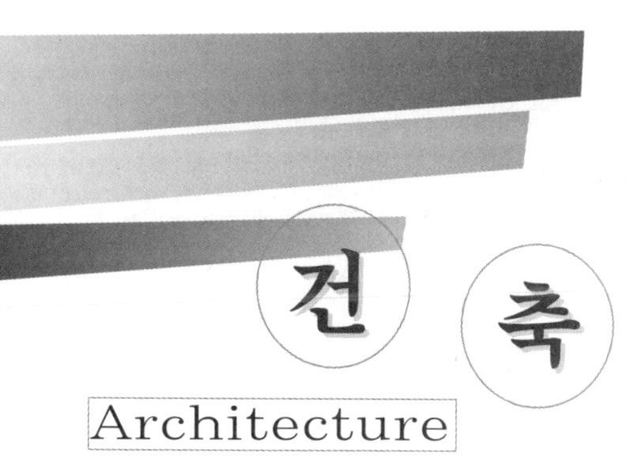

건 축
Architecture

성인수/ 울산대학교 건축학과 교수

◆ 건축학의 기원

채집, 어업, 사냥, 목축 등으로 살아가던 인류는 기원전 8000여 년경부터 농업을 기반으로 정착하기 시작하였고, 각 지역에서 부족국가, 왕조에 필요한 건물들을 지었다.

기계를 발명하여 생산수단을 혁신적으로 확대한 산업혁명을 거치면서, 도시는 그 면모를 달리하게 된다. 시멘트, 철, 유리를 이용한 기계시대의 건축 발달은 기존 도시의 모습을 크게 바꾸었다.

요즈음 시대를 '전자산업(컴퓨터) 시대' 라고 한다. 점점 컴퓨터가 우리에게 영향을 미치면서 건축과 도시의 미래 모습을 변화시키고 있다. 선사시대는 물론이고, 역사시대에도 인간들은 집을 필요로 했고 지금도 그러하다. 미래에 인간들이 우주 내 다른 별에도 이동해 간다면, 인간의 주거지가 그곳에도 필요할 것이다.

인간 주거지의 최초 사례는 메소포타미아 유적지에서 발견된 흙벽돌 주거지, 신전 등이다. 이후 세계 각 지역마다 다양한 주거와 공공 건물이 있었다. 주택이나 공공건물을 설계·시공한 사람들이 공간예술, 건축예술의 종사자였다.

건축, 조각, 회화는 공간예술의 대상으로, 음악, 연극, 문학(시) 등은 시간예술의 대상으로 본다. 근래에는 영화를 제7의 예술이

〈올림포스 신전〉, BC 2C~AD 2C.

라고 말한다. 건축은 공간예술의 한 분야로 종합예술로 존재해 왔다.

◆ 건축설계 · 시공과 관련된 분야

건축설계 · 시공과 관련되는 분야는, 구조 및 토목, 실내건축, 환경, 도시, 조경, 환경조각, 외부공간 등 여러 가지가 있다.

건축 관련 분야마다 설계와 시공 분야로 나뉜다. 각 분야의 설계는 건축설계를 하는 건축가가 총체적으로 조정하고, 각 분야의 시공은 건설회사에서 총괄하여 시행한다.

건축설계는 관련 분야를 총체적으로 통합해야 하는 현실적 어려움이 있다. 건축가는 자신이 설계하는 건물이 적절한 강도와 안정을 지닐 것이라고 확신하기 위하여 구조공학 기술자의 도움을 받는다. 구조에서는 건축물에 작용하는 여러 가지 힘을 수학적 과정으로 자세하게 풀이하고, 건물을 구성하는 각 부재의 치수와 단면 형태를 결정한다.

건축학을 공부하는 일은 건축설계와 건축시공을 할 수 있도록 관련 과목을 배우는 것이다. 그것은 설계와 시공을 위한 이론적 탐구가 된다.

건축설계는 개인 자유업을 할 수 있으며, 다양한 건축 관련 산업에 종사할 기회도 가능하다. 세계화에 대비하여 건축설계 사무소도 대형화하는 추세에 있다.

> **건축학을 공부하는 일은 건축설계와 건축시공을 위한 이론적 탐구가 된다.**

건축가가 진행하는 설계는 새로운 아이디어로 건축물의 형태를 계획하여 결정하는 일이다. 설계 과정에서 다양한 절차와 검토를 받게 되며, 그 과정에서 모든 계층의 의견을 수용할 능력과 인내심이 있어야 한다.

건축설계를 하기 위하여 각 건물과 공간에서 사용자 집단이 어떤 행위를 하는지 기능별로 이해하고 있어야 하며, 이를 건축가가 실제 규모를 예상하고 기능별 연결 관계를 유지하며 형태를 완성해 간다.

건축계획과 설계는 기획-계획-설계-시공-평가로 이어지는 과정으로 진행되고, 각 단계마다 관련 분야와 협조가 잘 이루어져야 한다. 건축시공은 설계된 건축물을 주로 중 · 대규모 건설회사가 도면대로 만드는 것이다. 건설회사도 관련 전문 시공회사와 협력하여 완성해 간다.

실내건축(인테리어)은 상업시설 내 · 외부와 건축물 내부를 설계 · 시공한다. 실내건축도 설계와 시공이 분리되는 것이 바람직하다. 기존 건물을 변경하는 경우, 건축물에 대한 구조적 이해가 선행되어야 한다.

건축환경은 인간 생활에 적절한 인공적 환경을 만들기 위하여 자연 에너지 이용, 냉 · 난방, 급 · 배수, 위생 등의 건축환경 계획, 기계설비와 전기설비 등의 계획과 시공을 다룬다.

도시계획은 건축물들로 이루어지는 도시라는 공간을 대상으로 계획하는 분야와, 넓은 지역의 건물의 윤곽을 설계하는 도시설계로 나눈다.

도시계획에서 교통공학과가 분화되었다. 조경, 환경조각, 외부공간, 무대, 전시 등 관계 분야마다 전문가와 협조하여 일을 추진해야 한다. 특수한 건물일수록 참여하는 전문가의 수가 많아진다.

◆ 한국 건축의 발달

한국의 건축은 시기별로 다양한 모습으로 존재했다. 한반도에도 약 50만 년 전 구석기 인간의 주거지 흔적이 있고, 약 2만 년 전의 후기 구석기 건물 유적이 공주 석장리에서 발견되었다고 한다.

삼국시대를 거치며 불교를 근간으로 많은 사찰들과 전각들이 지어졌고, 사상적 측면으로 자연관을 바탕으로 한 풍수지리 사상이 건축에 영향을 끼쳤고, 지금까지 '명당'에 관한 내용이 전해지고 있다.

또 조선시대에 유교를 근간으로 한 이상 사회를 만들기 위해 다양한 생각들이 건축물을 통하여 나타났다. 남녀유별 등 삼강오륜의 생활철학은 건축에서도 남녀 영역을 사랑채, 안채로 구분하였다.

많은 건축 문화유산이 남아 있지만 건물들이 나무로 지어졌기 때문에, 유적·유물로서의 건물들의 역사는 오래지 않다. 한국 건축의 연구는 서양에 비해 상대적으로 연구 영역이 많이 남아 있다.

우리 나라는 전통적으로 직업적인 건축가는 없었지만, 지관(地官)과 도목수가 건축가의 일을 대행했다. 일반적으로 건축주의 요구를 받아 지관은 집자리, 집의 방위와 배치를 결정해 주었고, 뒤를 이어 도목수가 건물을 지었다.

실학사상 등을 통하여 자발적으로 근대화하려는 노력도 있었다. '수원성(1794~1796)'을 쌓기 위한《화성성역의 궤》에 나타난 것을 보면, "먼저 현지를 답사하고 측량을 한다.

영풍군 부석면에 있는 〈부석사 안양문〉과 〈무량수전〉.

계획가는 설계 지침을 결정한다. 건축가(都大木)는 설계를 하고, 이것을 화공은 계화법(界畵法)이라는 수법으로 양판(설계도)에 그린다. 이것이 도감(都監)에게 넘어가서 검토되고 시공에 착수하게 된다."

실학파의 근대지향적 태도는 정조때 수원성을 축조하며, 도면을 그리고 공사방법을 합리적으로 검토하는 단계에 이르게 된다.

극동 아시아 건축은 서구와는 다른 건축적 발전과 전개가 이루어졌고, 우리 나라는 산업화 과정이 서양과 이웃 일본에 비해서 늦었다. 식민지 시대의 영향으로 일본의 방법대로 수입된 외국 문물과 서양건축이 근대(모던)건축으로서 전해졌다. 일본의 통치와 6·25를 거치는 동안 자발적 근대화는 어려움을 겪는다.

1960년대 이후 짧은 기간 동안 산업근대화를 통하여, 도시의 확장과 다양한 건축의 출현을 보게 되었다. 그 대부분은 '국제주의 건축양식'에 해당하는 것이다.

개발도상국이나 후진국의 경우, 전통도시와 현대도시와의 마찰은 피할 수 없는 일이다. 우리 나라도 현재 '개발과 보존'이라는 상충된 명제를 효과적으로 해결하지 못하고, 자연환경과 조화를 이루어 살던 선조들의 합리적 지혜도 현대건축으로 충분히 살리지 못하고 있다. 그럼에도 많은 고층 건물과 아파트 등이 건축가들의 노력으로 지어졌다.

건축은 시대의 발전과 함께 관련 학문들을 분화시키면서도, 고유한 성격은 계속 유지되었다. 학문이 분화되었다고 해도 폭넓게 보면 같은 영역이며 협력 대상이다.

서양에서는 건축학에서 건축과 구조가 분리되어, 건축은 건축설계를 하기 위한 인문적·예술적 성격의 학문이 되었고, 건축구조는 도시기반 시설을 다루는 구조와 합쳐서 토목공학과로서 분화했다.

반면 일본은 1877년에서 1911년까지 건축을 예술로 보고 디자인 우선의 건축학과를 목표로 하였으나, 1912년부터 일본의 '관동 대지진'과 전쟁을 치르면서 건축 교육은 공과계 학과로 진행되었다.

일본의 영향을 받은 우리 나라는 공과대학 내에 설계와 건축구조가 합쳐진 형태로 교육 프로그램이 이루어져 건축공학과로 있는 경우가 많다. 근래 미국과 유럽의 영향으로 이에 대한 반성과 새로운 모색이 시작되어 '건축학과'라는 명칭의 학과가 늘어나거나, 기존대학 안에서 건축학과의 성격 변화가 진행되고 있다.

◆ 서양 건축의 발달

1) 고대 건축

고대 건축은 여러 지역에서 시작되었으나 서양인들은 건축사를 통하여 이집트, 그리스·로마, 중세, 르네상스로 이어지는 건축적 전통을 중시한다.

서양의 풍부한 건축 유산이 아직도 서양

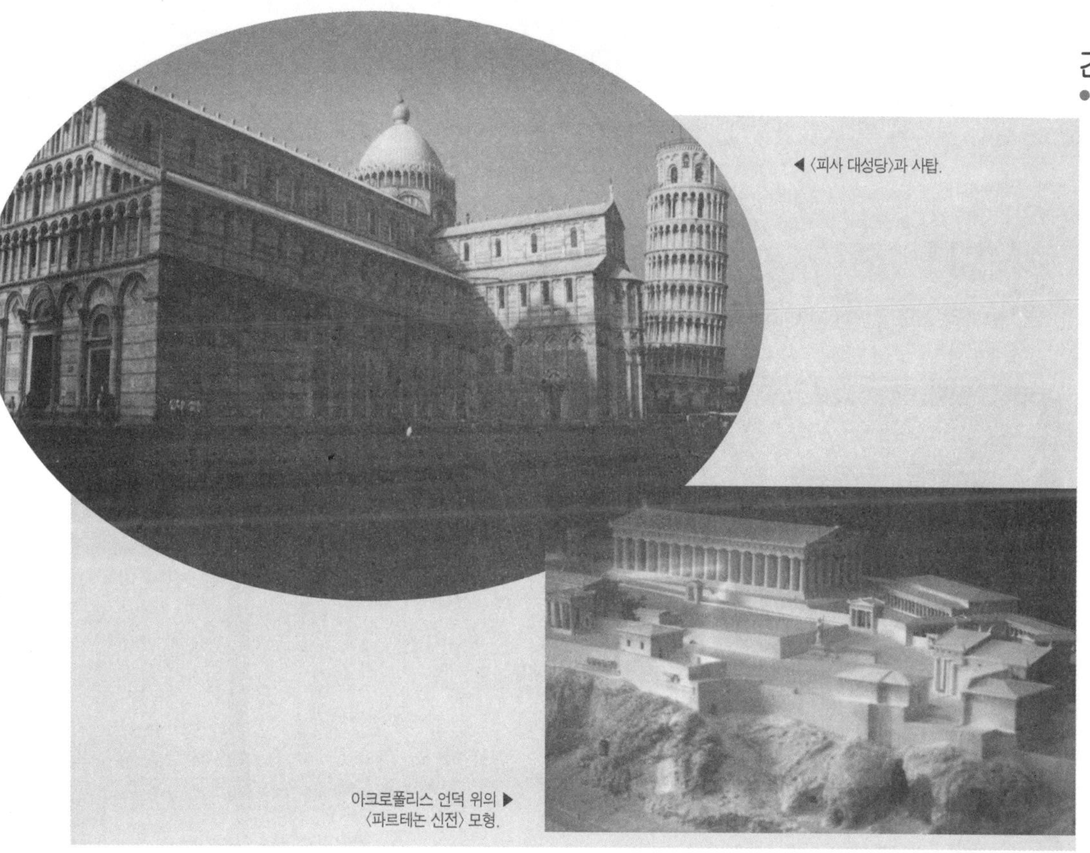

아크로폴리스 언덕 위의 ▶
〈파르테논 신전〉 모형.

의 여러 현대도시의 골격을 이루고 있고, 제국주의 시대를 통하여 제3세계와 아시아에도 그 흔적을 남기고 있다.

이집트의 건축사에는 피라미드를 세운 '임호텝'이라는 최초의 건축가가 알려져 있다. 여러 가지 피라미드와 유럽 건축에 영향을 끼친 〈카르나크 신전〉 등이 문화적 유산으로 전해지고 있다.

그리스 건축(BC 12C~BC 4C)의 건축가들은 완벽한 조화, 결점이 없는 완벽한 건물을 추구하기 위하여 비례를 사용하였다. 이상적인 도형과 형태가 건축적 목표였다. 그리스 아테네의 아크로폴리스 언덕 위에 세워진 〈파르테논 신전〉이 그리스 건축의 대표적 걸작으로 손꼽힌다. 당시 그리스인들은 건축적 기본형인 신전의 모습을 기둥과 지붕 옆면의 화려한 장식, '삼각형 지붕 정면'(Pediment)으로 특성화시켰다.

로마 건축(BC 8C~AD 3C)의 건축 이론가 비트루비우스(M. Vitruvius)는 건축에 관한 책 《건축십서(建築十書)》를 황제에게 바쳐 건축에 관한 최초의 이론서를 만들었다.

로마 시대에는 광장(Forum)을 중심으로, 돔(Dome)을 이용한 신전 판테온(Pantheon)과 대규모 운동 및 집회시설(Colosseum) 등 다양한 건축 형태 요소로 건축과 도시를 이루었고, 현재 서양의 건축 유산의 본거지가 되었다.

2) 중세 건축

초기 그리스도 건축(AD 4C~10C)및 비잔틴 건축(5C~15C)에서는 일상 생활의 건물(Basilica)로부터 기독교 교회의 원형을 만들었다. 긴 회랑을 지니고 끝에 제단이 있는 건물이 태어났다.

비잔틴 제국에서 돔을 이용한 표현력이

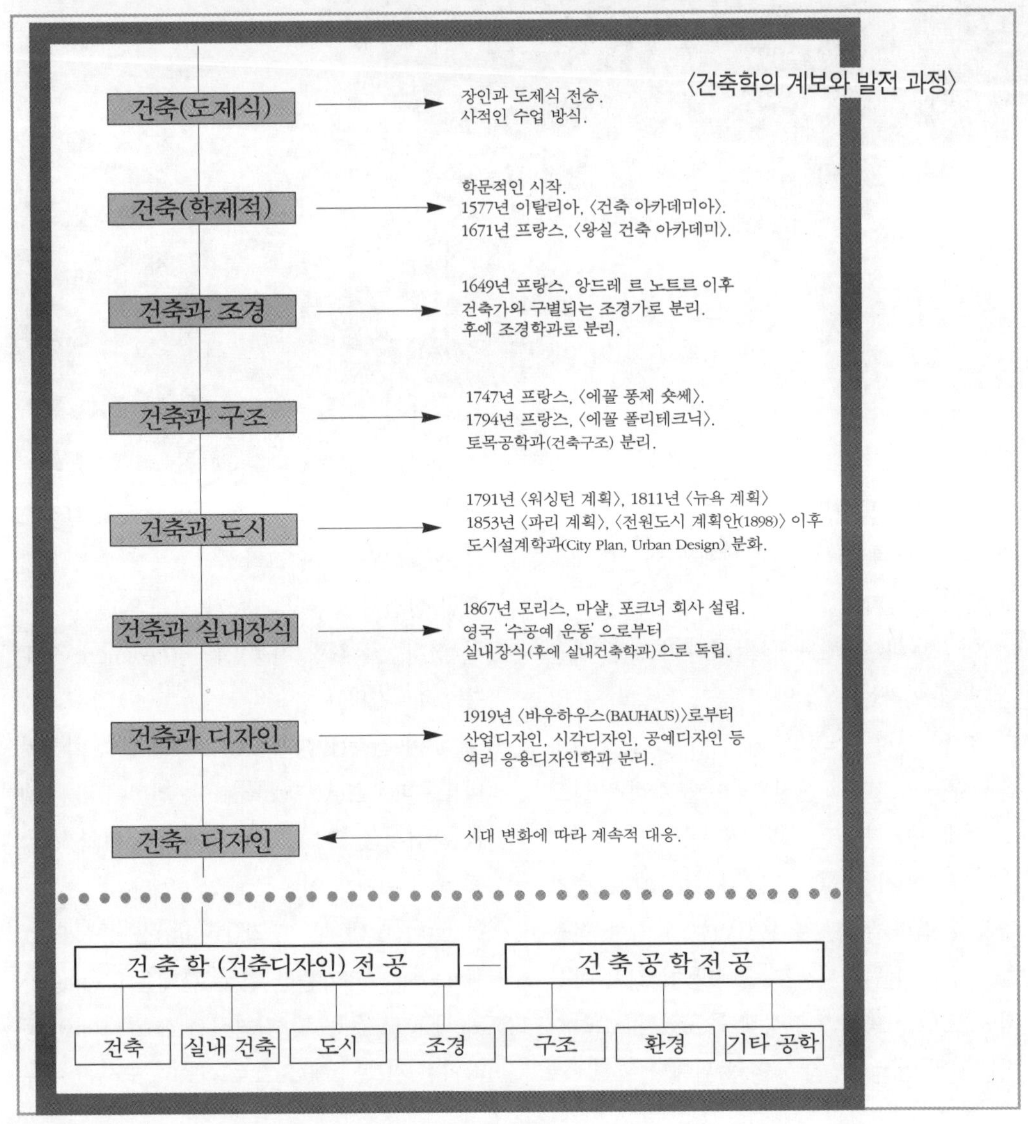

다양화되었다. 비잔틴 건축의 대표적인 건물로서는 콘스탄티노플의 〈성 소피아 성당〉을 들 수 있다.

로마네스크 건축(11C~12C)은 바실리카식 교회에 보울트를 올린 형태의 교회를 창조했다. 〈피사의 사탑〉 때문에 유명한 〈피사 대성당〉 또는 물의 도시 베니스의 〈성 마르코 성당〉이 유명하다.

서양의 교회 건축 양식이 완성된 것은 로마네스크 교회와 고딕 교회(고딕 건축 12C~15C)에 이르러서다.

고딕 성당에서는 내부 공간을 높고 넓게 만들려는 노력으로 부축벽을 세워 이것이 디자인의 요소가 되었고, 하늘을 찌를 듯한 첨탑과 장미의 창 등으로 고딕 건축이 특징지워진다. 독일의 〈퀼른 대성당〉, 오스트리아 빈의 〈스테판 성당〉, 파리의 〈노틀담 성당〉 등이 유명하다.

르네상스 건축(15C~17C)에서는 완벽한 아름다움을 위하여 황금분할 비례를 이용하였다. 그리스·로마의 영향을 많이 받아 이탈리아에서 시작된 양식이다. 건물은 집중화되고 건물 정면은 튼튼한 인상을 풍긴다.

바로크 건축(17C~18C)은 회화적 기법으로 원근법을 살렸고, 건축, 회화, 조각 등이 서로 어울려 건축적 효과를 높인 양식을 말한다. 기본 형태가 반복적으로 사용되고, 형태 간의 조화를 취한 대규모로 지어진 건물들에 나타나는 양식이다. 바티칸의 〈성 베드로 성당〉, 파리의 〈루브르 궁전〉, 〈베르사이유 궁전〉 등이 대표적인 예다.

건축학은 고대에는 학문으로서보다는 문화예술, 공간예술 또는 전문기술의 하나로, '길드' 안에서 '마스터'의 지도 아래 '도제식'으로 교육되고 전수되어 왔다. 건축의 학문적 시작은 1577년 이탈리아에서, 도제식이 아닌 교육을 처음으로 실시한 〈건축 아카데미아〉에서였다.

1671년 프랑스 왕궁의 부속기관인 〈왕립 아카데미〉에서는 학문과 예술을 가르쳤고, 여기서 배출된 건축가들이 역사적 건축물들을 토대로 고전주의를 배우고 실천하게 된다. 조경은 그 이전에는 건축가의 영역에서 같이 이루어졌다. 루이 14세 때의 앙드레 르 노트르 이후로 전문적인 조경가가 등장한다.

고대시대부터 도시건설은 도시설계가라는 직종에 의하기보다 건축가의 영역 안에서 이루어졌다.

피에르 랑팡의 〈워싱턴 계획(1791)〉, 뉴욕위원회의 〈격자도시 계획(1811)〉 및 세느현(縣)지사였던 오스망의 〈파리 개조 계획(1853)〉 등이 있었다.

산업혁명 초창기 도시설계가들은 근대 사회개혁 운동으로 근대 이상도시에 대한 아이디어를 발표했고, 근대 도시계획의 사례로는 철도를 따라 도시가 성장하는 〈선형도시 계획안(1882)〉과 대표적으로 〈전원도시 계획안(1898)〉 등이 있다.

3) 근대건축운동

산업혁명의 진행과 함께 공학적·기술적 측면이 두드러져서 공과계가 분화하기 시작했다.

군사용 기술을 가르치던 기술계 학교는 뒤에 '군사용'의 반대 의미로서 '시민을 위한 기술(Civil Engineering)' 분야로 확대되어, 지금의 토목공학과(후에 다시 도시공학과 또는 환경공학과)에 이르고 있다.

산업화 결과 기계 생산품인 일상용품들의 예술성이 부족하다는 판단 아래, 영국의 건축가들이 '수공예 운동'을 일으키고, 실내장식품을 설계·제작하던 회사가 1867년 처음 생기게 된다.

1919년 독일에서 〈바우하우스〉라는 새로운 교육기관이 탄생하여, '산업화 시대에 예술 분야의 총아'로서의 건축의 성격을 명확히 하기 위한 교육적 변혁이 일어났다.

〈바우하우스〉에서 대부분의 디자인 학과가 시작되었다. 즉 산업디자인, 시각디자인, 실내장식, 금속공예, 섬유디자인 등의 각종 디자인 학과들이 건축 교육기관을 모태로 하여 발생했고, 독일에서 〈바우하우스〉가 히틀러에 의해 쫓겨난 이후 건축의 새로운 교육 전통은 세계적으로 확산되었다.

▲ 〈바우하우스〉의 창시자, W. 그리피우스.

◀ 〈바우하우스〉의 선전포스터.

근대건축 운동(19C ~20C)에서는 산업혁명과 이성적 인간을 바탕으로 한 근대국가의 성립을 배경으로, 시멘트, 철, 유리의 새로운 재료를 이용한 새로운 형태의 건물을 만들기 시작했다.

19세기 후반에 이에 대한 모색이 활발하게 이루어졌고, 아르누보(Art Nouveau)라는 운동으로 주철에 대한 곡선 사용들이 두드러지게 나타난다.

신사실주의적 경향으로 〈바우하우스〉 건물 등이 입체적이고 직각을 이루었으나, 비대칭 형태를 취한 근대적 경향이 출현한다. 새로운 형태인 국제주의 건축양식(International Style)이 1927년에 독일 슈튜트가르트에서 개최된 주택 실물 전시장에 전시된 이후 세계적으로 확산되었다.

미국 시카고에서는 고층 건축에 관한 실험이 계속되었고, 이후 여러 나라의 도시에 굉장한 높이를 자랑하는 고층건물이 많이 들어섰다.

◆ 미래의 전망

인간이 도시를 이루고 살아가는 이상, 주택과 여러 공공건물들은 언제나 필요하기 때문에 건축에 관한 전망은 계속 밝다고 할 것이다.

현재 도시들이 직면한 단점들을 보완하며 인간들이 살아가기에 좋은 상태를 계속 유지해야 할 것이다. 미래에는 설계를 하는 방법이 바뀌는 것뿐만 아니라 주택이나 건물에 관한 의식도 크게 바뀔 것이므로, 지금과는 다른 도시 속에서 살아가게 될지 모른다.

하이테크(High-tech) 건축과 미래도시를 상상해 보면, 우리는 초도시(Super city)를 연상할 수 있다. 영화 《블레이드 런너》, 《코드명 J》를 통해서 보듯이, 하이테크 시대에 미래도시의 모습을 결정하는 일도 미래 건축가의 몫

이다.

◆ 건축을 배우는 데 필요한 기초지식

로마시대 건축이론가 비투르비우스가 《건축십서》(BC 30년경)에서 건축가의 교양에 대해 말한 것은 지금도 크게 틀리지 않는다.

"건축가는 학문적이고 회화에 숙달되며 기하학과 역사에 능통하고, 철학자에게 귀를 기울일 줄 알아야 한다. 또한 음악을 이해하고 의술에도 무지해서는 안 될 것이며, 법률가의 견해나 천문학 또는 하늘에 대한(天空) 이론도 구비해야 할 것이다."

건축가는 사회에서 벌어지는 자연 과학, 사회 과학, 인문 과학 및 문화예술 분야에 대하여 관심과 이해를 지니고 있으면 유리하다.

건축에 관한 기초능력은 문제가 되지 않는다. 그 이유는 건축학, 건축공학 각 분야마

고층건물이 가득한 뉴욕 〈맨하탄〉.

다 다양한 능력이 필요하며, 관련된 여러 분야로 진출이 가능하므로 범위를 좁혀서 말할 수 없다.

다만 건축학과는 건축설계를 중심(건축학 전공)으로 가르치는데, 이는 설계가 건축 활동의 기본이기 때문이다. 설계를 잘할 수 있는 능력의 소유자는 설계를 중심으로, 다른 능력이 두드러진 학생들은 다른 분야로의 길이 열려 있는 편이다.

기초 지식으로 세계 문화사에 대한 이해와, 주어진 문제에 대한 철학적·합리적·과학적 사고와, 종합적·예술적 표현을 동시에 할 수 있고 국·내외 여러 지역을 여행할 수 있는 용기와 노력이 있다면 건축 공부를 시작하기에 충분하다.

또 건축설계는 자신의 아이디어를 표현하는 작업이므로 공간적 구상을 2차원·3차원 도형으로 잘 표현할 수 있는 능력이 필요하다. 1차적으로는 데생을 잘하면 좋다. 데생을 잘한다는 것은 어떤 대상이든 보이는 대로 그리는 능력이 뛰어나다는 것을 말하고, 그런 능력이 뛰어나면 보이지 않던 새로운 형태도 쉽게 그려낼 수 있기 때문이다. 건축공학 전공의 경우 수학, 물리 등 자연 과학의 분석적 능력이 요구된다. ♣

입문서

1.《오른쪽 두뇌로 그림 그리기》, 베티 에드워즈
2.《서양미술사 Ⅰ·Ⅱ》, 곰브리치
3.《건축 예찬》, 지오 폰티
4.《바우하우스》, 권명광 편
5.《좋은 길은 좁을수록 좋고 나쁜 길은 넓을수록 좋다》, 김수근
6.《건축학 개론》, 윤일주 외

전문서

1.《한국주택건축》, 주남철
2.《건축이란 무엇인가》, 브루노 타우트
3.《건축가 47인의 나의 설계수첩》
4.《한국의 건축 : 전통건축편》
5.《현대의 폐허＝도시》, 미셸 라공, 주종원 역

추천 도서

정진국 / 이대 대학원 상업사진과 교수

사 진

Photograph

> 사진은 거의 모든 사회적 활동과
> 관련을 맺고 있기 때문에
> 사진을 대상으로 하는 학문 또한
> 대단히 다양하고 복잡할 수밖에 없다.

◆ 학문의 전개

사진은 19세기 초에 프랑스와 영국에서 발명된 뒤 전세계로 퍼져 나갔다. 사진의 공식적인 발명 연도는 1839년으로, 이제 그 역사가 약 150년을 넘어서고 있다.

한국에서 사진이 처음 도입된 것은 일제 강점기였던 1920년대로 주로 일본인들에 의한 것이었고, 또 학교에서 체계적인 교육을 시작한 것은 그보다 훨씬 뒤인 1960년대의 일이다.

사진은 역사상 처음으로 기계적 장치만을 이용해 이미지를 재현하거나 복제한 것이기 때문에, 흔히 영상 시대라고 말하는 오늘날에는 그 중요성이 더욱 커지고 있다. 사진은 영화와 텔레비전 혹은 비디오와 컴퓨터가 그려내는 그림들의 아버지인 셈이다.

물론 하나의 그림이나 이미지를 다량으로 복제하는 기술, 즉 판화술 같은 것이 사진 이전에도 있었지만, 그것들은 상당히 수공에 의존하는 것이었다. 그런데 사진은 수공적 예술과 과학적 기술의 결합이다.

사진은 거의 모든 사회적 활동과도 관련을 맺고 있어서, 사진을 대상으로 하는 연구 방식이나 학문 또한 대단히 다양하고 복잡할 수밖에 없다.

또 역사가 짧기 때문에, 서로 다른 기능에 대한 분류 방법도 아직 확실하게 정립되지 못

19C 멤머드 사진기.

하고 있다. 더구나 사진은 현대적인 테크놀러지의 발전에 따라 그 장비와 쓰임새는 진화를 거듭하고 있다.

사진은 크게 보아 과학기술적 측면(카메라, 필름 등을 비롯한 장비)과 예술적 측면(예술 사진, 광고 등의 창조적 표현) 그리고 기록적 측면(신문 잡지의 보도 사진, 의학 사진, 식물도감 등의 자료)으로 나누어질 수 있지만, 문자언어와는 다른 고유한 특성 때문에 이런 분류도 잠정적일 수밖에 없다.

사진을 발명한 종주국들에서도 사진을 별도의 연구 대상으로 삼고 대학에 학과를 설치한 것은 불과 20년도 되지 않는다. 그리고 앞에서 이야기한 것처럼 그 특이성 때문에 연구 방법도 대단히 다양하다.

대체로 사진의 도구가 되는 과학기술적인 문제들(광학과 전자, 화학 등)은 이공계 대학에서 오래 전부터 다루어져 왔던 것이므로, 인문계 대학에서의 연구는 주로 사진의 언어적·예술적 측면을 주제로 삼는다. 그래서 사진을 연구하는 사람들의 출신도 그 입장에 따라 매우 다양하다.

우선 사진사가는 역사학을, 사진미학은 철학의 한 분과인 미학을, 보도 사진은 언론학을 전공한 사람들이며, 또 언어학자나 사회학자도 사진의 본질과 기능에 대해 연구하고 있다.

한 마디로 아직까지 '사진학' 이라는 별도의 이름은 없다. 접근 방식에 따라 다양한 입장의 연구가 가능하다. 사진을 어떻게 분류하고 연구해야 하는지, 그 방법 자체도 연구의 대상인 셈이다.

그러나 대체로 사진 이미지에 대한 연구는 미학자들이 주도하고 있다. 즉 넓은 의미의 현대적 미술 연구의 연장선상에 있는 것이다. 그렇다고 하더라도 회화나 판화 같은 전통적 미술과는 다르기 때문에 요즘에는 사진, 영화, 만화, 비디오 등 대량 복제되는 현대적 이미지를 연구하는 전체적인 조망 속에서 사진이 한 자리를 차지하는 경향이다.

이런 경향 가운데 현저하게 진전을 보이고 있는 것은 사진을 크게 의사소통의 수단, 즉 통신술의 하나로 보아 연구하는 언어학 및 매스커뮤니케이션 이론 계열이 있고, 사진의 역사를 기술하는 사학 계열이 있으며, 사진 이미지의 예술적 표현을 연구하는 미학 계열이 있다.

이런 학문적 분화는 지극히 최근에 벌어진 일들이다. 사람들은 현대적인 영상 문화 가운데에서도 우선 영화에 주목했었기 때문에 영화 이론은 활발히 전개되어 왔었지만, 사진이 학자들의 본격적인 주목을 끈 것은 그보다 훨씬 뒤늦은 일이었다.

대체로 사진을 연구 대상으로 삼은 체계

〈사진사 연표〉

1826	니에프스, 최초의 사진화학적 이미지 제작
1834	탈보트, 광소묘 제작
1839	프랑스 학술원, 사진 발명 공표
1841	오늘날과 같은 음양화 기법의 사진술 완성
1847	〈런던 사진협회〉 창립
1851	《사진예술 저널》 뉴욕에서 창간
1857	런던대학 킹스 칼리지, 사진강좌 개설
1862	디스데리, 《사진예술》 발간
1889	최초의 국제 사진회의
1905	에더, 《사진의 역사》 발간
1914	미국 사진가 화이트, 뉴욕에 사진 학교 개교
1926	뉴욕 메트로폴리탄 박물관, 사진 수집 시작
1937	시카고에 〈뉴바우하우스〉 개교
1946	파리 국립도서관, 사진 수집 시작
1949	이스트먼 하우스, 사진 박물관 개관
1950	사진 박람회 〈포토키나〉 퀼른에서 시작
1955	거른샤임 《사진의 역사》 발간
1962	〈미국 사진교육협회〉 창립
1964	프랑스 〈비에브르 사진박물관〉 개관. 뉴홀 《사진의 역사》 발간
1966	〈뉴욕 국제사진센터〉 개관
1974	샤프, 《미술과 사진》 발간
1975	〈탈보트 박물관〉 개관
1977	〈보스턴 사진자료 센터〉 개관. 손타그 《사진론》 발간
1980	바르트, 《밝은 방》 발간
1981	파리 8대학 사진과 개설
1982	〈프랑스 국립사진학교〉 개교
1986	르마니 등 《세계사진사》 발간
1989	루이에, 《19세기 사진 독본 – 텍스트와 논쟁》 발간

니에프스

탈보트의 사진기

이스트먼
사진건판과 롤필름을
발명하고, 코닥 카메
라를 고안

적인 연구에 대한 시도는 1930년대부터 시작
되었다고 하겠지만 그것이 본격적으로 가동
된 것은 1980년대에 들어서이다. 따라서 사진
에 대한 학술적 연구는 가장 젊고 싱싱
한 것이라고 해야 할 것이다.

또 이와 같은 이론적 추구
와 달리 사진작가가 되어 실
제적인 보도나 창작을 하
려는 사람들도 이런 연
구 성과에 대한 이해와
지식을 갖추지 않으면
안 된다.

◆ 사진에 대한 기초 정보와 지식

사진을 이론적 연구 대상으
로 삼아 학자가 되려고 하는
사람이건, 또는 직업적인 사
진가가 되어 보도사진가나 사
진작가가 되려고 하는 사람이건
필수적으로 알아두어야 할 것들이
있다.

19C 사진관 전경, 파리.

1) 역사적 측면

사진이 발명된 뒤 현재까지 어떤 모습으
로 성장하고 변모해 왔는지를 이해하는 문제
이다. 사진의 역사는 그다지 오래된 것이 아
니지만 대단히 역동적이다. 또 현재에도 새로
운 기술과 기법이 속속 등장하고 있다.

사람들은 사진 장비들이 언제 어디에서
어떻게 개발되었는지, 그 발명가와 작가들은
누구인지, 왜 사진은 오늘날과 같은 모습이
되었는지를 알아야 한다.

사진을 둘러싼 중요한 사회적
사건들은 어떤 것이 있었는지,
또 서구에서와는 달리 한국
에서는 어떤 진화상을 보
였는지도 알아두는 것
이 좋다.

2) 기술적 측면

카메라와 필름, 인
화, 조명 등 사진 이미
지의 실제 제작에 필요
한 기본 재료와 장비의
작동 원리 · 기능에 대해
알고 있어야 한다.
그 기본적인 용어도 알
아둔다. 사진과 관련된 용어
들에는 외국어가 많이 쓰이며,
기계적 명칭과 기능을 가리키는 용어
들도 종종 낯설고 전문적인 것들이므로 이런
것들은 신속히 익혀두는 것이 좋다.

이런 것들은 책을 통해서 간접적으로 익
히는 것보다는, 직접 그 장비나 재료를 판매
하는 곳을 찾아가 그 상품들을 설명해 주는
사용법이나 책자들을 활용하는 것이 좋은 방
법 중의 하나이다.

3) 예술적 측면

사진은 예술작품으로 취급되기도 한다. 미술관과 화랑에서 전시하기도 하고, 한 권의 작품집으로 출판되기도 한다.

이렇게 예술로서의 사진에 대해 알아보려면, 개별 작가들의 작품집을 보아야 하고 미술관에서의 전시회 도록들을 참고해야 한다. 그리고 고전적인 예술의 역사, 특히 현대미술사에 관한 책을 읽는 것이 중요하다.

사진이 예술로서 자리잡은 것은 금세기초의 사건으로, 다른 미술 분야(회화, 디자인, 영화 등)와의 활발한 접촉과 교류를 통해 예술의 지위를 얻었기 때문이다. 특히 사진은 1차 세계대전을 전후한 1910년대와 1920년대의 전위미술 운동을 통해서 그 예술적 표현법의 기초를 쌓았으므로, 이 시기의 작가들과 미술 운동에 관한 자료와 책자를 구해 본다면 큰 도움이 될 것이다.

4) 직업적 측면

사진 기자, 광고사진가, 혹은 개인 사진관 등은 사진을 직업으로 삼을 수 있는 가장 효과적인 길이다.

수많은 신문 잡지 등에서는 점점 더 많은 보도사진가를 요구하고 있고, 광고에서 사진은 핵심적인 역할을 한다. 동네에서 쉽게 찾아볼 수 있는 사진관들은 각종 증명 사진이나 가족 기념 사진 등을 맡는다. 컴퓨터 그래픽에서는 사진이 원고로 쓰이기 때문에 컴퓨터 그래픽이 더 널리 사용될수록 더 많은 사진이 필요하게 된다.

이런 직업적인 활동은 언뜻 보기에는 예술적 활동이나 학술적 활동과는 무관해 보이지만, 사실상 대중 사회에서는 예술적·학술적 활동과 불가분하게 상호작용하고 있다.

또 흔히 '다큐멘터리 사진'이라고 부르는 사진가의 독자적 탐방·취재 활동은, 사진과

〈니에프스 사진 박물관〉 전시실, 프랑스.

영화 등의 영상 문화에서만 존재하는 고유하고 특이한 활동이므로 다큐멘터리 장르에 대해서도 알아두어야 한다.

♦ 읽어야 할 도서

　사진 관련 도서는 사진의 역사와 그 학술적 연구의 역사가 짧은 만큼 다른 분야에 비해 빈곤하다. 더구나 국내 학자의 저술보다는 외국 서적의 번역이 주종을 이루고 있다.

　그러나 사진은 고전적 미술이 현대적 영상 문화로 넘어오는 길목에 있기 때문에 영상 문화를 다루는 것들에서는 사진에 관한 항목이 빠지지 않는다.

　또 사진은 선배격인 현대 미술과 후배격인 영화에 큰 영향을 주었기 때문에, 현대 미술과 영화에 관한 책들도 함께 읽지 않으면 안 된다.

1) 기본 도서

　①《서양미술사》, 에르네스트 곰브리치

　2가지 번역본이 나와 있으나 큰 차이는 없다. 모든 미술 학도들의 필독서로 인기를 끌고 있다. 미술사 전체를 다루면서도 그 깊이가 돋보인다.

　②《사진의 역사》, 뷰먼트 뉴홀

　저자는 사진가이며 뉴욕 현대미술관의 사진부 책임자이다. 가장 먼저 쓰여진 사진사이기 때문에 널리 읽혔다. 사진작가 위주로 사진사를 연

〈런던 자연사 박물관〉의 사진홍보탑.

대기적으로 서술했다. 저자가 작가인 만큼 역사적 시각은 편협하다.

　③《세계사진사》, 장 클로드 르마니, 앙드레 루이예 편저

　가장 최근에 쓰여진 사진 역사서로 16명의 전문가들이 공동 집필한 것이다. 앞서 있었던 사진사들의 단점을 보완한 것이 특징이다. 또 일부 국가에 치우치지 않고 사진의 국제적 흐름을 잘 짚어낸 것도 장점이다.

　④《사진과 사회》, 지젤 프로인트

　사진이 사회 속에서 어떻게 전개되며 어떤 역할을 맡고 있는지를 적절한 예를 들어가며 풀이하였다. 사진의 카멜레온과 같은 매력을 날카롭게 주시한 책이다.

　⑤《사진가의 사진론》, 나탄 라이언스

　사진작가들이 직접 사진에 대한 의견을 기술한 책이다. 사진가의 인생관, 예술관을 엿볼 수 있으며 사진가들 자신의 고백이라는 점에서 특히 유용하다.

　⑥《사진가와의 대화》, 폴 힐·토머스 쿠퍼 편저

　《사진가의 사진론》과 비슷하지만 대담 형식으로 되어 있어 더 친근하며 이해하기가 쉽다. 위대한 사진가들의 고민과 성장기의 역경을 관찰할

272

수 있어 사진작가를 지망하는 사람에게 좋다.

⑦《사진예술의 역사》, 장 뤽 다발

창조적 표현 방식으로서의 사진의 역사적 흐름을 소개하고 있다.

⑧《20세기 미술운동 총서》, 열화당 편

20세기 초부터 현재에 이르는 전위 미술 운동을 골고루 소개하고 있다. 특히 사진 등 새로운 매체와의 관련을 중시한 것이 특징이다. 문고판으로 총 30권이다.

⑨《이미지와 디자인을 지배하는 자가 세계를 지배한다》, 정진국

유럽의 미술관과 박물관을 현장 사진과 더불어 소개한 책이다. 특히 사진 박물관과 사진 컬렉션에 대한 것들이 큰 비중을 차지한다.

⑩《사진의 모든 것》, 존 헤즈코우

사진 장비, 재료, 기법 등을 그림을 통해 친절하고 자세하게 설명한 일종의 소형 백과사전이다. 사진 용어 및 실기를 익히는 데에 유용할 것이다.

2) 전문적 도서

①《니세포르 니에프스와 사진》, 장 파주

사진을 발명했던 니에프스의 간략한 전기물이다. 그 발명에 얽힌 일화와 사진 발명의 역사적 중요성을 요약하고 있다.

②《사진의 사회적 정의》, 피에르 부르디 외

사회학자인 저자가 사진의 사회적 사용과 의미를 축적한 연구서이다.

③《카메라 루시다》, 롤랑 바르트

사진 이미지의 미학적 특성을 수필식으로 섬세하게 그려낸 책이다.

④《미술과 사진》, 아론 샤프

사진과 미술의 관계를 주로 19세기에 중점을 두어 설명하고 있다.

⑤《말하기의 또다른 방식》, 존 버거

사진 다큐멘터리와 사진에 대한 미학적 성찰이 하나로 결합된 모범적인 사례이다. 사진 이미지의 본질을 이해하는 데 좋다.

⑥《사진의 제국》, 앙드레 루이예

19세기 사진사를 사회경제적 측면에서 다룬 것이다. 사진이 대중적 매체이자 예술 산업으로 발전하는 과정을 추적하고 있다.

⑦《사진의 독재》, 마리안네 케스팅

사진이 고전적 예술에 끼친 영향과 예술로서 지위를 얻기까지의 역사적 상황을 보여준다.

⑧《대중매체 시대의 예술》, 존 에이 워커

현대 미술과 디자인에서 사진의 역할과 비중을 다루고 있다.

⑨《발터 벤야민의 문예이론》

예술 개념의 변화를 초래한 사진의 역할에 주목하고 있다. 영상 미학에서 가장 고전적인 책 가운데 하나이다.

⑩《이미지의 삶과 죽음》, 레지스 드브레

사진 이미지를 중심으로 인류의 문명을 재조명한 책이다. 사진의 역사적 중요성을 역설하고 있다.

◆ 유명 사진학교

국내에는 사진과가 개설된 대학이 많지 않다. 이는 또 주로 학문적인 연구 대상으로서가 아니라 사진작가 지망생을 위한 실기 교육에 중점을 두고 있다.

따라서 이론적으로 사진을 공부하려는 사람은 인문·사회 계열에서 공부한 뒤, 대학원에서 사진을 연구 대상으로 삼아 공부하는 방법이 있다.

외국의 경우는 나라마다 다르다. 미국의 경우는 대학의 사진과가 작가 지망생을 위한 실기 위주이지만, 유럽의 대학은 별도의 사진과도 드물 뿐 아니라, 대학에서는 기본적으로 학문적 대상으로서만 사진을 다룬다. 작가 지망생들을 위한 별도의 전문 고등교육기관들이 있다. 이 학교들은 대학과 동등한 학력에 해당된다. 몇 가지 대표적이며 주목할 만한 교육 기관의 사례는 다음과 같다.

▲프랑스 〈국립사진학교〉 정문.

▲거리에서 광고사진을 촬영하는 장면, 파리.

▲구식 입체형 사진기를 보며 수업하는 학생들, 벨기에.

1) 영국

〈왕립 미술학교〉의 사진과는 2, 3년 과정으로 대학원 과정에 해당된다. 주로 장학생들만을 받아들이며 외국 학생들의 경우도 마찬가지이다. 사진 실기의 고등 교육기관으로는 가장 권위 있는 곳이다. 국내에서 사진 대학을 마친 뒤 입학에 도전할 수 있다.

〈폴리테크닉〉으로 불리는 전문대학들에서는 사진 실기를 전공할 수 있다.

이론 전공만을 위한 별도의 사진학과는 없다.

2) 프랑스

〈파리 제8대학〉은 유럽에서는 처음으로 대학에 독립적으로 사진학과를 개설하고 있다. 여기에서는 역사와 이론, 실기 등 모든 것을 선택해서 전공할 수 있다. 이론과 실기를 통합적으로 다루려는 의도에서 설치된 학과이므로 입학시험에서도 어느 한쪽에만 치우치지 않는다.

아를 시에 있는 〈국립사진학교〉는 사진작가 양성 기관이다. 그러나 학비가 비싸고 입학 시험이 까다롭기로 유명하다. 외국학생들에게는 별도의 입학금과 조건을 요구하므로 주로 청강생으로 입학을 허용해 주는 경우가 있을 뿐이다. 청강생의 경우도 등록금은 다 내야 한다.

대부분의 도시에 있는 국공립 미술학교인 〈에콜〉에는 사진과가 개설되어 있어 석사에 준하는 과정을 마칠 수 있다. 또 일반 대학의 미학과나 미술사학과 등 인문·사회과학 대학에서 사진을 이론적으로 공부할 수도 있다.

3) 독 일

독일의 사정도 유럽의 다른 대학과 동일하다. 사진 실기 과정은 전문학교인 〈호흐슐레〉 혹은 〈파흐 호흐슐레〉에 개설되어 있다. 현대적인 사진과 디자인 운동이 활발했던 〈슈튜트가르트 미술학교〉는 사진에서는 전통적인 명문이다. 베를린과 함부르크의 전문학교에도 사진과가 있다.

4) 미 국

미국의 경우, 한국과 마찬가지로 거의 어느 대학 미술학부에 사진과가 개설되어 있어 작가 수업을 할 수 있다.

〈뉴욕 대학〉과 〈시카고 대학〉은 문화적 환경 때문에 이점이 있으나, 특정 대학에 사진에서 유별난 명문이 있다고 하기는 어렵다. 특히 뉴욕은 유럽식으로 실기 전공자를 위한 미술학교가 집중되어 있다. 그러나 여기에서도 이론이나 학문적인 접근은 일반 대학의 다른 학과에서 공부할 수 있다. 텍사스의 〈오스틴 대학〉은 사진의 역사를 오래 전부터 가르쳐 온 것으로 유명하다.

유학을 생각한다면 나라마다 지역마다 교육 제도의 차이가 있다는 점에 유의해야 할 것이다. 특히 작가를 지망하는 경우에는 아무래도 예술적·문화적 환경이 좋은 대도시에 있는 학교들이 유리하다.

그러나 학문적으로 사진을 연구 대상으로 삼아 공부할 수 있는 길은 앞서 이야기한 대로 대단히 다양하다.

필자는 정보를 갖고 있지 못하지만 일본에도 훌륭한 사진과들이 많다고 한다. 특히 벨기에와 네덜란드, 스위스, 이탈리아 등지의 미술학교들에서도 사진을 공부할 수 있는 길이 얼마든지 있다. 다만 이론적으로는 사진의 종주국이었던 프랑스와 영국에서의 연구가 타지역보다 상대적으로 더 연륜이 깊고 활기

〈비에브르 사진박물관〉, 프랑스.

를 띠고 있다. 무엇보다도 작가와 자료 등 연구 대상이 풍부하기 때문이기도 하다.

미국의 경우에는 새로운 문화 이론에 근거한 비평 활동이 활발하다. 그러나 굳이 유학을 떠나지 않는다 하더라도 한국에서도 사진의 실기를 공부하는 데에 큰 어려움은 없다. 사회적·문화적 환경은 상대적으로 취약하고 이론적 탐구는 아직 열세에 있지만, 학교에서의 실기 교육은 결코 세계의 다른 대학에 뒤지지 않는다고 할 것이다. ♣

영 화

Movie

이승구 / 중앙대학교 영화과 교수

◆ 영화란 무엇인가?

현대사회에서 영화란 언제 어디서나 누구든지 쉽게 접할 수 있는 예술이다. 비싼 입장료를 내고 극장을 찾지 않더라도 텔레비전을 통해서 혹은 가까운 비디오 대여점을 이용해서 영화를 볼 수 있다.
더구나 최근에는 영화만 전문적으로 방영하는 케이블 TV가 등장함으로써 더욱 쉽게 영화를 감상할 수 있게 되었다.

영화란 다른 예술처럼 한 개인이 아니라 여러 사람이 모여서 집단적으로 창조하는 예술이다. 그래서 한편의 영화가 만들어져 관객에게 보여지게 되기까지는 수많은 인적자원이 필요하다.

우선 시나리오 작가, 감독, 촬영기사, 배우, 미술가, 음악가, 편집기사, 녹음기사, 조명기사 등 10여 개 이상의 분야에서 예술인들이

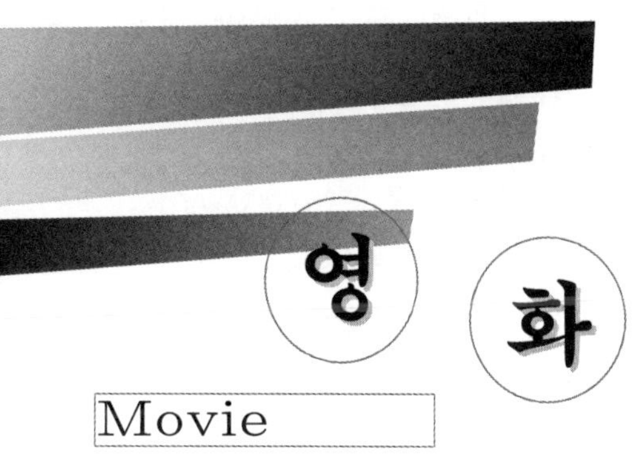

그리피스와 그의 촬영기사.

동원되어야 한다.

제작비를 조달하는 기획자와 제작자가 필요하며, 영화가 다 만들어진 후에는 영화를 각 극장에 배급하는 배급업자, 배급된 영화를 관객에게 보여 주는 흥행업자, 그리고 상영될 영화를 선전 · 광고해 주는 광고대행업자 등 수백여 명의 인원이 필요하다.

이와 같이 한 편의 영화가 만들어지기까지에는 막대한 제작비와 함께 많은 인원이 동원되고 복잡한 제작과정을 거친다.

만들어진 영화 역시 흥행이라는 과정을 거쳐 관객에게 유료로 상영되어야 하기 때문에, 영화는 한 편의 순수한 예술작품이기에 앞서 값비싼 상품인 것이다.

이러한 영화의 예술성과 상업성은 항상 대치되어, 예술성을 높이려는 감독과 흥행성을 높이려는 제

작자와의 관계는 팽팽히 맞서고 있다.

영화는 100년의 비교적 짧은 역사밖에 가지고 있지 않지만 예술성, 상업성, 사회성 등 그 다양한 성격과 복잡함 때문에 그 연구도 다양하게 이루어져 왔다.

현대에 이르러 그 연구 영역도 넓어져 영화미학, 영화예술학, 영화심리학, 영화사회학, 영화경제학, 영화교육학, 영화사학, 영화기호학 등의 연구가 활발하게 진행되고 있다.

영화가 무엇인가라는 것을 이론적으로 규명하고 인식하려는 최초의 문제 제기는 '영화가 과연 예술인가 아닌가' 하는 것이었다. 초기에 영화는 단순히 연극을 복제하는 데 그쳤지만, 곧 당당하게 서술적 표현력을 지닌 매체로서의 독창성을 찾아내게 된다.

"사진극으로서 시각적인 기계장치에 의한 단순한 구경거리에서, 교육이나 정보와 같은 사회적으로 중요한 기능을 하게 됨에 따라, 마침내는 그 서술적 능력으로 인간의 마음을 지배하게 되는 과정을 거친다"는 후고 문스터베르그의 주장을 비롯하여 수많은 학자, 이론가들의 노력으로 영화는 오늘날 독자적이면

서도 총체적인 예술로서 인정을 받고 있다. 또한 대중과 가장 친밀한 예술로 사랑을 받고 있는 것이다.

◆ 영화의 발명과 발전

영화에 관한 연구는 어느 한 개인에 의해서가 아니라 미국, 영국, 독일, 프랑스 등에서 수많은 발명가들에 의해 동시다발적으로 일어났다.

가장 먼저 미국의 토마스 에디슨(T. A. Edison, 1847~1931)과 그의 조수인 딕슨은 영화의 기본 원리를 완벽하게 알아내어 키네토스코프를 개발하였지만, 불행히도 이 기계는 한 사람씩 구멍을 통하여 상자 속을 들여다보는 식의 기계였다.

이 사이에 프랑스의 뤼미에르 형제(A. Lumiére, 1862~1954 & L. Lumiére, 1864~1948)는 벽면에 투사하여 확대된 영상을 여러 사람들이 볼 수 있게 만든 '시네마토그래프'를 개발하여 1895년 12월 28일, 파리 근교의 그랑 카페에서 유료로 공개하였다. 투사된 영상을 돈을 받고 여러 사람들에게 보여 주었다는 점

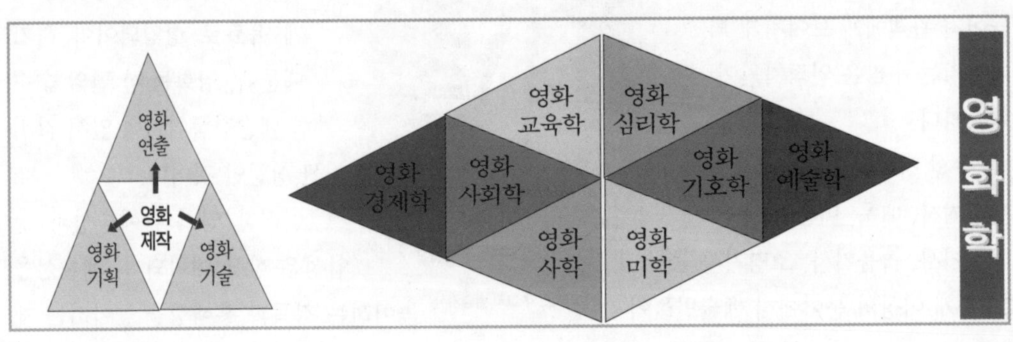

영화 전사(前史)

1826	니에프스(프), 사진술의 발명
1879	머이브리지(미), 달리는 말의 연속사진 촬영 성공
1882	마레(프), 12개의 개별 영상을 기록하는 사진기 발명
1888	마레, 종이 베이스로 된 필름 두루말이를 사용하는 사진기 고안
1889	코닥사(미), 셀룰로이드 베이스 필름 발명

◀ 키네토스코프

영화의 탄생

1893	에디슨(미), 키네토스코프 발명
1895	뤼미에르 형제(프), 시네마토그래프《공장의 출구》등 10여 편의 영화를 세계 최초로 여러 사람에게 유료 상영

▲ 뤼미에르 형제와 시네마토그래프

무성 영화의 발전

1902	멜리에스(프),《달세계 여행》	영화의 기초
	포터(미),《미국 소방수의 생활》《대열차 강도》(1903)	
1914	패스트로네(이),《카비리아》	근대영화의 시작
1915	그리피스(미),《국가의 탄생》《인톨러런스》(1916)	
1919	로버트 비네(독),《칼리가리 박사의 비밀》	독일 표현주의
	프리츠 랑(독),《메트로 폴리스》(1926)	
	찰스 채플린(미),《개의 생활》《키드》(1920)	맥 세네트가 배출한 위대한 코미디언, 감독
	버스터 키튼(미),《제너럴》(1926)	
1920	빅토르 시외스트롬(스웨덴),《유령 마차》	무성영화 시대 예술영화의 진수
	에리히 폰 스트로하임(미),《어리석은 부인들》(1922)	
	아벨강스(프),《철로의 장미》(1923)	
	무르나우(독),《마지막 웃음》(1924)	
	채플린(미),《황금광 시대》(1925)	
1922	로버트 플라허티(미),《북극의 나누크》	기록영화
	지가 베르토프(러),《카메라를 든 사나이》(1929)	
1924	에이젠쉬쩨인(러),《스트라이크》《전함 포템킨》(1925)	러시아 몽타주
	푸도브킨(러),《어머니》(1926)	
1928	루이 브뉘엘(프),《안달루시아의 개》	전위영화
	장 엡스땅(프),《어셔가의 몰락》	

▲ 채플린과 그리피스

▲ 스튜디오의 맥 세네트

에서, 이 방식은 지금 우리가 영화를 관람하는 방식과 유사하다.

에디슨은 영화에 관한 모든 기술적인 문제점을 해결하였지만 최종단계인 투사방식을 생각하지 못했으므로, 최초의 영화 상영의 영예는 뤼미에르 형제에게 돌아가게 되었다.

단순한 일상생활의 모습을 찍어서 보여 주는 식의, 초창기의 짧은 영화에 간단한 스토리가 가미되면서 서사형식의 영화가 빠르게 확산되었다.

이후 영화는 여러 가지 특수효과를 발견한 프랑스의 마술사 출신 멜리에스(G Mélies

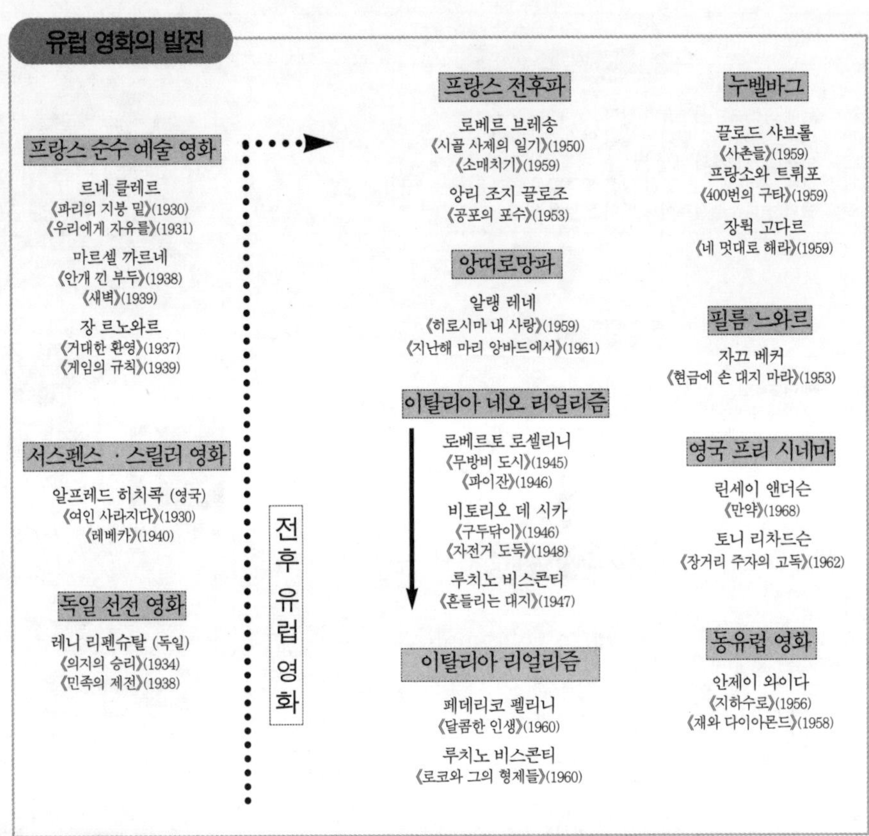

에 의해, 영화적 표현의 폭을 넓히고 극영화의 기초를 다지게 된다. 이는《달세계 여행》과 같은 무성영화의 걸작을 남기면서 영화의 가능성을 한층 높여 주었다.

미국의 포터(E. S. Porter)가 만든 《대열차 강도》는 그때까지 영화의 주류를 이루던 연극의 필름화에서 벗어나 진정한 영화란 무엇인가를 보여 주었다. 이 작품에서 포터는 미국 서부영화의 모체가 되는 결정적인 촬영기법을 개발하여 오늘날의 극영화 형식을 창안하는 업적을 남겼다.

포터의 뒤를 이어 더욱 영화적인 표현기

미국 영화의 발전

40년대

존 포드 : 《황야의 결투》(1946) 《도망자》(1947)
찰스 채플린 : 《살인광 시대》(1947) 《위대한 독재자》(1940)
스탠리 도넨 : 《On the Town 》(1949)

50년대

조셉 L. 멘케비츠 : 《이브의 모든 것》(1950)
엘리아 카잔 : 《에덴의 동쪽》(1955) 《워터프론트》(1954)
스탠리 도넨, 진 켈리 : 《비는 사랑을 타고》(1953)
윌리엄 와일러 : 《로마의 휴일》(1953)
《우정 있는 설복》(1956)
데이비드 린 : 《콰일강의 다리》(1957)
빌리 와일더 : 《뜨거운 것이 좋아》(1959)

60년대

로버트 와이즈 : 《웨스트 사이드 스토리》(1961)
《사운드 오브 뮤직》(1965)
데이비드 린 : 《아라비아 로렌스》(1962)
《닥터지바고》(1965)
조지 쿠커 : 《마이 페어 레이디》(1964)
스탠리 큐브릭 : 《스트레인지 러브 박사》(1964)
《2001년: 스페이스 오딧세이》(1968)

전후 할리우드 영화

갱스타 영화

하워드 혹스
《스카페이스》(1932)
마이클 커티스
《더러운 얼굴의 천사》(1938)

애니메이션

월트 디즈니
《백설공주》(1937)
《환타지아》(1940)

리얼리즘 영화

오손웰스
《시민 케인》(1940)
《위대한 앰버슨가》(1942)

스쿠로볼 코메디 및 드라마

프랭크 카프라
《어느 날 밤에 생긴 일》(1934)
레오 맥커리
《Ruggles of Red Gap》(1935)
조지 쿠커
《작은 숙녀들》(1933)

서부극

존 포드
《역마차》(1939)
《모호크의 북소리》(1939)

뮤지컬

에른스트 루비치
《러브 퍼레이드》(1929)
마크 샌드리치
《춤을 추실까요?》(1937)

법을 개발하고, 영화의 언어를 발견하여 그 문법을 정립한 것은 미국의 그리피스(D. W. Griffith)이다.

그리피스는 《세월은 흘러서》라는 작품을 통하여 클로즈업 쇼트와 커트백 기법을 사용함으로써 숨막히는 긴박감을 주는 새로운 표현을 시도하였다.

1915년 미국영화사상 첫 번째 대작인 《국가의 탄생》을 제작·연출하여 세계의 주목을 받았으며, 이듬해인 1916년에는 《인톨러런스》를 발표함으로써 이제까지 유럽이 중심이었던 영화를 미국으로 끌어들이는 데 성공하였다.

《재즈싱어》 상영관, 1927.

《자전거 도둑》, 1948.

1910년대 미국영화에 있어 기억해 두어야 할 인물로 세네트(M. Sennett)를 들 수 있다. 그는 스승인 그리피스와는 달리 코미디에 뛰어난 재능을 보였으며 많은 작품을 남겼다.

특히 그가 발굴한 희극배우인 키튼(B. Keaton)과 채플린(C. Chaplin)은 미국 무성영화 시대의 위대한 배우이자 감독으로서, 영화사에 길이 남을 명작들을 많이 남겼다.

이후 영화는 소련의 위대한 영화 이론가이

자 감독인 에이젠쉬쩨인(S. Eisenstein)과 푸도브킨(V. Pudovkin)과 같은 위대한 인물에 의하여 몽타주 이론이 확립되고, 독일에서 일어난 표현주의라든가 프랑스의 포토제니론, 아방가르드 운동을 거치면서 다양한 형태의 예술로 자리잡게 된다.

1927년에 발표된 《재즈 싱어》라는 미국영화는 부분적으로 토키(Takie)가 들어가 최초의 발성영화로 기록된다.

1928년에는 전편의 사운드가 완전히 녹음된 최초의 영화 《뉴욕의 불빛》이 발표되었다. 사운드 시대가 열리자 잠시 동안 할리우드 영화양식의 후퇴가 이루어지는데, 이는 아직은 녹음기술이 완벽하게 이루어지 않았기 때문이었다.

사운드 영화의 출현은 배우의 연기패턴을 바꾸어 놓았고 목소리가 좋지 않은 배우들은 사라질 수밖에 없었다. 대사나 음향효과에 의해 표현 가능성이 넓어짐으로써, 시나리오의 중요성이 부각되고 많은 이야깃거리를 압축할 수 있었기 때문에 다양한 스토리를 구성할 수 있었다. 이러한 극적 구성의 필요성은 카메라에 의한 순수시각적 표현 기능을 저하시키고, 드라마를 추적하여 기록하는 소극적 입장으로 전락시켰다.

2차 세계대전이 끝나면서 이탈리아에서 일어난 네오리얼리즘 사조와, 미국의 신미국영화 운동, 신독일영화 운동, 프랑스의 누벨바그 운동 등을 거치면서, 영화는 20세기에 가장 각광 받는 예술로 성장하였다. 다가올 21세기까지 그 발전을 계속할 것으로 보인다.

오늘날의 영화

신독일 영화

베르너 헤어조그
《아귀레, 신의 분노》(1973)
《유리의 마음》(1976)
《노스페라투》(1979)

라이너 베르너 파스빈더
《마리아 브라운의 결혼》(1973)
《리리 마를린》(1981)

마가레타 폰 트로타
《카타리나 볼룸의 잃어버린 명예》(1975)

폴커 쉴렌도르프
《양철북》(1979)

빔 벤더스
《파리 텍사스》(1984)
《베를린 천사의 시》(1987)
《욕망의 날개》(1987)

인디펜던트

우디 알렌
《애니홀》(1977) 《맨하탄》(1979)

마틴 스콜세지
《택시 드라이버》(1976)
《그리스도 최후의 유혹》(1988)

짐 자무쉬
《천국보다 낯선》(1986)
《미스터리 트레인》(1989)

스파이크 리
《옳은 일을 해라》(1989) 《말콤 X》(1992)

새로운 할리우드파

프란시스 코폴라
《대부》(1972)
《지옥의 묵시록》(1979)

조지 루카스
《아메리칸 그래피티》(1973)
《스타워즈》(1977)

스티븐 스필버그
《ET》(1982)
《쥬라기 공원》(1993)

프랑스 신세대

뤽베송
《그랑블루》(1988)
《니키타》(1990)

장자크 베넥스
《디바》(1982)
《베티 블루》(1986)

레오 까라
《더러운 피》(1986)
《퐁네프의 연인들》(1991)

제 3세계

테오도로스 앙겔로폴로스(그리스)
《알렉산더 대왕》(1980)
《시테라 섬으로의 여행》(1984)

일마즈 귀니(이란)
《욜》(1982)

아메리칸 뉴시네마

아서 펜
《우리에게 내일은 없다》(1967)

마이크 니콜스
《졸업》(1967)

존 슐레진저
《미드나잇 카우보이》(1969)

데니스 호퍼
《이지 라이더》(1969)

조지 로이 힐
《내일을 향해 쏴라》(1969)

로버트 알트만
《매쉬》(1970)

중국·대만 영화

장예모
《붉은 수수밭》(1987)
《국두》(1990)

후샤오시엔
《비정성시》(1989)
《희몽인생》(1993)

챈 카이거
《황토지》(1984)
《해자왕》(1983)
《패왕별희》(1993)

그밖에

올리버 스톤
《플라톤》(1986)
《JFK》(1991)

쿠엔틴 타란티노
《저수지의 개들》(1992)
《펄프 픽션》(1994)

◆ 한국영화

우리 나라는 식민지 시기에 영화를 도입했기 때문에, 일본인들의 영향 아래서 영화를 만들 수밖에 없었던 불운한 출발점을 가지고 있다.

최초의 우리 영화는 연극 무대에서 막간에 상영함으로써 연극의 줄거리를 잇게 해주는 '연쇄극' 의 형태로 제작되었다.

1919년 10월 27일, 지금의 단성사에서 첫 연쇄극《의리적 구투》가 상영되었는데 이것이 우리 영화의 시발점이다. 이를 기념하여 10월 27일을 '영화의 날' 로 정하고 요즈음도 기념식을 거행하고 있다.

그러나 당시 신극좌의 김도산이 각본과 연출을 맡은 이 영화는 어디까지나 연극 형태의 변형인 연쇄극이었고, 그 목적 또한 연극의 연장을 위한 것인 만큼 진정한 영화의 제작이라고 말하기 어렵다.

1923년 저축장려 홍보영화인《월하의 맹서》는 윤백남이 연출을 맡았고 이월화, 권일청 등이 출연하였다. 이 영화는 비록 조선총독부에 의해 제작된 홍보 목적의 영화였지만, 영화로서의 형태를 갖춘 최초의 영화라는 점에서 영화사적인 뜻이 있다고 하겠다.

같은 해에 〈동아문화협회〉가 일본인의 자금으로《춘향전》을 영화화했는데, 홍행물로서는 이것이 최초의 극영화인 셈이다.

다음해 단성사의 경영자였던 박승필이 만든《장화홍련전》은 제작, 감독(김영환), 각본, 촬영 등 모든 스태프와 출연진이 우리 나라 사람들로 이루어진 최초의 영화이며, 1924년 9월 단성사에서 개봉하여 성공적인 홍행 성적을 올렸다.

이후 가장 괄목할 만한 우리 영화의 등장은 나운규(1902~1903)의《아리랑》이다. 일제 치하의 우리 민족의 울분을 토로하여 관객들의 열광을 받은《아리랑》은 영화기법에 있어서도 뛰어났다고 하지만, 불행히도《아리랑》을 비롯한 당시의 영화들이 모두 현

재에 전해지지 않아 직접 확인할 길은 없고, 단지 원로 영화인들의 증언과 구술에 의해 전설처럼 전해질 따름이다.

1946년에 만들어진 최인규 감독의 《자유만세》는 해방 이후 최초의 본격적인 극영화로서 우리 영화의 질적인 발전에 크게 공헌한 작품이다.

1950년에 일어난 6·25의 참사는 이제 막 고개를 들기 시작하던 우리 영화를 다시 한번 좌절케 한 비극적 사건이었다. 그러나 이에 굴복치 않고 전쟁의 와중에서도 윤봉춘, 한형모, 방의석, 김창근, 신상옥 등의 감독들이 활동을 하였고, 휴전 이후에는 이규환, 이강천 등의 활동이 두드러진다.

최초의 여배우 이월화

이후 유현목, 이병일, 김소동 등이 뒤를 이어 활동하였으며, 1960년대에는 김기영, 홍성기, 정창화, 권영순, 이용민, 이민홍, 박상호, 신경균, 조긍하, 이봉래, 김수용, 이만희 등이 각기 나름대로의 개성 있는 연출로 꾸준히 작품 활동을 벌였다.

1960년대에 황금기를 이루었던 우리 영화는 1970~80년대에 들어서면서 차츰 쇠락의 길에 들어서게 된다. 이것은 미국영화의 무차별적인 수입공세에 우리 영화가 설 곳을 잃었기 때문이다.

그러나 1990년대에 들어서면서 젊은 감독들이 대거 등장해 신선한 활력소로 작용하고 있다. 또한 항상 영세한 작업에 허덕이던 영화계에 대기업의 자본이 투입돼 재정적인 힘이 되고 있다. 이제 비디오 산업과 케이블 TV 등이 활성화되면서 영화는 영상산업의 중추로서 다시 한번 황금기의 중흥을 꿈꾸고 있다.

◆ 유명 영화학교

1) 미국

AFI(American Film Institute)

미국 캘리포니아 로스앤젤레스에 위치한 AFI는 1967년에, 영화의 전통을 지키고 영화, TV 예술을 진흥시키기 위해 설립되었다. 1학년 과정은 강의, 워크숍, 세미나, 제작을 통해 평가를 하며, 1학년 과정을 충실히 이수한 학생에 한하여 2학년으로 올라가게 된다. 2학년 과정은 연출, 제작, 촬영, 프로덕션 디자인, 편집의 5개 전공으로 분류하여 교육한다.

USC(University of Southern California) : School of Cinema and Television

USC 영화학과는 역시 로스앤젤레스에 위치한 전통 깊은 영화학교이다. 제작, 평론, 애니메이션, 시나리오, 기획, 사진의 6개 전공학과가 있고, 학부에서 대학원까지 운영하고 있다. 기술과 미학 모두를 가르치며 코스웍과

제작실습을 통해 경험을 쌓게 한다.

UCLA(University of California at L.A.) : Department of Film and Television

로스앤젤레스에 있는 또 하나의 명문 영화학교이다. 영화와 TV에 대한 학구적이고 창조적이며 직업적인 접근을 하기 위함이 이 학교의 교육 목적이다.

여름방학을 이용하여 특별 프로그램을 가지는 등, 다양한 방법으로 영화와 TV 방면에서 이론과 실제를 겸비한 영화 인재를 배출하고 있다.

NYU(New York University) : Tish School of N.Y.U., Institute of Film and TV

뉴욕대학 영화학과는 미국 동부에서 영화 공부를 하기에 가장 좋은 대학으로 정평이 나 있다.

역사와 비평을 전공하는 그룹과, 제작만을 전공하는 그룹으로 나누어 공부한다.

2) 프 랑스

FEMIS(Fondation Europeenne des Metiers de l'Image et du Son)

유럽에서 가장 널리 알려진 영화학교로서 체계적인 교육과정과 함께 우수한 교수진, 완벽한 시설 지원 등 여러 가지 면에서 영화 교육의 모범이 되는 학교이다.

원래 L'IDHEC이라는 명칭으로 우리에게 도 잘 알려진 학교인데 1980년대 중반에 학교 이름을 바꾸었다. 학교 이름을 바꾼 이유는 영화만 고집하지 않고 영상 전반에 걸쳐 교육할 필요성을 느끼고, 현대사회가 요구하는 영상분야 인재를 키우기 위함이었다고 한다.

3) 러 시 아

VGIK(국립영화대학)

러시아 국립영화대학은 소비에트의 영화와 사진 산업의 발전을 위하여, 레닌의 특별 지시와 배려에 의해 세계 최초로 1919년 9월 모스크바에 설립되었다. 학과는 크게 영화학과 및 시나리오학과, 촬영학과, 세트 디자인학과, 영화제작학과, 녹음학과, 연기과 등으로 구성되어 있다.

4) 일 본

일본대학 영화학과

일본대학 영화학과는 일본의 국내 대학 중 유일하게 예술학부에 속해 있어, 예술학부의 타학과와 더불어 종합적인 예술 교육의 목표를 현실적 예술 교육의 목표하에 두고 교육하는 것이 특징이다.

일본대학 영화학과는 6개 전공 분야로 분류되어 교육하고 있는데 영상이론·평론 코스, 영상 코스, 촬영 코스, 감독·연출 코스, 영화 연기 코스, 각본 코스 등으로 전과정에 걸쳐 필요한 이론 교육과 실기교육을 실시하고 있다.

5) 중국

북경영화대학

사회주의 국가에서 가장 유명한 영화학교 중에 하나이다. 1950년 소비에트의 원조에 의해 VGIK를 모델로 설립하였다. 이 학교의 운영체제는 러시아의 VGIK와 비슷하다. 초기에 는 실제로 VGIK의 교수진과 기술진에 의해 지도를 받기도 했는데, 현재 600여 명의 학생이 재학중이다. 일부 외국학생들도 있는데 주로 홍콩, 대만, 마카오, 한국 등에서 온 학생들이다. ♣

1. 《영화란 무엇인가》, 한국영화과교수협의회 편
2. 《영화의 이해》, L.쟈네티, 김진해 역
3. 《세계영화사》, 잭씨 엘리스, 변재란 역
4. 《영화예술(Film Art)》, 데이비드 보드웰 · 크리스틴 톰슨,
   주진숙 · 이용관 역
5. 《현대 영화이론》, 더블러 앤드류, 조희문 역

학문의 길라잡이

〈학문의 길라잡이〉 집필진

서론

김완진(서울대 대학원장)

인문과학

- 철학 : 최동희(고려대 교수) • 역사학 : 박성수(정신문화연구원 교수)
- 종교학 : 정진홍(서울대 교수) • 언어학 : 권재일(서울대 교수)
- 심리학 : 차재호(서울대 교수) • 고고학 : 최몽룡(서울대 교수)

사회과학

- 문화인류학 : 김광억(서울대 교수) • 교육학 : 한기언(서울대 교수)
- 법학 : 김정오(연세대 교수) • 경제학 : 정운찬(서울대 교수)
- 경영학 : 김원수(서울대 교수) • 통계학 : 김종빈(연세대 교수)
- 지리학 : 이희연(건국대 교수) • 정치학 : 김영국(서울대 교수)

자연과학

- 수학 : 박을룡(서울대 교수) • 화학 : 박택규(건국대 교수)
- 물리학 : 김종오(고려대 교수) • 생물학 : 이영록(고려대 교수)
- 공학 : 노태천(충남대 교수) • 의학 : 허정(서울대 교수)
- 한의학 : 유기원(경희대대학원 교수)

문화예술

- 문학 : 김대행(서울대 교수) • 음악 : 한상우(음악평론가)
- 미술 : 서성록(안동대 교수) • 건축 : 성인수(울산대 교수)
- 사진 : 정진국(이대대학원 교수) • 영화 : 이승구(중앙대 교수)

ISBN 89-352-0290-8